吉林大学哲学社会科学银龄著述资助计划（著作出版）

新时代
政治经济学
范畴创新与体系重构

潘　石◎著

吉林大学出版社

·长春·

图书在版编目（CIP）数据

新时代政治经济学范畴创新与体系重构 / 潘石著. --
长春 : 吉林大学出版社, 2023.11
ISBN 978-7-5768-2526-8

Ⅰ.①新… Ⅱ.①潘… Ⅲ.①政治经济学 – 研究
Ⅳ.①F0

中国国家版本馆CIP数据核字(2023)第216748号

书　　名：新时代政治经济学范畴创新与体系重构
　　　　　XINSHIDAI ZHENGZHI JINGJIXUE FANCHOU CHUANGXIN YU TIXI CHONGGOU

作　　者：潘石
策划编辑：周婷
责任编辑：周婷
责任校对：安斌
装帧设计：林雪
出版发行：吉林大学出版社
社　　址：长春市人民大街4059号
邮政编码：130021
发行电话：0431-89580036/58
网　　址：http://www.jlup.com.cn
电子邮箱：jldxcbs@sina.com
印　　刷：吉广控股有限公司
开　　本：787mm×1092mm　1/16
印　　张：18.75
字　　数：420千字
版　　次：2023年11月　第1版
印　　次：2023年11月　第1次
书　　号：ISBN 978-7-5768-2526-8
定　　价：108.00元

潘 石

  1944年4月20日出生于黑龙江五常市，1964年8月考入吉林大学经济系政治经济学专业，1969年8月毕业后留校任教。1987年、1990年因教学科研成果优异先后破格晋升副教授、教授，1993年被国务院学位委员会评为博士生导师。1992年起享受国务院特殊津贴，并获全国宝钢基金优秀教师奖，1998年被评为吉林省有突出贡献中青年专家。曾长期担任吉林大学经济研究所所长、教授、博士生导师，兼任中国私营经济研究会理事、吉林省工商联执委、吉林省政治经济学会副理事长、长春市社会科学联合会副主席。2016年4月退休，时年72岁。

  潘石教授一直奋战在教学科研第一线，主要担负政治经济学、社会主义经济理论与实践研究、《资本论》研究、制度经济学研究等课程教学，培养硕士研究生70余名、博士研究生59名，为国家建设培养了大量栋梁之材。

  潘石教授的科研方向是社会主义经济理论与实践研究。曾独立承担国家社科基金项目2项、教育部重大课题2项、教育部博士点基金项目2项、省级课题10余项。在《经济研究》《中国社会科学》《世界经济》《经济学动态》《财贸经济》《管理世界》《学术月刊》《社会科学战线》等刊物发表论文300余篇，多篇被《新华文摘》《社会科学文摘》《经济学文摘》、中国人民大学报刊复印资料转载；独撰、合著专著10余部，获教育部二等奖一项，获吉林省政府设立优秀论文一等奖7项、优秀著作二等奖一项。退休后出版《潘石文集》（1—5卷），由中国社会科学出版社2024年出版。

目　　录

第一章　论中国特色社会主义新时代

这里所讲的新时代，是特指中国特色社会主义新时代。党的十八大以来，以习近平同志为核心的党中央，团结带领全党全国各族人民进入中国特色社会主义新时代，并庄严号召"努力开创中国特色社会主义事业更加广阔的前景"[1]。

马克思指出："每个原理都有其出现的世纪。"[2]习近平新时代中国特色社会主义思想，其出现的世纪就是中国特色社会主义新时代。习近平新时代中国特色社会主义思想就是中国特色社会主义新时代的必然产物。研究习近平新时代中国特色社会主义思想，就不能不研究什么是科学社会主义，中国处于社会主义何种发展阶段，什么是中国特色社会主义阶段，它进入新时代的标志或标准有哪些？新时代的发展目标及实现路径有哪些？这一系列问题，都需要我们认真进行分析与研究。本书试图在这方面谈谈自己的看法与体会。

一、科学社会主义内涵的演进与创新

1. 正确认识科学社会主义内涵

科学社会主义，一般有广义和狭义之分。广义的科学社会主义，是指马克思主义的整个思想理论体系，包括马克思主义哲学、马克思主义政治经济学及科学社会主义三个组成部分。这其中的科学社会主义，就是狭义的科学社会主义。笔者认为，对科学社会主义应从广义上来把握比较合适。因为，马克思主义整个思想理论体系的主体思想就是运用辩证唯物史观与方法论，揭示经济与社会发展规律，即社会主义必然代替资本主义，这三个组成部分只是学科上的一种划分，实际上三者是交叉融合的，很难界定其"产权边界"或"研究边界"。

人所共知，马克思的《资本论》，无疑是一部经济学著作，但也是一部哲学著作，因为它从头到尾都充满了唯物史观和辩证法。也可以把它称为狭义科学主义著作，因为它不仅提出了未来社会是自由人联合体的科学设想，也讲了公有制代替私有制的历史必然性，还讲了如何消灭阶级和阶级差别，尤其是消灭资产阶级剥削等狭义科学社会主义的重要内容。所以说，把马克思的《资本论》只当经济学著作来看待，是认识上的偏颇。实际上，《资本论》是马克思主义整个思想理论体系的代表作，是广义科学社会主义的经典之作。

正是基于上述思想，笔者认为，这对研究新时代习近平对中国特色社会主义理论体系的创新与贡献也是一种启迪。实际上，习近平在哲学、政治经济学及科学社会主义三个方面都对马克思主义中国化作出了重大贡献，尤其在中国特色社会主义新时代对三个方面都作出了重大贡献。故此，本书虽侧重于从政治经济学方面来研究和阐述习近平对马克思关于广义科学社会主义的论述，难免要涉及习近平关于哲学及狭义科学社会主义方面的论述。

科学社会主义是一个博大精深的思想理论体系。1988年，笔者曾在《对社会主义及其初级阶段的若干理论思考》一文中提出了一个"三层含义"说："在我看来，'社会主义'作为一个科学范畴，它起码有三层含义：首先它是一种理论，是一种完整的关于人类社会发展规律的理论体系；其次它又是一种运动，这种运动是在社会主义理论指导下进行的实践活动；最后它是指一种社会制度，是社会主义理论与实践的一种结果。当然，社会主义作为一种社会制度产生之后，并不终止社会主义理论与实践的发展。"[3]现在看来，有必要扩充和进一步阐明。它应包括以下几个方面。

第一，社会主义思想。这对科学社会主义产生来说极端重要。在马克思主义学说史上，科学社会主义思想首先来源于空想社会主义思想。对于未来社会是个什么样子，空想社会主义者曾作了许多设想。圣西门是法国著名空想社会主义者，他认为，资本主义社会是"黑白颠倒，人压迫人"的世界，为此，他进行了严厉的批判，并设想建立一个实现人人平等，消灭各种特权，自由搞实业的社会。傅立叶设想未来的社会实行协作制度，基本原则是富人与穷人协作，"为了使富人幸福，必须让穷人享受各种不同程度的幸福"，协作制度的基层组织是"法郎吉"，它的分配要兼顾劳动进行。"法郎吉"的参加者之间总是平等的，社会是一个没有人剥削人的平等社会。欧文是英国著名的空想社会主义者，他接受了唯物主义的思想，对资本主义制度造成的贫困、失业及犯罪进行了猛烈的批判。他认为，贫困、失业、犯罪都是资本主义私有制造成的，取代资本主义制度的社会应实行财产公有制和生活资料的平等分配。[4]

马克思与恩格斯对空想社会主义的上述思想并没有完全否定和批判，而是充分吸收了他们关于未来社会设想的合理内核，改造与摒弃了其中非合理、非科学的成分，成功地将"空想社会主义"变成科学社会主义。正如恩格斯所说："德国的理论上的社会主义永远不会忘记，它是依靠圣西门、傅立叶和欧文这三位思想家而确立起来的。虽然这三位思想家的学说含有十分虚幻和空想的性质，但他们终究是属于一切时代最伟大的智士之列的，他们天才地预示了我们现在已经科学地证明了其正确性的无数真理。"[5]

在这里，谁能想象得到，先进的社会主义思想，竟是由圣西门、傅立叶和欧文三位伟大的思想家"空想"出来的。在当时的统治阶级看来，他们就是仇视资产阶级的"疯子"，然而，他们的"空想"包含着许多科学成分，确确实实被实践证明是真理。所以，在现实中，应当允许人们做美梦，搞空想，空想在一定条件下可以照进现实，美梦也可能成真。还有一个典型的例子，可以证明美梦成真，那就是"欧元之父"罗伯特·蒙代尔曾经大胆地设想和预言：整个欧洲可以实现一体化，使用同一种货币进行交换。当时，许多人都认为他在大白天说梦话，是个典型的"疯子"。可是，曾几何时，欧洲各国在世界经济一体化浪潮的推动下，真的建立了欧共体（2009年，其地位和职权由欧盟承接），使用统一货币——欧元来进行商品交换与货币流通。这个"欧元之父"因此获得诺贝尔经济学奖。

先进的社会主义思想无疑具有很大的超前性，没有那些空想社会主义者大胆的"空想"，科学社会主义就没有可靠的思想基础。

第二，社会主义理论。先进的社会主义思想从量与质的两个方面积累起来，逐渐形成逻辑严谨、结构合理又能经受实践检验的先进理论。社会上各种理论形形色色，五花八门，真正找到科学社会主义理论也绝非易事。毛泽东说："灾难深重的中华民族，一百年来，其优秀人物奋斗牺牲，前仆后继，摸索救国救民的真理，是可歌可泣的。但是直到第一次世界大战和俄国十月革命之后，才找到马克思列宁主义这个最好的真理，作为解放我们民族的最好的武器" [6]。找到这个最好的武器，绝对不是放在那里为了好看，或是将其束之高阁，而一定要运用。毛泽东曾用"有的放矢"的故事说明马克思主义是把好"箭"，但不能放在手上把玩，一定要射出去，射中中国革命之"的"。毛泽东明确指出："马克思、恩格斯、列宁、斯大林的理论，是'放之四海而皆准'的理论、不应当把他们的理论当作教条看待，而应当看作行动的指南。不应当只是学习马克思列宁主义的词句，而应当把它当成革命的科学来学习。不但应当了解马克思、恩格斯、列宁、斯大林他们研究广泛的真实生活和革命经验所得出的关于一般规律的结论，而且应当学习他们观察问题和解决问题的立场和方法。" [7]可见，毛泽东强调，对社会主义理论要当作科学来对待，要当作行动的指南，要掌握其观察问题与解决问题的方法与武器。

第三，社会主义实践。从理论到实践，将科学社会主义理论付诸实践，这是科学社会主义最核心、最关键的东西。对于科学社会主义，一定学懂弄通，掌握其要领及其核心，但一定要注重联系实际，注重行动。一个行动胜过一万句口号，一次实践胜过百次背诵经典词句。毛泽东指出："对于马克思主义的理论，要能够精通它、应用它，精通的目的全在于应用。如果你能应用马克思列宁主义的观点，说明一个两个实际问题，那就要受到称赞，就算有了几分成绩。被你说明的东西越多，越普遍，越深刻，你的成绩就越大。" [8]应用就是实践，实践就是为了解决问题，解决实际问题才算有成绩。

马克思主义一定要中国化，科学社会主义理论的实践，一定要有中国自己的模式。毛泽东指出："离开中国特点来谈马克思主义，只是抽象的空洞的马克思主义。因此，使马克思主义在中国具体化，使之在其每一表现中带着必须有的中国的特性，即是说，按照中国的特点去应用它，成为全党亟待了解并亟须解决的问题。" [9]马克思主义的科学社会主义理论是普遍真理，但在各国的实践由于国情不同而大有不同，不能简单照搬照抄，要结合本国实际与特点，灵活运用。就是说，科学社会主义在世界各国可以有不同的实践模式。俄国的十月革命是通过城市暴力革命、武装夺取政权的方式来实现胜利的。中国的革命道路，曾经在"左"倾路线指导下，按照本本与马克思主义经典词句来行动，在实践中照搬十月革命的模式，试图用城市暴动方式来夺取政权，结果失败了。是毛泽东提出走以农村包围城市的道路，建立农村革命根据地，逐步积蓄与壮大力量，最后武装夺取城市，进而建立人民政权。实践证明，如果没有毛泽东创造的具有中国特点的新的科学社会主义实践模式，只是照搬俄国十月革命的模式，那么中国的新民主主义革命就不会成功。所以，马克思的科学社会主义理论体系实践的中国化，实乃是科学社会主义在中国胜利的必由之路。

第四，社会主义国家政权。建立社会主义国家政权，让人民当家作主，无疑是科学社会主义的一项重要任务与目标。马克思的国家学说，是马克思的科学社会主义理论体系的重要组成部分。如前所述，中国夺取政权的道路，具有鲜明的中国特点。不仅如此，中国的国家政权建设也必须走自己的路。"枪杆子"里面出政权。没有"枪杆子"，不靠工农武装进行暴力革命，推翻"三座大山"，打碎旧的国家机器，是不可能建立人民民主专政的社会主义国家政权的；同样，巩固与保卫社会主义国家政权，也还要靠"枪杆子"，要靠人民武装力量，建设强大的现代化的国防。然而，中国的特点还在于：中国不是枪指挥党，而是党指挥枪，"枪杆子"永远归党指挥，中国共产党是中国特色社会主义事业的领导核心，更重要的是国家政权的领导核心。党政军民学，东西南北中，党是领导一切的。

第五，社会主义制度。社会主义国家政权建立以后，必须确立并实行社会主义制度。社会主义制度是个体系或系统，它主要包括政治制度、法律制度、经济制度、文化制度、教育制度、卫生制度、交通制度以及其他社会方面的制度，其目的在于规范社会主义社会中所有成员的行为与活动，保证社会健康有序运行、可持续发展。其中，社会主义经济制度是社会的经济基础，其他方面的所有制度都属于上层建筑领域。经济基础决定上层建筑，上层建筑对经济基础具有重大的反作用，这种反作用表现为两个方面：一为正向作用，即推动经济基础积极向前发展；二为反向作用，即阻碍与破坏经济基础。

政治经济学所研究的经济制度，是社会主义生产关系的总和，它构成社会主义社会的经济基础。在中国，它的建立并不是完全与社会主义国家政权同步进行与实现的。只有旧中国属于官僚买办资本，是在中国共产党领导中国人民夺取政权过程中，予以无偿没收，实行国有化，建立社会主义国有经济的。但绝大部分国有经济都是在社会主义国家政权建立以后，通过社会主义扩大再生产方式来壮大与发展的。中国共产党领导中国人民夺取政权建立社会主义国家政权以后，社会主义生产关系即社会主义经济制度尚未建立起来。从中华人民共和国成立到社会主义经济制度建立存在一个过渡时期。经过过渡时期，我国基本完成了对农业、手工业与资本主义工商业的社会主义改造，实现了城乡的个体农业与手工业的合作化，建立了社会主义城乡集体所有制；完成对民族资本家的和平改造，建立起新的全民所有制经济。一直到1956年底，中国才真正建立起社会主义经济制度，全中国人民才敲锣打鼓、欢天喜地地进入社会主义社会。当然，过渡时期，中国的政治、法律、文化、教育等其他社会管理制度一直在进行建设，并没有停歇，但真正大规模的建设是在1956年底中国进入社会主义社会后才全面展开的。

第六，社会主义道路。中国进入社会主义社会后，不仅面临繁重的政治、法律制度及社会管理制度建设任务，而且一直面临着一个"举什么旗、走什么道路"的问题。高举马克思主义大旗，走社会主义道路，巩固与发展社会主义，实现共产主义远大目标，这是共产党领导的社会主义国家能否将马克思主义的科学社会主义理论坚持到底不能回避的重大课题。

中国坚持走社会主义道路的斗争一直没有停歇过。大的事件主要有这么几次。

第一次：1957年，受震惊世界的"布拉格之春"事件的影响，国内出现了第一次反对走社会主义道路、主张走资本主义道路的风潮。少数人认为，中国不应该搞社会主义，社会主义搞早了，搞糟了，应当退回去搞资本主义。毛泽东在1957年10月13日召开的最高国务会议上坚决提议："百分之九十的人不愿意国家乱，而愿意建成社会主义。百分之十的人中间，有许多人是动摇的，至于坚决分子只有百分之二。"[10]

第二次：1978年底，在党的十一届三中全会前夕，社会上一些人借批判"四人帮"之机，刮起了一股反对无产阶级专政、反对社会主义、反对马列主义和毛泽东思想的歪风。一些人认为资本主义比社会主义好，鼓吹中国应走资本主义道路，搞现代化就应搞资本主义现代化。邓小平在党的十一届三中全会上的主题发言对此予以坚决回击。他说："中央认为，我们要在中国实现四个现代化，必须在思想政治上坚持四项基本原则。这是实现四个现代化的根本前提。这四项是：

"第一，必须坚持社会主义道路；

第二，必须坚持无产阶级专政；

第三，必须坚持共产党的领导；

第四，必须坚持马列主义、毛泽东思想。"[11]

邓小平还号召"用巨大的努力同怀疑上面所说的四项基本原则的思潮作坚决的斗争。"[12]这四项基本原则，是我们党和国家进行四个现代化建设都必须长期坚持的基本原则，其中第一条就是坚持走社会主义道路，反对走资本主义道路，更反对搞资本主义式的现代化。

第三次：20世纪80年代初，在中国改革开放过程中，出现了一股资产阶级自由化的风潮。1985年5至6月间，邓小平两次发表讲话指出："中国在粉碎'四人帮'以后出现一种思潮，叫资产阶级自由化，崇拜西方资本主义国家的'民主'、'自由'，否定社会主义，这不行。中国要搞现代化，绝不能搞自由化，绝不能走西方资本主义道路。"[13]还特别强调说："我们大陆坚持社会主义，不走资本主义邪路。社会主义与资本主义不同的特点就是共同富裕，不搞两极分化。"[14]

第四次：20世纪80年代末至90年代初，东欧剧变、苏联解体，一些人大肆推崇西方"民主""自由"，认为苏联的社会主义已经失败，中国应该走资本主义道路。在经济学界也出现了中国改革应走私有化的道路的主张。在这一重要时刻是邓小平力挽狂澜，刹住了这股歪风，使中国这艘航船乘风破浪，坚定地航行在社会主义航道上。

2. 中国特色社会主义新时代是科学社会主义理论与实践大创新、大发展时代

以上，我们从六个方面论证了科学社会主义的内涵，虽然未必全面准确，但笔者认为，肯定比以前的"三层含义"说得更全面、更丰厚、更接近科学了。以习近平同志为核心的党中央顺应科学社会主义发展的大趋势和基本规律的要求，带领全党和全国人民紧密结合中国改革开放与社会主义现代化建设实践，创造性地发展了科学社会主义。

第一，紧密结合中国特色社会主义新时代的实际，提出一系列先进的社会主义思想。

首先，习近平代表新一届中央领导集体，郑重宣布"三大责任"及"奋斗目标"。在十八届中央政治局常委同中外记者见面时郑重宣布了不负重托、不辱使命的三大重要责任：一是对民族的责任。习近平表示，要"接过历史的接力棒，继续为实现中华民族伟大复兴而努力奋斗，使中华民族更加坚强有力地自立于世界民族之林"[15]。二是对人民的责任。习近平表示，要"继续解放思想，坚持改革开放，不断解放和发展社会生产力，努力解决群众生产生活困难，坚定不移走共同富裕的道路"[16]。三是对党的责任。习近平表示，要"同全党同志一道，坚持党要管党，从严治党，切实解决自身存在的突出问题，切实改进工作作风，密切联系群众，使我们党始终成为中国特色社会主义事业的坚强领导核心"[17]。担起并实现"三个责任"的目标，就是实现其奋斗目标。习近平郑重承诺："我们的人民热爱生活，期盼有更好的教育、更稳定的工作、更满意的收入、更可靠的社会保障、更高水平的医疗卫生服务、更舒适的居住条件、更优美的环境，期盼孩子们能成长得更好、工作得更好、生活得更好。人民对美好生活的向往，就是我们的奋斗目标。"[18]这别开生面、令人耳目一新的讲话，字字珠玑，掷地有声，让全中国人民听了真是内心震撼。尤其是在讲出"人民对美好生活的向往，就是我们的奋斗目标"时，真正把党和人民的心实实在在地联系到一起了，怎么能不使人民万分振奋、为实现这个伟大目标而不懈地奋斗呢！

为了激励全体人民为过上美好幸福生活而奋斗，习近平还在一次演讲中十分动情地讲述了自己插队时，"很期盼的一件事，就是让乡亲们饱餐一顿肉，并且经常吃上肉"的故事。2015年，习近平又回到了那个小村子——梁家河。如今村里修了柏油路，乡亲们住上了砖瓦房，用上了互联网，村民有医疗保险，孩子们可以享受良好的教育，吃肉不成问题。习近平说梁家河这个小村庄的变化，是改革开放以来中国社会发展进步的一个缩影。习近平特别强调说："中国仍然是世界上最大的发展中国家。中国的人均国内生产总值仅相当于全球平均水平的三分之二、美国的七分之一，排在世界的第80位左右。按我们自己的标准，中国还有7000多万贫困人口。如果按世界银行的标准，中国还有2亿多人生活在贫困线以下。"紧接着他特别语重心长地指出："中国人民要过上美好生活，还要继续付出艰苦努力，发展依然是当代中国的第一要务，中国执政者的首要使命就是集中力量提高人民生活水平，逐步实现共同富裕。"[19]这又清楚地告诉中国人民，幸福美好的生活是要靠奋斗来获得的，同志们努力奋斗吧！

其次，习近平郑重宣告，中国的"改革开放只有进行时没有完成时"。这种观点是高瞻远瞩的社会主义发展观点。其一，改革坚持正确的方向，即"坚持社会主义市场经济的改革方向"[20]。其二，"改革开放是一项长期的、艰巨的、繁重的事业，必须一代又一代人接力干下去。"[21]其三，改革开放是一项前无古人的崭新事业，要不断总结经验，在探索中前进。习近平认为"摸着石头过河就是摸规律"[22]，既符合唯物辩证法，又是具有中国特色的改革方法。其四，要为改革开放创造一个稳定的社会环境。社会稳定，是改革开放不断深入与扩大的根本前提，没有社会稳定将什么事也干不成，更谈不上改革开放的进一步深入与扩大。其五，改革开放是一项亿万人参与的系统工程。只有万众一心，团结奋斗，各方协作配合，强化顶层设计，才能使改革开放逐步深化。改革开放永远在路上，这对认为中国的改革开放已经取得举世瞩目成就，任务完成差不多了的观点与想法是一个严肃的忠告。特别值得一提的是，习近平关于"摸着石头过河就是摸规律"的观点，是颇具新意的。以往经济学界有不少同志认为"摸着石头过河"是一种"盲目试错"的方法，东摸一下西摸一下，摸对了就干，摸错了就算了，应该废弃。习近平的论断符合唯物辩证法，是推进改革开放的科学方法论。

最后，习近平提出的先进社会主义思想观点是很多的。如中国梦是全世界中华儿女共同的梦想、中国经济进入新常态、经济发展五大新理念、"绿水青山就是金山银山"、"共享经济就是全体人民共享改革开放与发展成果的经济"、"全面建成小康社会，一个也不能少"等一系列创新科学社会主义理论的观点。这些观点有机地结合起来，组成一个严整的逻辑体系，笔者认为就形成了中国特色社会主义政治经济学的理论体系。

第二，在社会主义理论上，毫不动摇坚持和发展中国特色社会主义。习近平认为："中国特色社会主义，是科学社会主义理论逻辑和中国社会发展历史逻辑的辩证统一，是根植于中国大地、反映中国人民意愿、适应中国和时代发展进步要求的科学社会主义，是全面建成小康社会、加快推进社会主义现代化、实现中华民族伟大复兴的必由之路。"[23]给出了坚持与发展中国特色社会主义的科学含义及必要性之后，习近平又认为必须坚持和运用好中国特色社会主义理论体系。习近平指出："中国特色社会主义理论体系，是马克思主义中国化最新成果，包括邓小平理论、'三个代表'重要思想、科学发展观，同马克思列宁主义、毛泽东思想是坚持、发展和继承、创新的关系。马克思列宁主义、毛泽东思想一定不能丢，丢了就丧失根本。"[24]在这里，习近平特别强调毛泽东思想是有特殊现实意义的。毛泽东是中国社会主义事业的开创者，也是马克思列宁主义中国化首创者。邓小平理论、"三个代表"重要思想及科学发展观均是对毛泽东思想的"坚持与发展和继承与创新"，这些思想理论都可以从毛泽东思想那里找到渊源与理论依据。因此，毛泽东思想是中国特色社会主义理论体系的最重要的奠基者。在中国，要坚持和发展中国特色社会主义理论体系，关键是要"坚持和运用好毛泽东思想活的灵魂"[25]。何谓"活的灵魂"呢？"这就是实事求是、群众路线、独立自主"[26]。

第三，在社会主义实践上，坚持运用好毛泽东思想活的灵魂，坚持运用好党的路线、方针、政策。正确的理论运用于实践，必须借助于路线、方针、政策。中国共产党领导全国人民进行改革与建设都必须通过制定一系列的路线、方针、政策来施行。理论是指导，它不能给路线、方针、政策做注脚，而路线、方针、政策则必须以理论为依据。路线、方针、政策一旦失去理论依据的有力支撑，迟早要招致失败。习近平指出："新形势下，我们要坚持和运用好毛泽东思想活的灵魂，把我们党建设好，把中国特色社会主义伟大事业继续推向前进。"[27]为什么习近平在这里讲把我们党建设好？关键就在于党是路线、方针、政策的制定者，倘若党出现了问题，则必然会导致路线、方针、政策上的偏误。所以，习近平反复强调党要管党，要全面从严治党。中国共产党是全中国人民的领导核心，更是中国特色的社会主义事业的领导核心。习近平指出："中国共产党的领导是中国特色社会主义最本质的特征。没有共产党，就没有新中国，就没有新中国的繁荣富强。坚持中国共产党这一坚强领导核心，是中华民族的命运所系。中国共产党的领导，就是支持和保证人民实现当家作主。"[28]中国的改革开放和社会主义现代化建设，就是在中国共产党的英明领导下所进行的一场史无前例的伟大社会主义实践活动，要靠14亿当家作主的人民群众团结一致，齐心协力，不懈奋斗，才能顺利进行，成功实现。为此，习近平特别强调要在实践中坚决贯彻执行"两条路线"与"一个根本原则"。

一是坚持实事求是的思想路线。所谓"实事求是"就是深入实际，在纷繁复杂的现象中，探索客观事物发展的内在联系，找出其发展的规律，以便在实践中按规律办事。在中国，坚持实事求是，首先要清醒认识和正确把握我国仍处于并将长期处于社会主义初级阶段这个基本国情。党和国家制定各种路线、方针、政策都必须以这个基本国情为依据，体现这个基本国情的根本要求。对于任何超越历史现实与发展阶段、急于求成的倾向，以及落后于实际、无视客观事实的发展变化、故步自封、僵化守旧的倾向，都必须反对与克服，因为这两种倾向都违背了实事求是的要求。其次，要为了人民的利益坚持真理，修正错误。由于人们认识客观事物能力的局限性，再加上客观事物发展变化，有时甚至是骤然变化，人们在"求是"中难免会发生错误。要光明磊落，敢于承认错误，为人民的利益而主动修正错误；同时，也要允许人们在"求是"过程中犯错误，不能由于犯错误而"一棍子打死"。再次，要在推进改革开放与社会主义现代化建设实践中，不断总结"求是"经验教训，实现中国特色社会主义理论创新，开拓马克思主义中国化的新境界。最后，要清醒认识到，实事求是绝不是一劳永逸的事情，也不是一时一地之事，而是要时刻坚持实事求是。真正的实事求是，一定要坚持讲真话、讲实话，反对大话、假话，更不能把事实真相掩盖起来，把错话当真话。尤其是领导干部，坚持讲真话、实话，更是必要的品格修养。这是贯彻党的实事求是的思想路线的起码要求。

二是坚持贯彻党的群众路线。为什么必须要坚持这条路线呢？习近平作出了科学分析：其一，"群众路线是我们党的生命线和根本工作路线，是我们党永葆青春活力和战斗力的重要传家宝"。其二，"群众路线本质上体现的是马克思主义关于人民群众是历史的创造者这一基本原理。只有坚持这一原理，我们才能把握历史前进的基本规律"。其三，是因为人民"始终是我们党立于不败之地的强大根基"，"是决定我们前途命运的根本力量"[29]。怎样才能更好地坚持党的群众路线？习近平作了深入精辟的阐述：其一，"坚持群众路线，就要坚持全心全意为人民服务的根本宗旨。'政之所兴在顺民心，政之所废在逆民心。'全心全意为人民服务，是我们党一切行动的根本出发点和落脚点，是我们党区别于其他一切政党的根本标志"。其二，"坚持群众路线，就要保持党同人民群众的血肉联系。我们党的最大政治优势是密切联系群众，党执政后的最大危险是脱离群众"。其三，"坚持群众路线，就要真正让人民来评判我们的工作。'知政失者在草野。'任何政党的前途和命运最终都取决于人心向背。'人心就是力量'"[30]。

为了使党的群众路线贯穿到整个改革开放与社会主义现代化建设实践活动全过程中去，党中央于2013年在全党深入开展党的群众路线教育实践活动，突出重点解决"执政党的最大危险就是脱离群众的问题"，并且解决群众反映强烈的突出问题，切实关心人民群众的实际利益，增加人民群众获得感、幸福感。

三是坚持独立自主的原则。这是我们党坚持群众路线，真正依靠人民办一切事业的必然结果。它是我们党的传家宝。过去，我们党依靠人民，取得了革命战争的胜利。现在我们进行社会主义现代化建设与改革开放，也必须紧紧依靠人民。无论是革命、建设，还是改革开放，我们都必须把落脚点放在依靠人民力量上。其一，中国发展的道路，由中国人民自主选择；其二，中华民族的传统与文化，由全国各族人民自主传承与发扬光大；其三，中国的一切事情都要由中国人民自主主张、自行处理。总之，独立自主，就意味着反对一切外来干涉，更不允许外部侵略。这是保证国家和民族尊严、保证国家主权独立的根本要求。尤其在日益扩大对外开放过程中，这一原则更必须坚定不渝，风吹浪打不动摇。

　　第四，在社会主义国家政权建设上，在强化中国共产党的领导背景下，大力推进国家机关的改革，提高国家机关的运行效率。党的十八大以来，我国国家机关的体制改革取得了长足的进步，成效斐然。首先是国家机构"大部制"改革，为适应社会主义市场经济发展要求，进行机构优化重组，该撤的撤，该并的并，解决了部门职能交叉重叠、公文旅行、互相推诿扯皮、办事效率低下的问题。其次，加强了中央政府领导和驾驭市场经济、调控国民经济协调运行的能力。对破坏市场经济秩序、制假售假、破坏生态环境等行为加大惩罚与治理力度，为全社会创造了良好的经济社会环境。再次，全国人大常委会充分保障与实现人民当家作主权利，全面推进国家法律制度与依法治国的建设，在维护社会公平、正义，充分保障人民的民主权利等方面，都取得了卓著成绩。最后，人民政协制度也在深化改革中逐步得以完善，民主协商水平提高，政治监督的能力加强，对改革开放与加速社会主义现代化建设发挥越来越大的作用。总之，这所有的一切都归功于以习近平同志为核心的党中央加大中央领导的权威，"坚持党总揽全局、协调各方"的核心作用，通过人民代表大会制度，保证党的路线、方针、政策和决策部署在国家工作中得到全面贯彻和有效执行。

　　第五，在制度上，完善和发展中国特色社会主义制度体系，推进国家治理体系和治理能力现代化。治理好一个国家，除了坚定地依靠人民、坚持群众路线以外，最根本的还是要靠制度，要靠完善的制度体系。将中国特色社会主义制度作为根本保障，就充分体现了制度治国的思想。虽然道路、理论体系与制度三者是结合统一为一体的，但制度保障这个根本一旦失去，其他二者便无法存在，可见制度之重要。实践和历史都已证明，制度治国是胜于"人治"的。

　　习近平提出"三个结合"，不仅为构建中国特色社会主义制度体系指明了方向，还把中国特色社会主义制度的特点与优势充分体现与发挥出来。习近平指出："中国特色社会主义制度，坚持把根本政治制度、基本政治制度同基本经济制度以及各方面体制机制等具体制度有机结合起来，坚持把国家层面民主制度同基层民主制度有机结合起来，坚持把党的领导、人民当家作主、依法治国有机结合起来，符合我国国情，集中体现了中国特色社会主义的特点和优势，是中国发展进步的根本制度保障。"[31]"一结合"讲健全制度体系，"二结合"讲上下层面的制度结合与建设；"三结合"讲处理好党的领导、人民当家作主与依法治国的关系。将三者统一起来，完善中国特色社会主义制度体系，就可以将中国特色社会主义制度的特色与优势充分发挥出来。

　　建设中国特色社会主义制度，核心是完善社会主义民主政治。中国特色社会主义民主是个新事物，更是一个好事物，要进一步通过政治体制改革加以完善和发展。习近平指出："我们的民主法治建设同扩大人民民主和经济社会发展的要求还不完全适应，社会主义民主政治的体制、机制、程序、规范以及具体运行上还存在不完善的地方，在保障人民民主权利、发挥人民创造精神方面也还存在一些不足，必须继续加以完善。"[32]

问题抓得准，改革的针对性强，即"对症下药"，才会收到"药到病除"的效果。只有充分保障人民的民主权利，才能充分调动人民的积极性，真正实现人民当家作主。

发展社会主义民主政治，目的在于提高国家治理体系和治理能力现代化。习近平指出："党的十八届三中全会提出的全面深化改革总目标，是两句话组成的一个整体，即完善和发展中国特色社会主义制度、推进国家治理体系和治理能力现代化。前一句规定了根本方向，我们的方向就是中国特色社会主义道路，而不是其他什么道路。后一句规定了根本方向指引下完善和发展中国特色社会主义制度的鲜明指向。两句话都讲，才是完整的。"[33]习近平正确精辟的阐释，让人豁达开朗，既能消除人们的误解，又能在完整意义上准确把握党的十八届三中全会精神，以便在实践中更好地推进国家治理体系与治理能力现代化进程。

第六，把坚持走社会主义道路纳入马克思主义的科学社会主义内涵体系。这是习近平的创造性发展与贡献。如前所述，在以往的科学社会主义内涵"三层含义"的表述中，是没有"道路"的。笔者将"三层含义"改为"六层含义"就是受习近平的启迪而作出的。习近平为什么会把坚持走社会主义道路纳入科学社会主义内涵？笔者以为，他一定是以事实为依据，在深入调查研究基础上作出的。这符合毛泽东思想，更符合中国社会的实际。

毛泽东在1957年10月9日发表的《做革命的促进派》一文中提出了"社会主义道路与资本主义道路的矛盾"[34]。可见，中国于1956年底基本完成所有制方面的社会主义改造，进入社会主义社会以后，两条道路即社会主义道路与资本主义道路的矛盾依然存在，并没有彻底消失，反而随着社会主义事业的深入发展，两条道路的矛盾有时表现得十分突出和尖锐。中国改革开放初期，有些人就想把改革的目标引向走资本主义道路，把美国的发展模式作为中国经济体制改革的目标模式。1979年3月，邓小平就在《坚持四项基本原则》中把"必须坚持社会主义道路"作为第一条提了出来。但是，两条道路的矛盾，过了一段时间又冒了出来。1987年2月18日，邓小平在《用中国的历史教育青年》一文中讲道："这个历史告诉我们，中国走资本主义道路不行，中国除了走社会主义道路没有别的道路可走。一旦中国抛弃了社会主义，就要回到半殖民地半封建社会。"[35]仅隔半个多月，到了1987年3月3日，邓小平又强调："中国根据自己的历史经验，不可能走资本主义道路。""中国只能走社会主义道路。"[36]直到1992年，邓小平在南方视察过程中仍关注走社会主义道路问题，但提醒人们不要被"恐资病"所困扰，指出"走社会主义道路，就是要逐步实现共同富裕"[37]，搞两极分化，就是走资本主义道路，要防止两极分化。走什么道路问题一直伴随着中国改革开放的进程。进入21世纪，中国搞社会主义市场经济建设的实践已有二十多年，学术界仍在争论什么是社会主义市场经济，它与资本主义市场经济到底有何区别。进入中国特色社会主义建设时期之后，又围绕什么是中国特色社会主义发展道路问题发生争论。

习近平在坚持社会主义道路问题上的重大贡献在于，他审时度势，创造性地提出中国特色社会主义进入新时代。习近平高举中国特色社会主义伟大旗帜，勾画了我国在新的历史条件下，加快社会主义现代化建设，夺取中国特色社会主义新胜利的宏伟蓝图，并"号召全党不懈探索和把握中国特色社会主义规律，永葆党的生机活力，永葆国家发展动力，奋力开拓中国特色社会主义更为广阔的发展前景"[38]。为什么在新的历史条件下，要坚持和发展中国特色社会主义呢？习近平坚定地回答："这是因为，党和国家的长期实践充分表明，只有社会主义才能够救中国，只有中国特色社会主义才能发展中国。只有高举中国特色社会主义伟大旗帜，我们才能团结带领全党全国各族人民，在中国共产党成立100周年时全面建成小康社会，在新中国成立100年时建成富强民主文明和谐的社会主义现代化国家，赢得中国人民和中华民族更加幸福美好的未来。"[39]

习近平的重大贡献还在于，他创造性地阐释了中国特色社会主义道路、理论体系、制度三位一体的有机构成，明确指出其"特"在什么地方。这里，中国特色社会主义道路是实现途径，中国社会主义理论体系是行动指南，中国特色社会主义制度是根本保障。其意蕴在于，在中国特色社会主义理论体系指导下，走中国特色社会主义道路，巩固与发展中国特色社会主义制度，来实现中国特色社会主义发展目标。因此，习近平指出："中国特色社会主义特就特在其道路、理论体系、制度上，特就特在其实现途径、行动指南、根本保障的内在联系上，特就特在这三者统一于中国特色社会主义伟大实践上。"[40]走中国特色社会主义道路是最根本的实践环节，没有这一环节，中国特色社会主义理论体系便无指导对象可言，中国特色社会主义制度也无法巩固、完善与发展，中国特色社会主义的发展目标更无法实现。所以，习近平关于"中国特色社会主义道路，是实现我国社会主义现代化的必由之路，是创造人民美好生活的必由之路"[41]的论断，是无比科学、正确的。

二、建设中国特色社会主义的"总依据"分析

1. 社会主义的阶段划分

研究中国特色社会主义的"总依据"，必须考察社会主义的阶段划分问题。否则就很难把建设中国特色社会主义的"总依据"从理论上说清楚。

马克思在《哥达纲领批判》一书中将共产主义社会分为两个阶段：一是"共产主义社会第一阶段"；二是"共产主义高级阶段"。前者即为通常所说的社会主义社会，后者即共产主义社会。这是一个大的社会阶段划分。小的社会阶段划分，通常是指处在共产主义社会第一阶段的社会主义社会阶段划分。两者划分的依据或两者的区别在于，前者"它不是在它自身基础上已经发展了的，恰好相反，是刚刚从资本主义社会中产生出来的"[42]；而后者则是在它自身发展基础上产生的。前者在全社会实行按劳分配原则，等量劳动取得等量报酬，劳动者"他以一种形式给予社会的劳动量，又以另一种形

式全部领回来"[43]，"这里平等的权利按照原则仍然是资产阶级法权"[44]；而后者即共产主义社会，人们奴隶般地服从社会分工的情形已经消失，从而体力劳动与脑力劳动的对立也随之消失，劳动不再仅仅是谋生手段，而且成为生活第一需要，生产力高度发展，社会财富充分涌流，产品分配实行各尽所能，按需分配。

至于社会主义社会划分几个阶段，尚未见到马克思、恩格斯有明确的划分。但他们却指出了一个"过渡时期"，即"在资本主义社会和共产主义社会之间有一个从前者变为后者的革命转变时期。同这个时期相适应的也有一个政治上的过渡时期，这个时期的国家只能是无产阶级的革命专政。"[45]笔者认为，这个"过渡时期"只能是资本主义进入社会主义的时期，而不能是社会主义社会向共产主义社会的"过渡时期"（如图1.1所示）。

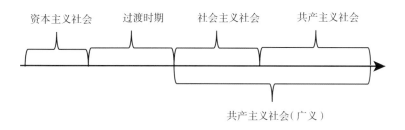

图1.1　社会主义阶段划分

因为马克思、恩格斯所讲的"共产主义"，有时是指狭义的共产主义社会，更多时候是指广义的共产主义社会，上文显然是指广义的共产主义社会，若是指狭义的共产主义社会那就怎么也解释不通了。

社会主义社会同任何社会一样，是一个自然历史过程。马克思一生中有两个伟大发现：一是剩余价值理论，二是唯物史观。用唯物史观考察社会，就必然把社会看作一个自然历史过程。马克思在《资本论》第一版序言中明确地讲："一个社会即使探索到了本身运动的自然规律，——本书的最终目的就是揭示现代社会的经济运动规律，——它还是既不能跳过也不能用法令取消自然的发展阶段。但是它能缩短和减轻分娩的痛苦。"[46]由于社会生产力的发展，尤其生产工具的变革呈现阶段性，生产关系同生产力的矛盾运动也不可能是直线性运动，因此，必然使经济社会发展产生高低不同的发展阶段。由于在这个自然历史过程中，生产工具的变化起着终极的决定作用，所以资本主义社会发展就经历了工场手工业时代、以蒸汽机为代表的大机器工业时代，以至当代出现的以计算机、智能机器人为代表的信息化时代。

将社会主义社会划分为初级阶段与高级阶段，是世界上第一个社会主义国家的创造者列宁。1919年12月20日，列宁在俄共（布）莫斯科市代表会议上的报告中，谈到社会主义存在"初级形式"[47]。1920年4月8日发表的《从破坏历来的旧制度到创造新制度》一文直接使用了新社会"它的低级发展阶段、初级发展阶段"[48]等提法。由于是十月社会主义革命胜利不久，苏联的实践还不很充分，他们从理论上很难划分出明显的发展阶段。列宁也曾使用过"发达社会主义"概念，也曾试图在苏联尽早地践行马克思、恩格斯设想的社会主义模式。例如，他曾在苏联推行取消商品交换和货币的政策，结果由于农民激烈反对，在实践中招致失败，改为推行新经济政策，恢复农民的贸易自由，恢复货币关系。这使列宁清醒认识到，苏联的社会主义只能是"初级形式的社会主义"。

斯大林作为列宁的继任者，在苏联强行照搬马克思、恩格斯关于发达社会主义的模式，一直在奋力把苏联建设成为发达的社会主义国家。甚至斯大林的后继者们如赫鲁晓夫、勃列日涅夫、戈尔巴乔夫等都宣称苏联已建成发达的社会主义。20世纪90年代初，世界上第一个社会主义国家——苏联解体了。"休克疗法"的改革，几乎一夜之间使其变成了资本主义。由此可见，能否确认自己国家处在社会主义什么阶段上，确切地说，能否认识到自己国家实实在在处在社会主义初级阶段，这是关系到社会主义社会生死存亡的命运问题，切不可认为它只是简单的社会主义阶段划分问题。

中国在对社会主义初级阶段的认识上也是有深刻教训的。在中国刚刚进入社会主义社会以后，对处于什么阶段，还缺乏科学的认识。由于我国根本没有什么经验可以借鉴，只能照搬苏联的做法，把"老大哥"的经验当真理，全部照搬，实行了高度集中的计划经济体制模式。这个模式的主要弊端是否定市场机制与价值规律作用，实行两个"大锅饭"，企业吃国家"大锅饭"、劳动者吃企业"大锅饭"，干多干少一个样，干好干坏一个样，严重挫伤了企业和劳动者的积极性，阻碍了生产力发展。这个模式本应是马克思、恩格斯设想的发达社会主义社会实行的模式，却被斯大林搬过来，在苏联强制推行实践。由于它严重超越了社会主义初级阶段的实际，所以不可能在实践中获得成功。中国最典型的事例就是1958年的"大跃进"和人民公社化运动，宣布钢铁指标由1080万吨达到1800万吨，提出"超英赶美"口号，追求所有制的"一大二公"，否定商品经济，否定按劳分配，要跑步进入共产主义，等等。严重超越当时中国的实际，生产关系超越了生产力发展水平的制约，事实证明，超越社会主义初级阶段生产力发展的制约，必然会引来失败的后果。

中国共产党对中国社会主义社会处于什么阶段的认识，是伴随党的实事求是思想路线的贯彻执行，在改革开放实践基础上逐步深化、逐步科学化的。

1981年6月，党的十一届六中全会通过的《关于建国以来党的若干历史问题的决议》，在总结新中国成立以来的实践经验、充分借鉴苏联建设社会主义失败教训的基础上，依据当时中国国情，第一次提出"我们的社会主义制度还是处于初级的阶段"[49]的论断。这时我们已经意识到社会主义制度尚不完善，需要经过长期的发展完善，才能达到较高水平与阶段。

1982年9月，中国共产党第十二次全国代表大会召开，对国情的认识显然加深了一步。党的十二大报告指出："我国的社会主义社会，现在还处在初级发展阶段，物质文明还不发达。"[50]这里的提法明确多了，用"社会主义社会"提法代替"社会主义制度"提法，显然更科学了。

在中国经济社会发展的关键时刻，邓小平审时度势，高屋建瓴，创造性地提出了"社会主义初级阶段"理论，为党的十三大与时俱进、开拓创新指明了方向，为加速中国特色社会主义建设奠定了坚实的理论基础。1987年8月，在党的十三大召开前夕，邓小平在会见意大利共产党领导人约蒂和赞盖里时的谈话中指出："我们党的十三大要阐述中国社会主义是处在一个什么阶段，就是处在初级阶段，是初级阶段的社会主义。社会主义本身是共产主义的初级阶段，而我们中国又处在社会主义的初级阶段，就是不发达的阶段。一切要从这个实际出发，根据这个实际来制订规划。"[51]1987年10月，党的十三大报告以"社会主义初级阶段"命题为主论依据，详尽地阐述了中国社会主义初级阶段的性质、含义，明确指出："我国正处在社会主义的初级阶段。这个论断，包括两层含义：第一，我国已经是社会主义社会。必须坚持而不能离开社会主义。第二，我国的社会主义社会还处在初级阶段。我们必须从这个实际出发，而不能超越这个阶段。"[52]这里一是肯定了中国现阶段社会的性质，是社会主义性质的社会，不能离开社会主义去搞什么资本主义，这就从根本上堵塞了走资本主义道路的企图与行为。二是明确了中国的社会主义社会还处于初级发展阶段，这是最基本的事实与实际，办什么事情都要从这个事实与实际出发，防止超越社会主义初级阶段去行事。这就为党和国家的全部决策提供了实践依据，就为党和国家制定路线、方针、政策奠定了客观基础。因此，这两层含义是十分科学的、正确的。

党的十三大报告还把我国社会主义初级阶段时间界定为100年，既稳妥，又科学。从1956年底进入社会主义社会开始到2056年，我国社会主义现代化基本实现恰好需要100年左右。作为一个发展阶段，如果时间界定得太短，容易产生"左"倾盲动行为与倾向，做出超越历史阶段的事情来；如果时间界定得过长，又容易使人缺乏足够的信心与干劲，实现现代化目标又遥不可及，不利于鼓舞人们为实现现代化目标而奋斗。确定为100年，用100年时间走完社会主义初级阶段这段历史过程，是一种实实在在、稳扎稳打的规划，是一种百利而无一害的积极可靠的战略安排。

社会主义初级阶段是大约100年左右时间的长期历史过程，那它在发展进程中，也会由于生产力发展状况及其与生产关系的矛盾运动状况而显现出经济社会由低到高的若干小的发展阶段，或称为"小的时代"（如图1.2所示）。

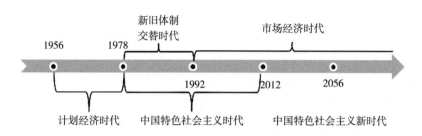

图1.2　社会主义初级阶段划分

从图1.2可见：

第一，1956年底至1978年底，从进入社会主义社会到决定实行改革开放，为中国的计划经济时代。

第二，1978年底至1992年，为新旧体制交替时代。计划经济旧体制被打破，市场经济新体制尚未建立，两种体制并存，即"双轨制"时代。

第三，1992年至2012年，这20年为市场经济时代。1992年邓小平南方谈话，吹响了中国市场化改革号角，由此开启了中国的市场经济时代。

第四，1978年底至2012年党的十八大召开，这三十多年为中国特色社会主义时代。这是中国改革开放取得举世瞩目成就的辉煌时代。对此，习近平高度概括地指出："中国特色社会主义是党和人民长期实践取得的根本成就。中国特色社会主义是改革开放新时期开创的，也是建立在我们党长期奋斗基础上的，是由我们党的几代中央领导集体团结带领全党全国人民历经千辛万苦、付出各种代价、接力探索取得的。"[53]

第五，党的十八大以来，中国特色社会主义进入新时代。中国特色社会主义新时代是在党的三代中央领导集体和以胡锦涛同志为总书记的党中央为中国特色社会主义作出历史性贡献基础上开启的。习近平以凝练精辟的语言高度地评价了他们的丰功伟绩："以毛泽东同志为核心的党的第一代中央领导集体，为新时期开创中国特色社会主义提供了宝贵经验、理论准备、物质基础。以邓小平同志为核心的党的第二代中央领导集体，成功开创了中国特色社会主义。以江泽民同志为核心的党的第三代中央领导集体，成功把中国特色社会主义推向二十一世纪。新世纪新阶段，以胡锦涛同志为总书记的党中央，成功在新的历史起点上坚持和发展了中国特色社会主义。"[54]习近平已接过他们手中的接力棒，坚定地表示要"始终高举中国特色社会主义伟大旗帜，坚定不移坚持和发展中国特色社会主义"[55]。这是在新时代新起点上的庄严誓言，也是向中国特色社会主义新时代进军的号角。

2. 社会主义初级阶段：坚持和发展中国特色社会主义的"总依据"

习近平在主持十八届中央政治局第一次集体学习时的讲话，深刻系统地阐述了为什么社会主义初级阶段会是坚持和发展中国特色社会主义的"总依据"问题。他指出："强调总依据，是因为社会主义初级阶段是当代中国的最大国情、最大实际。我们在任何条件下都要牢牢把握这个最大国情，推进任何方面的改革发展都要牢牢立足这个最大实际。不仅在经济建设中要始终立足初级阶段，而且在政治建设、文化建设、社会建设、生态文明建设中也要始终牢记初级阶段；不仅在经济总量低时要立足初级阶段，而且在经济总量提高后仍要牢记初级阶段；不仅在谋划长远发展时要立足初级阶段，而且在日常工作中也要牢记初级阶段。"[56]这里突出讲了"两个最大"，强调了三个"不仅……而且"，把坚持与发展中国特色社会主义的"总依据"概括得何等全面准确，精辟科学！这应该是对邓小平的社会主义初级阶段理论在当代最具创造性的阐释和发展，使人们对社会主义初级阶段这个最大国情和最大实际的认识有了重大提升。既然社会主义初级阶段这个最大国情和最大实际是坚持与发展中国特色社会主义的"总依据"，那么所有一切与坚持和发展中国特色社会主义事业有关的活动，都要从社会主义初级阶段的这个"总依据"出发。它应该是中国特色社会主义建设事业的基本立足点和出发点。那么，我们应该如何更深刻理解和更全面地掌握这个"总依据"呢？笔者认为，"总依据"应包括以下一些"具体依据"。

第一，历史依据。中国的社会主义社会是在近代中国半殖民地半封建社会的基础上建立起来的。自1840年鸦片战争以来，近代中国的历史是屡受帝国主义侵略、欺凌、掠夺与压迫的历史。各种不平等条约，不仅掠夺了中国的大片领土，还攫取了中国人民大量的金银与血汗。国内的封建地主阶级和官僚买办资本家阶级，不仅同帝国主义相勾结，残酷压榨中国人民，而且还以各种惨无人道的方式剥削人民，搜刮民脂民膏。加之国内各种军阀势力连年混战，老百姓深陷水深火热之中。再加上严重的自然灾害频频发生，老百姓更是流离失所。在三座大山的重压之下形成的"一穷二白"的历史状况，这个国情与实际不可能不对在此基础上建立起来的社会主义新中国形成基础性的制约。因此，从社会主义初级阶段的国情与实际出发，就不能不考虑这个历史性的依据。

第二，人口依据。人口是任何国家经济社会发展都必须考虑的重要国情之一。人口是社会存在与发展的基础，没有了人，何来人类社会？新中国社会主义社会建立之时，总人口大约为4.5亿，这个数量还是比较大的，是当时世界人口第一大国。新中国成立后，经过国民经济恢复阶段以及1953年开始的大规模的有计划工业化建设，到建立社会主义社会初期的60年代，中国人口已达到6亿多。人是社会生产力中最积极、最活跃的因素。毛泽东曾称赞说，人多好办事，人多什么人间奇迹都可以创造出来的。这有其积极、科学的一面。但我们必须清醒地认识到，人口多，其中非劳动人口也必然会多，这会对社会劳动人口形成巨大压力。在劳动生产率一般或水平较低的情况下，一定数量的劳动者所负担供养的非劳动人口的数量增大，其负担率太高。对一个国家来说，就势必影响建设资金的积累。当年，老人口学家、北京大学校长马寅初老先生曾在一个会上公开建议，节制人口生育，结果被批判为"新马尔萨斯人口论"。到20世纪70年代末，中国人口达到10亿左右。到了21世纪，中国人口总规模达到14亿多。这就是中国特色社会主义进入新时代必须面对、必须严肃考虑的人口依据。

一是按人口平均的GDP，依然很低，在全世界排位明显靠后。2015年，习近平讲："中国的人均国内生产总值仅相当于全球平均水平的三分之二、美国的七分之一，排在世界80位左右。"[57]到2018年，中国的国内生产总值总量已突破90万亿元，已坐稳了世界第二大经济体的位置，但按人口平均的国内生产总值，世界排名并无大的改变。若按人口平均的实际收入水平，在全世界的排名比80位的名次更是靠后。到2020年，中国全面建成小康社会后，完成脱贫攻坚，消灭了绝对贫困人口，中国是世界上最大的发展中国家这个基本事实不会有根本性改变。我们坚持和发展中国特色社会主义的目标，即到新中国成立100周年时全面建成社会主义现代化强国。

二是由于人口基数过大，人口中适龄劳动人口多，会给国家劳动就业形成巨大压力。发展劳动密集型产业，有助于扩大就业，但现实是劳动密集产业一般企业规模都小，科技含量低，设备简陋，劳动者技术水平不高，劳动生产率低下。这样企业的发展就与发展技术密集型产业、调整产业结构与产业升级、提高经济发展质量的产业政策发生明显矛盾，影响国家整体经济发展质量与发展水平的提高。此外，在我国适龄劳动人口中，文盲尚没有完全消除，中小学文化程度的人口居大多数。这同现代化建设对劳动者科技文化素质的要求严重不相适应。当今中国尚没有解决绝大部分"农民工"科技文化素质过低的状况。在农村劳动人口中，由于青年多数进城"打工"，主要由老弱及妇女在进行农业劳动，这对农业劳动生产率的提高，巩固与发展农业基础地位，实现农业现代化都有重大影响。

三是人口结构中老少比重问题多，对中国经济社会发展影响甚大。先说"少"。这里说的"少"，一般是指8～17岁，尚存在失学少年不说，单就当今中国的娱乐产业发展过快，致使这个年龄段的少年网络成瘾、游戏成瘾不在少数，外出打工者也较多，不愿上学读书，18岁以后必给劳动者素质提高带来诸多问题。然后说"老"。现行退休制度划定企业职工退休年龄是男年满60周岁，女工人年满50周岁，女干部年满55周岁。且不说男女有别涉嫌性别歧视，笔者看来应延迟退休，建议实行差异化的退休制度，只要身体好，单位又需要，或者其他单位聘用，应可以工作到70岁。"姜还是老的辣"，有些行业劳动者越老经验越丰富，技术熟练程度高，老有所为，可以充分利用这部分劳动资源。问题更大的是，现在全国老年人口已达2.8亿，约占总人口比重的19.8%，人口老龄化问题已相当严重。而当今中国的老龄产业却相对滞后，已经成为或将很快成为制约经济社会协调发展，影响和谐社会建设的重大问题了。

第三，生产力依据。人所共知，近代中国由于帝国主义侵略、掠夺，加上封建主义和官僚买办资产阶级等反动生产关系的束缚与阻碍，社会生产力水平十分低下，物质基础相当薄弱，商品经济极不发达。生产力是对社会发展具有决定作用的力量，它具有延续性与传承性。人们不能取消生产力发展的延续性与传承性。中国的新生的社会主义社会只能建立在近代中国延续和传承下来的生产力水平上，只能以既定的生产力水平为起点来开始新的发展。同时，社会生产力的发展一般说来是一个渐进的过程，生产资料的变革、物质生产要素的质的跃升，需要生产工具的革命性变化，如电的应用、蒸汽机的发明，都不是一朝一夕完成的。再有，由于近代中国的经济是自给自足的小农经济占主体，导致商品经济十分不发达。新中国成立后，毛泽东在1957年就公开宣布"团结全国各族人民进行一场新的战争——向自然界开战，发展我们的经济"[58]。然而，由于国际上发生了著名的匈牙利事件，他转而去抓反对资产阶级的斗争，转移了"向自然界开战"、发展社会生产力的方向。"以阶级斗争为纲"严重影响了人与自然的和谐与健康发展。生产力水平低下，物质基础十分薄弱，商品经济不发达，这是新中国成立时所面临的基本事实，成为社会主义建设要长期奋斗才能解决的问题。

第四，生产关系依据。生产关系说到底是一种阶级利益关系，它具有不可传承性。社会主义生产关系必须建立在消灭资本主义生产关系的基础之上。由于近代中国社会半殖民地半封建的性质，中国共产党带领中国人民夺取新民主主义革命胜利后，建立先进的社会主义生产关系，必须彻底废除与消灭资本主义生产关系。但先进的社会主义生产关系并不是一下子就能建立、巩固、完善与成熟起来的，需要有一个较长时间与过程。邓小平在南方谈话中指出："恐怕再有三十年的时间，我们才会在各方面形成一整套更加成熟、更加定型的制度。"[59]不仅如此，先进的社会主义生产关系要真正能适应并促进社会生产力的迅速发展，还必须探寻到它最优的、最合适的实现形式。生产关系的实现形式，就是经济体制模式。探寻到最优、最适合促进生产力发展的经济体制模式，也需要有一个过程。中国从进入社会主义社会开始到1978年改革开放以前，实行的是计划经济体制模式。对计划经济体制的改革，经历了十几年的"摸着石头过河"的实践，20世纪90年代初才决定推行社会主义市场经济体制，取代计划经济体制模式。中国社会主义生产关系从产生到巩固、发展、完善以至成熟定型，需要艰苦奋斗较长一段时期，这不能不成为巩固与发展中国特色社会主义必须考虑的国情之一。

第五，精神与道德方面的依据。马克思在《哥达纲领批判》中指出，"刚刚从资本主义社会中产生出来的"社会主义社会，"它在各方面，在经济、道德和精神方面都还带着它脱胎出来的那个旧社会的痕迹"[60]。上面，我们已讲了经济方面的"旧社会的痕迹"，现在来看"道德和精神方面的痕迹"。这些痕迹，同样是社会主义新中国向前发展必须解决的难题。如今，坚持和发展中国特色社会主义，更是不能回避的问题。

文化是属于精神产品生产范畴的。中国几千年形成的优秀传统文化，是由劳动人民用血汗创造的，经过几千年的积淀、传承与发展，形成了中华民族的宝贵的精神财富。新中国成立七十多年来，中国共产党始终不忘初心，坚持弘扬中华民族的优秀传统文化。

但是，不能不看到，中国的封建社会延续了两千年，封建统治阶级把持精神产品生产与经营大权，用"精神鸦片"控制劳动人民，统治和剥削劳动人民，形成了一整套封建主义文化体系。它们与中华传统文化混杂、交织在一起，形成精华与糟粕共存的局面。正因为如此，毛泽东主张要认真研究，分清哪些是糟粕，哪些是精华，吸取精华、剔除糟粕。对于文化的分析与鉴别，确实需要时间与过程，更需要人力、物力及财力的大量投入。

还应看到，精神文化产品，又属于意识形态范畴，它具有相对独立性。半殖民地半封建社会被打倒了，半殖民地半封建社会的文化，作为一种意识形态并不可能立即消灭，还会在新社会中长期存在。坚持与发展中国特色社会主义还必须扫除这些精神垃圾。不破不立，不破除封建文化残余，社会主义精神文化就不可能真正繁荣，社会主义先进文化就不可能占领精神世界之高地。然而，实现这个过程，任务甚至比发展生产力更艰巨、需要更长时间。

习近平指出："核心价值观是文化软实力的灵魂、文化软实力建设的重点。"[61]这为发展中国特色社会主义文化指明了方向。所谓"社会主义核心价值观"就是二十四个字的内容：富强、民主、文明、和谐，自由、平等、公正、法治，爱国、敬业、诚信、友善。这二十四个字非同一般，它实际上是决定文化性质和方向的最深层次要素。一个国家的文化软实力是否强大，从根本上讲，取决于社会核心价值观的感召力、凝聚力和生命力。所以，我们坚持和发展中国特色社会主义，在文化软实力建设上，必须将社会主义核心价值观贯穿所有文化发展过程之中，"使核心价值观的影响像空气一样无所不在、无时不有"[62]。

再说道德。一个国家要健康运行，必须有软硬结合的行为规范。法律与制度是"硬规范"，而道德规范则为"软规范"。"软规范"其实并不"软"，它比"硬规范"更难，更需耐心与努力。习近平指出，"精神的力量是无穷的，道德的力量也是无穷的"，要"为实现中国梦凝聚有力道德支撑"[63]。道德有不同的层次：①职业道德，主要是讲职工要忠于职业操守，爱岗敬业，团结互助，对工作兢兢业业，不偷懒耍滑，讲质量，求效率；②家庭美德，主要包括家庭成员要夫妻友爱和睦、敬老爱幼，子女要孝敬老人、热爱亲朋；③个人品德，主要包括个人要有品德修养，知荣辱、爱学习、求上进、讲正气，与人团结友善，爱国爱家；④社会公德，遵守社会公共秩序，助人为乐，见义勇为，诚实守信，团结互助，爱我中华，促和谐，作贡献；等等。这些道德的核心是弘扬真善美，传播正能量，让社会和谐美好，让全体人民生活更幸福。弘扬社会主义道德，是坚持和发展中国特色社会主义的一项巨大复杂工程，是一项艰巨复杂而又必须完成的任务。

以上五个具体依据，实际都是社会主义初级阶段的题中应有之义，既互相联系，又互相影响，不可分割。它们总括起来，共同形成中国社会主义初级阶段这个"总依据"。这个"总依据"好比万丈高楼的地基一样，中国特色社会主义大厦树立其上，才坚实可靠，更加宏伟壮观。

三、中国特色社会主义新时代的主要标志及特征

1. 时代划分与转换的标志

中国特色社会主义新时代是以什么为标志来划分的？结合上述图1.2所示，我们试作分析与说明。

本书把1978年至2012年划为中国特色社会主义时代，主要是从对计划经济体制实行改革开始，历经新旧两种体制并存交替，到党的十八大这一整个历史时期。从党的十八大开始进入中国特色社会主义新时代。习近平在《紧紧围绕坚持和发展中国特色社会主义学习宣传贯彻党的十八大精神》一文中指出，"中国特色社会主义是改革开放新时期开创的"[64]，"党的十八大报告勾画了在新的历史条件下全面建成小康社会、加快推进社会主义现代化、夺取中国特色社会主义新胜利的宏伟蓝图"[65]。这一论述很清晰地指出了中国特色社会主义新时代的起始时间，即以党的十八大为标志，开启了中国特色社会主义新时代。

笔者认为，以党的重大历史事件或党的重要会议为标志来划分"小的时代"（相比大的时代划分，如资本主义时代、社会主义时代）是可行的。

中国社会主义建设的历史，就是中国共产党领导全国各族人民团结奋斗的历史。党的重要会议或历史事件，是党的最高领导机关决定国家发展大局和人民的历史命运的时刻，往往都会引发经济社会重大转折，标志新时期或新时代开始。最能说明问题的是，党的十一届三中全会制定"解放思想、实事求是"的思想路线，决定实行改革开放，就开创了中国特色社会主义的伟大时代。

如图1.2所示，中国特色社会主义新时代绝不是认为此前的时代为旧时代，而是表明中国特色社会主义建设与发展将接续下去，在新的历史条件下从新的起点开始出发。中国特色社会主义航船将沿着社会主义道路，扬帆远航，破浪前进，去开拓和迎接更新的更伟大的时代。

2. 中国特色社会主义新时代的主要特征

坚持和发展中国特色社会主义，除了加深对中国最大最基本的国情——社会主义初级阶段的认识以外，还要认真把握中国特色社会主义新时代的主要特征，以便更好地实现总目标。"因为中国特色社会主义是全面发展的社会主义"[66]，所以，习近平强调要从总体布局上来认识与把握其主要特征。不仅要在经济不断发展基础上，协调推进政治建设、文化建设、社会建设、生态文明建设以及其他各方面建设，促进现代化建设各个方面相协调，促进生产关系与生产力，上层建筑与经济基础相协调。全面布局为了全面协调，全面协调为了全面发展。这是中国特色社会主义新时代的本质特征要求。

中国特色社会主义新时代的主要特征，主要体现在以下八个方面。

第一，中国社会主义经济发展进入新常态，向形态更高级、分工更优化、结构更合

理的阶段演进。

首先，要准确认识与把握"新常态"的内涵。对此，习近平概括了"三个不是"：其一，它"不是一个事件，不要用好或坏来判断"；其二，它"不是一个筐子，不要什么都往里面装"；其三，它"不是一个避风港，不要把不好做或难做好的工作都归结于新常态，似乎推给新常态就有不去解决的理由了"[67]。那新常态到底是什么呢？习近平的科学回答是："新常态是一个客观状态，是我国经济发展到今天这个阶段必然会出现的一种状态，是一种内在必然性。"[68]

其次，面对经济发展"新常态"，要主动适应，积极面对。习近平特别强调："新常态不是不干事，不是不要发展，不是不要国内生产总值增长，而是要更好发挥主观能动性、更有创造精神地推动发展。"[69]

再次，要正确认识与把握"新常态"下我国经济发展的主要特点。习近平指出："'十三五'时期，我国经济发展的显著特征就是进入新常态。新常态下，我国经济发展的主要特点是：增长速度要从高速转向中高速，发展方式要从规模速度型转向质量效率型，经济结构调整要从增量扩能为主转向调整存量、做优增量并举，发展动力要从主要依靠资源和低成本劳动力等要素投入转向创新驱动。"[70]这"四个转向"是中国经济"向形态更高级、分工更优化、结构更合理的阶段演进的必经过程"[71]。这个演进是"完全符合事物发展螺旋式上升的运动规律"[72]。

最后，要按经济发展规律办事，把引领经济发展新常态作为贯穿发展全局和全过程的大逻辑。

从时间上看，我国自改革开放后，仅用三十多年的时间就走完了发达国家几百年走过的历程，创造了世界经济发展的奇迹。我国经济总量在世界上的排名，改革开放之初居第十一位；2005年，超过法国，居第五位；2006年，超过英国，居第四位；2007年，超过法国居第三位；2009年，超过日本，居第二位；2010年，我国制造业规模超美国，位居世界第一。发展到今天，中国经济面临"三大节点"：①速度换挡节点：由高速转向中高速；②结构调整节点：由低端产业转向中高端产业；③发展动力转换节点：由低成本资源和要素投入驱动力转化为多驱动力创新。

从空间上看，我国外贸出口现已出现拐点。货物出口占世界总额的比重，改革开放之初不足1%，2002年超过5%，2010年超过10%，2014年达到12.3%，之后连续四年低于世界经济增速。按照日本、法国等世界贸易大国的实践来看，当货物出口量占世界出口量达10%，就会出现拐点，从增长转向下降，照此趋势，我国出口的拐点已经到来。这意味着今后再维持出口高增长，出口占GDP值的高比例已经不可能了。依据这种状况，习近平指出："我们必须把经济增长动力更多放在创新驱动和扩大内需特别是消费需求上。"[73]经济增长的"三驾马车"中外贸与投资如果拉不动，就必须依靠扩大内需尤其是消费需求这驾马车，这是必然的选择。

总之，无论从时间上来看还是从空间上来看，中国经济都面临重大转折，那就是国内面临结构转型升级，对外贸易需要转换新动力，已经进入一个重要战略机遇期。只有从发展全局上掌控，对内推动动力机制转换，不断扩大内需，尤其是消费需求，对外扩大开放，适应国际分工演进规律，才能全面推动我国经济跃上新台阶，使我国经济向结构更合理、分工更优化、形态更高级的阶段大步演进。

第二，经济发展要在新发展理念引领下，实现全面协调、健康可持续的科学发展。

"创新、协调、绿色、开放、共享"新发展理念是适应经济发展新常态的客观要求而提出来的。它虽然对每个企业、每个地区、每个部门都适用，但更重要的它是管全局、管根本、管长远的导向，具有战略性、纲领性、引领性。所以，不能把它看作一种权宜之计、临时措施或是一般的工作抓手。它充分反映党和国家对中国特色社会主义新时代经济发展本质特征的调整，体现了对社会主义本质要求与发展方向的科学把握，标志着党和国家对现阶段中国经济社会发展规律的认识达到了新高度。所以，在中国经济进入新常态的条件下，推动经济发展不断跃上新台阶，实现新跨越，必须坚持以新发展理念为引领、为战略导向。

"创新"位于新发展理念之首。为什么？主要原因在于它是发展的第一动力。科学技术是第一生产力，但是科学技术要成为现实生产力、成为可持续发展的生产力，必须有持久的驱动力，这就是创新。创新无止境，创新的力量是无限的。创新是经济社会发展不竭的动力与源泉。抓住了创新，就抓住了牵动经济社会发展全局的"牛鼻子"。任何工作，只要把创新理念放在第一位，由它来引领，必然会"旧貌换新颜"，让人耳目一新。

"协调"是经济社会健康与可持续发展的前提。不协调，就说明经济社会发展出现比例失衡等问题。协调与否是检验经济社会发展是否健康有序的一个重要标尺。只有搞好综合平衡，经济发展才能健康协调。陈云早就明确讲："所谓综合平衡，就是按比例；按比例，就平衡了。""按比例是客观规律，不按比例就一定搞不好。"[74]现在，否定了斯大林的"国民经济有计划发展规律"是有道理的，因为"有计划"是主观性的东西，把它作为客观规律是错误的，但笔者认为，不能以此来否定按比例是客观规律。陈云讲的"按比例是客观规律"是马克思主义观点。按比例分配社会劳动总量于各个部门、各个地区，是全社会经济实现平衡发展的重要前提。所以，习近平将协调纳入新发展理念，是符合按比例发展规律要求的。

"绿色"是世间万物盎然的生命之色。黑色、灰色、褐色虽然也都是大自然中不可缺少的颜色，但是黑色的水体、灰色的天空、裸露的山体和草原显示出的褐色都是恶劣环境的表现，都是人们不喜欢的。绿色发展是人们追求美好生活、生产环境，实现经济可持续发展的重要条件。任何健康可持续的发展都不能以牺牲环境与人的健康为代价。试想人们在充满雾霾的灰色天空之下，被黑臭水体所包围，满目荒凉的褐色山体与无草土地，又怎能健康地生活？人们期盼天蓝、水清、草绿的美丽环境，渴望健康幸福的生活。然而，长期以来，人们由于缺乏生态保护意识，为了追求GDP的片面增长而破坏了生态环境，这种危及人类自身生存条件与生活环境的发展再也不能继续下去了。所以习近平提出的绿色发展新理念，是造福人类、造福子孙后代，实现经济长久可持续发展的战略选择，是一种全新的发展思路。

"开放"是商品经济发展的内在要求，是商品交换日益扩大的必然选择。商品交换不仅要求有发达的国内市场，更需要有繁荣的国际市场。所以，开放是我国发展与繁荣社会主义商品经济的必由之路。尤其在我国加入世界贸易组织以后，中国经济已经融入世界经济体系，并且随着中国引进外国资本，大大加速了世界经济一体化进程。中国发展强大需要世界，所以必须坚持对外开放。中国只有在不断扩大的开放进程中"强身健体"，中华民族才能自立于世界民族之林。习近平将开放作为新时代发展新理念，从根本上说是顺应社会主义商品经济发展大势而引导中国成为世界强国的一条光明之路、胜利之路。

"共享"是指发展成果要共享。商品经济本质上就是一种共享经济。商品具有使用价值与价值两重属性。商品的使用价值是为了供他人使用或消费。商品的生产经营者为了实现其商品的价值，必须通过市场交换，让渡商品的使用价值。这个使用价值只有质优价廉、品种规格对路、适合他人的需求，才能在市场上成功卖掉，换取自身所追求的商品价值，其代表是货币。所以，商品经济的发展必须依赖于外部市场。国内市场的扩大与发展，必然形成国际市场。商品经济就是在国内与国际市场上互相交换其商品，在互利互惠中共享发展成果的经济形式。卖者追求并享有价值，而买者则享用使用价值，二者之间是一种互利互惠、共享发展成果的利益关系。它本身是排斥独占成果的。目前，中国的经济是进入中国特色社会主义新时代的商品经济，或者说市场经济，是由全民共同来发展的，它就要求经济发展的成果由全民共享。共享的水平是随着经济发展的成果不断增多而逐渐提高的。习近平提出共享发展成果的新理念，是建设新型共享经济的战略选择，是体现社会主义制度本质特征要求、实现共同富裕的根本途径。

以上五个发展新理念，是一个有机统一的整体。它们互相联系、互相结合、互相促进、有机地统一为一个整体，不能互相取代，不能互相割裂。要"五位一体"地认真贯彻，而且不可只是孤立地贯彻其中部分理念，而不顾其他。只要认真全面地以五个发展新理念为导引，就可以避免片面、畸形发展，实现公平、有效率、全面协调的发展，进而实现科学发展。习近平将"创新、协调、绿色、开放、共享"新发展理念作为中国特色社会主义新时代的发展引领，无疑为中国特色社会主义的创新发展注入了新的动力，提供了新前景，开辟了新道路，创造性地丰富与发展了马克思主义的社会主义政治经济学的发展理论。

第三，建设高质量小康社会，为实现第二个百年奋斗目标奠定更为牢靠的基础。

　　中国特色社会主义进入新时代以后，便进入了全面建成小康社会决胜阶段。经过全党全国人民上下齐心协力、艰苦奋斗，中国胜利进入小康社会。这仅是"船到码头、车到站"不是终点站，车船还要继续前行。怎么前行？《中共中央关于制定国民经济和社会发展第十三个五年规划的建议》提出建设高质量的小康社会。习近平指出："我们不仅要全面建成小康社会，而且要考虑更长远时期的发展要求，加快形成适应经济发展新常态的经济发展方式。这样，才能建成高质量的小康社会，才能为实现第二个百年奋斗目标奠定更为牢靠的基础。"[75]

　　"十三五"期间，全国的年均增长率保持在6.5%以上。全国城乡居民人均可支配收入年均增长5.8%以上，在保障国家安全与粮食安全的前提下，保障国家生态安全的主体功能得到强化，各项事业都有明显进步，特别是公共服务水平明显提高，人民生活显著改善。要全面巩固小康社会建设成果，在消灭绝对贫困的基础上，向逐步减少相对贫困宣战，为避免"中等收入陷阱"，全面提升人民的福利与收入水平而奋斗，争取早日接近或进入"大康社会"。

　　从"小康社会"到全面建成"大康社会"，进而实现第二个百年奋斗目标，需要几代人艰苦卓绝的奋斗与努力。但目标在召唤，目标唤起人们拼搏奋进。建设高质量的小康社会，争取早日接近于进入"大康社会"，这是中国特色社会主义新时代的主要经济特征，也是所有劳动者要努力完成的伟大任务。

　　第四，建成日益发达的网络社会，完成信息化促进工业化的伟大任务。

　　当今世界，信息技术和网络经济发展突飞猛进，日新月异，正深刻地改变世界各国人民的生产与生活方式。中国在这个信息技术革命与网络经济迅猛发展的大潮中，并没有落后，而是英勇拼搏，紧追潮头，已经成为信息技术与网络经济大国。尽管在5G技术与网上支付等个别领域占据世界领先地位，网络已经走进千家万户，尤其在农村及偏远落后地区也出现了网上交易形式，且网民数量也占世界第一位，但不能不看到，中国仍然不是信息技术与网络经济强国。这主要表现在如下几个方面：一是属于中国自主创新的信息技术与网络技术，还是少之又少。许多技术仍是"舶来品"或"拿来品"。二是核心软件及电脑芯片基本上被美国、英国、日本等发达国家的企业所控制。中国在这方面的差距还相当大，要真正赶上或超越他们，仍需加大投资、增加研发经费，重要的是还需要一定时间。三是用信息技术促进工业化及改造国民经济各个传统产业部门，使之完成工业化，并实现社会管理的信息化、网络化还需要较长的一段路程要走。正如习近平总书记所指出的："我国互联网和信息化工作取得了显著发展成就，网络走入千家万户，网民数量世界第一，我国已成为网络大国。同时也要看到，我们在自主创新方面还相对落后，区域和城乡差异比较明显，特别是人均带宽与国际先进水平差距较大，国内互联网发展瓶颈仍然较为突出。"[76]中国还不是信息与网络的强国，在中国特色社会主义新时代，中国必须要努力缩短与西方强国的差距，用较短的时间走完由"大"到

"强"的路程，用信息化促工业化，利用信息网络技术完成对传统产业部门的改造，完成工业化，加速国民经济的现代化。

第五，改革攻坚克难要注重系统性、协同性、整体性，朝着全面深化改革总目标聚焦发力，向增添发展新动力方向前进。

中国的体制改革是由易到难、"摸着石头过河"稳步推进的。到21世纪，改革取得了十分重大的成果，其作为经济社会发展的巨大推动力，作用越发明显，成效卓著。改革开始进入深水区，各种矛盾错综交织，利益藩篱增多，体制机制固化，易改的都改过了，只剩下难啃的"硬骨头"，改革真正进入"牵一发而动全身"的攻坚克难阶段。习近平指出："注重系统性、整体性、协同性是全面深化改革的内在要求，也是推进改革的重要方法。"[77]习近平为全面深化改革指出了侧重点与前进方向。各地区、各部门的改革要协同运作，相互配合，不能"各吹各的号，各唱各的调"，也不能"单出头"、孤单冒进，更不能左观右看、坐以待毙、停滞不前。各地区、各部门在改革举措与政策取向上，要尽可能互相搭配、互相衔接、协同作战。否则，互相牵扯、互相争利，大家纠缠在一起，谁都难以前进。只有齐心协力打破体制机制固化的顽疾，冲破利益争夺的藩篱，把这改革深化两大难点攻克，渡过改革"深水区"，改革才会取得实质性突破与进步。改革作为推动经济社会的重要动力源，将会加大马力推动我国经济社会发展水平再上新台阶，甚至产生新飞跃。

要"使改革落地生根"[78]，让人民群众尝到改革的甜头，共享改革的成果，这是取得全面深化改革胜利的关键环节。否则，人们就对改革不感兴趣，也不会从行动上关心改革。这种情绪一旦在群众中蔓延，就会严重影响改革进程。所以，习近平再三叮嘱定要使改革落地生根，其意义关系到改革的成败，不可小视之。人民尝不到改革的甜头与成果，是不会支持改革的。而缺乏人民支持的任何改革措施都不会取得成功。所以，"使改革落地生根"这是增加改革新动力的重要举措，务必落实到位。

第六，社会主义核心价值观得到全面提升，社会主义精神文明建设提高到一个新水平。

这是中国特色社会主义进入新时代，全面夯实中国特色社会主义思想道德基础的根本要求，也是中国特色社会主义新时代的又一个主要特征。

提升社会主义核心价值观是凝聚社会力量、强中国特色社会主义之基、固中国特色社会主义之本的基础性工程。这项工程直接关系到社会和谐与稳定，关系到国家的长治久安。同时，这项工程搞得好了，对社会主义经济发展也会产生巨大的不可估量的促进作用。因为个人的价值观也好，企业的价值观也好，尤其社会的价值取向等，都会在其经济活动中充分体现出来，如倡导诚实守信、仁义道德、团结协作、爱岗敬业、遵纪守法、遵守乡规民约、公民道德等等，都会对个人行为、企业行为、社会行为产生积极的正能量，使经济活动健康有序展开，实现最佳的经济绩效。所以，提升社会主义核心价值观是一项社会性的基础工程，不仅是社会稳定发展、长治久安的需要，而且对经济发展起重大基础性作用。

中国特色社会主义进入新时代，最显著的标志就是要使社会主义核心价值观贯穿于社会生活的方方面面，成为全体社会成员日常工作与生活的基本遵循与行为规范。首先，要从儿童抓起。习近平讲："任何一种思想观念，要在全社会树立起来并长期发挥作用，就要从少年儿童抓起。"[79]少年儿童是祖国的未来，是中华民族的希望。祖国的未来要靠今天的少年儿童去开创，中华民族的希望也要靠今天的少年儿童去实现。所以，要从小积极培育和践行社会主义核心价值观，让孩子们从小树立远大志向，培育美好心灵，从小事做起，一点一滴积累；从身边做起，学习英雄人物，养成好思想，培育好品格；继承好习惯，积小德成大德，积小善成大善。为了让社会主义核心价值观在少年儿童中培育起来，习近平还特别强调家庭、学校、少先队组织及全社会的责任，让大家关心少年儿童的茁壮成长。其次，中国青年更是"要自觉践行社会主义核心价值观"[80]。这"是因为青年的价值取向决定了未来整个社会的价值取向，而青年又处在价值观形成和确立的时期，抓好这一时期的价值观养成十分重要"[81]。习近平还嘱托广大青年要在以下四个方面树立和培育自己的社会主义核心价值观：一是要勤学，下得苦功夫，求得真学问；二是要修德，加强道德修养，注重道德实践；三是要明辨，善于明辨是非，善于决断选择；四是要笃实，扎扎实实干事，踏踏实实做人。总之，"青年要从现在做起、从自己做起，使社会主义核心价值观成为自己的基本遵循，并身体力行大力将其推广到社会上去。"[82]最后，共产党员，尤其是党的领导干部要率先垂范，做践行社会主义核心价值观的模范与楷模。共产党员，尤其是党的领导干部，一定要坚定自己对马克思主义和共产主义的信仰，讲党性、重品行、有修养、做表率，在践行社会主义核心价值观方面起先锋模范作用，矢志不渝地为坚持马克思主义、为实现中国特色社会主义的伟大理想而奋斗。坚定的信仰与理想信念，是共产党员的政治灵魂，更是共产党员的安身立命的根本。失去信仰与理想信念，就不能成为真正的共产党员。现在一些党员领导干部在市场经济大潮中败下阵来，大多数是由于信仰丧失、精神迷失所致，结果滥用人民赋予的权力，贪财图色，腐化堕落。一句话，是从根本上背离了社会主义核心价值观的基本遵循与要求的必然结果。

第七，全面优化生态环境，努力走向社会主义生态文明新时代。

保护生态环境，推进生态文明建设，功在当代，利在千秋，惠及民众，惠及子孙。正是由于它是一项千秋伟业，所以党的十八大把保护生态环境、大力进行生态文明建设纳入中国特色社会主义事业"五位一体"总体布局来全盘谋划，这充分表明我国加强全面优化生态环境的信心与决心，也标志着我国开始走向社会主义生态文明的新时代。

对于如何加强社会主义生态文明建设，习近平指出，以邓小平理论、"三个代表"重要思想、科学发展观为指导，主要做到"一个树立""两个坚持""一个着力"，再加"一个形成"[83]。

一是树立尊重自然、顺应自然、保护自然的生态文明理念。有没有保护自然的文明生态理念很重要。过去很长一段时间，人们根本没有意识到自然生态环境的可贵，所以无论是生产还是生活，只要是遇到二者相互矛盾、相互冲突的情况，都以生产或生活优先，尽管环境遭到严重破坏，也不感到可惜。实践给人们敲响警钟，事实给人们上了生态文明教育课。当空气污染让人们难以呼吸、当堆积如山的垃圾散发难闻臭气、当黑臭水体环绕村庄、当工厂滚滚浓烟四处弥漫、当采煤挖矿致使房屋倒塌、当饮用水被污染、无水可饮时，人们痛切地感到，破坏自然生态环境竟可以威胁自身的生存！所以，树立尊重自然、顺应自然、保护自然的生态文明理念，保护自然生态环境，乃是人类生存之必需，更是生产可持续发展之必需。要实现科学发展，树立保护自然生态环境的意识是必行之举。

二是"两个坚持"，即坚持节约资源和保护环境的基本国策，坚持节约优先、保护优先、自然恢复为主的方针。先说"基本国策"。随着经济社会的发展，资源约束越来越突出，资源短缺会越来越严重。一旦资源枯竭，经济发展就难以为继，不可持续将不可避免。所以，对资源的节约使用，就带有战略意义。而资源的节约运用，无疑有助于生态环境的保护，因为任何自然资源均来自自然界，自然资源的开采与利用，无疑都会触动自然界原有生态系统。若不尊重自然，不按自然规律行事，很容易形成对自然界的破坏。因此，保护环境是为了节约资源，节约资源是可以更好地保护环境，二者同为基本国策。再说"方针"，这是说生态文明建设的方针。其内容有三：首先，节约优先。在资源利用上一定要节约优先，杜绝任何浪费。实现资源节约优先，关键在于提高资源利用率，如水资源可以循环使用，一些矿产资源可以综合利用。其次，保护优先。在资源开发上，一定奉行保护优先，能保护者，尽可能优先考虑保护。最后自然恢复为主。在开发利用自然资源过程中，一旦原有生态系统遭到破坏后，尽可能要用自然恢复的措施进行补救和恢复，这是根本原则，人为补救则应为辅助措施。这三项内容统一构成保护生态环境、建设生态文明的根本方针。

三是"一个着力"，包括四项内容：树立生态观念；完善生态制度；维护生态安全；优化生态环境。这四项内容均是当下保护环境、建设生态文明亟待解决的主要问题。首先要解决观念认识问题，思想认识上不去，作决策没有把生态保护摆进去，必定会破坏生态环境。其次，对于生态环境保护，一定要形成一个完整的制度，不能临时抱佛脚，东一榔头西一棒子，领导重视就抓一下，领导不过问就拉倒，不能只靠领导是否过问，而应靠完整的制度来实现。只有靠制度管理、约束生态环境保护，生态环境保护才能做好。最后，维护生态安全与优化生态环境，这是生态文明建设要达到的两个重要行业目标。

四是"一个形成"即形成节约资源和保护环境的空间格局、产业结构、生产方式、生活方式，这是加强生态文明建设的总目标。树立生态保护意识，完善生态保护制度，维护生态安全及优化环境，最终要形成一个空间布局合理、产业结构优化、资源节约的完善环境保护体系，建立新的绿色的生产生活方式。这里既讲了"意识""国策""方针"及"制度"，又讲了"行业目标"及"总目标"，既有实现目标，又有实现途径及指导思想，把生态文明建设的整体构想充分表现出来了。

中国特色社会主义进入新时代，标志着中国开启了社会主义生态文明建设的新征程。习近平对生态文明建设的总体构想将付诸实践，并将在实践中逐步开花，结出丰硕的果实来。

第八，构建创新、活力、联动、包容的世界经济，走出一条和衷共济、合作共赢的新路子。

构建新型世界经济，走出和衷共济、合作共赢的发展新路子，这是习近平对外经济发展的一个重要战略构想，也是中国特色社会主义进入新时代的一个主要特征。

2016年9月4日，习近平在二十国集团领导人杭州峰会上，认真研判了当时的世界经济发展大趋势，明确指出"世界经济又走到一个关键当口"，世界经济增长的"主要引擎都先后进入换挡期"，"主要经济体先后进入老龄化社会，人口增长率下降，给各国经济社会带来压力。经济全球化出现波折，保护主义、内顾倾向抬头，多边贸易体制受到冲击。金融监管改革虽有明显进展，但高杠杆、高泡沫等风险仍在积聚"[84]。在上述因素综合作用下，世界经济"面临增长动力不足、需求不振、金融市场反复动荡、国际贸易和投资持续低迷等多重风险和挑战"[85]。为了应对上述挑战，"让世界经济走上强劲、可持续、平衡、包容增长之路"[86]，习近平直面世界经济难题与挑战，勇立世界经济大潮潮头，大胆地创造性地贡献出了"中国方案"，即"构建创新、活力、联动、包容的世界经济"[87]模式，彻底摒弃零和博弈模式，"走出一条和衷共济、合作共赢的新路子"[88]。这里的"创新"就是指"创新发展方式，挖掘增长动能"。通过创新由以前的粗放式增长转变为注重质量与效益的集约式发展。通过结构创新、新工业革命、数字经济、智能经济等新方式来给世界经济注入新动能、激发新活力、开辟新道路、拓展新边界，让创新引领并激活世界经济。所谓"联动"，就是在开放的基础上，推动贸易与投资自由化与便利化，防止单边主义、保护主义，更要避免贸易战与经济冲突。特别要充分发挥基础设施互联互通的辐射效应与带动作用，加强各国之间宏观政策的协调与合作，推动各国经济相互包容、相互融合、联动发展。

中国秉持知行合一原则，愿意以同舟共济的伙伴精神，实行共建共享，打造合作平台，完善全球经济治理体系，构建金融风险防范机制，提高世界经济的抗风险能力，走出一条互相包容、利益共存、合作共赢的世界经济发展新路子。习近平面向世界，坚定地指出："我们虽然国情不同、发展阶段不同、面临的现实挑战不同，但推动经济增长的愿望相同，应对危机挑战的利益相同，实现共同发展的憧憬相同。只要我们坚持同舟共济的伙伴精神，就能够克服世界经济的惊涛骇浪，开辟未来增长的崭新航程。"[89]

以上八条，力图从生产力到生产关系、从经济基础到上层建筑、从国内到国外，较全面地阐述与分析了中国特色社会主义新时代的主要特征，这些就足以表明：科学社会主义在中国取得了非凡的成就，"新时代中国特色的社会主义是我们党领导人民进行伟大社会革命的成果，也是我们党领导人民进行伟大社会革命的继续，必须一以贯之进行下去。"[90]

中国特色社会主义新时代对科学社会主义的理论创新，其力量是无可估量的。它一旦被广大人民群众所掌握就会变成巨大的物质力量，将促进全国人民不忘初心、牢记使命，以极大的社会主义热情与干劲，百倍地努力，加速实现第二个百年奋斗目标。即"乘势而上开启全面建设社会主义现代化国家新征程，向第二个百年奋斗目标进军"[91]。结合当前国际发展形势及我国发展条件，从2020年实现全面小康社会后到21世纪中叶，分两步走：第一步从2020年到2035年，在全面建成小康社会基础上，再奋斗十五年，基本实现社会主义现代化。第二步，从2035年到21世纪中叶，在基本实现现代化的基础上，再奋斗十五年，把我国建成富强民主文明和谐美丽的社会主义现代化强国。到那时，我国共同富裕的目标将基本实现，物质文明、精神文明、社会文明、生态文明将全面提升，我国亦将成为综合国力和全球影响力领先的国家。

参考文献

[1] 习近平谈治国理政：第2卷 [M].北京：外文出版社，2017：3.

[2] 马克思恩格斯全集：第4卷 [M].北京：人民出版社，1958：148.

[3] 潘石.对社会主义及其初级阶段的若干理论思考 [J].经济纵横，1988（05）：1-7.

[4] 蔡中兴，蒋自强，等.马克思主义经济思想流派 [M].上海：上海人民出版社，1989：22-25.

[5] 马克思恩格斯全集：第18卷 [M].北京：人民出版社，1964：566.

[6] 毛泽东选集：第3卷 [M].北京：人民出版社，1991：796.

[7] 毛泽东选集：第2卷 [M].北京：人民出版社，1991：533.

[8] 毛泽东选集：第3卷 [M].北京：人民出版社，1991：815.

[9] 毛泽东选集：第2卷 [M].北京：人民出版社，1991：534.

[10] 毛泽东年谱（一九四九——一九七六）：第3卷 [M].北京：中央文献出版社，2013：227.

[11] 邓小平文选：第2卷 [M].北京：人民出版社，1994：164-165.

[12] 邓小平文选：第2卷 [M].北京：人民出版社，1994：166.

[13] 邓小平文选：第3卷 [M].北京：人民出版社，1993：123.

[14] 邓小平文选：第3卷 [M].北京：人民出版社，1993：123.

[15] 习近平谈治国理政：第1卷 [M].北京：外文出版社，2018：4.

[16] 习近平谈治国理政：第1卷[M]．北京：外文出版社，2018：4.

[17] 习近平谈治国理政：第1卷[M]．北京：外文出版社，2018：4-5.

[18] 习近平谈治国理政：第1卷[M]．北京：外文出版社，2018：4.

[19] 习近平谈治国理政：第2卷[M]．北京：外文出版社，2017：30.

[20] 习近平谈治国理政：第1卷[M]．北京：外文出版社，2018：67.

[21] 习近平谈治国理政：第1卷[M]．北京：外文出版社，2018：67.

[22] 习近平谈治国理政：第1卷[M]．北京：外文出版社，2018：68.

[23] 习近平谈治国理政：第1卷[M]．北京：外文出版社，2018：21.

[24] 习近平谈治国理政：第1卷[M]．北京：外文出版社，2018：9.

[25] 习近平谈治国理政：第1卷[M]．北京：外文出版社，2018：25.

[26] 习近平谈治国理政：第1卷[M]．北京：外文出版社，2018：25.

[27] 习近平谈治国理政：第1卷[M]．北京：外文出版社，2018：25.

[28] 习近平谈治国理政：第2卷[M]．北京：外文出版社，2017：18.

[29] 习近平谈治国理政：第2卷[M]．北京：外文出版社，2017：27.

[30] 习近平谈治国理政：第2卷[M]．北京：外文出版社，2017：27-28.

[31] 习近平谈治国理政：第1卷[M]．北京：外文出版社，2018：9-10.

[32] 习近平谈治国理政：第2卷[M]．北京：外文出版社，2017：289.

[33] 习近平谈治国理政：第2卷[M]．北京：外文出版社，2017：289.

[34] 中共中央文件选集（一九四九年十月——一九六六年五月）：第26册[M]．北京：人民出版社，2013：254.

[35] 邓小平文选：第3卷[M]．北京：人民出版社，1993：206.

[36] 邓小平文选：第3卷[M]．北京：人民出版社，1993：207.

[37] 邓小平文选：第3卷[M]．北京：人民出版社，1993：373.

[38] 习近平谈治国理政：第1卷[M]．北京：外文出版社，2018：6-7.

[39] 习近平谈治国理政：第1卷[M]．北京：外文出版社，2018：7.

[40] 习近平谈治国理政：第1卷[M]．北京：外文出版社，2018：9.

[41] 习近平谈治国理政：第1卷[M]．北京：外文出版社，2018：9.

[42] 马克思恩格斯选集：第3卷[M]．北京：人民出版社，1972：10.

[43] 马克思恩格斯选集：第3卷[M]．北京：人民出版社，1972：11.

[44] 马克思恩格斯选集：第3卷[M]．北京：人民出版社，1972：11.

[45] 马克思恩格斯选集：第3卷[M]．北京：人民出版社，1972：21.

[46] 马克思．资本论：第1卷[M]．北京：人民出版社，1975：11.

[47] 列宁选集：第4卷[M]．北京：人民出版社，1972：141.

[48] 列宁选集：第4卷[M]．北京：人民出版社，1972：176.

[49] 中国共产党中央委员会关于建国以来党的若干历史问题的决议 [M]. 北京: 人民出版社, 1981: 53.

[50] 中国共产党第十二次全国人民代表大会文件汇编 [M]. 北京: 人民出版社, 1982: 34.

[51] 邓小平文选: 第3卷 [M]. 北京: 人民出版社, 1993: 252.

[52] 中国共产党第十三次全国代表大会文件汇编 [M]. 北京: 人民出版社, 1987: 8.

[53] 习近平谈治国理政: 第1卷 [M]. 北京: 外文出版社, 2018: 7.

[54] 习近平谈治国理政: 第1卷 [M]. 北京: 外文出版社, 2018: 8.

[55] 习近平谈治国理政: 第1卷 [M]. 北京: 外文出版社, 2018: 8.

[56] 习近平谈治国理政: 第1卷 [M]. 北京: 外文出版社, 2018: 10-11.

[57] 习近平谈治国理政: 第2卷 [M]. 北京: 外文出版社, 2017: 30.

[58] 毛泽东文集: 第7卷 [M]. 北京: 人民出版社, 1999: 216.

[59] 邓小平文选: 第3卷 [M]. 北京: 人民出版社, 1993: 372.

[60] 马克思恩格斯选集: 第3卷 [M]. 北京: 人民出版社, 1972: 10.

[61] 习近平谈治国理政: 第1卷 [M]. 北京: 外文出版社, 2018: 163.

[62] 习近平谈治国理政: 第1卷 [M]. 北京: 外文出版社, 2018: 165.

[63] 习近平谈治国理政: 第1卷 [M]. 北京: 外文出版社, 2018: 158.

[64] 习近平谈治国理政: 第1卷 [M]. 北京: 外文出版社, 2018: 7.

[65] 习近平谈治国理政: 第1卷 [M]. 北京: 外文出版社, 2018: 6.

[66] 习近平谈治国理政: 第1卷 [M]. 北京: 外文出版社, 2018: 11.

[67] 习近平谈治国理政: 第2卷 [M]. 北京: 外文出版社, 2017: 249.

[68] 习近平谈治国理政: 第2卷 [M]. 北京: 外文出版社, 2017: 249.

[69] 习近平谈治国理政: 第2卷 [M]. 北京: 外文出版社, 2017: 249.

[70] 习近平谈治国理政: 第2卷 [M]. 北京: 外文出版社, 2017: 245.

[71] 习近平谈治国理政: 第2卷 [M]. 北京: 外文出版社, 2017: 245.

[72] 习近平谈治国理政: 第2卷 [M]. 北京: 外文出版社, 2017: 246.

[73] 习近平谈治国理政: 第2卷 [M]. 北京: 外文出版社, 2017: 248.

[74] 陈云同志文稿选编 [M]. 北京: 人民出版社, 1980: 211-222.

[75] 习近平谈治国理政: 第2卷 [M]. 北京: 外文出版社, 2017: 73.

[76] 习近平谈治国理政: 第1卷 [M]. 北京: 外文出版社, 2018: 197.

[77] 习近平谈治国理政: 第2卷 [M]. 北京: 外文出版社, 2017: 109.

[78] 习近平谈治国理政: 第2卷 [M]. 北京: 外文出版社, 2017: 108.

[79] 习近平谈治国理政: 第1卷 [M]. 北京: 外文出版社, 2018: 181.

[80] 习近平谈治国理政: 第1卷 [M]. 北京: 外文出版社, 2018: 166.

[81] 习近平谈治国理政: 第1卷 [M]. 北京: 外文出版社, 2018: 172.

［82］习近平谈治国理政：第1卷［M］.北京：外文出版社，2018：172.

［83］习近平谈治国理政：第1卷［M］.北京：外文出版社，2018：208-209.

［84］习近平谈治国理政：第2卷［M］.北京：外文出版社，2017：471.

［85］习近平谈治国理政：第2卷［M］.北京：外文出版社，2017：471.

［86］习近平谈治国理政：第2卷［M］.北京：外文出版社，2017：472.

［87］习近平谈治国理政：第2卷［M］.北京：外文出版社，2017：470.

［88］习近平谈治国理政：第1卷［M］.北京：外文出版社，2018：250.

［89］习近平谈治国理政：第2卷［M］.北京：外文出版社，2017：474.

［90］习近平谈治国理政：第3卷［M］.北京：外文出版社，2020：69-70.

［91］习近平谈治国理政：第3卷［M］.北京：外文出版社，2020：22.

第二章　新时代经济范畴创新

任何经济范畴都不是凭空产生的，也不是人们主观臆断、任意杜撰的。它总是在一定生产力发展水平基础上产生的，是在这个基础上对人与人之间生产关系的理论概括与本质反映。

经济范畴是构成经济学理论框架乃至完整的经济学理论体系的重要组成部分。如果将一个完整的经济学理论体系看作一座"大厦"的话，那么经济范畴就构成了"砖与瓦"乃至"钢筋骨架"。它联结并融汇各个学说一起构成经济学理论体系大厦。经济理论革命必始于经济范畴革命。习近平在领导全党全国人民进行中国特色社会主义伟大实践中，大胆探索、勇于创新，创造性地提出一系列社会主义新经济范畴，成功地构建起完整的中国特色社会主义经济学理论体系。

一、经济范畴的含义、特征及功能

1. 经济范畴的含义

每一门科学研究，都离不开或不可避免地需要使用一些术语、概念。而搞清楚或科学界定这些术语、概念，则是进行系统、全面、准确的科学研究必须要做好的。经济学研究，更是如此。我国老一辈著名经济学家于光远说："学者之所以成为学者，在于咬文嚼字、概念清楚。"[1]笔者以为，于光远老先生之所以把"咬文嚼字、概念清楚"视为学者的一项职能标准与基本职业操守，很重要的原因在于：如果在理论研究上，概念、术语含混不清，在其内涵认识上发生歧义，就会得出不同甚至相反的结论，亦可能使得整个研究归于失败。

经济范畴就是经济学理论研究最常用的术语。马克思在《资本论》第一版序言中明确指出："我决不用玫瑰色描绘资本家和地主的面貌。不过这里涉及到的人，只是经济范畴的人格化，是一定的阶级关系和利益的承担者。"[2]可见，马克思是把地主和资本家当作"资本"和"地租"两个经济范畴的人格化来看待的，其意十分明确："地租"和"资本"两个经济范畴实质上包含了地主阶级和农民的阶级关系和利益关系、资本家阶级与雇佣劳动者的阶级关系和利益关系。因此，在阶级社会里，经济范畴就其内涵来讲，就是包含、反映与体现了一定的阶级关系和利益关系。

马克思在《资本论》中专论"资本"范畴，但他却把"商品"作为始点范畴。为什么？因为"资本主义生产方式占统治地位的社会财富，表现为'庞大的商品堆积'，单个的商品表现为这种财富的元素形式。因此，我们的研究就从分析商品开始"[3]。商品范畴作为资本主义社会的"细胞"或"财富的元素形式"，蕴含资本主义生产方式"一切矛盾的胚芽"，体现与反映资本主义生产方式的内在运动规律。因此，马克思的经济理论大厦是从分析简单的商品范畴开始建立的。从商品内在矛盾的外化、货币的产生及其与商品的对立，到货币转化为资本、剩余价值的产生以及剩余价值的积累与瓜分，马克思通过一系列的经济范畴的逻辑演绎，科学地创立了劳动价值论和剩余价值理论，并以此为基础创立了资本主义流通与再生产理论、资本主义地租理论、资本主义危机理论等，完整构建出一个马克思主义经济学理论大厦或称理论体系。

马克思主义经济学理论体系之所以把经济范畴放在十分重要的地位加以研究，这是由马克思主义政治经济学的特殊研究方法所决定的。马克思讲："分析经济形式，既不能用显微镜，也不能用化学试剂。二者必须用抽象力来代替。"[4]这就是马克思创造的科学抽象法。它包括两种不同的但相辅相成的方法，即从具体到抽象的研究方法和从抽象到具体的叙述方法。马克思对此在《资本论》第二版跋中作了清晰的说明："在形式上，叙述方法必须与研究方法不同。研究必须充分地占有材料，分析它的各种发展形式，探寻这些形式的内在联系。只有这项工作完成以后，现实的运动才能适当地叙述出来。"[5]

经济学理论的创新，必须进行经济学术语与经济学范畴的革命。恩格斯指出："一门科学提出的每一种新见解，都包含着这门科学的术语的革命。"[6]在经济学理论的发展史上，每一个新见解的出现或者每一个新学派的产生，无不伴随着经济学术语的革新，无不伴随着新经济学范畴的涌现，西方经济学是如此，马克思主义经济学亦是如此。当然，新经济学术语的革新，新经济范畴的涌现，从来都不是一帆风顺的。从外表看很一般或很不起眼的诸如商品、货币、资本、利润、地租、利息等经济范畴，背后却充满了经济主体之间利益博弈与争斗关系。因此，经济学新术语、新范畴的产生，往往要经历经济关系的深刻变革与革命。

2. 经济范畴的主要特征

正是由于经济范畴是对现时生产关系即经济关系的理论概括与本质认识，因而它必然具有以下鲜明的特征。

（1）时代性

不同时代产生不同的经济学，不同经济学中有不同的经济范畴，反映不同时代的要求，与不同时代的特征相适应，体现不同时代的经济关系。自由主义经济学中的经济范畴，如边际效用、效用价值、市场供求、自由竞争、均衡价值、成本费用、生产价格、绝对地租、级差地租、土地价格、租地农场主、大土地所有者等等，这些范畴均反映自由资本主义时代的基本要求，体现该时代的主要经济关系。垄断资本主义经济学中的经济范畴，如垄断、垄断组织、垄断价格、垄断利润、私人垄断、国家垄断、行政垄断、自由垄断等，垄断尤其是国家垄断构成资本主义高级发展阶段——国家垄断资本主义的主要特征，所以垄断及其相关经济范畴反映与体现了垄断资本主义时代的利益格局及经济关系。社会主义政治经济学中的经济范畴，如社会主义所有制（包括社会主义全民所有制、集体所有制等）、社会主义统一市场、市场体系、商品流通、社会主义货币运动、社会主义扩大再生产、按劳分配、国民收入分配、社会主义对外经济关系等等，均反映了社会主义时代的本质特征要求，体现社会主义的新型经济关系与利益关系。

（2）社会发展阶段性

无论是资本主义社会还是社会主义社会，其经济学中的经济范畴都具有相应的社会发展阶段性。资产阶级古典经济学产生于资本主义初创和上升阶段，其主要经济学范畴，如资本、劳动、社会分工、自由竞争、利润、资本积累、地租、利息等，均反映这个时代资本家阶级推进资本主义生产发展扩大的要求，实现资本家阶级对利润最大化追求的需要。这个阶段的显著特征是资本家阶级（资本范畴的人格化）尚未夺取国家政权，他们斗争的目标主要是封建主阶级，为了取得国家的统治地位，他们的代言人——古典经济学家们尚能确定出顺应其客观要求、代表其阶级利益的经济范畴，并以此构建古典政治经济学理论体系。可以说，古典政治经济学就是资本主义上升阶段的政治经济学。资产阶级庸俗经济学产生于资本主义生产方式在社会上居于统治地位的发展阶段，其显著标志是资本家阶级夺取了政权，在社会上完全居于统治地位，这时候资产阶级古典经济学被资产阶级庸俗经济学所终结与取代。马克思在《资本论》第二版跋中讲道："法国和英国的资产阶级夺得了政权。从那时起，阶级斗争在实践方面和理论方面采取了日益鲜明和带有威胁性的形式。它敲响了科学的资产阶级经济学的丧钟。现在的问题不再是这个或那个原理是否正确，而是它对资本有利还是有害，方便还是不方便，违背警章还是不违背警章。不偏不倚的研究让位于豢养的文丐的争斗，公正无私的科学探讨让位于辩护士的坏心恶意。"[7]这时的资产阶级庸俗经济学就分成两派："一派是精明的、贪利的实践家，他们聚集在庸俗经济学辩护论的最浅薄的因而也是最成功的代表巴师夏的旗帜下。另一派是以经济学教授资望自负的人，他们追随约·斯·穆勒，企图调和不能调和的东西。"[8]

到19世纪末20世纪初，伴随资本主义发展到垄断阶段，资产阶级垄断经济学应运而生，垄断经济学的经济范畴明显带有垄断资本主义发展阶段性的色彩。

二战以后，资本主义又发展到新的更高阶段——国家垄断资本主义阶段。为这一阶段资本家阶级统治服务的资产阶级经济学发展为现代西方经济学，分化出各种分支与不同的流派，什么新古典经济学、新自由主义经济学、新凯恩斯主义经济学，精彩纷呈，但无论怎么变化都不离一宗，即为现阶段资本主义制度得以生存与发展出谋划策。从不同视角确立资本主义经济范畴，无一不体现为现阶段资产阶级利益服务的阶段性特征。

社会主义社会也同其他社会形态一样，是一个自然历史过程。在其运动发展过程中必然显现由初级阶段到中级阶段、再到高级阶段的不同发展阶段。客观存在决定主观意识。社会主义社会的发展阶段性规定了社会主义政治经济学中的经济范畴也必然呈现阶段性的特征。

（3）历史性

马克思在《哲学的贫困》一书中明确地讲："经济范畴只不过是生产方面社会关系的理论表现，即其抽象。"[9]"人们按照自己的物质生产的发展要建立相应的社会关系，正是这些人又按照自己的社会关系创造了相应的原理、观念和范畴。所以，这些观念、范畴也同它们所表现的关系一样，不是永恒的。它们是历史的暂时的产物。"[10]

（4）关联性

每个经济范畴都不可能是孤立存在的，互相之间必定具有某种关联性。列宁指出："每一概念都处于和其余一切概念的关系中、一定联系中。"[11]这是因为社会经济活动中人们之间总是要建立各式各样的联系，这种联系有些是直接的，也有些可能是间接的。从经济学角度看，只要有社会分工存在，这种联系就会存在。尤其是在商品经济社会里，商品生产者相互之间以独立的所有者来对待，彼此需要对方的产品就进行等价交换。商品范畴就意味着两个或两个以上商品生产者互相交换其劳动的关系。与商品范畴直接相联系的商品生产者本身就会衍生出众多经济范畴，如所有制或所有权范畴。商品生产者必须对其所生产的商品拥有所有权，或者是拥有独立的产权，只有这样他才有资格同其他商品生产者互换产品。同时，每个商品生产者要生产出符合别人需要的产品，还必须拥有生产资料（包括生产工具、劳动对象），要有生产场所，生产出的产品要拿到市场上去卖，进行商品交换，这样就会接连出现生产资料、生产工具、生产场所、商品交换、市场、生产成本、交易成本、商品价格、供给与需求以及价值规律等一系列经济范畴，商品生产者之间进行协作分工，实行联合劳动，组成合作团队或联合体，众多生产者联合劳动，需要有人进行组织管理，需要有企业管理层以及经理人员，这就又会衍生出协作分工、联合劳动、合作组织、企业管理、企业管理层或经理人员等经济范畴。由此不难看出，商品经济社会的经济范畴之间具有密不可分的关联性。社会分工越发达、越具体细化，这种关联性就越紧密。

（5）运动性

即马克思所讲的"范畴的运动"[12]。由于社会经济活动无时无刻不处于运动状态，尤其商品交易市场及金融市场变化瞬息万变，甚至可能产生天翻地覆之骤变，影响生产力发展要素的变化及影响生产关系调整因素的变化，都会不同程度地制约与决定经济范畴。所以反映经济活动变化的经济范畴就具有运动变化之属性，并且这种运动极具复杂性。认识经济范畴之运动性及其复杂性，在给认识与把握经济关系发展规律带来相当大的困难的同时，也具有极端重要的意义。

（6）规律性

由于经济范畴之间具有内在的逻辑联系，其运动必然有着某种规律性。例如，市场经济中所有权的实现要通过一定产权组织，产权组织如何具体化与细化，实现产权结构优化，达到产权效率最大化，从而促进企业收益最大化，这个过程总是有一定的规律性可循的。认识其规律性就可以发挥出所有权范畴最佳功能及效率，否则，盲目行动就会导致经济活动失败。

（7）一般性与特殊性

马克思认为，最一般的经济范畴是存在的。如"劳动"，它是劳动的一般的抽象，是对"任何种类的劳动同样看待"，"劳动不仅在范畴上，而且在现实中都是创造财富一般的手段，它不再是在一种特殊性上同个人结合在一起的规定了"[13]。但对一般的经济范畴只有历史地看待与运用，才更有意义。马克思指出："劳动这个例子确切地表明，哪怕是最抽象的范畴，虽然正是由于它们的抽象适用于一切时代，但就这个抽象的规定本身来说，同样是历史关系的产物，而且只有对于这些关系并在这些关系之内才具有充分的意义。"[14]只有透过劳动的一般性，才会看出劳动的特殊性。社会主义条件下的劳动，从一般意义上来讲，同资本主义条件下的劳动一样，都创造物质财富。但抽象掉其一般性，可以看出它的特殊性，即社会主义的劳动体现着劳动者的根本利益关系。

3. 经济范畴的功能与作用

（1）经济范畴与政治经济学的研究对象

经济范畴在政治经济学研究中具有十分重要的地位与作用。它是政治经济学研究对象得以实现的必不可少的工具或手段，甚至是有效的"武器"。缺少了它，政治经济学的研究对象，是根本不可能达到或实现的。

关于政治经济学的研究对象，经济学界一直存在颇多的争论，归纳起来主要有以下几说。

一是"生产关系说"。持这种意见的学者认为，政治经济学的研究对象就是生产关系。老一辈著名经济学家蒋学模先生在《政治经济学教材》中，十分肯定地讲："在人们的经济、政治、家庭等各种社会关系中，生产关系是最基本的关系，它决定着其他一切社会关系。政治经济学的研究对象就是生产关系。"[15]北京大学张岑晟、何绿野两位教授所著的《新政治经济学》也指出："政治经济学的研究对象是社会生产关系。"[16]中国人民大学卫兴华、顾学荣两位教授主编的《政治经济学原理》指出："政治经济学的对象是研究社会生产关系体系及其发展的规律性。"[17]蒋家俊、吴宣恭两位教授主编的《政治经济学（社会主义部分）》也秉持上述观点："政治经济学社会主义部分以社会主义生产关系为研究对象。"[18]以上被认为是主流学派，常常被冠以"孤立研究生产关系"论者。

二是"联系生产力研究生产关系"说。吉林大学张维达教授主编的《政治经济学教科书（资本主义部分）》指出，"政治经济学是联系生产力和上层建筑来研究生产关系的"。"但政治经济学作为一门社会科学，并不研究生产力本身的物质技术内容"，"政治经济学并不把经济基础和上层建筑混合在一起作为自己的对象"[19]。这第二说显然比第一说前进了一步，并且是一个不小的进步。"联系"总比"不联系"、只是孤立地研究强许多。

三是"生产力说"。黑龙江大学熊映梧教授认为，政治经济学应正名为"理论经济学"，而"理论经济学要把生产力的研究放在首位"，"理论经济学的任务，是要从总体上揭示社会再生产运动的规律性"[20]。

四是"生产方式说"。早在新中国成立初期，老一辈经济学家王学文就指出："政治经济学是以生产方式为对象的，生产方式是生产力与生产关系的统一。"[21]尽管有一些学者不认同这种观点，但在后来的研讨中有越来越多的经济学家支持这种意见。该说的主要立论依据是马克思在《资本论》第一卷的第一版序言中所作出的如下论断："我要在本书研究的，是资本主义生产方式以及和它相适应的生产关系和交换关系。"[22]但对这段马克思论述的"生产方式"的理解，分歧甚大。归纳起来，不外乎有三种解释：一是"生产方式"是指生产关系；二是"生产方式"是指生产力；三是"生产方式"是生产力与生产关系的统一。笔者认为，马克思这段论述中的"生产方式"，只能理解为"生产力"，才能在理论与逻辑上讲得通。把它理解为"生产关系"则与后边的"生产关系"是"同义语反复"，把它理解为"生产力与生产关系统一"则更是语言与逻辑的混乱。

综上所述，笔者认为马克思政治经济学的研究对象不能孤立片面地只研究生产关系，也不能简单地联系生产力与上层建筑来研究生产关系，而是应当在生产力与生产关系、经济基础与上层建筑的交互作用与矛盾运动中研究生产关系发生发展的运动规律。因为，离开生产力对生产关系的决定作用，孤立片面地研究生产关系，必然会在实际上造成生产关系超前、脱离生产力水平制约的状况。我国改革开放前在所有制上强调"一大二公"，脱离了当时中国实际生产力发展水平比较低下的状况，给中国经济发展带来巨大损失，这就是一个明显的例证。再说"生产关系"或称"经济关系"，经济关系总和构成社会的经济基础。经济基础的发生发展，离不开上层建筑的作用与制约，在任何社会它都不是孤立运行与前进的。因此，离开上层建筑对经济基础的巨大反作用，是不能正确揭示经济基础（生产关系总和）发展变化规律的。在生产力与生产关系、经济基础与上层建筑的统一及矛盾运动中研究生产关系发生发展规律，才真正构成科学的政治经济学的研究对象。

政治经济学的研究对象规定了经济范畴的职能属性。只有科学地阐释政治经济学研究对象，才能真正正确地理解经济范畴在政治经济学研究中的地位与作用。经济范畴可以说是政治经济学研究对象的最佳体现者、担当者，它把政治经济学的研究对象浓缩在每个经济范畴之中。因此，研究经济范畴可以更有效地完成明确政治经济学研究对象的任务。

（2）经济范畴与经济学说

不同的经济学说有着不同的经济范畴构成。马克思的劳动价值学说与西方经济学的价值学说，是两种不同的价值学说。马克思的劳动价值学说是以劳动创造价值为基础的，其核心范畴为劳动二重性，即具体劳动创造商品使用价值，抽象的人类一般劳动形成与创造商品的价值。西方经济学的价值学说有多种多样，有供求价值论、生产费用论、效用价值论、知识价值论、信息价值论、均衡价值论，还有由效用价值论引申出的边际效用价值，可谓五花八门、流派众多，但其中最有影响和代表性的是效用价值论，即效用创造价值的理论。它与马克思的劳动价值学说最大差别在于：不承认劳动二重性，不承认抽象的一般人类劳动创造价值，主张效用创造商品价值。所以两种不同的价值学说所使用的经济范畴大有不同：前者使用的特有经济范畴包括抽象劳动、社会必要劳动、简单劳动、复杂劳动、价值实体、价值形式、价值规律等；而后者则使用物品效用、供求决定价值、知识和信息形成与创造价值等一系列使用价值形成与创造价值的范畴。前者的价值范畴反映与体现了人与人的生产关系，而后者的价值范畴则掩盖与抹杀了人与人的生产关系。虽然二者都称为价值理论，但由于形成与创造价值的价值源泉等范畴而不同。可见，不同的经济范畴是为不同的价值学说服务的，同时，它们也构成了不同价值学说的重要组成部分。

（3）经济范畴与经济规律

经济范畴是人们对客观的经济活动、经济关系及经济规律的理性反映与认识，是对上述现实关系的理论抽象，具有主观性与客观性相统一的属性，但二者毕竟是不同的，前者作为一种理论认识与理论抽象是不直接等同于客观经济规律的。正如马克思在批判蒲鲁东时所说的："蒲鲁东先生主要是由于缺乏历史知识而没有看到：人们在发展生产力时，即在生活时，也发展着一定的相互关系；这些关系的性质必然随着这些生产力的改变和发展而改变。他没有看到：经济范畴只是这些现实关系的抽象，它们仅仅在这些关系存在的时候才是真实的。这样他就陷入资产阶级经济学家的错误之中，这些经济学家把这些经济范畴看做永恒的规律，而不是看做历史性的规律——只是适于一定的历史发展阶段、一定的生产力发展阶段的规律。所以，蒲鲁东先生不把政治经济学范畴看做实在的、暂时、历史的社会关系的抽象，而神秘地颠倒黑白，把实在的关系只看做这些抽象的体现。"[23]马克思还强调："蒲鲁东先生不了解，人们还适应自己的生产力而生产出他们在其中生产呢子和麻布的社会的社会关系。蒲鲁东先生更不了解，适应自己的物质生产水平而生产出社会关系的人，也生产出各种观念、范畴，即这些社会关系的抽象的、观念的表现。所以，范畴也和它们所表现的关系一样不是永恒的。这是历史的和暂时的产物。"[24]正因为经济范畴是实在、暂时的、历史的，所以不能把它看作自然永恒的规律，只能是看作历史性的规律，马克思批判蒲鲁东正是犯了"颠倒黑白"的错误。

对经济范畴的正确认识，有助于揭示客观经济规律。但一定要清晰认识到，经济范畴不可泛化，世上并不是什么东西都可称作经济范畴的。马克思讲："把机器说成一种同分工、竞争、信贷等等并列的经济范畴，这根本就是极其荒谬的。机器不是经济范畴，正象拖犁的犍牛不是经济范畴一样。现代运用机器一事是我们现代经济制度的关系之一，但是利用机器的方式和机器本身完全是两回事。"[25]可见，机器、拖犁的牛等它们本身并不是经济范畴，不能同分工、竞争、信贷一样被列为经济范畴，但利用机器和牛的方式方法以及相应的制度，由于它们都反映出不同的社会关系，因而其属于经济范畴。

二、中国共产党人的艰辛探索，为新时代创建中国特色社会主义理论体系奠定坚实理论基础

1. 毛泽东对社会主义经济范畴的开创性探索

毛泽东在其一生中确实没有关于"经济范畴"的提法或术语，在其著作与文章中也难查到这四个字。但他在领导中国开展新民主主义革命、社会主义革命与建设过程中，在理论与实践相结合基础上，对众多社会主义经济范畴进行了开创性研究与探索，为马克思主义中国化，为建设繁荣富强的社会主义中国作出了巨大的贡献。

毛泽东对社会主义经济范畴的研究与探索，是紧密结合中国国情，紧密结合中国革命与建设的具体实际进行的。中国革命分两步走：第一步推翻半殖民地半封建社会，建立新民主主义国家；第二步从新民主主义社会转变为（过渡到）社会主义社会。因此，毛泽东对社会主义经济范畴的研究与探索最早从新民主主义革命时期就已经开始了，其开创性研究与探索的成果，主要体现在《毛泽东选集》及一系列重要讲话中。限于篇幅，本部分只能选择最主要的概要加以介绍和评述。

（1）新民主主义经济

这是毛泽东在1940年1月发表的重要著作《新民主主义论》中提出的带有纲领性的经济范畴。

它是在中国新民主主义革命取得胜利后，建立起新民主主义国家所实行的一种经济形式。它主要由以下经济成分所构成：第一，国营经济。大银行、大工业、大商业归新民主主义国家所有与经营。"在无产阶级领导下的新民主主义共和国的国营经济是社会主义的性质，是整个国民经济的领导力量"[26]。第二，资本主义私有制经济。新民主主义国家"并不没收其他资本主义的私有财产，并不禁止'不能操纵国民生计'的资本主义生产的发展"[27]。第三，农民个体经济。实行"耕者有其田"，没收地主的

土地，扫除农村中的封建关系，把土地变为农民的私产，实行农民个体所有制经济。第四，农村富农经济。毛泽东指出，这时"农村的富农经济也是容许存在的"[28]。第五，合作经济。它是建立在"耕者有其田"的基础上，由农民联合起来的一种农业组织形式，是带有"社会主义的因素"[29]的农村经济形式。总括起来，这种新民主主义经济是不容许少数资本家和少数地主操纵国民生计，决不能建立欧美式的资本主义社会，也决不能还是旧的半封建社会。"这样的经济，就是新民主主义的经济。"[30]

（2）社会主义所有制

也称"社会主义公有制"。在苏联《政治经济学教科书》和斯大林的《苏联社会主义经济问题》[31]中都专门提到过这个经济范畴，但它在中国是以特定的方式，根据中国的国情而建立的，因此它所包含的经济关系是不同的，是一个具有中国特色的经济范畴。

当时的社会主义所有制主要包括两部分：一个是全民所有制，一个是集体所有制。这是两种不同的公有制，毛泽东讲："合作社和国家企业不一样，社会主义集体所有制和社会主义全民所有制有区别。"[32]全民所有制是生产资料归全体人民共同所有的一种所有形式，全民所有制采取国有国营形式，又称国有经济。它是通过四种方式和途径建立的：一是在新中国成立之前，对旧中国的官僚买办资本实行暴力剥夺、无偿没收，将其生产资料收归国有而建立起来的。二是通过对民族资本主义工商业进行社会主义改造，对民族资本和平赎买，将民族资产阶级的生产资料收归国有而建立起来的。三是在新中国成立以后，国家进行大规模投资，新建了一大批国有企业。例如，第一个五年计划期间，国家开展156个大项目建设，都成了大型国有企业。同时，在农村也创建了一大批国有农场及林牧场。四是20世纪60年代到改革开放前，追求"一大二公"的所有制，搞"穷过渡"，将一些城乡集体所有制升级为全民所有制。当然，主要是前三部分，第四部分有许多地方实行了不久便都退了回去。集体所有制是生产资料归劳动群众集体所有的一种所有制形式。集体所有制主要包括城市集体所有制与农村集体所有制。城市集体所有制主要是通过对城市工场手工业和个体工商业进行社会主义改造而建立的，组织那些手工业者与个体工商户加入合作社，进行合作生产与经营。农村集体所有制是大量的主要的部分，它是通过农业合作化实现的，具体采取"互助组—初级社—高级社"的具体步骤逐步完成的。高级农业生产合作社已经成为真正社会主义性质的集体所有制了。1958年在"大跃进"中，片面追求所有制升级，又实现了人民公社化，这时农村集体经济就实行"三级所有，队为基础"的制度。

改革开放后，中国城乡对全民所有制与集体所有制都进行了创造性的改革。改革首先由农村发端，由安徽凤阳小岗村点燃了联产承包制之火，随后在全国形成燎原之势，而后不久便开始国有经济体制的改革，改革不是也没有取消两种公有制形式，而是从"两权"分离出发，进行经营权的改革，探索城乡公有制与市场经济相结合的有效形式。由此可见，毛泽东关于社会主义所有制实现形式的讨论及其在中国的实践，极大地丰富了马克思主义的所有制理论。

（3）赎买

这是毛泽东在对中国民族资本工商业进行社会主义改造过程中，运用马克思主义基本原理，密切结合中国实际，创造性地提出的一个社会主义政治经济学新范畴。

诚然，恩格斯曾经指出："我们决不认为，赎买在任何情况下都是不容许的；马克思曾向我讲过（并且讲过好多次！）他的意见：假如我们能用赎买摆脱这整个匪帮，那对于我们是最便宜不过的事情了。"[33] 在十月社会主义革命胜利后，列宁曾试图采纳恩格斯的论断，对那些"文明"资本家采取赎买政策。但由于整个俄国资产阶级的强烈反抗，不得不停止。从上可见，恩格斯是在理论上阐述的，列宁也曾设想过，毛泽东则将理论与设想付诸实践，这是哲学认识论上的一个质的飞跃。

毛泽东科学地分析了中国民族资产阶级具有两面性，即：在民主革命时期，它既具有革命的一面，又有妥协的一面；在社会主义革命时期，它既有剥削工人阶级，取得利润的一面，又有接受社会主义改造的一面。这是与俄国资产阶级不同的，因为中国与当时俄国的社会不同，当时中国是半殖民地半封建社会，民族资产阶级也受帝国主义、封建主义、官僚资本主义三座大山的欺凌，所以它在社会主义时期就有接受赎买政策，接受社会主义改造的现实性。

我国对民族资本的赎买采取了多种形式。在全行业公私合营之前，赎买采取了"四马分肥"（即国家、职工、企业、资方按一定的比例分取利润）；在全行业公私合营之后则采取定息制度。资本家每年按一定息率领取定息。这时民族资本家已经对企业失去了所有权，生产资料实际上是归国家所有与支配。通过和平赎买的方式而非暴力剥夺的方式，胜利完成了对民族资产阶级的社会主义改造。毛泽东为赎买范畴增添了中国的丰富内涵，创造性地发展了马克思主义关于"剥夺剥夺者"的理论，丰富了社会主义所有制理论。

（4）按劳分配

这是马克思在《资本论》第一卷论证"自由人联合全体"及在《哥达纲领批判》中明确提出的科学范畴。其实，早在马克思之前，空想社会主义者就提出过类似的思想，但他们还只是一种"空想"，是非科学的。马克思的按劳分配范畴是在批判空想社会主义者思想基础上，建立起来的科学范畴。

毛泽东的创新与探索是在中国的实践中推行按劳分配制度，用以体现社会主义的基本特征与原则。按劳分配就是按劳动者所付出劳动量来分配消费品，多劳多得，少劳少得，不劳不得。它作为社会主义的一项根本原则，贯穿于社会主义经济发展全过程，可谓理论与实践的高度结合和统一。

毛泽东在按劳分配问题上，坚决推行"略有差别，大体平均"的思想，坚决反对特权、反对差别过大、贫富悬殊。他在1956年11月15日举行的中国共产党第八届中央委员会第二次全体会议上的讲话中指出，"我赞成在和平时期逐步缩小给军队干部跟军队以外干部的薪水差额，但不是完全平均主义"，并强调"人是要有一点精神的"[34]。毛泽东是坚决反对绝对平均主义的。他在1957年很坚定地说："一定要克服个人主义、本位主义、绝对平均主义和自由主义，否则就不是一个名副其实的共产党员。"[35]并且，毛泽东还身体力行，主动将自己的工资连降三级，只拿国家三级工资。可见，毛泽东在实行按劳分配原则过程中反对特权、反对差别过大之坚决。同时，他把反对绝对平均主义上升到党员标准的高度来讲，可见他是不主张搞绝对平均主义的，这也是十分坚决的。毛泽东的上述思想，对于执政的中国共产党不忘初心，拒腐防变，得到人民的长久支持，无疑具有战略意义及重大历史意义。

（5）工业化道路

中国的工业化道路，与西方资本主义国家的工业化道路不同，又与苏联的社会主义工业化道路也不同，是颇具中国特色的工业化道路。因此，"工业化道路"这个一般的经济范畴，在中国却是极具中国特色的社会主义工业化道路。西方资本主义工业化道路，以英国工业化为典型模式，即从轻纺工业开始，再走发展重化工业之路，以此逐渐完成工业化。苏联，作为世界上第一个社会主义国家，不可能走西方资本主义国家工业化的老路，而是直接从重工业开始，以大规模进行重工业建设来展开工业化的。因为苏联当时处于帝国主义的重重包围之中，如不加紧发展以生产资料生产为中心的重工业，是难以在世界立足的。历史证明，苏联的战略抉择是对的。正是因其优先发展重工业展开大规模工业化建设，在第二次世界大战中，苏联才以足够的飞机、大炮、坦克等先进的机械化武器装备，战胜德国的武装侵略。所以，"工业化道路"虽然是一般性的经济范畴，却因各国国情不同而大有不同。

针对"中国工业化的道路"，毛泽东明确地讲："这里所讲的工业化道路的问题，主要是指重工业、轻工业和农业的发展关系问题。"[36]走"农—轻—重"的工业化道路，是毛泽东依据中国具体国情而作出的战略抉择。中国是个农业大国，农村人口占全国人口的80%以上，工业发展必须有农业支撑才能获得市场、原料和资金。毛泽东认真地分析了农业、轻工业和重工业的关系："轻工业和农业有极密切的关系。没有农业，就没有轻工业。重工业要以农业为重要市场这一点，目前还没有被人们看得很清楚。"[37]他还特别强调农业、轻工业的重要性："农业和轻工业发展了，重工业有了市场，有了资金，它就会更快地发展。这样，看起来工业化的速度似乎慢一些，但是实际上不会慢，或者反而可能快一些。"[38]农业在国民经济中的重要基础地位与作用，决定了中国工业化必须走"农—轻—重"的工业化路线，这是毛泽东经过长期认真调查研究，在认真总结新中国成立以后经济发展实践经验的基础上所确立的一条科学的工业化路线。

（6）"三者"关系

有人可能认为这算经济范畴吗？笔者认为，经济范畴可分为单式经济范畴和复式经济范畴两类。"三者"关系应为复式经济范畴。马克思把经济范畴分为简单的范畴和复杂的范畴。"三者"关系应为较为复杂的经济范畴。这是毛泽东在《论十大关系》中首次提出的社会主义政治经济学所特有的经济范畴。这"三者"关系可能在任何社会主义国家的经济发展中都实际存在着，但从理论上把它概括出来，作为一个特定经济范畴，是毛泽东的一个创造与贡献。

毛泽东同志在《论十大关系》中专门论证了"国家、生产单位和生产者个人的"[39] "三者"关系。可见其为国民经济发展中一个十分重要的关系。是"鉴于苏联和我们自己的经验"而提出的，也是"今后务必更好地解决这个问题"[40]。

首先，对于生产者个人，他主张反对官僚主义，切实关心群众生活。对于工人，要随着生产的发展，逐步增加工人工资。他主张大力发扬艰苦奋斗精神，也需要更多地注意解决他们在劳动和生活中的迫切问题。对于农民，不要像苏联那样"把农民挖得很苦"，"把农民生产的东西拿走太多，给的代价又极低，他们这样来积累资金，使农民的积极性受到极大的损害"[41]。要通过缩小工农业产品"剪刀差"来保护农民的利益，处理好国家同农民的关系。

其次，国家对生产单位要下放一些权力，使生产单位（工厂或合作社）有自身的独立性和利益。毛泽东明确指出："把什么东西统统都集中在中央或省市，不给工厂一点权力，一点机动的余地，一点利益，恐怕不妥。""各个生产单位都要有一个与统一性相联系的独立性，才会发展得更加活泼。"[42]这是毛泽东对中央集权的管理体制弊端切中要害的批评，对传统经济管理体制进行改革的动员令。赋予生产单位更多的独立性和利益，这也是中国经济体制改革的正确路径与方向。

最后，上述"三者"关系，说到底是利益关系。处理好"三者"关系，从根本上说，就是要调节"三者"之间的利益矛盾。毛泽东指出："在分配问题上，我们必须兼顾国家利益、集体利益和个人利益。对于国家的税收、合作社的积累、农民的个人收入这三个方面的关系，必须处理适当，经常注意调节其中的矛盾。"[43]这就是处理国家、生产单位与劳动者个人"三者"利益的基本原则，也称"三兼顾"原则。这个原则对在改革开放中如何正确处理国家、生产经营单位及劳动者个人的物质利益关系，仍具有重要的指导意义。

（7）计划生育

这不仅是人口学研究的范畴，更是政治经济学的研究范畴。马克思在《资本论》中揭示了资本主义条件下，资本家为了满足对剩余价值的无止境贪求与追逐，不断地扩大资本积累，从而使资本有机构成提高，使相对人口过剩大量增加，产生庞大的产业后备军，需要救济的贫民越来越多。这就是资本主义积累发展的一般规律，也是资本主义相对人口过剩规律。社会主义人口规律是什么？人口学界有分歧，政治经济学界更是众说纷纭，莫衷一是。现在看来，认为计划生育是社会主义人口发展规律，肯定是不对的。因为毛泽东讲的计划生育是一项政策，谈不上是什么客观规律。"计划生育，也来个十年规划。少数民族地区不要去推广，人少的地方也不要去推广。就是在人口多的地方，也要进行试点，逐步推广，逐步达到普遍计划生育。计划生育，要公开作教育，无非也是来个大鸣大放、大辩论。人类在生育上头完全是无政府状态，自己不能控制自己。将来要做到完全有计划的生育，没有一个社会力量，不是大家同意，不是大家一起来做，那是不行的。"[44]从上可见：其一，若是客观规律，不能在有些地方起作用，而在另一些地方不起作用，作为一种内在的必然联系，规律是普遍起作用的。其二，新中国成立以后的一段时间，确实存在人口生育的无政府状态，确实需要进行调节与控制，因此，要有应对的政策。实行计划生育，显然是控制生育无政府状态的一种政策，不能将其等同于规律。这大概与理论上把国民经济发展有计划按比例认作客观规律有密切关系。人所共知，人类社会存在两种生产：一是物质资料生产，二是人口的生产。既然物质资料生产或国民经济发展要有计划、按比例，那人口的生产肯定要与其相适应，也要按比例、有计划地生产。计划经济，人口生产无计划怎么行呢？其实，笔者认为这都是理论上的误读误解。当年，斯大林在《苏联社会主义经济问题》中讲的"国民经济有计划按比例发展是客观经济规律"，就是把主观的计划当作客观规律，犯了一个主客观相混淆的错误。其三，毛泽东主张计划生育，不能全国一哄而上、搞"一刀切"，更不能强制推行，要进行试点，逐步推广。要公开教育，甚至来一个大辩论、大鸣大放，让全体人民有充分表达自己意愿的机会与权利。其四，计划生育在社会上取得认可与共识，形成社会力量支持，大家都同意来认真做，否则，毛泽东认为"那是不行的"[45]。

（8）农业现代化

这是毛泽东提出的一个比较超前的经济范畴，他在1957年10月9日发表的《做革命的促进派》一文中讲道："在现在这个条件下，必须实行工业和农业同时并举，逐步建立现代的工业和现代化的农业。过去我们经常讲把我国建成一个工业国，其实也包括了农业的现代化。"[46]

毛泽东对中国实现农业现代化已经有了较完整的构想，概括起来，主要有如下几点。

第一，发挥农业在国民经济发展中的基础地位与作用。农业曾是人类社会最早出现的第一产业部门。农业生产率的高低，对整个经济发展起着基础性的决定作用。农业能够为全社会提供食物，解决人类生存的大问题；农业能够为工业发展提供原材料、市场和资金，决定着其他部门或产业的发展规模与速度。"手中有粮，心中不慌，手中无粮，天下大乱"，这是对粮食生产从而也是农业生产的极端重要地位与作用的形象描绘。没有农业，也就没有轻工业，而没有了轻工业，重工业也难以发展，进而整个国民经济便无法发展。实现国家经济的现代化，农业的现代化是基础，这是毛泽东思想的一个极其重要的组成部分。

第二，农业现代化要靠农业科学技术的改善与进步。毛泽东讲："我们要摸农业技术的底。搞农业不学技术不行了。"他还力推科学种田，指示说："县、区、乡和合作社的领导干部，都搞那么一小块田，试验能不能达到高产，用什么方法达到高产。"[47]他号召全党干部都学科学技术，不懂技术一定要学："那个技术是可以学懂的。"[48]

第三，农业现代化，要靠精耕细作，提高单位产量。毛泽东在中国共产党第八届中央委员会扩大的第三次会议上，语重心长地对与会同志讲："我看中国就是靠精耕细作吃饭。将来，中国要变成世界第一个高产的国家。有的县现在已经是亩产千斤了，半个世纪搞到亩产两千斤行不行呀？""我们靠精耕细作吃饭，人多一点，还是有饭吃。"[49]

第四，农业现代化，要有一个总体规划。毛泽东主持制定修改"农业发展纲要四十条"，并建议省、地、县、区、乡、社六级都要制定一个农业发展规划，整个规划都经过群众讨论，结合实际加以修改与调整，"要坚持全面规划，加强领导，书记动手"[50]。

毛泽东的农业现代化的构想完全是依据当时中国实际的，为以后党中央在20世纪60年代中期提出建设"四个现代化"强国的伟大目标，提供了坚实的基础和有力的理论支撑。

2. 邓小平对中国特色社会主义经济范畴的大胆探索

改革开放，标志着中国进入了建设中国特色社会主义的时期。作为改革开放的总设计师，邓小平运筹帷幄，统领中国改革开放的经济社会发展全局，把握中国经济发展大势，紧密结合中国实际，开创性地提出了一系列颇具中国特色的社会主义经济学范畴。限于篇幅，择其要者，加以介绍与分析。

（1）实事求是

这看似是哲学上的方法论中的一个范畴。但无可否认，它的确也是一个经济学范畴。经济生活中需要哲学，经济学研究离不开哲学的方法论。马克思的《资本论》是一部经济学巨著，但同时也是贯穿唯物主义与辩证法的伟大哲学著作。"实事求是"是毛泽东倡导的我们党的优良作风。1941年5月，他在《改造我们的学习》一文中给这个范畴下了个明确的定义："'实事'就是客观存在的一切事物，'是'就是客观事物的内部联系，即规律性，'求'就是我们去研究。"[51]同年9月，他将"实事求是"四个大字作为中共中央党校的校训，然后在延安整风运动及党的七大都作为党的优良作风加以贯彻执行。

将"实事求是"上升到党的思想路线的高度，这是邓小平的重要贡献。20世纪六七十年代，十年"文化大革命"搞乱了是非，搞乱了理论，搞乱了经济，搞乱了社会。为了拨乱反正，将中国的航船指引到以经济建设为中心的正确航道，1979年召开了党的十一届三中全会。会议制定了一条党的思想路线。邓小平指出："实事求是，一切从实际出发，理论联系实际，坚持实践是检验真理的标准，这就是我们党的思想路线。"[52]依此党中央决定中国实行对内改革、对外开放的伟大方针。"实事求是"范畴就是在这样的历史背景下，由邓小平倡导提出的，它包括许多新形势下新的内涵。

"实事求是"思想路线一经确立，立即引起了全党全国关于实践检验真理标准问题的大讨论。在讨论中，有一种观点坚持"两个凡是"的主张，认为某种思想是检验真理的标准，凡是违背这种思想的就都是错误的，凡是符合这种思想的都必须句句照办；另一种观点认为，不能用思想作标准、作尺度来检验真理，检验真理的唯一标准只能是实践。这个大讨论，促进了思想大解放，冲破了"两个凡是"的禁锢，大大促进了全国干部群众大兴调查研究之风，实事求是地分析研究改革开放中遇到的一些新现象，新问题，有力地促进了国民经济的迅速恢复与快速发展。

实事求是是马克思主义的精髓和活的灵魂。邓小平指出："实事求是是马克思主义的精髓。要提倡这个，不要提倡本本，我们改革开放的成功不是靠本本，而是靠实践，靠实事求是。"[53]他还特别强调实事求是还是我们革命、建设和改革不断制胜的法宝，他说："我读的书不多，就是一条，相信毛主席讲的实事求是。过去我们打仗靠这个，现在搞建设、搞改革也靠这个。"[54]他还把坚持实事求是上升到关系党和国家命运的高度来看待，认为一个国家，一个民族反对实事求是，"一切从本本出发，思想僵化，迷信盛行，那它就不能前进，它的生机就停止了，就要亡党亡国"[55]。

坚持实事求是，必须要大胆解放思想。因为任何事物都是发展变化运动的，运动变化是绝对的，静止停顿是暂时、相对的。正因为如此，毛泽东才指出："各种东西都是逐步发展、逐步变动的。讲这些，是为了解放思想，把思想活泼一下。脑子一固定，很危险。""要多想，不要死背经典著作，而要开动脑筋，使思想活泼起来。"[56]头脑固定，思想僵化，凡事按书本上的条条框框来办，不能实事求是地对待已经变化了的客观情况，这就是教条主义，不可能做到实事求是。教条主义是实事求是的大敌，必须加以反对。

坚持实事求是，还必须坚持实践是检验真理的唯一标准。任何理论都来源于实践，人们从实际出发，探索出事物的发展规律，进而上升为理论。判断理论是否正确，是否为真理，不能用另外的理论来检验，而必须回到实践中去检验，实践是检验真理的唯一标准。坚持这一条，是实事求是的根本要求。

（2）市场经济

市场经济本身是个一般范畴，就如马克思所说的"劳动"范畴一样。在资本主义社会甚至在有商品的社会都存在。但是，它一旦同社会经济制度联系起来或结合在一起，这个一般范畴就会显示出不同的特性，就会具有不同社会经济制度的本质与特征。它同资本主义制度相联系、相结合，就会作为资本主义经济关系与利益关系的担当者，把资本主义经济制度的本质与特征反映与表现出来。它同社会主义经济制度相联系、相结合，便会作为社会主义经济关系与利益关系的担当者，将社会主义经济制度的本质与特征反映与表现出来。因此，在不同社会制度下，会有不同性质的市场经济。社会主义市场经济与资本主义市场经济就是两种根本性质不同的市场经济模式。

一些人主张社会主义国家只能搞计划经济，资本主义国家只能搞市场经济，实际上是把计划经济当作社会主义国家专属范畴，把市场经济当作资本主义专属范畴。这种思维及理论定式，严重禁锢着人们的思想，严重束缚着中国改革的前行与深入。邓小平以深邃的理论目光，敏锐地观察这个"拦路虎"，以大无畏的理论勇气，一下子将它搬开。他指出："说市场经济只存在于资本主义社会，只有资本主义的市场经济，这肯定是不正确的。社会主义为什么不可以搞市场经济，这个不能说是资本主义。我们是计划经济为主，也结合市场经济，但这是社会主义的市场经济。"[57]一语道出一个"社会主义的市场经济"的全新范畴，可谓社会主义经济理论的一个重大突破，犹如一声惊雷将禁锢改革开放步伐的"拦路虎"搬开。时至1979年11月，邓小平讲话中仍保留"计划经济为主"的提法，一直到1982年党的十二大，仍在贯彻执行"计划经济为主，市场调节为辅"的计划经济体制，只不过外加上一个"市场调节"部分。可见，从理论到实践"双层突破"之艰难！1985年10月，邓小平会见美国时代公司组织的美国高级企业家代表团时又说："社会主义和市场经济之间不存在根本矛盾。问题是用什么方法才能更有力地发展社会生产力。我们过去一直搞计划经济，但多年的实践证明，在某种意义上说，只搞计划经济会束缚生产力的发展，把计划经济和市场经济结合起来，就更能解放生产力，加速经济发展。"[58]现在已经认识到计划经济会束缚社会生产力发展，非改不行了，但仍保留计划经济，没有废弃的意思。到1987年2月，邓小平在会见中央负责同志时又老话重提："为什么一谈市场就说是资本主义，只有计划才是社会主义？计划和市场都是方法嘛。"[59]这里谈计划与市场二者都是方法，是很科学的，但并没有直接涉及"计划经济是社会主义的本质特征"这个命题。因为，从1979年11月到1987年2月这段时间，中国的经济体制改革进展迟缓，始终在市场化改革上迈不开实质性大步。邓小平敏锐地意识到，必须在这个问题上有重大突破，方可有大的改善。所以在1992年的南方谈话中，邓小平再次强调："改革开放迈不开步子，不敢闯，说来说去是怕资本主义东西多了，走了资本主义道路。要害是姓'资'还是姓'社'的问题。"[60]紧接着他十分明确肯定地指出："计划多一点还是市场多一点，不是社会主义与资本主义的本质区别。计划经济不等于社会主义，资本主义也有计划；市场经济不等于资本主义，社会主义也有市场。"[61]这些论断字字珠玑，拨云见日，一下子把计划经济等于社会主义的旧论断给扬弃了，等于为中国搞市场经济打开了大门，为中国大步推进市场化改革提供了强大理论支撑与动力。由此不久，中共中央决定：中国经济体制改革的目标是建立社会主义市场经济体制。从此，中国的经济体制改革进入了一个崭新的发展阶段。

（3）发展是硬道理

这是邓小平在1992年南方谈话中作出的英明论断，也是当时中国人耳熟能详的一个经济学术语。

邓小平指出："对于我们这样发展中的大国来说，经济发展得快一点，不可能总是那么平平静静、稳稳当当。要注意经济稳定、协调地发展，但是稳定和协调也是相对的，不是绝对的。发展才是硬道理。这个问题要搞清楚。"[62]

为什么发展是硬道理？从大的方面来说，是加速实现"四个现代化"、建成社会主义现代化的迫切需要。但从当时中国的具体实际来讲，主要有以下几点。

第一，是经济发展上台阶的迫切需要。邓小平讲："我国的经济发展，总要力争隔几年上一个台阶。"[63]经济发展与经济增长是两个不同的概念。经济发展要包含结构合理、环境优良、人与自然关系和谐等内容，而经济增长则是经济发展的基础，没有经济增长，经济发展也难以有保证。所以经济发展一定要保证经济有一定的必要的增长速度，低增长或零增长肯定难以达到经济发展的目的。那么经济如何增长呢？就是通过"每隔几年上一个台阶"的路径来实现。为了达到这一点，邓小平还要求广东要经过几个台阶，争取用二十年时间赶上亚洲"四小龙"；江苏等发展比较好的地区，应当比全国平均速度快；再如上海，在人才与技术等方面有许多优势，应带动长江三角洲，在全国起带头作用，发展得更快。中国周边国家和地区发展得都比我们快，若不尽快上几个台阶，就会被周边国家与地区落下，加快发展才能缩小差距，迎头赶上或超越。

第二，不发展就等于停滞，等于落后，而落后就必然会挨打。自鸦片战争以来，近代中国屡屡挨打，被欺凌、被奴役的历史雄辩地证明了这一点。

第三，这里讲的"硬"的发展是注意"稳定、协调"的发展，是在"稳定、协调"基础上的发展。"不是鼓励不切实际的高速度，还是要扎扎实实，讲求效益，稳步协调地发展。"[64]可见邓小平讲的"硬"发展，不是片面追求发展速度，破坏经济稳定与协调的发展，它不是只追求规模扩张，追求数量增加的粗放发展，而是追求效益提高，注重质量提升的高质量的集约发展。

第四，实现经济发展的"硬道理"关键是要"抓住机会"。邓小平讲："能发展就不要阻挡，有条件的地方要尽可能搞快点"，他劝告各地领导"要抓住机会，现在就是好机会。我就担心丧失机会。不抓呀，看到的机会就丢掉了，时间一晃就过去了。"[65]

第五，坚持发展是硬道理，一定要解放思想，放开手脚大胆干一场。邓小平讲："经济要发展得快一点，不能总是平平静静、稳稳当当。""造成误解，就会变得谨小慎微，不敢解放思想，不敢放开手脚，结果是丧失时机，犹如逆水行舟，不进则退。"[66]

第六，一定要科学地认识"稳定、协调"并不是绝对的，而是相对的。毛泽东曾科学地运用唯物辩证法，揭示社会主义经济发展的不平衡与平衡规律：我们的计划经济又平衡又不平衡。平衡是暂时的，有条件的。暂时建立了平衡，随后就要发生变动。我们的经济发展不是直线前进，而是波浪式前进。社会总是前进的，前进是个总的趋势，发展是个总的趋势。邓小平讲的"发展是硬道理"，实际上是对毛泽东上述关于社会主义经济发展平衡与不平衡规律的科学运用。邓小平讲"稳定和协调也是相对的，不是绝对的"。稳定中包含不稳定，不稳定上升，稳定就会被打破，变成不稳定；从不稳定中求化解之策，又逐渐使不稳定出现新的稳定，如此循环往复，周而复始。协调的运动辩证法，亦是如此。所以，发展是硬道理，硬在何处？从哲学上讲，原因就在于经济向前发展运动是绝对的，稳定和协调总是相对的。

从上可见，邓小平提出的关于发展是硬道理这个范畴，是符合经济社会发展的总趋势的，是符合社会主义经济发展平衡与不平衡的客观规律的，因而是科学正确的。

（4）科学技术是第一生产力

这是邓小平在1988年会见捷克斯洛伐克总统胡萨克的谈话中首先提出来的。他说："马克思讲过科学技术是生产力，这是非常正确的，现在看来这样说可能不够，恐怕是第一生产力。"[67]这是创造性发展马克思关于科学技术是生产力理论的新论断、新范畴。

生产力是社会生产中人们尊重自然、征服与改造自然的能力与水平。它是由劳动者和生产资料构成的。最能表明生产力水平的是劳动生产率。列宁讲过："劳动生产率，归根到底是保证新社会制度胜利的最重要最主要的东西。"[68]影响劳动生产率的有五个因素：劳动者的劳动能力；生产工具的好坏；生产资料的质量与效能；劳动者与生产资料的结合程度；科学技术在生产上的应用程度。这五种因素或生产力的要素构成，都同科学技术密切相关，有着密不可分的联系，所以马克思认为"生产力中也包括科学"[69]。

邓小平之所以把科学技术作为第一生产力，是意识到：一是掌握科学技术的人，能极大程度地提高劳动生产率，甚至可以创造人间奇迹。二是运用科学技术可以促进生产资料发生革命性的变革，引发产业革命。具体来说，运用科学技术可以大幅度提高生产资料的质量与效能，可以建立科学合理的劳动组织，使劳动者更有效地与生产资料相结合，提高生产资料的利用率，更可以大力改进生产工具，进行生产工具革命，还可以大幅度地提高科学技术在生产上的应用程度与水平。可见，科学技术在生产力中的地位，由"包括在内"的因素上升为统领性"第一"的位置。因此说邓小平的论断是对马克思思想的创造性发挥。它极大地调动了科技工作者的积极性、自主性、创造性，也在全国范围内引发了学科学、学技术、用科学、用技术的热潮，对中国科学技术现代化，对中国社会主义现代化建设，都将产生并已经产生无可估量的作用。

（5）引进和利用外资

这是我国对外开放，加速社会主义现代化建设的伟大战略决策。邓小平讲："利用外资是一个很大的政策，我认为应该坚持。"[70]

在党的十一届三中全会决定我国实行对外开放政策以后，彻底否定"以阶级斗争为纲"，将国家的发展转到以经济建设为中心的轨道上来。经过"十年动乱"的破坏，国民经济几乎到了崩溃的边缘，人民渴望尽快改变经济短缺与生活困难。各行各业要恢复、要快速发展，迫切需要资金。大量的建设资金哪里来？靠国内人民的积累，难以快速实现。为此，必须寻求利用外资的出路，这是加速我国社会主义现代化建设的必然要求，也是最理性、最现实的正确选择。邓小平决定利用外资，正是审时度势，适应加速我国社会主义现代化要求而作出的正确决断。

外资即外国资本，它有多种存在形式，如国家资本、银行信贷资本、企业（公司）资本以及个人资本等。它不仅有货币形态的，还有商品、设备等实物形态的资本，也还有专利、技术形态的资本。邓小平同志讲："不管哪一种，我们都要利用，因为这个机会太难得了，这个条件不用太可惜了。"[71]

引进和利用外资，绝不是简单引进外国货币资本与机器设备，更重要的是通过引进和利用这些资本与设备，学习与掌握发达国家的先进科学技术，掌握先进的技术装备，学习人家的先进经营方式和管理方法。正如邓小平所说："社会主义要赢得与资本主义相比较的优势，就必须大胆吸收和借鉴人类社会创造的一切文明成果，吸收和借鉴当今世界各国包括资本主义发达国家的一切反映现代社会化生产规律的先进经营方式、管理方法。"[72]利用外国的资本来发展壮大自己的经济力量，提高自己的科学技术水平与经营管理能力，真可谓天大的好事。

当然，引进和利用外国资本，并非无偿的，要支付一定的利息和利润，忍受着一些"剥削"。这就是利用外资所必须付出的代价。同时，还要承担外资大批进入后我国某些行业可能被外资控制的风险。还有，随着外资引进与利用的大量增加，资本主义的"一些腐朽的东西也跟着进来了，中国的一些地方也出现了丑恶的现象，如吸毒、嫖娼、经济犯罪等。要注意很好地抓，坚决取缔和打击，决不能任其发展。"[73]

引进和利用外资不仅没有削弱我国自力更生的能力，反而更加壮大和提高了我国经济自主发展的能力。随着我国经济实力的不断壮大，我国对外债的偿付能力进一步增强与提高。而偿付能力的增强与提高，又更加能吸引外国资本到中国投资兴业。现在，我国已成为世界吸引外资最多、规模最大的国家之一，也已经成为引进与利用外资，建设社会主义现代化国家的最成功的范例之一。

（6）共同富裕

把共同富裕作为体现社会主义本质的经济范畴，无疑是邓小平经济思想的重要核心，也是邓小平对社会主义经济理论的一个重大贡献与发展。

邓小平对消除贫困，消除两极化，实现全体人民共同富裕，有许多论述。但最经典、最精辟的就是这段："社会主义的本质，是解放生产力，发展生产力，消灭剥削，消除两极分化，最终达到共同富裕。"[74]这是从手段与目的相统一的角度，辩证地阐明社会主义本质的科学论断。解放与发展生产力，是为消灭剥削，消除两极分化创造条件，从而为实现共同富裕奠定坚实的物质基础。而消灭剥削，消除两极分化，又是实现共同富裕的必经阶段，不经过这两个阶段，共同富裕不可能真正实现。

共同富裕，是一个渐进过程，不可能一步到位。由于共同富裕不是同步富裕，因此，客观上就是要求有一部分地区和一部分人先富裕起来，让先富带动后富。邓小平指出："走社会主义道路，就是要逐步实现共同富裕。共同富裕的构想是这样提出的：一部分地区有条件先发展起来，一部分地区发展慢点，先发展起来的地区带动后发展的地区，最终达到共同富裕。"[75]先富怎么带动后富呢？邓小平主张："解决的办法之一，就是先富起来的地区多交点利税，支持贫困地区的发展。当然，太早这样办也不行，现在不能削弱发达地区的活力，也不能鼓励吃'大锅饭'。""可以设想，在本世纪末达到小康水平的时候，就要突出地提出和解决这个问题。"[76]一部分人先富起来，一定要依靠自己的勤奋劳动先富起来，而不能依靠搞歪门邪道及各种非法手段富起来。邓小平还举了"傻子瓜子"为例，"说他赚了一百万，主张动他。我说不能动，一动人们就会说政策变了，得不偿失。"[77]可见，邓小平是在实际上支持一部分人依靠勤劳来致富的。他的先富带后富的思想也是符合致富规律要求的。邓小平已经预想到，允许一部分地区和一部分人先富起来，可能引起分配不公及两极分化问题。1993年9月，他针对一些地区收入差距过分悬殊问题，明确指出："少部分人获得那么多财富，大多数人没有，这样发展下去总有一天会出问题。分配不公，会导致两极分化，到一定时候问题就会出来。这个问题要解决。"[78]邓小平高瞻远瞩，为后来党解决分配不公问题，实现共同富裕目标作了科学预警。

3. 江泽民对社会主义经济范畴与时俱进的探索

江泽民在领导全党全国人民进行大规模社会主义现代化建设过程中，坚持以马克思主义、毛泽东思想和邓小平理论为指导，坚持实事求是、解放思想的思想路线，坚持与时俱进的品格，紧密结合中国实际，创造性地提出"三个代表"重要思想，把马克思主义、毛泽东思想和邓小平理论提高到一个新境界。在"三个代表"重要思想的指导下，江泽民对社会主义现代化建设中出现的新现象、新问题，认真考察、认真思索、认真研究，在理论上提出许多政治经济学新范畴。限于篇幅，主要选介如下。

（1）与时俱进

这是对毛泽东、邓小平关于"实事求是"思想的传承与发展。实事求是是马克思主义的活的灵魂，而与时俱进则是马克思主义的品格。正因为"实事"是不断发展变化的，所以"求是"也应随着"实事"的发展变化而变化。"求是"是研究问题，探索规律，找出真谛，形成科学理论，而理论的生命也不断地随着实践的发展而发展。毛泽东指出："马克思主义一定要向前发展，要随着实践的发展而发展，不能停滞不前。停止了，老是那么一套，它就没有生命了。"[79]理论的生命决定理论与时俱进的品格，与时俱进之所以是马克思主义的品格，就是因为它是关于运动和发展的理论。恩格斯指出："我们的理论是发展的理论，而不是必须背得烂熟并机械地加以重复的教条。"[80]与时俱进是反对教条与僵化地看待马克思主义。毛泽东指出："用形而上学的观点来看待马克思主义，把它看成僵死的东西，这是教条主义。"[81]与时俱进，也要反对经验主义。经验主义把经验当真理加以固守，凭经验来办事，这也是与马克思主义的品格要求相违背的。

江泽民坚持与时俱进，敢于直面社会主义现代化建设中出现的各种新现象、新问题，深入探讨求索，作出了不少新的论断，形成了一些社会主义政治经济学的新范畴。

（2）可持续发展

1995年9月召开的党的十四届五中全会，第一次把"实现经济社会可持续发展"作为发展战略写入党的文件中。江泽民在《正确处理社会主义现代化建设中的若干重大关系》中明确指出："在现代化建设中，必须把实现可持续发展作为一个重大战略。"[82]把可持续发展作为党执政兴国的第一要务，这是江泽民为实现建成小康社会、和谐社会伟大奋斗目标而作出的一项重大决策。这是对邓小平的"发展是硬道理"思想在新的历史条件下的创造性运用与发展。这个决策直接关乎子孙后代能否享受美好生活环境，中国能否可持续健康发展下去的大问题，所以，它具有重大的现实意义与长远的战略意义。

可持续发展战略的提出是有很强的现实针对性的。一个时期以来，中国经济社会在邓小平"发展是硬道理"的鼓舞和推动下，出现了热火朝天的大发展局面。但由于一些地区和部门误读了邓小平"发展是硬道理"的思想，把追求"速度第一"作为硬道理，盲目追求GDP的高增长，高排放、高能耗、高污染的"五小企业"几乎遍地开花，许多大中企业也拼人力、拼资源、拼消耗，不仅严重破坏生态环境，而且资源过度消耗，城市污染日趋严重，沙尘暴、酸雨天气、黑臭水体日益增多，人们的生产生活环境日益恶化，结果使人口、资源、环境与经济社会发展的矛盾日益突出、尖锐。这种粗放、盲目追求产值、过度消耗资源的发展方式，已经难以为继。这种严酷的现实，迫切要求我们转变发展观念，走节能环保、集约式的可持续发展道路。

江泽民的突出贡献还在于把发展的价值目标同党的根本宗旨统一起来。那就是中国共产党的根本宗旨是全心全意为人民服务；发展的目标就是为全体人民利益服务，发展主体与执政主体二者之间具有利益的一致性。中国共产党作为执政主体能够在尊重社会发展规律与现实发展主体利益方面实现一致性、统一性。正如江泽民在庆祝中国共产党成立八十周年大会上所讲的，"全心全意为人民服务，立党为公，执政为民，是我们党同一切剥削阶级政党的根本区别。任何时候我们都必须坚持尊重社会发展规律与尊重人民历史主体地位的一致性，坚持为崇高理想奋斗与为最广大人民谋利益的一致性"[83]。江泽民"以民为本"的发展价值目标与中国共产党执政为民的宗旨相统一，充分体现江泽民"三个代表"重要思想的科学实践与运用。

4. 胡锦涛对社会主义经济范畴的接续探索

胡锦涛在领导全中国人民进行社会主义现代化进程中，坚持以毛泽东思想、邓小平理论、"三个代表"重要思想为指导，紧密结合实际，对中国经济社会发展中涌现的各种新现象、新问题，进行深入调查研究，提出了许多社会主义政治经济学新范畴。限于篇幅，以下仅述二则。

（1）科学发展观

这是以胡锦涛为主要代表的中国共产党人提出的带有统领性、创新性和标志性的发展理念集成和理论总括。简言之，就是要用科学的世界观与方法论来对待经济社会的发展问题。

从邓小平的"发展是硬道理"到江泽民的"可持续发展"，再到胡锦涛的科学发展观，伴随着中国改革开放的前进脚步，伴随着中国特色社会主义建设实践的深入发展，中国共产党人对马克思主义理论的坚持与发展，尤其是对马克思主义中国化的探索，真可谓历尽艰辛、千锤百炼、砥砺前行，在历史的关键时刻，把握大势，统领全局，开拓创新，把中国特色社会主义航船引向前进。

科学发展观是胡锦涛在全国考察调研中逐渐形成的。2003年，胡锦涛在广东考察时，针对当地存在的一些非理性发展行为，对干部们讲："要坚持全面的发展观，通过促进三个文明协调发展不断增强创新优势。"[84] 2003年8月28日至9月1日，他在江西考察工作时，第一次明确使用了"科学发展观"的概念。此后，他在多地考察及中央工作会议上都较系统地阐述了如何实现科学发展的问题。在党的十七大报告中，他作了最科学最全面表述："科学发展观，第一要义是发展，核心是以人为本，其基本要求是全面协调可持续，根本方法是统筹兼顾。"[85] 这里把科学发展观的内涵界定得十分明晰。"第一要义""核心""基本要求""根本方法"四个方面紧密联系，统一不可分割，而且是相互联系、相互促进的。后三个部分都是实现"第一要义"的重要保证，所以要全面准确贯彻执行。

从上述发展问题的代际演进轨迹亦可看出，科学发展观在传承了邓小平与江泽民有关发展的理念的基础上，把"全面""协调"与"可持续发展"直接统一联系为一个有机整体，并且强调"以人为本"是核心，同时给出了具体方法，这就使中国共产党人对经济社会发展的认识更完整化、全面化、科学化，在理论上跃升到一个崭新的高度。

（2）新型工业化

这是胡锦涛在党的十六大报告中明确提出的社会主义政治经济学新范畴。他指出：

"坚持以信息化带动工业化，以工业化促进信息化，走出一条科技含量高、经济效益好、资源消耗低、环境污染少、人力资源优势得到充分发挥的新型工业化路子。"[86] 这显然是以科学发展观为指导来研究我国在新的历史条件下如何实现工业化的道路问题而作出的理论概括。与毛泽东当年指明的工业化道路明显不同，这里没有提出如何处理农、轻、重的关系问题，而是依据中国改革开放过程中出现的信息化新趋势，以战略眼光看待信息革命会对整个工业发生革命性的影响，认定它会极大地促进与带动工业化。基于此，才确定这个科学的新型工业化路子。

中国的工业化任务尚未完成。新中国成立以来，我国从1953年开始有计划地进行大规模工业化建设。第一个五年计划期间，中国在苏联援助下，重点搞了156个大工业项目，奠定了中国工业化的基础。第二个五年计划时期，国家又在全国兴建了一大批工业化项目，使中国的轻工业和重工业有了长足的发展。一直到20世纪60年代中期，中国人民在党的领导下，已经初步建立了比较独立、门类结构较完善的工业体系。"文化大革命"使我国的工业化建设遭到了严重的破坏。即使如此，中国人民也未停下工业化的脚步。在"备战、备荒"的口号下，大城市中的大工业企业搬迁到内陆与山区，"大小三线"建设客观上也促进了工业化，改变了一些工业结构不合理的状况。改革开放后，中国的工业化建设进入了一个迅猛发展时期。上海宝钢的引进，一汽的转型，武钢的改造，轻纺工业的升级以及地方工业的兴起，这些都大大地加快了中国工业化的进程，到20世纪末，中国的工业化水平总体上已进入工业化中期阶段。进入21世纪以后，中国工业化进程中科技含量低、资源消耗高、人力资源浪费、经济效益差、环境污染严重的问题凸显出来，这些问题严重地影响了中国工业化的质量，进而制约整个国民经济发展的质量。正是针对这种情况，胡锦涛果断作出决定，在中国推行以民为本，以提高质量与效益为中心，实现环境优良、经济社会可持续发展的新型工业化。

关于工业化实现的标准，理论界一直在探讨，目前尚无一个统一标准。以往，苏联是按照斯大林的工业化理论来确定工业化实现标准的。他们认为，重工业产值在整个工业产值中所占的比重达到40%以上，即为实现工业化。这个标准早就被废弃了。国际上衡量工业化实现的主要指标是：农业产值占GDP的比重在15%以下，农业就业人数占全部就业人数的比重在30%以下，城镇人口占全国人口的比重在50%以上。以上三个指标，2001年我国分别为15%、50%和37.66%。总体上看，中国的工业化正处于中期阶段。[87] 这个工业化实现标准，并没有资源消耗、环境状况方面的指标，无疑是不科学的。按照胡锦涛提出新型工业化的内涵来确定其实现标准，笔者认为一定要有一个指标体系，这个体系应主要包括工业化的科技含量指标、资源消耗指标、经济效益指标、环境状况指标以及人力资源利用状况方面的指标。衡量指标只有既切合实际又科学化，才能真实反映工业化程度与水平。

进入21世纪以后，我国的工业化水平在信息化浪潮的有力推动下，整个国民经济的信息化程度，尤其整个工业的信息化水平迅速大幅度提高。我国的网络信息的覆盖程度、电脑及手机的应用率都已占据世界前列。我国信息产业、智能产业、高科技产业、航天及深海产业等都有了长足的发展，对整个工业化进程的促进作用日益加大，并提高了整个中国工业化的水平。笔者认为，从总体上说中国的工业化已进入了决胜阶段，但完成工业化仍任重而道远，绝不可停顿与松懈。

以毛泽东、邓小平、江泽民、胡锦涛为代表的几代中国共产党人对社会主义政治经济学一系列重大范畴进行了认真探索、深入研究，取得了指导社会主义经济社会发展的许多规律性的认识成果，推进了马克思主义中国化的进程，为在新时代以习近平为主要代表的中国共产党人创造完整的中国特色社会主义经济理论体系奠定了坚实可靠的理论基础。这个基础之所以坚实、可靠，是因为它集中了全国人民的心血与智慧，代表了广大人民利益，符合中国经济社会发展的大趋势。

三、新时代社会主义政治经济学新范畴简介与评析

习近平对社会主义政治经济学理论的创新，体现在他治国理政的各项活动中，体现在领导全党全国人民进行社会主义现代化建设的伟大实践中，体现在他发表的一系列著作与讲话中。习近平的著作《之江新语》，就是一部创新社会主义政治经济学理论的优秀著作。该书系他任中共浙江省委书记期间（2003年2月—2007年3月），就如何推进浙江省改革开放、科学发展一系列重大问题，运用马克思主义的基本原理、立场、方法，观察问题、分析问题、解决问题，提出众多理论新见解、新范畴，是把马克思主义政治经济学基本原理与中国实际密切结合的典范。《习近平谈治国理政》更是马克思主义理论的经典之作。由中共中央宣传部编辑出版的《习近平总书记系列重要讲话读本（2016年版）》指出："在治国理政新的实践中，习近平总书记以非凡的理论勇气、高超的政治智慧、坚韧不拔的历史担当精神，把握时代大趋势，回答实践新要求，顺应人民新期待，围绕改革发展稳定、内政外交国防、治党治国治军发表一系列重要讲话，形成一系列治国新理念新思想新战略，进一步丰富和发展了党的科学理论。"[88] "习近平总书记系列重要讲话，内涵丰富、思考深刻、博大精深，是一个系统完整的科学理论体系。"[89] 这个科学理论体系是多元的，包括政治学理论体系、经济学理论体系、社会学理论体系、党建理论体系、文化学理论体系、军事科学理论体系等。从马克思主义科学理论体系来讲，主要包括三个部分，即：哲学理论体系、政治经济学理论体系、科学社会主义理论体系。可见，政治经济学理论体系是包括在习近平的"系统完整的科学理论体系"之中的，它确实是由"内涵丰富、思想深刻、博大精深"的一系列社会主义政治经济学新范畴构成的。

习近平在改革开放对传统政治经济学范畴进行重大突破的基础上，在对以毛泽东、邓小平、江泽民、胡锦涛为代表的几代中国共产党人关于社会主义政治经济学理论范畴

的传承中，结合中国特色社会主义现代化建设实践，尤其是结合中国特色社会主义新时代改革开放新实践要求，从理论上创造性地提出并丰富了一系列社会主义政治经济学新范畴。笔者认为，习近平提出的新范畴很多，如新时代主要矛盾、反贫困理论、"一带一路"、人类命运共同体等，都具有丰厚的内容，将独立设章专门加以阐述。在这里，不揣冒昧，大胆列出以下10个新范畴，分别加以介说。

1. 中国梦

这是习近平首创的中国特色社会主义政治经济学新范畴。习近平指出："实现中华民族伟大复兴，就是中华民族近代以来最伟大的梦想。这个梦想，凝聚了几代中国人的夙愿，体现了中华民族和中国人民的整体利益，是每一个中华儿女的共同期盼。历史告诉我们，每个人的前途命运都与国家和民族的前途命运紧密相连。国家好、民族好，大家才会好。实现中华民族伟大复兴是一项光荣而艰巨的事业，需要一代又一代中国人共同为之努力。"[90]这个梦想具体来说，就是实现"两个一百年"奋斗目标：到中国共产党成立100周年时全面建成小康社会，到新中国成立100周年时建成富强民主文明和谐的社会主义现代化国家。这个梦想反映了每个中华儿女的迫切愿望和根本利益，为祖国展现了一幅壮美的前景蓝图，动员全国人民为实现这个伟大梦想而苦干、实干，使梦想成真，理想变现实。

为了真正实现中国梦，习近平创造性地提出"三个必须"：一是必须走中国道路，就是坚持走中国特色社会主义道路；二是必须弘扬中国精神，即以爱国主义为核心的民族精神和以改革创新为核心的时代精神；三是必须凝聚中国力量，即各民族大团结的力量。用伟大的中国精神和巨大的中国力量，在中国道路上阔步前行，就一定能实现中国梦。

这是一个带有统领性的中国特色社会主义经济理论体系的核心范畴。因为这个梦想展现的中国未来是一个时期——中国特色社会主义新时代的发展目标。这个目标规定着全国人民所有的经济活动都要围绕实现这个目标去展开，所有中国人都为实现这个目标去奋斗。习近平讲："中国梦是国家梦、民族梦、也是每个中华儿女的梦。"[91]这个梦是国家发愤图强的梦，是中华民族振兴之梦，也是人民追求幸福之梦，更是"海内外中华儿女共同的梦"[92]。这个范畴的主体，不仅涵盖了国内全体人民，同时也涵盖了海外中华儿女。正是这个范畴代表了海内外中华儿女共同愿望与共同利益要求，贯穿于整个社会主义现代化建设的全过程之中，所以它构成了社会主义政治经济学理论体系的核心范畴，对建设中国特色社会主义政治经济学理论体系起统领方向、目标的作用。

2. 全面小康

小康社会是中国梦的重要组成部分。实现中国梦，必须要全面建成小康社会。

把小康水平同中国经济发展战略目标有机联系并结合起来，这是邓小平的理论创造与贡献。1979年12月初，邓小平在同日本首相大平正芳会谈时，针对大平正芳提出的

"中国社会将来会是什么样的状况"这一问题，他回答说："我们要实现的四个现代化，是中国式的四个现代化。我们的四个现代化的概念，不是像你们那样的现代化的概念，而是'小康之家'。到本世纪末，中国的四个现代化即使达到了某种目标，我们的国民生产总值人均水平还是很低的。要达到第三世界中比较富裕一点的国家的水平，比如国民生产总值人均一千美元，也还得付出很大的努力。""中国到那时也还是一个小康的状态。"[93]后来，邓小平在第二次会见中日民间人士会议日方委员会代表团时，进一步明确地讲，"我们提出四个现代化的最低目标，是本世纪末达到小康水平"，"所谓小康，从国民生产总值来说，就是年人均达到八百美元。这同你们相比还是低水平的，但对我们来说是雄心壮志。中国现有十亿人口，到那时候十二亿人口，国民生产总值可以达到一万亿美元。如果按资本主义的分配方法，绝大多数人还摆脱不了贫穷落后状态，按社会主义的分配原则，就可以使全国人民普遍过上小康生活。这就是我们为什么要坚持社会主义的道理。不坚持社会主义，中国的小康社会形成不了。"[94]从上可见：一是小康水平的标准从人均年国民生产总值八百美元到人均国民生产总值一千美元，这还是低水平的现代化；二是坚持社会主义道路是实现小康社会的根本前提；三是上述讲话充分彰显了邓小平对达到小康社会的理论自信、道路自信、制度自信。邓小平信心满满地讲道："更重要的是，在这样一个基础上，再发展三十年到五十年，我们就可以接近发达国家的水平。"[95]

党的十三大正式将小康社会建设纳入中国发展目标战略的关键一步。党的十三大报告指出："党的十一届三中全会以后，我国经济建设的战略部署大体分三步走。第一步，实现国民生产总值比一九八〇年翻一番，解决人民的温饱问题。这个任务已经基本实现。第二步，到本世纪末，使国民生产总值再增长一倍，人民生活达到小康水平。第三步，到下个世纪中叶，人均国民生产总值达到中等发达国家水平，人民生活比较富裕，基本实现现代化。"[96]

党的十五大又将小康社会建设同市场经济体制建设联系起来，增加小康社会的新内涵。党的十五大报告指出："从现在起到下世纪的前十年，是我国实现第二步战略目标、向第三步战略目标迈进的关键时期。"[97]"展望下世纪，我们的目标是，第一个十年实现国民生产总值比二〇〇〇年翻一番，使人民的小康生活更加富裕，形成比较完善的社会主义市场经济体制；再经过十年的努力，到建党一百年时，使国民经济更加发展，各项制度更加完善；到下世纪中叶建国一百年时，基本实现现代化，建成富强民主文明的社会主义国家。"[98]

由"老三步"到"新三步"，使国家发展战略及小康社会范畴内涵有了新变化，即人民的"小康生活更富裕"，并且加入了"比较完善的社会主义市场经济体制"的内容。"新三步"为三个十年构想，比"老三步"更加明确、更加具体化。

习近平在"继承前人的基础上不断超越"，明确对全面小康作出了科学的阐释。

第一，所谓全面小康就是全面发展的小康。"小康"讲的是发展水平，"全面"讲的是发展的平衡性、协调性。习近平总书记强调："如果到2020年我们在总量和速度上完成了目标，但发展不平衡、不协调、不可持续的问题更加严重，短板更加突出，就算不上真正实现了目标。"[99]

第二，所谓全面小康是涵盖全社会的小康，是没有人掉队的小康，是惠及全民的小康。习近平指出："没有全民小康，就没有全面小康。"[100]重点强调："没有农村的全面小康和欠发达地区的全面小康，就没有全国的全面小康。"[101]

第三，全面小康不可能是"同一水平"，完全没有差距的小康。由于各个地区、各个民族、每个家庭的经济发展状况会因经济发展不平衡规律的作用而出现不同的水平，其收入状况也不可能均等划一，这就不可避免地产生小康水平差异。全面建成小康社会是针对全国总体水平而言的，但绝不能以此为借口，让个别地区、民族、家庭及个人在小康路上掉队，游离于全面小康社会之外。

3. 和谐社会

这个范畴不是习近平首先提出来的，但是，他创造性地丰富了这个范畴。

和谐社会是指社会发展运动中矛盾和缓、运行平稳的状态，它是相对于社会动荡状态而言的。和谐绝不意味着没有任何矛盾，只是矛盾处于不断解决之中，没有演变成社会动荡。

和谐社会这个范畴是在党的会议上首先使用和提出来的。2002年11月，党的十六大报告提出了实现社会更加和谐的要求。2004年9月，党的十六届四中全会明确提出了构建社会主义和谐社会的重大战略任务。2005年2月，又提出了构建民主法治、公平正义、诚信友爱、充满活力、安定有序、人与自然和谐相处的社会主义和谐社会的总目标。2006年10月，党的十六届六中全会专门研究如何结合中国实际构建社会主义和谐社会问题，会议通过了《中共中央关于构建社会主义和谐社会若干重大问题的决定》。这是一个纲领性文件，为我国社会主义和谐社会建设指明了方向，规定了目标与任务，提出了对策措施，标志着我国社会主义和谐社会进入了一个新的发展阶段。

社会主义和谐社会到底是一个什么样的社会？2005年2月19日，胡锦涛在全国省部级干部专题研讨班上明确其含义，并概括了其六个主要特征：①民主与法治；②公平正义；③诚信友爱；④充满活力；⑤安定有序；⑥人与自然和谐相处。[102]这就使社会主义和谐社会建设有了具体的奋斗目标，可以采取十分有效的具体路径与措施将其落到实处。

笔者认为，正确处理人与自然关系，使社会生产力在人与自然的和谐关系中健康可持续发展，这是为构建社会主义和谐社会提供强大的物质基础；加强民主与法治是为社会和谐提供有效法治保证；加强社会公平正义，是使社会各种矛盾都能公正解决，使社会正义得到彰显，正能量得以充分发挥；整个社会讲究诚信友爱，是实现社会关系融洽的基本准则；安定有序，是建设社会主义和谐社会的根本前提，任何一个社会如果丧失了安定的社会环境，处于动乱状态，那将什么也干不成。只有上述五条都做得好了，那么这个社会运行与发展才会充满活力。

习近平为社会主义和谐社会建设注入了新的内容，创造性地丰富了和谐社会的内涵。第一，全面从严治党，加强中国共产党的领导。中国是社会主义国家，必须坚持共产党对和谐社会建设的领导。习近平强调指出："中国共产党的领导是中国特色社会主义最本质的特征。没有共产党，就没有新中国，就没有新中国的繁荣富强。"[103]党内关系是否科学健康，直接关乎党和国家的前途命运。党内腐败不仅败坏党的声誉，更破坏了社会的和谐。所以，全面从严治党，惩治腐败是社会主义和谐社会发展的内在必然要求，是建设社会主义和谐社会的根本保证。没有这一条，和谐社会建设便会失去社会主义的方向。第二，建设美丽中国。这比"人与自然和谐相处"富有更多新的内涵。美丽中国，不仅仅是把"人与自然关系"处理"和谐"就可以，而且还要在全社会推行"绿色发展方式和生活方式"。习近平指出："推动形成绿色发展方式和生活方式，是发展观的一场深刻革命。"[104]绿色生活方式显然也是对传统生活方式的深刻革命。第三，让全体人民实现共同富裕，过上幸福生活。共同富裕是体现社会主义本质的重大范畴，是全体人民根本利益一致性所在。它既是共产党人的事业和终身奋斗目标，也是建设社会主义和谐社会可持续发展的动力。习近平的上述思想，极大地丰富了中国社会主义和谐社会建设的理论与实践。

4. 经济发展新常态

这是习近平提出的全新的社会主义政治经济学范畴，也是体现中国特色社会主义新时代要求的经济范畴。

如何科学认识与准确把握经济发展新常态的内涵？习近平给出以下阐述："其一，新常态不是一个事件，不要用好或坏来判断。有人问，新常态是一个好状态还是一个坏状态？这种问法是不科学的。新常态是一种客观状态，是我国经济发展到今天这个阶段必然会出现的一种状态，是一种内在的必然性，并没有好坏之分，我们要因势而谋、因势而动、因势而进。其二，新常态不是个筐子，不要什么都往里面装。新常态主要表现在经济领域，不要滥用新常态概念，提出一大堆'新常态'，什么文化新常态、旅游新常态、城市管理新常态等，甚至把一些不好的现象都归入新常态。其三，新常态不是一个避风港，不要把不好做或难做好的工作都归结于新常态，似乎推给新常态就有不去解决的理由了。新常态不是不干事，不是不要发展，不是不要国内生产总值增长，是要更好发挥主观能动性、更有创造精神地推动发展。"[105]这个规定是十分科学的，既内容清晰明确，又生动具体；既否定了许多不正确的认识和说法，又给出正确的判断与结论，为人们准确把握新常态提供了科学的理论依据。中国经济发展进入新常态，是习近平在中央经济工作会议上，在科学认识当前形势、准确研判未来走势基础上作出的正确的判断，其主要客观依据是经济发展的趋势性变化。

第一，消费需求看，"模仿型排浪式消费阶段基本结束，消费拉开档次，个性化、多样化消费渐成主流，保证产品质量安全、通过创新供给激活需求的重要性显著上升。"[106]

第二，从投资需求看，"经历了30多年高强度大规模开发建设后，传统产业、房地产投资相对饱和，但基础设施互联互通和一些新技术、新产品、新业态、新商业模式的投资机会大量涌现，对创新投融资方式提出了新要求。"[107]

第三，从出口和国际收支看，"现在，全球总需求不振，我国低成本比较优势也发生了转化。同时，我国出口竞争优势依然存在，多少年打拼出来的国际市场也是重要资源。高水平引进来、大规模走出去正在同步发生，人民币国际化程度明显提高，国际收支双顺差局面正在向收支基本平衡方向发展。"[108]

第四，从生产能力和生产组织方式看，由过去的供给不足转变为现在传统产业供给能力大幅超出需求。为此，"产业结构必须优化升级，企业兼并重组、生产相对集中不可避免。互联网技术加快发展，创新方式层出不穷，新兴产业、服务业、小微企业作用更加凸显，生产小型化、智能化、专业化将成为产业组织新特征。"[109]

第五，从生产要素相对优势看，由劳动力成本低为最大优势转为适龄劳动人口总量下降，受能够拉动经济上水平的关键技术制约，生产要素的规模驱动力减弱。"经济增长将更多依靠人力资本质量和技术进步，必须让创新成为驱动发展新引擎。"[110]

第六，从市场竞争特点看，由过去的数量和价格竞争转向质量型、差异化为主的竞争。国内"企业依赖税收和土地等优惠政策形成竞争优势、外资的超国民待遇的方式已经难以为继，统一全国市场、提高资源配置效率是经济发展的内生性要求"[111]。

第七，从资源环境约束看，正从过去承载空间较大转变为承载力接近上限，难以承载高消耗、粗放型发展，人民对优美生产生活环境的要求越来越高，越来越迫切。习近平强调："我们必须顺应人民群众对良好生态环境的期待，推动形成绿色低碳循环发展方式，并从中创造新的增长点。"[112]

第八，从经济风险积累和化解看，过去高速度增长掩盖下的矛盾与风险现已显性化。地方政府债务、影子银行、房地产等领域的风险已经显露。虽然风险可控，但必须强力化解。习近平指出，"我们必须标本兼治，对症下药，建立健全化解各类风险的体制机制"[113]。

第九，从资源配置模式和宏观调控方式看，过去需求增长潜在空间大，只要刺激有效需求就能促进经济发展；现在刺激需求的政策效应递减，而供给方产能过剩，这就需要总体把握总供求关系新变化，需要政府进行科学的宏观调控。

依据上述九项趋势性变化，习近平作出如下科学判断："我国经济正在向形态更高级、分工更复杂、结构更合理的阶段演化。这些趋势性变化，既是新常态的外在特征，又是新常态的内在动因。"[114]

经济发展进入新常态，是我国经济发展阶段性规律作用的必然结果。习近平指出："我国经济发展进入新常态，是我国经济发展阶段性特征的必然反映，是不以人的意识为转移的。"[115]主要标志包括：其一，经济发展速度由以往的超过10%的高增长转向7%左右的中高速增长；其二，经济发展方式由规模速度型粗放增长转向质量效率型集约增长；其三，经济结构从增量扩张为主转向存量调整、做优增量，存量与增量并举，进行深度结构优化；其四，经济发展动力从传统增长动力转向新的增长动力。经济发展主要依靠创新来驱动。以上带有客观规律的变化，标志着中国经济进入了一个以提高发展质量、注重效率和增进效益、集约发展为主的新的发展阶段，这就是经济发展新常态。

经济发展新常态范畴的提出，显示出中国经济发展观的转变，由形而上学发展观向唯物主义的科学发展观转化。以往的经济发展观往往只注重增长速度、数量增加与规模扩张，具体表现为盲目追求GDP增长，忽视经济发展质量、效率与效益，这就使经济发展指导上带有很大主观性、盲目性、片面性的唯心主义与形而上学。

适应经济发展新常态，中国经济发展观必须科学化。那就是经济发展的指导思想必须坚持贯彻唯物主义与辩证法，克服唯心主义与形而上学。不要以为这是深奥的哲学问题，其实现实经济活动中不仅有经济学，而且处处充满了哲学。去掉经济发展中尤其是经济发展指导上的主观盲目性、随意性（如"拍脑门决策""即兴闭门决策"等）、片面性（如只讲速度不讲效益、片面追求GDP增长等），多一些唯物主义（如实事求是、一切以事实为依据、按实际能力办事、量力而行等）与辩证法（对事物一分为二、从正反两个方面来看、多维论证等），这不仅对经济活动的领导者来说是必修课，对众多经济活动的参与者来说也是必备的。适应经济发展的新常态，经济发展观一定要科学化。

5. 新发展理念

引领经济发展新常态，必须要有新的经济发展理念。经济发展已进入新常态，若还用旧的传统的发展理念来引领，必然走向失败。习近平深刻指出："理念是行动的先导，一定的发展实践都是由一定的发展理念来引领的。发展理念是否对头，从根本上决定着发展成效乃至成败。"[116]可见，经济发展理念至关重要。

新发展理念是习近平首创的社会主义政治经济学范畴。它不是凭空产生的，而是在深刻认识与把握我国经济社会发展规律基础上，认真总结国内外发展经验教训，为引领经济发展新常态而提出来的。正因为它符合客观规律的要求，又是从经济发展新常态实践中提炼概括出来的，所以它是先进科学的范畴。

新发展理念的科学内涵，是在习近平主持制定的《中共中央关于制定国民经济和社会发展第十三个五年规划的建议》中提出并加以界定的，那就是"坚持创新、协调、绿色、开放、共享的发展理念"[117]。这五大发展理念，绝不是简简单单的经济范畴，而是管全局、管长远、管战略的导向，具有战略性、纲领性、引领性，是构建中国特色社会主义经济理论体系的一个核心范畴。创新是引领经济发展的第一动力；协调是持续健康发展的内在要求，是把握社会主义事业总体布局，实现社会主义发展战略目标的平衡机制；绿色是永续发展的必然条件和人民对美好生活追求的重要体现；开放是国家繁荣富强、占据世界发展高地的必由之路；共享是发展成果必须由全体人民共享，使全体人民实现共同富裕的制度安排。以上五大发展理念，每一项都有自己着重解决的问题。创新发展要注重解决发展动力不足的问题；协调发展重点是要解决经济社会发展不平衡问题；绿色发展注重的是人与自然关系的和谐问题；开放发展注重的是解决内外联动的问题；共享发展注重的是解决经济分配不公与社会公平正义的问题。这五大发展理念绝不是相互孤立的，而是一个统一整体。习近平指出："这五大发展理念相互贯通、相互促进，是具有内在联系的集合体，要统一贯彻，不能顾此失彼，也不能相互替代。哪一个发展理念贯彻不到位，发展进程都会受到影响。"[118]这是处理五大发展理念关系的基本原则，对于全党提高指导经济社会发展能力与水平，开创发展新境界，具有十分重要的作用与意义。

6. 制度优势

"制度"本身是个系统，它是由多种制度构成的，包括经济制度、文化制度、卫生制度、政治制度等等。

本书研究的主要是经济制度与政治制度，这是由我们上述关于社会主义政治经济学研究对象所规定的。政治制度作为上层建筑的重要组成部分，它离不开经济基础的决定与制约，尤其是它还对经济基础（经济关系总和）具有反作用。

更为主要的是，习近平在构建与创新社会主义政治经济学理论体系时所使用的"制度优势"范畴，就是指中国特色社会主义经济制度与政治制度而言的。

关于"社会主义制度优越性"，并不是一个新话题。毛泽东讲："我国现在的社会制度比旧时代的社会制度要优胜得多。""所谓社会主义生产关系比较旧时代生产关系更能适合生产力发展的性质，就是指能够容许生产力以旧社会所没有的速度迅速发展，因而生产不断扩大，因而使人民不断增长的需要能够逐步得到满足的这样一种情况。"[119]邓小平也充分肯定社会主义制度的优越性，并强调："社会主义最大的优越性就是共同富裕，是体现社会主义本质的一个东西。"[120]毛泽东是从社会主义生产关系适应、解放及促进生产力发展的角度来讲社会主义经济制度优越性的；邓小平是从社会主义制度能够实现共同富裕来讲其优越性的。但新中国成立以来的实践证明，社会主义制度的优越性不会自动发挥出来，它要得以发挥，尚需要一些必要的体制机制，这些体制机制如果不顺畅或存在严重的欠缺或弊端，那么社会主义制度的优越性不仅发挥不出来，还会由于体制机制的弊端作用而遭到破坏。改革开放过程中，经济体制改革及政治体制改革就是要破除经济体制与政治体制的种种弊端，使社会主义经济制度与政治制度的优越性能够通过健康有效的体制机制得以充分发挥出来。

习近平抓住体制与机制这个关键，加大体制机制改革，将好的体制机制与社会主义经济制度和政治制度有机结合起来，从而使社会主义经济制度和政治制度的优越性有效发挥出来。习近平指出："中国特色社会主义制度，坚持把根本政治制度、基本政治制度，同基本经济制度以及各方面体制机制等具体制度有机结合起来，坚持把国家层面民主制度同基层民主制度有机结合起来，坚持把党的领导、人民当家作主、依法治国有机结合起来，符合我国国情，集中体现了中国特色社会主义的特点和优势，是中国发展进步的根本制度保障。"[121]

如何把社会主义制度的优越性充分发挥出来？邓小平在总结改革开放实践经验的基础上，明确提出搞社会主义市场经济，使社会主义制度与市场经济有机结合起来。1992年1月，邓小平在南方谈话中明确指出："计划经济不等于社会主义，资本主义也有计划；市场经济不等于资本主义，社会主义也有市场。计划和市场都是经济手段。"[122]邓小平开创了社会主义可以搞市场经济之理论先河，为实行社会主义制度与市场经济相结合，提供了重要理论依据与支撑。江泽民、胡锦涛在如何实现社会主义制度与市场经济的结合上都作了艰苦的探索，取得了不少的经验与成绩。习近平的重要贡献在于，在强调社会主义国家制度的管控前提下，将市场在资源配置中的"基础作用"改为"起决定性作用"，这个重大理论突破，使市场经济与社会主义制度十分有效地结合起来，促进了社会主义经济大发展、大繁荣。习近平在十八届中央政治局第二十八次集体学习时指出："我国经济发展获得巨大成功的一个关键因素，就是我们既发挥了市场经济的长处，又发挥了社会主义制度的优越性。我们是在中国共产党领导和社会主义制度的大前提下发展市场经济，什么时候都不能忘了'社会主义'这个定语。"[123]只有永远不忘这个定语，坚持社会主义制度，坚持搞社会主义的市场经济，才能防止资本主义，防止资本主义市场经济的弊端。因为社会主义市场经济通过改革创新能够创造出比资本主义更多的效率和生产力。习近平明确指出："要靠通过不断改革创新，使中国特色社会主义在解放和发展生产力、解放和增强社会活力、促进人的全面发展上比资本主义制度更有效率，更能激发全体人民的积极性、主动性、创造性，更能为社会发展提供有利条件，更能在竞争中赢得比较优势，把中国特色社会主义制度的优越性充分体现出来。"[124]

习近平在如何发挥社会主义制度的优越性问题上，创造性地将制度内在的优越性转变为现实的竞争优势。一个国家的制度是优是劣、是好是坏，只有通过比较，才能鉴别；只有在竞争中，才可见谁更具有优势。习近平在治国理政过程中进一步扩大改革开放力度，积极参与国际合作与竞争，尤其是在激烈的国际竞争中接受考验，将社会主义制度内在的优越性激发出来，从而将它转变为现实的竞争优势、制度优势。习近平指出："靠什么来激发全体人民的创造精神和创造活力？靠什么来实现我国经济社会快速发展、在与资本主义的竞争中赢得比较优势？靠的就是改革开放。面对未来，要破解发展面临的各种难题，化解来自各方面的风险和挑战，更好发挥中国特色社会主义制度优势，推动经济社会持续健康发展，除了深化改革开放，别无他途。"[125]习近平正是靠社会主义制度优势来促进社会生产力高速度高质量发展，领导中国人民创造了一个又一个中国奇迹，让世界刮目相看，赞叹不已。

7. 法治经济

市场经济就是法治经济，市场经济若离开了法治，必定混乱无序，陷入无政府状态。社会主义市场经济要优胜于资本主义市场经济，更需要加强社会主义法治，依据有效的法律制度对社会经济活动进行法律规范与治理。

法治经济建立在信誉经济基础之上。建设社会主义法治经济，必须要筑牢信誉经济根基。市场经济也是信誉经济，信誉是市场经济之本。实行市场经济，若市场主体之间完全丧失信誉，则市场经济就会"礼崩乐坏"，陷入严重危机。市场经济危机往往始于信誉危机，最终也必然毁于信誉危机。上述一般理念，完全适用于社会主义市场经济。

人与人交往，要讲信誉，要讲诚信。心之诚，言而有信，谓诚信。诚信是发展社会主义市场经济的必然必要条件，也是构建社会主义和谐社会的重要组成部分。

对诚信或信任，学术界有不同的界定。日本学者山岸俊男认为："信赖（即信任）可以说是对对方信赖性（信誉）的评价；信赖性（信誉）则意味着对方实际上能否得到满足信赖的行动，也就是说，对方实际上值不值得信赖。"[126]美国学者罗伯特·布鲁斯·萧认为："信任：坚信我们所依赖的人能满足我们对他们的预期。我们信那些可以满足我们预期的人，更准确地说，我们是信任那些可以满足我们好的预期的人们。"[127]笔者认为信誉是指处在社会交换关系中的行为主体（个人或组织）对与其交往者的守信度的预期评价，从而形成某种声誉。这里的信誉明显与"信用"概念还存在很大差别；信用是货币或商品的信贷关系运动，它是以偿还为条件的，且是从属于商品交换和货币流通的一种经济关系。信誉是比信用更广的范畴，它不仅包括信用关系，而且还包括其他许多非经济关系。这些非经济关系如社会人际关系，在社会市场经济大环境下，也对市场经济发展起着这样或那样的作用。所以，广义的政治经济学也要研究信誉。作为市场经济活动的参与者（个人、组织或团体）也要讲诚信，以便在社会享有良好的信誉、声望。

市场经济参与者的信誉需要法律来维护，市场经济参与者的失信毁誉行为需要法律来规范与惩治。现实经济活动中，失信毁誉行为比比皆是，企业、单位、机关或个人的失信行为，必毁其信誉。尤其在市场经济活动中，不讲诚信、不顾信誉的行为，必须依法惩处之，依法防范、规制之。

市场经济是"契约经济"。市场经济主体进行经济交往与联系主要靠签订契约或经济合同，契约与合同体现着交往者的意愿和经济利益。保障契约与合同的顺利履行，保障交往双方的利益，必须依法强制加以保护，对不合理及不合规的契约及合同进行依法规范与治理。《公司法》《民法典》《消费者权益保护法》《产品质量法》等一系列法律法规都是维持市场秩序，保护市场经济主体利益的，都是市场经济健康运行、有序发展的"保护神"。全面推进法治经济必须强化法治契约，大力提高经济合同的签约率与履约率。

习近平对法治经济的重要贡献在于：一是把法治经济建设提高到全面依法治国的高度，作为实现法治中国建设目标的重要内容来抓；二是全面深化改革，努力构建符合并有效服务于社会主义市场经济发展的法治体系，推进国家治理体系和治理能力现代化。正如习近平所指出的："推进国家治理体系和治理能力现代化，必须完整理解和把握全面深化改革的总目标，这是两句话组成一个整体，即完善和发展中国特色社会主义制度、推进国家治理体系和治理能力现代化。"[128]

8. 绿色发展

它虽然是新发展理念的内容之一，但由于其有极端重要性，因而可以确认为一个独立的经济范畴。

绿色，可谓之为环保色。它是一个国家为保护生态环境、建设生态文明，营造为现代及子孙后代留下天蓝、地绿、水清的生产生活环境，实现国民经济永续发展的重要条件，更是人民对美好生活追求的重要体现。

绿色发展是内涵广泛、内容丰富的一个范畴。它包括：①绿色产业；②绿色城镇；③绿色乡村；④绿色生活方式；⑤绿色生产方式；⑥绿色环境；等等。其中主要是指绿色生产方式和生活方式，即绿色产业发展。当然，也有一些学者提出"绿色金融""绿色财政""绿色教育""绿色文化""绿色医疗"等一些行业"绿色"的概念。笔者并不否认与反对这些提法，但它们都可分别归属于绿色生产方式和生活方式。正确认识绿色发展的丰富内容，有助于把握绿色发展的规律及其作用机理，为建设美丽中国服务。

绿色发展的核心就是要解决好人与自然的和谐共生、永续成长问题。人与自然的关系，是人类社会的一个永恒话题。地球上自从有了人类起，人就是自然界的产物，并且是自然界的一部分。恩格斯指出："人本身是自然界的产物，是在一定的自然环境中并且和这个环境一起发展起来的。"[129]人不能离开自然，"人靠自然界生活"[130]，人要靠自然界呼吸，要靠从自然界获取生存资料，离开自然界，人类就无法生存。因此，自人类产生以后就始终存在一个人与自然界如何共生共长的问题。

传统的经济学理论将社会生产力概念界定为：人们征服和改造自然界，获取物质资料的能力。其缺欠是：只讲"征服与改造"，缺失了"尊重与服从"。正确的提法应是：人类必须首先要尊重与服从自然、遵循自然本身固有的客观规律，按其客观要求来征服与改造自然界。倘若人类不能尊重与服从大自然，那么必然遭到大自然规律的无情惩罚。恩格斯在《自然辩证法》一书中写道："美索不达米亚、希腊、小亚细亚以及其他各地的居民，为了想得到耕地，把森林都砍完了，但是他们梦想不到，这些地方今天竟因此成为荒芜不毛之地。"[131]对此，恩格斯严正警告："我们不要过分陶醉于我们对自然界的胜利。对于每一次这样的胜利，自然界都报复了我们。"[132]并且一再嘱咐我们要"正确地理解自然规律"，"能够认识和正确运用自然规律"[133]。

然而世人根本忘记了恩格斯的警告与嘱托，破坏了人与自然界的和谐共生关系，造成了生态环境的大破坏。美国未来学家阿尔温·托夫勒在《第三次浪潮》一书中对工业时代大工业迅猛发展所造成的生态环境危机，作出概括与描写，"第二次浪潮各国政府仍然盲目地不惜一切代价增加国民生产总值，极度'增产'甚至不顾生态和社会的危险"，"对地球生态圈的破坏也许是无可挽救的。由于现实征服自然的原则，由于它的人口增长，它的残酷无情的技术，和它为了发展而持续不断的需求，彻底地破坏了周围环境，超过了早先任何一个文明能够创造出的这种手段，能够不仅摧毁一个城市，而且可以摧毁整个地球。从来没有整个海洋面临着中毒问题。由于人类贪婪或疏忽，整个空间可以突然一夜之间从地球上消失。从未有开采矿山如此凶猛，挖得大地满目疮痍。从未有过让头发喷雾剂等使臭氧层消失殆尽，还有热污染造成对地球的威胁"[134]。托夫勒所描写的状况，在我国不同程度地存在着，所以，确如习近平所说，天蓝、地绿、水清是老百姓特别期盼和追求的美好生产生活环境。

习近平在绿色发展问题上的突出贡献，主要有如下几条。

第一，创造性提出"环境就是民生"的重要观点，并在理论上为绿色发展设置了"底线"。生态环境无可替代，虽可再造，但不能真正复原，人造环境与原生态环境不可同日而语。正是生态环境具有"用之不觉、失之难存"的特点，所以要真真切切地、千方百计地保护好生态环境。习近平强调指出："环境就是民生，青山就是美丽，蓝天也是幸福。要像保护眼睛一样保护生态环境，像对待生命一样对待生态环境，把不损害生态环境作为发展的底线。"[135]生产生活环境恶劣，会危及生命；生产生活环境优良，会提高生命质量，体现的是最大的民生。所以，要"像对待生命一样对待生态环境"，可谓恰如其分；把"不损害生态环境作为发展的底线"，明确"划定并严守生态红线"，"在生态环境保护问题上，就是要不能越雷池一步"[136]，可谓科学的"红线"。因为这种观点和论述，真正体现了科学发展的理念，能真正保证国民经济实现绿色发展。

第二，创造性地提出"保护生态环境就是保护生产力"的重要观点，把坚持"节约优先、保护优先、自然恢复"作为绿色发展的基本方针。习近平指出："生态文明建设事关中华民族永续发展和'两个一百年'奋斗目标的实现，保护生态环境就是保护生产力，改善生态环境就是发展生产力。"[137]这个论断是有科学依据的。在马克思那里，生产力分为社会生产力与自然生产力。马克思指出："生活资料的自然富源，例如土壤的肥力、鱼产丰富的水等等；劳动资料的自然富源，如奔腾的瀑布、可以航行的河流、森林、金属、煤炭等等。在文化初期，第一类自然富源具有决定性的意义；在较高的发展阶段，第二类富源具有决定性的意义。"[138]这里讲的土地肥力、产鱼的水资源以及瀑布、可以航行的河流、森林、金属、煤炭等都是构成自然生产力的要素。马克思还认为，自然界中的阳光、空气、河流、湖泊、海洋、土壤等都具有某种使用价值，在社会生产中"形成产品的原始要素，从而也就是形成资本物质成分的要素，即人和自然，是同时起作用的"[139]。阳光、空气、河流、湖泊、海洋、土壤等都是形成产品的要素，是形成资本的物质成分，岂能不成为现实的生产力？由此可见，习近平关于"保护生态环境就是保护生产力"的论断，无论从理论上说还是在实际上讲，都是科学的论断。

阳光、空气、河流、湖泊、海洋、土壤等都是十分宝贵的自然资源，并不永远用之不竭，有的现已成为稀缺资源。河流与湖泊一旦干涸，土地一旦荒漠化、碱化，好的河流、湖泊与土地减少了，就有可能成为稀缺资源。很长一个时期，我国自然资源无偿使用，其价值不能补偿，导致自然资源掠夺式开发使用。自然资源作为生产力的构成要素，保护它就是保护生产力，因此一定要节约使用，节约优先，保护优先，且要通过价值补偿，促进生态的自然恢复，这是对子孙后代负责的基本原则，也是实现绿色发展的根本要求。

第三，创造性地提出"绿水青山就是金山银山"的观点，丰富了马克思主义政治经济学的财富理论。绿水青山要比污水荒山具有更优良的使用价值或效用。马克思主义政治经济学认为，使用价值构成社会物质财富的内容。马克思在《资本论》开篇就讲："不论财富的社会形式如何，使用价值总是构成财富的物质内容。"[140]按照西方经济学的观点，商品的使用价值即效用决定价值，使用价值或效用越大，其价值越大。马克思的劳动价值论批驳与否定了这一点，认为商品的价值不是由使用价值或效用决定的，而是由劳动者的劳动创造的，是由抽象的人类一般劳动所决定的。经济学上有一句名言："土地是财富之母，劳动是财富之父。"马克思与恩格斯都承认这句名言的科学性，因为它形象地表达了社会财富的源泉。恩格斯指出："政治经济学家说：劳动是一切财富的源泉。其实劳动和自然界一起才是一切财富的源泉，自然界为劳动提供材料，劳动把材料变为财富。"[141]马克思更是明确地阐述了社会财富的两个源泉："劳动不是一切财富的源泉。自然界和劳动一样也是使用价值（而物质财富本来就是由使用价值构成的！）的源泉，劳动本身不过是一种自然力的表现，即人的劳动力的表现。"[142]

习近平讲的"绿水青山就是金山银山"，生动形象地阐明了马克思主义政治经济学的财富观。其观点就是：绿水青山在任何社会都是宝贵的财富，尤其在大工业时代生态环境日益恶化的条件下，更是弥足珍贵。"金山银山"，这种老百姓常用的表示非常富有的语言，深刻阐明了自然资源的宝贵，告诉人们要十分珍惜生态环境、改善与保护生态环境。

第四，创造性地提出"节约资源是保护生态环境的根本之策"[143]，力促走资源全面节约的道路。习近平提出这个"根本之策"，完全是针对我国实际提出来的。我国是资源大国，但不是资源利用科学化、优化的强国。我国的资源利用率在世界上是较低的，与世界上发达国家相比差距是相当大的。我国对生态环境的破坏，主要来自对资源的过度开发、乱挖滥采、粗放利用、浪费性消耗。资源浪费是最大的浪费之一。要实现资源的全面节约，必须抛弃"先污染后治理"的老路。"先污染后治理"是世界许多国家包括一些发达国家在经济发展过程中所走的一条得不偿失之路，即为了追求GDP增长，实现经济高速发展不惜以牺牲与破坏生态环境为代价，只要经济增长了，环境被破坏了也无所谓，等发展起来以后再慢慢治理。20世纪西方国家发生的"八大公害事件"，如洛杉矶光化学烟雾事件、伦敦烟雾事件、日本水俣病事件等[144]，都是典型案例。"先污染后治理"，实际上无异于"竭泽而渔""焚薮而田"。《吕氏春秋》有云："竭泽而渔，岂不获得？而明年无鱼；焚薮而田，岂不获得？而明年无兽。"这个古代故事生动表明：生态环境破坏所换来的经济增长，绝对是不可持续的，更是得不偿失的，最终结果可能是"无鱼"或"无兽"。因此，无论从算经济账上说，还是从社会生态全面协调发展上讲，都必须抛弃"先污染后治理"的老思路、老道路。同时，切实转变资源利用方式，由粗放利用变为集约利用。由于我国资源利用的设备老化，技术陈旧，且受资源分布不平衡的制约而形成资源利用结构的不合理，导致资源的瓶颈硬约束。所以，再靠老的粗放的资源利用方式来实现经济可持续增长已经是难以为继了。转变资源利用方式，已是迫在眉睫，刻不容缓了。出路在何方？根本出路在于："树立节约循环利用的资源观，推动资源利用方式根本转变，加强全过程节约管理，实行能源和水资源消耗、建设用地等总量和强度双控行动，大幅提高资源综合利用效益。"[145]

第五，创造性地提出，要以系统工程的思路来抓好生态建设。大自然是一个互相依存、互相影响的有机整体。如，山水林田路，山上有水，才能有林；有林才能护山、绿山；有水才能种田，才能养人；人活在世，必要有路，有路才能四通八达，活跃经济；有山能调节气候，气候好才能五谷丰登；其中水是"生命之源"，无水则山不青、林不绿、田干枯、人难活。人所共知，水与田在大自然生态系统中至关重要，是人类得以生存与延续的基本条件。但治山护林也不能单打独斗，要同治水结合起来。治路，发展现代交通也是人类社会发展不可或缺的条件。但修路要动土占地，要跨水穿山，要尽可能少占耕地，不破坏生态环境。所以在环境治理和生态保护中，山水林田路一定要统筹考虑，全面规划，维护完整的生态系统。所以，习近平强调，"环境治理是一个系统工程，必须作为重大民生实事紧紧抓在手上。要按照系统工程的思路，抓好生态文明建设重点任务的落实"[146]。

第六，创造性地提出，"实行最严格的制度，最严格的法治"[147]，为我国生态环境治理和生态文明建设提供制度保障。其一，日益恶化的环境污染高发势头，迫切要求"最严格的制度，最严格的法治"来加以有效治理。改革开放以后，我国摆脱了"左"的错误思想的桎梏，大胆解放思想，迅速走上经济发展的快车道，经济发展在一个较长时期保持两位数的增长速度。在此过程中，一些地方政府追求政绩，大拆大建、大占农田、大砍树木、大搞连片房地产开发，结果造成生态环境大破坏。曾有一个时期，大兴开发区热，各地争抢建设开发区，以牺牲环境为代价，将重污染企业引来。还有一个时期，各地抢建高尔夫球场，不仅占用大片农田、绿地，还毁坏了古朴的有特色民俗村落。草地过度放牧、违规开发旅游景点，致使草原退化，致使周围生态系统遭到不可逆的破坏。由此可见，破坏生态之风，既猛且甚，非有重典难以煞住，非用最严的制度难以管住。其二，全国生态环境总体状况都已逼近红线，迫切需要从制度与法治上加以遏制与强力规制。全国耕地减少正逼近18亿亩红线；一些地区过度开采煤炭、稀土等矿产资源，掠夺式的开采及过度无序的开发，使得事故频发，远远超过当地生态环境的承载能力；江河中每天都有挖砂船在开采砂石，破坏着江底及河床，沿岸企业将污水排入江河，致使江水水质变黑变臭，江河已经少鱼或无鱼，也已越过了生态红线。上述状况无可辩驳地表明，我国的生态环境，特别是人们的生产生活环境，确如习近平所讲的"欠账太多了"[148]。若要从根本上扭转这种状况，建立起生态环境良性的长久保护机制，必须要执行最严格的制度和最严密的法治。因为这个问题十分错综复杂，短时期增加投资亦是杯水车薪，迫切需要在党中央的坚强领导下，通过最严厉的制度与法治逐渐加以恢复和解决。

9. 共享发展

这是新发展理念中包含的又一个重要经济范畴。之所以将其单列出来加以分析，显然是因为它在习近平关于社会主义政治经济学理论创新中占有十分重要的地位。

何谓共享发展？其主要内涵是什么？对此习近平在理论与实践相结合基础上作出科学规定："党的十八届五中全会提出的共享发展理念，其内涵主要有4个方面：一是共享是全民共享。这是就共享的覆盖面而言的。共享发展是人人享有、各得其所，不是少数人共享、一部分人共享。二是共享是全面共享。这是就共享的内容而言的。共享发展就要共享国家经济、政治、文化、社会、生态各方面建设成果，全面保障人民在各方面的合法权益。三是共享是共建共享。这是就共享的实现途径而言的。共建才能共享，共建的过程也是共享的过程。要充分发扬民主，广泛汇聚民智，最大激发民力，形成人人参与、人人尽力、人人都有成就感的生动局面。四是共享是渐进共享。这是就共享发展的推进过程而言的。一口吃不成胖子，共享发展必将有一个从低级到高级、从不均衡到均衡的过程，即使到达很高水平也会有差别。""这4个方面是相互贯通的，要整体理解和把握。"[149]这是我们正确理解与把握共享发展范畴的根本遵循与科学指南。

习近平提出的共享发展范畴，是对毛泽东思想、邓小平理论、"三个代表"重要思想及科学发展观的创造性继承与发展。共享发展源于毛泽东的共同富裕思想，再远的渊源可以追溯到孙中山的"世界大同""天下为公"思想，再往远古时代可追溯到至圣先师孔子的天下"均贫富"思想。孔子说："不患寡而患不均，不患贫而患不安。"这个论点至今仍在深刻地影响中国。由上可见，毛泽东的共同富裕思想也是承上有源，传下有人。新中国成立初期，毛泽东在资本主义工商业社会主义改造问题座谈会上的讲话中指出："现在我们实行这么一种制度，这么一种计划，是可以一年一年走向更富更强的，一年一年可以看到更富更强些。而这个富，是共同的富，这个强，是共同的强，大家都有份。"[150]改革开放时，邓小平把共同富裕思想与社会主义本质联系起来，同社会主义制度优越性结合起来，明确指出："共同致富，我们从改革一开始就讲，将来总有一天要成为中心议题。社会主义不是少数人富起来、大多数人穷，不是那个样子。社会主义最大的优越性就是共同富裕，这是体现社会主义本质的一个东西。"[151]江泽民承接了邓小平的观点进一步强调："实现共同富裕是社会主义的根本原则和本质特征，绝不能动摇。"[152]胡锦涛讲得更明确："使全体人民共享改革发展成果，使全体人民朝着共同富裕的方向稳步前进。"[153]综上可见，习近平关于共享发展的理念不仅是对毛泽东、邓小平等中国共产党人共同富裕思想的创造性传承，更是在新的历史条件下即在中国特色社会主义新时代，创造性地把共享发展作为实现共同富裕目标的根本途径，使共同富裕目标有了可靠有效的实现机制。全民共享、全面共享、共建共享、渐进共享，这"四个共享"十分清晰地为全国人民描绘出一个美好的共享经济发展成果的宏伟蓝图与实现路径，这就在理论与实践的结合上丰富了毛泽东思想、邓小平理论、"三个代表"重要思想及科学发展观。

习近平提出共享发展范畴，在我国有极强的现实针对性，具有重大现实意义。首先，如何实现全民共享？全民所有制经济的发展成果，由于全体人民均为所有者，因而有权利实现共享，这是顺理成章的。但其他所有制经济的发展成果，如何实现全民共享？例如私营经济，它属于生产资料私有制，劳动成果为私营企业主私人所有，企业的劳动者只能通过获取工资形式来分享自己的劳动成果，企业外的全体劳动者也只能通过国家对私营企业收税的方式来间接地共享其劳动成果。这里所谓间接共享，就是国家对私营企业收上来的税款用在公共事业上，为全体人民服务。私营企业对国家贡献的税款越多，全体人民共享的成果则就越多。其他中外合资企业及外资企业，也是如此。其次，全面共享，就是要全面保证人民在经济、政治、文化、社会、生态等所有方面的合法权益，使之在上述各方面的建设成果及改革开放成果都有平等共享的机会和条件，如改革红利、政策红利、文化发展红利，都要尽可能覆盖到每一个人。再次，共建共享，就是通过共建的途径来实现共享。比如，国家投资建设高速公路、公共服务设施，人人都可以利用，享有公共使用权。最后，渐进共享，讲的是共享是一个动态过程，是随着共建逐渐发展而逐步实现的。在现实生活中，不可能脱离当下的共建水平去奢求更高水平的经济、政治、文化及改革成果。但是，在共享问题上，一定要实事求是，老百姓该共享的成果，务必要让老百姓得到实惠，达不到的共享成果，也不能寅吃卯粮，靠借债来维持较高水平的共享绝不可取。综上可见，要使全体人民共享各项成果的水平不断提高，从根上来讲，就是大力促进人民劳动积极性、主动性、创造性的提高，深化改革，扩大对外开放，把国民经济的"蛋糕"做大，并且进行合理科学的切分，才会使全体人民都增加获得感、幸福感。这就是习近平关于当今中国具体落实共享发展理念的根本要求与战略任务。

10. 消费革命

消费革命是习近平在谈到我国能源生产与消费时提出的一个新范畴。笔者认为，消费革命应该适用于全社会一切消费领域，实现消费革命对整个社会主义经济发展具有重大战略意义。消费在社会再生产过程中处于末端位置。社会再生产过程有生产、交换、分配、消费四个环节。在资本主义社会，由于资本家追求企业利润最大化，把雇佣工人当作自己赚钱发财的"机器"，赚钱发财是资本主义生产方式的绝对规律，是资本家从事生产经营的唯一动机，工人阶级的消费并不在资本家的视野之内，所以传统的马克思主义政治经济学的资本主义部分并不直接研究消费问题。

社会主义社会却不同。社会主义使马克思关于社会再生产过程四个环节之间关系的原理从制度性扭曲回归为真正的科学理论。在生产、交换、分配、消费这四个环节中，生产决定消费，没有生产便没有消费，因为"没有生产，消费就没有对象"[154]。但消费并不是完全被动地被决定的东西，它对生产有巨大的反作用，甚至在一定意义上起决定作用。马克思讲："没有消费，也就没有生产，因为如果这样，生产就没有目的。"[155]消费从两个方面生产着生产：一是只有"在消费中产品才能成为现实的产品"；二是消费能"创造出新的生产的需要"[156]，消费虽然处于社会再生产过程的最末端的一环，但它直接体现生产目的，成为生产的动机与动力，更为重要的是它能创造出新的需要。这是马克思关于生产与消费关系的最科学的论述，也是对消费在社会再生产中的重大作用的最科学的表述，完全适用于社会主义社会。

在中国，有一段时期曾对马克思关于生产与消费的关系处理得不好，在社会主义再生产过程中产生"为生产而生产"、忽视人民群众生活消费的倾向。其表现为：盲目追求扩大生产规模，一味上新项目，铺新摊子，追求所谓"高速度"。为此在国民收入分配中推行高积累、低消费的政策，致使人民生活水平长时期得不到提高。人民群众的消费水平被压制在较低水平，严重挫伤了人民群众的生产积极性、主动性和创造性，造成了社会主义生产的长期停滞不前。这个实践证明，只顾生产，忽视消费，是不可能使社会主义生产健康可持续增长的。

改革开放后，逐步扭转了上述不良倾向。这主要得益于党的十一届三中全会确立的"解放思想、实事求是"的正确思想路线，拨乱反正，大胆实行改革开放。在理论上，厘清了生产与消费、积累与消费的关系，消费在社会再生产过程中的作用得到较大的重视；在实践工作中，不断提高人民群众的消费水平被提上国家的议事日程。改革之初，国家在财政状况比较紧张的情况下，为职工升职提薪；以后随着社会主义生产的不断发展，人民的消费水平逐步提高。特别是进入21世纪以后，消费在社会主义再生产过程中的作用得到充分重视，使其成为社会主义生产发展的根本目的与动机，在实际中得到充分体现。

习近平把人民群众的消费作为党和国家的奋斗目标，是创造性地将社会主义生产目的从理论到实践的具体化。社会主义生产的根本目的，就是不断满足全体人民日益增长的物质文化需求[157]。习近平指出："人民对美好生活的向往，就是我们的奋斗目标。"[158]"让老百姓过上好日子，是我们一切工作的出发点和落脚点。"[159]这是中国共产党为人民服务的根本宗旨的通俗表述。这个表述的科学性在于，它将中国共产党的根本宗旨与客观的社会主义生产目的要求一致起来、统一起来，那就是不断满足全体人民的日益增长的消费需求，不断提高全体人民的消费水平，不断实现"人民对美好生活的向往"，真正"让老百姓过上好日子"。这是习近平对社会主义国家党建理论的创造性运用与发展，也是对马克思关于社会再生产过程四个环节理论中的生产与消费关系原理的创造性发挥与发展。

习近平带领中国人民开创了中国特色社会主义新时代，同时开启了中国消费革命的新阶段。正是由于习近平把党的根本宗旨作为充分体现社会主义生产目的要求的最高理论维度，因而在实践上有力地推动了中国的消费革命。其主要表现在：中国人民的消费水平不断提升，跃升到新的档次。恩格斯曾经指出，人们的消费资料主要由三种资料构成：一是生存资料，二是发展资料，三是享受资料。这三种消费资料构成表示三种消费模式：以生存资料为主的消费模式，是低档次消费模式；以发展资料为主的消费模式，是中档次消费模式；以享受资料为主的消费模式，是高档次消费模式。中国目前的消费水平已经越过低档次消费模式，正向中、高档次消费模式转变与跃升。其主要标志包括以下内容。

第一，生活水平达到"小康"，消灭了绝对贫困。按照国家发展战略目标，中国到2020年进入小康社会，这个事实已得世界银行的确认。2018年，世界银行就发布报告说：中国在快速增长和减少贫困上，取得了"史无前例的成就"。按照每人每天1.9美元的国贫标准，从1981年到2015年末，中国贫困发生率累计下降87.6%，年均下降2.6%，中国成为全球最早实现联合国千年减贫目标的国家。2020年，中国彻底告别绝对贫困。按照每人每天超出国贫标准的2美元（国贫标准为1.9美元），一年365天，总计不足800美元，换算成人民币不足6000元，现今中国人均实际收入已远远超出这个水平。以上是从收入和消费支出角度讲的。而我国则是参照邓小平讲话来确定小康水平的。1980年1月初，在中共中央召集的干部会议上邓小平指出："到本世纪末，争取国民生产总值每人达到一千美元，算个小康水平。""这个回答当然不准确，但也不是随意说的，现在我们只有两百几十美元，如果达到一千美元，就要增加三倍。"[160]可见，人均国民生产总值达到一千美元即为小康标准。为了统一口径，1980年中央又规定，今后在表述"小康"概念时，全国统一使用"国民生产总值"的提法。[161]须知，国民生产总值与现行统计的"国内生产总值"又是不同的。前者为GNP，包括国外的中国企业与个人所创造的产值；后者为GDP，是统计中国境内所有企业与个人（包括外资企业与个人）所创造的产值。现行统计的国内生产总值，到2018年已经达到近91万亿元，扣除国内的外企与个人所创造的价值再加上国外中企与个人所创造价值，由于中国对外投资企业刚刚起步数量少，而我国吸收的外资规模巨大、企业众多，所以国内生产总值（GDP）要比国民生产总值（GNP）要大一些。如果我们将91万亿人民币的国内生产总值加以平均，人均国内生产总值就为7万元左右，按美元计算就为近1万美元。虽然国内生产总值比国民生产总值大一点，但总体上可以反映出人口平均的国民生产总值已远远超过一千美元，足足地达到了"小康"水平。

第二，全国人民对发展资料的消费大幅度增加，甚至几倍、十几倍地增长。发展资料的消费主要是指劳动者为增强劳动者自身素质与能力而进行的消费。人们在解决温饱问题之后，有足够的消费能力，追求更高水平的生活，由此开始注重满足发展资料的消费需求。比如，进各种培训学校、职工夜校、专业技工学校等，提高自己的文化水平与技能，甚至进入大学进行专业理论深造及科学技术水平的提高。还有人出国打工，边工作、边学习，提升自己的科技文化素养。不仅劳动者个人提高对发展资料消费的支出，而且国家每年都大幅度增加各种培训费用支出。国家对教育的支出近些年来一直保持在GDP的4%以上的水平。注重发展资料的消费，千方百计提高劳动者自身素质与能力，扩大就业规模与提高就业者的质量，已经成为国家发展战略的一个重点，并且还成为国家拉动内需，扩大消费，拉动经济增长的一个重要引擎。

第三，扩大对享受资料的消费，已成当今中国人民追求的时尚。追求时尚，追求品位，追求美丽，追求长寿，已不仅仅是年轻人的专利，也是老年人竞相追逐的。进图书馆、看博物馆、学知识、学文化，接受科学知识与红色文化、传统文化的熏陶，不仅仅是学者、教师、学生们的追求，更是干部、离退休人员、打工者、工农大众们的自觉行动。美容、保健、健身等已形成较为完整的产业链，为人民追求健康美丽提供了可靠的产业支撑与发展条件。各种体育活动，如篮球、足球、排球、乒乓球、网球等，不仅在社区都有相应设施，国家还不断加大投资，进行各类场馆建设；不仅可以举办各种类别的国内赛事，还可举办大型国际赛事，如举办奥运会等，中国体育已经走向世界，实现了体育的产业化、国际化，为中国人实现健康、娱乐，为消费享受资料带来的愉悦感及幸福感提供了足够的场所与空间。国内旅游潮一浪高过一浪，每逢休息日，短途游、乡村游、城市周边游，如火如荼；每逢节日长假，不仅加热了国内游，更是形成出国游大潮，经常引爆周边国家旅游市场，甚至欧美等发达国家旅游市场也十分红火。游山玩水、陶冶情趣，提升生活质量与品位，这可谓享受资料消费的一种高境界。文化产业也日益火爆。文化产品不仅数量猛增，质量也空前提高。文化产品市场更加红火及繁荣。电影市场已被国产电影所主导，国产大片的票房价值一再攀升，超亿元、几十亿元的单片票房屡见不鲜。这说明老百姓对电影及文化娱乐消费的支付能力与水平在大幅提升。各种书画展、戏剧节、秧歌舞、文化大院，全民观看，全民参与，风格各异，色彩纷呈。

以上事实足以证明，中国人民的消费已经走出低档次温饱型的消费模式，开始走上发展资料消费为主导，发展型与享受型并重的消费模式。这无疑是中国以消费需求为目标及动力，进行消费革命，推动国民经济健康可持续增长的重大成果。

以上10个经济范畴，并非习近平创新经济范畴的全部，只是笔者大胆选择出来的具有代表性的范畴。还有一些更重大的范畴，将作为章节专门加以论证，每个章节都会涉及习近平提出的创新经济范畴。这样做主要为了避免论证上的重复与过多交叉，更重要的是为了合理安排结构的需要，故在此予以特别说明。

四、中国特色社会主义经济理论体系的核心范畴：人民利益

1. 亚当·斯密"经济人"：以个人利益为核心的经济学范畴

回顾经济学的发展史，不难发现：无论是西方经济学还是马克思主义政治经济学，无不承认亚当·斯密为经济学大师、古典政治经济学奠基人之一。马克思称之为"古典政治经济学的最优秀的代表人物"[162]。亚当·斯密的理论功绩在于强调了劳动的重大作用，提出了劳动创造价值的理论，尽管有不合理及矛盾未解的缺欠，但不失为伟大之处。还因为如此，马克思公开表明："我的价值、货币和资本的理论就其要点来说是斯密—李嘉图学说的必然的发展。"[163]实际上，马克思的科学劳动价值理论是以亚当·斯密的劳动价值理论为基础的，是对亚当·斯密的劳动价值理论进行了合理改造与完善而形成的。

亚当·斯密的劳动价值理论乃至他的整个经济学理论是从"经济人"范畴开始的。在他那里，"经济人"被设定为人类社会经济活动主体的一般人的抽象。他在其代表作《国民财富的性质和原因的研究》（以下简称《国富论》）中指出："人类几乎随时随地都需要同胞的协助，要想仅仅依赖他人的恩惠，那是一定不行的。他如果能够刺激他们的利己心，使有利于他，并告诉他们，给他们作事，是对他们自己有利的，他要达到目的就容易得多了。不论是谁，如果他要与旁人做买卖，他首先就要这样提议。请给我以我所要的东西吧，同时，你也可以获得你所要的东西；这句话是交易的涵义。我们所需要的相互帮忙，大部分是依照这个方法取得的。我们每天所需的食料和饮料，不是出自屠户、酿酒家或烙面师的恩惠，而是出于他们自利的打算。"[164]这段论述，是斯密关于"经济人"的经典理论概括与分析。

从上述亚当·斯密的分析可以看出，他所提出的"经济人"具有如下的几个特性：一是自利性。其所以从事经济活动的目的是"出于他们自利的打算"。二是交易或买卖的自主互惠性。在存在社会分工的条件下，交换或买卖要靠互利互惠，是自主行为，不能靠别人恩惠。三是自由性。交易的主体或每个"经济人"的交易行为均是自由的，

"不论是谁"都可以选择。由上可见，斯密的"经济人"不是"盲目、无主见"的人，而是一个充满理性的独立的市场经济活动的行为主体。这种分析与概括，恰恰反映了资本主义社会初期，独立商品生产者与经营者的身份与智能。因此，斯密的"经济人"假设是符合客观实际的，具有科学性与合理性。

那么，斯密的"经济人"靠什么来达到他从事经济活动的目的呢？其实现"利己"的目的，客观上必然要"受着一只看不见的手的指导"。亚当·斯密在《国富论》中讲得十分明确，他指出："确实，他通常既不打算促进公共的利益，也不知道他自己是在什么程度上促进那种利益。由于宁愿投资支持国内产业而不支持国外产业，他只是盘算他自己的安全；由于他管理产业的方式目的在于使其生产物的价值能达到最大程度，他所盘算的也只是他自己的利益。在这场合，像在其他许多场合一样，他受着一只看不见的手的指导，去尽力达到一个并非他本意想要达到的目的。也并不因为事非出于本意，就对社会有害。他追求自己的利益，往往使他能比在真正出于本意的情况下更有效地促进社会的利益。"[165]这里讲的"看不见的手的指导"，就是著名的"价值规律调节"。从这段论述中可见：一是"经济人"追逐个人私利，对社会公共利益不仅无害，还会"有效地促进社会的利益"。二是实现自己的利益最大化，并非"他本意想要达到的目的"，在客观上是"受着一只看不见的手的指导"使然。这就是非常著名的价值规律支配他去追逐私人利益最大化。三是支持什么产业，从事什么经济活动，必须盘算自己的安全。这是较早地提出的"经济人"的产业安全观点。归结起来讲，斯密的"经济人"在价值规律的自动调节下，追求自身利益最大化，并不损害社会公共利益，还会促进社会公共利益的思想，无疑会给商品生产者以极大的理论激励，并在实践上大大促进当时商品经济的迅速发展。亚当·斯密关于商品价值规律自动调节的理论，对于古典经济学理论的贡献是无可估量的，对当代社会主义政治经济学理论的发展也有巨大的借鉴意义。

毋庸讳言，亚当·斯密的"经济人"思想或理论也是有缺陷的。其一，他的"经济人"理论从根本上说是维护资本主义私有制，暗含资本主义私有制是最合理、最能促进商品经济发展的永恒的最好制度安排之意。其二，他只承认人是自私自利之人，否定了人性的两面性。事实上，在社会分工的条件下，任何商品生产者即斯密所谓的"经济人"，都不可避免地具有两面性，即利他性与利己性。商品生产者之间互换产品，进行互惠，首先必须生产出符合他人（别人）需要的使用价值，即先"利他"，在交换中让渡他生产的符合他人需要的使用价值，然后才能实现其商品中所含的价值。不先"利他"就不能在交换中"利己"。这主要由于斯密不了解劳动二重性的重要理论，不懂得商品二重性，更不懂得商品二重性是由劳动二重性决定的。具体劳动创造商品使用价值，而只有抽象劳动才能创造并形成商品的价值。斯密的劳动价值理论的根本缺欠在于：他把具体劳动认作商品价值的源泉，这就为以后的庸俗经济学的产生以及各个流派的发展，打开了方便之门。效用决定价值的理论、边际效用论、均衡价值论、供求价值论等庸俗价值理论，都是在利用及发挥斯密劳动价值理论缺陷的基础上形成与发展起来的。古典经济学以后的各个流派，如新古典主义学派、凯恩斯主义、供给学派、公共选择学派、预期主义、货币主义、新凯恩斯主义、新货币主义，可谓派别林立，主义繁多，但必须清楚，所有这些理论与学派无论如何演进、如何变化，都没有脱离亚当·斯密的"经济人"理论的影响，都是在"经济人"谋求个人私利的命题下变幻各种手法，刻意创造为资本主义私有制进行辩护的种种理论而已。

2. 马克思对亚当·斯密"经济人"的批判

任何社会科学都离不开人，都离不开对人性的判断与分析。哲学大师休谟在著名的《人性论》中指出："一切科学对于人性总是或多或少地有些关系，任何科学不论似乎与人性离得多远，它总是会通过这样或那样的途径回到人性。"[166]

马克思对亚当·斯密的"经济人"人性的判断是持批判态度的。他在批判边沁——"资产阶级蠢才中的一个天才"时说："如果我们想知道什么东西对狗有用，我们就必须研究狗的本性。这种本性本身是不能从'效用原则'中虚构出来的。如果我们想把这一原则运用到人身上来，想根据效用原则来评价人的一切行为、运动和关系等等，就首先要研究人的一般本性，然后要研究在每个时代历史地发生了变化的人的本性。但是边沁不管这些。他幼稚而乏味地把现代的市侩，特别是英国的市侩说成是标准的人。"[167]这里也包含对斯密"经济人"人性的批判。实际上，斯密的"经济人"也是把"英国的市侩说成是标准的人"，那就是只追逐个人私利的"自私自利之徒"，这就抹杀了人性向善、人性"利他"的一面。人之初，性本恶，这就是斯密"经济人"的一个方面；人之初，性本善，这又是人性的另一个方面。人性在大多数时代及大多数场合都表现为向善的一面，或向善一面表现为人性的主导方面；否则，人性一律向恶，或无论在什么时代、什么场合都一直向恶，那社会将是恶人恶战，一片黑暗，将沉沦与毁灭，没有什么正能量与光明可言。人类社会发展史证明，人性向善，惩恶扬善，才会光明一片，人类社会才会不断向前。

马克思认为，斯密的"经济人"主观追逐个人私利最大化，通过"看不见的手"的指导，必然在客观上产生利他性，必然会"促进社会公共利益"，这种观点是错误的，在实际上更是不可能的。因此，马克思指出："从这种抽象说法反而得出结论：每个人都妨碍别人利益的实现，这种一切人反对一切人的战争所造成的结果，不是普遍的肯定，而是普遍的否定。"[168]在任何社会，包括在斯密所在的那个社会，私人利益与社会公共利益，并不是完全一致的，在"看不见的手"作用下，更不可能浑然一致，矛盾与对立是客观必然存在的。在任何情况下，片面追求私人利益，在绝大部分场合是会损伤他人利益和社会公共利益的。无论你理论上如何辩解，在实践上总是难以立足的。

马克思与恩格斯都承认个人的私利。斯密"经济人"的错误在于把个人的私利绝对化、片面扩大化，将其与社会公共利益完全一致化，这就是片面的"一点论"，而不是唯物辩证法的"两点论"。马克思指出："人们奋斗所争取的一切，都与他们的利益有关。"[169]恩格斯也认为："每一个社会的经济关系首先是作为利益表现出来。"[170]作为经济范畴人格化的"经济人"，是可以有或存在个人私利的。这种私人利益并非离开社会关系而孤立存在，而是由各种社会条件所决定的。正如马克思所说："私人利益本身已经是社会所决定的利益，而且只有在社会所创造的条件下并使用社会所提供的手段，才能达到；也就是说，私人利益是与这些条件和手段的再生产相联系的。这是私人利益，但它的内容以及实现的形式和手段则是由不以任何人为转移的社会条件决定的。"[171]

人虽然是自然界的一部分，但它并非像动物一样。他同动物是有根本区别的，是处于社会关系之中的，是"社会的动物"。因此马克思说："人的本质并不是单个人所固有的抽象物。在其现实性上，它是一切社会关系的总和。"[172]正因为人的本质是社会关系总和，所以其本性就有要同动物相区别的社会需要。恩格斯认为，需要就是人的本性。满足需要就是利益的实现，"经济人"的个人需要得以满足，就是个人私利的实现。马克思、恩格斯从不否定个人的需要以及其私人利益的实现。但这种需要与个人私利，绝非如斯密"经济人"那样"只追求自己的利益"，而是要在马克思所说的"只有在社会所创造的条件下并使用社会所提供的手段，才能达到"。如像斯密的"经济人"那样完全靠"一只看不见的手的指导"，即经济规律的自动自发调节，必然要使与社会再生产相联系的社会所提供的条件与手段遭受破坏，从而个人需要与私利无法得到满足与实现。

总之，马克思对斯密的"经济人"范畴的评判是十分理性客观的。他认为"经济人"作为经济范畴的人格化是科学的，其追求个人利益最大化，在商品经济条件下，由"看不见的手"自动调节，能够促进商品经济的迅速发展，适合当时资本主义上升时期资本家阶级的利益需要；但马克思对斯密的"经济人"在追求自身利益最大化时，由"看不见的手"自动调节，不仅不会损伤社会公共利益，反而还会促进社会公共利益的观点是持批判态度的。同时，马克思认为斯密"经济人"只有利己、私利性，没有利他、利公性，是对英国市侩的抽象，而不是对社会一般的简单商品生产经营者的合理抽象。马克思是用唯物辩证法来科学审视斯密的"经济人"范畴的，而斯密对"经济人"的论证与阐述，尤其对"经济人"只有利己性而无利他性的论断，充满唯心论与形而上学。所以，马克思对斯密"经济人"的分析与批判是十分科学的、有理有据的。

3. 人民利益：中国特色社会主义经济理论体系的核心

这里的人，不再是斯密的"经济人"，而是大写的中国人，是"老百姓"的集合体，是人民群众。中国人民是社会主义的创造者，是社会主义经济的主体，是社会主义现代化的推动力量。每一单个的人都是这个群体的不可分割的组成部分，尽管其可以独立存在，是马克思承认的"经济人"（即"利他利己的经济人"），但其总是离不开人民，他们的个人利益必在人民利益之中。人民利益越大，他们的利益就越大。没有人民利益，他们就无个人利益可言。个人利益与全体人民利益虽然有矛盾，但社会主义社会的根本特征是全体人民的利益与个人利益相统一。

人民利益至上，人民利益高于一切，中国共产党的根本宗旨就是全心全意为人民服务，中国共产党的一切工作都必须以广大人民群众的根本利益为最高标准。习近平讲："让老百姓过上好日子是我们的一切工作的出发点和落脚点。"[173]习近平无论在什么时候，在什么条件下，做什么工作，都把人民的利益放在心上。习近平强调："要始终把人民放在心中最高的位置，牢记责任重于泰山，时刻把人民群众的安危冷暖放在心上，兢兢业业，夙夜在公，始终与人民心心相印、与人民同甘共苦、与人民团结奋斗。"[174]由此，我们认为，人民利益是体现习近平经济思想的核心范畴，是贯穿新时代社会主义政治经济学理论体系的轴心，是将习近平提出的所有社会主义政治经济学范畴串联起来，形成逻辑严谨、框架合理的完整理论体系的一条红线。试看：（1）中国梦，是人民的梦；（2）全面小康，是全体人民的小康；（3）和谐社会，是人民和谐的幸福社会；（4）经济发展新常态，是经济主体——人民提高经济发展质量，增进人民福祉的经济发展新阶段；（5）新发展理念，这是全体人民实现经济健康发展应有的新理念；（6）制度优势，就是以人民为主体的社会主义制度的优势；（7）法治经济，就是全体人民依据社会主义民主与法治来规范与治理经济；（8）绿色发展，是人民对美好生活追求的愿望，更是人民建设美丽中国的要求；（9）共享发展，就是全体人民共享经济社会发展成果；（10）消费革命，就是人民消费结构升级，消费水平提高，消费习惯革命的过程。发展生产力，消灭贫困，建设全面小康社会与和谐社会，实现"两个一百年"奋斗目标等等，无一不是为实现全体人民的利益而奋斗。

这里，有一个问题：分析与研究习近平在新时代创建中国特色社会主义政治经济学理论体系，为什么还要讲亚当·斯密的"经济人"？为什么还要讲马克思对这一观点的分析与批判呢？原因有三：一是任何一种新思想、新理论都具有传承性。哪怕是再先进的思想与理论，都离不开前辈提供的各种思想与理论材料，这是后辈实现创新的"沃土"与"立足之地"。二是创新永远是在传承中创新。离开传承，离开了"沃土"与"立足之地"，创新就成了"空中楼阁"，成了"无本之木""无源之水"。三是说，习近平在新时代对中国特色社会主义政治经济学理论的创新，对新理论体系的构建，都没有离开对前辈的经济思想、经济理论的传承，而是站在前辈的肩上，在对前辈思想与理论的传承中进行创新与超越。

亚当·斯密的"经济人"理论虽然建立在"人性天然自私"的命题基础上，有非科学之处，但是其仍然是十分伟大的。因为斯密开创了政治经济学研究人与人之间关系的先河，把政治经济学从研究物转到了研究人上，创造性地提出了人们的劳动创造价值，劳动是社会财富源泉的理论。马克思对亚当·斯密的批判与超越，完全是建立在传承基础上的。马克思对亚当·斯密的劳动价值理论进行了传承、改造，才创立了科学的劳动价值理论。

亚当·斯密的"经济人"是"利己"的人，马克思的"经济人"是"利他利己"的人，习近平讲的是"人民利益"，这不是对人及其利益的研究的不断深化、不断上升，不断在批判、改造基础上的超越吗？如果说亚当·斯密的经济学是"利己经济学"，马克思的经济学是"利他利己"即"利他中利己之学"，习近平创新的经济学理论不正可以叫作"以人民利益为核心"的现代版"人本经济学"吗？

尤其令人关注的是，习近平心中的人，不仅仅是大写的中国人，而且还是特大写的"世界人"，即世界人民。当年，马克思、恩格斯合著的《共产党宣言》的结尾处郑重写道："共产党人不屑于隐瞒自己的观点和意图。他们公开宣布：他们的目的只有用暴力推翻全部现存的社会制度才能达到。让统治阶级在共产主义革命面前发抖吧。无产者在这个革命中失去的只是锁链。他们获得的将是整个世界。""全世界无产者，联合起来！"[175] 当今，习近平胸怀世界，立于中国不断扩大开放的潮头，向世界大声疾呼：全世界人民团结起来，为建立"人类命运共同体"而奋斗！

为此，习近平不仅极为重视中国人民的利益，以实现中国人民利益，建设繁荣富强、和谐美丽的社会主义国家为己任，而且还心系世界人民利益，关注世界的经济社会发展，愿为世界人民的福祉作出自己的贡献。这主要体现在：提出"一带一路"倡议，共建国际经济新秩序，维护以世贸组织为主导的世界经贸的多边主义体制等，构建人类命运共同体。"一带一路"倡议给相关国家带来实实在在的利益；共建国际经济新秩序，反对旧的不平等贸易及规则、行为；坚持合作共赢原则，维护平等自由贸易，反对单边主义，保证各国人民利益得以合理实现。人类命运共同体，首先是利益共同体，这是构建人类命运共同体的基础，没有利益的共同体，就不可能实现命运的共同体。其次是大家互助合作，共同发展。世界是个大家庭，各国之间要像兄弟一样平等相待，反对单打独斗，搞自己"优先""第一"，反对独霸一方，独占独吞；反对分裂，反对拉帮结派。任何独霸、独占、吃独食的成员，都不利于"命运共同体"的实现。最后，全世界人民只有团结起来，反对战争、反对侵略、反对掠夺、反对饥饿、反对贫困、反对一切不平等，坚持互利共赢，才能真正建立美好的人类命运共同体。团结一致，是形成根本利益一致的人类命运共同体之根本路径。由此可见，习近平构建的新时代中国特色社会主义政治经济学理论体系的核心——人民利益，也包括了世界人民的利益。因为习近平构建的新时代中国特色社会主义政治经济学理论体系，并不是封闭的，而是开放的。世界人民利益是中国人民利益在扩大开放中的延伸，是中国人民对世界的贡献与普惠。如今中国劳动者的足迹已遍布全世界，中国的商品贸易与投资已惠及全世界各国人民。并且，随着中国进一步扩大改革开放，中国这个世界上最大的市场，越来越成为国际统一市场的重要组成部分。世界各国人民进入中国市场发展对华投资与贸易，扩大了经济社会交流，这就使得中国人民的利益与世界各国人民的利益互相交汇融合，从而形成利益相关方，进一步形成利益共同体与命运共同体。

　　马克思、恩格斯从来不是狭隘的民族主义者，而是国际共产主义者。习近平始终把人民放在心中最高位置，以"我将无我，不负人民"[176]的伟大襟怀，把中国特色社会主义的伟大事业作为一项有利于世界和平发展的事业。他在接受拉美各国媒体采访时说："实现中国梦不仅造福中国人民，而且造福世界人民。"[177]构建人类命运共同体、"一带一路"倡议及建立国际经济新秩序，还有习近平提出的"中国发展是世界发展的机遇"，"欢迎世界各国人民搭乘中国发展的快车"等建议，充分证明新时代中国特色社会主义政治经济学理论体系的核心中无疑包括世界人民利益。所以，习近平构建的新时代中国特色社会主义政治经济学理论体系不仅具有很强的时代性、科学性，而且具有鲜明的开放性、国际性。

　　世界的历史，是世界人民的历史，世界人民是创造世界历史的根本动力。追求和平幸福生活，是世界人民的最根本利益。马克思主义政治经济学本质上是开放的世界政治经济学，是为全世界人民谋利益的政治经济学。创造世界社会主义政治经济学，符合人类跨入21世纪发展的需要。中国共产党要引领新时代，不断深化对社会主义发展规律的认识，不断深化对人类社会发展规律的认识，不断创造出适应新时代要求的经济学范畴和新理论体系，才能开辟"21世纪马克思主义新境界"[178]。

参考文献

[1] 于光远. 治学态度和治学方法——在北京大学经济学院的讲演（节选）[J]. 科技文萃，2002（08）：168.

[2] 马克思. 资本论：第1卷 [M]. 北京：人民出版社，1975：12.

[3] 马克思. 资本论：第1卷 [M]. 北京：人民出版社，1975：47.

[4] 马克思. 资本论：第1卷 [M]. 北京：人民出版社，1975：8.

[5] 马克思. 资本论：第1卷 [M]. 北京：人民出版社，1975：23.

[6] 马克思. 资本论：第1卷 [M]. 北京：人民出版社，1975：34.

[7] 马克思. 资本论：第1卷 [M]. 北京：人民出版社，1975：17.

[8] 马克思. 资本论：第1卷 [M]. 北京：人民出版社，1975：18.

[9] 马克思恩格斯全集：第4卷 [M]. 北京：人民出版社，1958：143.

[10] 马克思恩格斯全集：第4卷 [M]. 北京：人民出版社，1958：144.

[11] 列宁全集：第38卷 [M]. 北京：人民出版社，1959：210.

[12] 马克思恩格斯选集：第2卷 [M]. 北京：人民出版社，1972：104.

[13]马克思恩格斯选集：第2卷[M].北京：人民出版社，1972：107.

[14]马克思恩格斯选集：第2卷[M].北京：人民出版社，1972：107-108.

[15]蒋学模.政治经济学教材[M].上海：上海人民出版社，1997：6.

[16]张岑晟，何绿野.新政治经济学[M].北京：北京大学出版社，1994：7.

[17]卫兴华，顾学荣.政治经济学原理[M].北京：经济科学出版社，1993：1.

[18]蒋家俊，吴宣恭.政治经济学（社会主义部分）[M].成都：四川人民出版社，1988：1.

[19]张维达.政治经济学教科书（资本主义部分）[M].长春：吉林人民出版社，1986：5-6.

[20]《经济研究》编辑部.建国以来社会主义经济理论问题争鸣[M].北京：中国财政经济出版社，1985：42-43.

[21]王学文.政治经济学教程绪论[N].人民日报，1949-10-09—1950-01-03.

[22]马克思.资本论：第1卷[M].北京：人民出版社，1975：8.

[23]马克思恩格斯选集：第4卷[M].北京：人民出版社，1972：325.

[24]马克思恩格斯选集：第4卷[M].北京：人民出版社，1972：327.

[25]马克思恩格斯选集：第4卷[M].北京：人民出版社，1972：324.

[26]毛泽东选集：第2卷[M].北京：人民出版社，1991：678.

[27]毛泽东选集：第2卷[M].北京：人民出版社，1991：678.

[28]毛泽东选集：第2卷[M].北京：人民出版社，1991：678.

[29]毛泽东选集：第2卷[M].北京：人民出版社，1991：678.

[30]毛泽东选集：第2卷[M].北京：人民出版社，1991：679.

[31]斯大林.苏联社会主义经济问题[M].北京：人民出版社，1961.

[32]毛泽东文集：第7卷[M].北京：人民出版社，1999：12.

[33]马克思恩格斯选集：第4卷[M].北京：人民出版社，1972：314-315.

[34]毛泽东军事文集：第6卷[M].北京：人民出版社，1993：367.

[35]建国以来重要文献选编：第10册[M].北京：中央文献出版社，1994：489.

[36]毛泽东文集：第7卷[M].北京：人民出版社，1999：240-241.

[37]毛泽东文集：第7卷[M].北京：人民出版社，1999：241.

[38]毛泽东文集：第7卷[M].北京：人民出版社，1999：241.

[39]毛泽东文集：第7卷[M].北京：人民出版社，1999：28.

[40]毛泽东文集：第7卷[M].北京：人民出版社，1999：28.

[41]毛泽东文集：第7卷[M].北京：人民出版社，1999：29-30.

[42]毛泽东文集：第7卷[M].北京：人民出版社，1999：29.

[43]毛泽东文集：第7卷[M].北京：人民出版社，1999：221.

[44]毛泽东文集：第7卷[M].北京：人民出版社，1999：308.

[45]毛泽东文集：第7卷[M].北京：人民出版社，1999：308.

[46] 建国以来重要文献选编: 第10册 [M]. 北京: 中央文献出版社, 1994: 604.

[47] 毛泽东文集: 第7卷 [M]. 北京: 人民出版社, 1999: 309.

[48] 毛泽东文集: 第7卷 [M]. 北京: 人民出版社, 1999: 309.

[49] 毛泽东文集: 第7卷 [M]. 北京: 人民出版社, 1999: 307.

[50] 毛泽东文集: 第7卷 [M]. 北京: 人民出版社, 1999: 306.

[51] 毛泽东选集: 第3卷 [M]. 北京: 人民出版社, 1991: 801.

[52] 邓小平文选: 第2卷 [M]. 北京: 人民出版社, 1994: 278.

[53] 邓小平文选: 第3卷 [M]. 北京: 人民出版社, 1993: 382.

[54] 邓小平文选: 第3卷 [M]. 北京: 人民出版社, 1993: 382.

[55] 邓小平文选: 第2卷 [M]. 北京: 人民出版社, 1994: 143.

[56] 毛泽东文集: 第7卷 [M]. 北京: 人民出版社, 1999: 375.

[57] 邓小平文选: 第2卷 [M]. 北京: 人民出版社, 1994: 236.

[58] 邓小平文选: 第3卷 [M]. 北京: 人民出版社, 1993: 148-149.

[59] 邓小平文选: 第3卷 [M]. 北京: 人民出版社, 1993: 203.

[60] 邓小平文选: 第3卷 [M]. 北京: 人民出版社, 1993: 372.

[61] 邓小平文选: 第3卷 [M]. 北京: 人民出版社, 1993: 373.

[62] 邓小平文选: 第3卷 [M]. 北京: 人民出版社, 1993: 377.

[63] 邓小平文选: 第3卷 [M]. 北京: 人民出版社, 1993: 375.

[64] 邓小平文选: 第3卷 [M]. 北京: 人民出版社, 1993: 375.

[65] 邓小平文选: 第3卷 [M]. 北京: 人民出版社, 1993: 375.

[66] 邓小平文选: 第3卷 [M]. 北京: 人民出版社, 1993: 377.

[67] 邓小平文选: 第3卷 [M]. 北京: 人民出版社, 1993: 275.

[68] 列宁选集: 第4卷 [M]. 北京: 人民出版社, 1972: 16.

[69] 马克思恩格斯全集: 第46卷下册 [M]. 北京: 人民出版社, 1980: 211.

[70] 邓小平文选: 第2卷 [M]. 北京: 人民出版社, 1994: 198.

[71] 邓小平文选: 第2卷 [M]. 北京: 人民出版社, 1994: 198.

[72] 邓小平文选: 第3卷 [M]. 北京: 人民出版社, 1993: 373.

[73] 邓小平文选: 第3卷 [M]. 北京: 人民出版社, 1993: 379.

[74] 邓小平文选: 第3卷 [M]. 北京: 人民出版社, 1993: 373.

[75] 邓小平文选: 第3卷 [M]. 北京: 人民出版社, 1993: 373-374.

[76] 邓小平文选: 第3卷 [M]. 北京: 人民出版社, 1993: 374.

[77] 邓小平文选: 第3卷 [M]. 北京: 人民出版社, 1993: 371.

[78] 邓小平年谱 (1975—1997): 下卷 [M]. 北京: 中央文献出版社, 2004: 1364.

[79] 毛泽东文集: 第7卷 [M]. 北京: 人民出版社, 1999: 281.

［80］马克思恩格斯选集：第4卷［M］.北京：人民出版社，1972：460.

［81］毛泽东文集：第7卷［M］.北京：人民出版社，1999：417.

［82］十四大以来重要文献选编：中［M］.北京：人民出版社，1997：1463.

［83］江泽民文选：第3卷［M］.北京：人民出版社，2006：279.

［84］胡锦涛文选：第2卷［M］.北京：人民出版社，2016：43.

［85］中国共产党第十七次全国代表大会文件汇编［M］.北京：人民出版社，2007：14.

［86］中国共产党第十六次全国代表大会文件汇编［M］.北京：人民出版社，2002：21.

［87］邓小平理论和"三个代表"重要思想概论［M］.北京：高等教育出版社，2003：111.

［88］中共中央宣传部.习近平总书记系列重要讲话读本：2016年版［M］.北京：学习出版社，人民出版社，2016：1.

［89］中共中央宣传部.习近平总书记系列重要讲话读本：2016年版［M］.北京：学习出版社，人民出版社，2016：2.

［90］习近平谈治国理政：第1卷［M］.北京：外文出版社，2018：36.

［91］习近平谈治国理政：第1卷［M］.北京：外文出版社，2018：64.

［92］习近平谈治国理政：第1卷［M］.北京：外文出版社，2018：63.

［93］邓小平文选：第2卷［M］.北京：人民出版社，1994：237.

［94］邓小平文选：第3卷［M］.北京：人民出版社，1993：64.

［95］邓小平文选：第3卷［M］.北京：人民出版社，1993：57.

［96］十三大以来重要文献选编：上［M］.北京：人民出版社，1991：16.

［97］十五大以来重要文献选编：上［M］.北京：人民出版社，2000：20.

［98］十五大以来重要文献选编：上［M］.北京：人民出版社，2000：4.

［99］中共中央宣传部.习近平总书记系列重要讲话读本：2016年版［M］.北京：学习出版社，人民出版社，2016：59.

［100］中共中央宣传部.习近平总书记系列重要讲话读本：2016年版［M］.北京：学习出版社，人民出版社，2016：59-60.

［101］中共中央宣传部.习近平总书记系列重要讲话读本：2016年版［M］.北京：学习出版社，人民出版社，2016：60.

［102］周慧.论构建社会主义和谐社会［M］.北京：社会科学文献出版社，2007：82-83.

［103］习近平谈治国理政：第2卷［M］.北京：外文出版社，2017：18.

［104］习近平谈治国理政：第2卷［M］.北京：外文出版社，2017：395.

［105］习近平谈治国理政：第2卷［M］.北京：外文出版社，2017：249.

［106］习近平谈治国理政：第2卷［M］.北京：外文出版社，2017：230.

［107］习近平谈治国理政：第2卷［M］.北京：外文出版社，2017：230.

［108］习近平谈治国理政：第2卷［M］.北京：外文出版社，2017：230.

[109] 习近平谈治国理政: 第2卷 [M]. 北京: 外文出版社, 2017: 231.

[110] 习近平谈治国理政: 第2卷 [M]. 北京: 外文出版社, 2017: 231.

[111] 习近平谈治国理政: 第2卷 [M]. 北京: 外文出版社, 2017: 231-232.

[112] 习近平谈治国理政: 第2卷 [M]. 北京: 外文出版社, 2017: 232.

[113] 习近平谈治国理政: 第2卷 [M]. 北京: 外文出版社, 2017: 232.

[114] 习近平谈治国理政: 第2卷 [M]. 北京: 外文出版社, 2017: 233.

[115] 习近平谈治国理政: 第2卷 [M]. 北京: 外文出版社, 2017: 233.

[116] 习近平谈治国理政: 第2卷 [M]. 北京: 外文出版社, 2017: 197.

[117] 习近平谈治国理政: 第2卷 [M]. 北京: 外文出版社, 2017: 197.

[118] 习近平谈治国理政: 第2卷 [M]. 北京: 外文出版社, 2017: 200.

[119] 毛泽东文集: 第7卷 [M]. 北京: 人民出版社, 1999: 214.

[120] 邓小平文选: 第3卷 [M]. 北京: 人民出版社, 1993: 364.

[121] 习近平谈治国理政: 第1卷 [M]. 北京: 外文出版社, 2018: 9-10.

[122] 邓小平文选: 第3卷 [M]. 北京: 人民出版社, 1993: 373.

[123] 十八大以来重要文献选编: 下 [M]. 北京: 中央文献出版社, 2018: 6.

[124] 习近平谈治国理政: 第1卷 [M]. 北京: 外文出版社, 2018: 93.

[125] 习近平谈治国理政: 第1卷 [M]. 北京: 外文出版社, 2018: 86.

[126] 山岸俊男. 信赖的构造 [M]. 东京: 东京大学出版社, 1998: 48.

[127] 罗伯特·布鲁斯·萧. 信任的力量 [M]. 北京: 经济科学出版社, 2002: 26.

[128] 习近平谈治国理政: 第1卷 [M]. 北京: 外文出版社, 2018: 105.

[129] 马克思恩格斯选集: 第1卷 [M]. 北京: 人民出版社, 1972: 6.

[130] 马克思恩格斯全集: 第42卷 [M]. 北京: 人民出版社, 1979: 95.

[131] 马克思恩格斯选集: 第3卷 [M]. 北京: 人民出版社, 1972: 517.

[132] 马克思恩格斯选集: 第3卷 [M]. 北京: 人民出版社, 1972: 517.

[133] 马克思恩格斯选集: 第3卷 [M]. 北京: 人民出版社, 1972: 518.

[134] 阿尔温·托夫勒. 第三次浪潮 [M]. 北京: 生活·读书·新知三联书店, 1983: 175-176.

[135] 中共中央宣传部. 习近平总书记系列重要讲话读本: 2016年版 [M]. 北京: 学习出版社, 人民出版社, 2016: 233.

[136] 习近平谈治国理政: 第1卷 [M]. 北京: 外文出版社, 2018: 209.

[137] 中共中央宣传部. 习近平总书记系列重要讲话读本: 2016年版 [M]. 北京: 学习出版社, 人民出版社, 2016: 233-234.

[138] 马克思. 资本论: 第1卷 [M]. 北京: 人民出版社, 1975: 560.

[139] 马克思. 资本论: 第1卷 [M]. 北京: 人民出版社, 1975: 662.

[140] 马克思. 资本论: 第1卷 [M]. 北京: 外文出版社, 1975: 48.

［141］马克思恩格斯选集：第3卷［M］．北京：人民出版社，1972：508.

［142］马克思恩格斯选集：第3卷［M］．北京：人民出版社，1972：5.

［143］习近平谈治国理政：第1卷［M］．北京：外文出版社，2018：209.

［144］中共中央宣传部．习近平总书记系列重要讲话读本：2016年版［M］．北京：学习出版社，
人民出版社，2016：235.

［145］中共中央宣传部．习近平总书记系列重要讲话读本：2016年版［M］．北京：学习出版社，
人民出版社，2016：238.

［146］中共中央宣传部．习近平总书记系列重要讲话读本：2016年版［M］．北京：学习出版社，
人民出版社，2016：236.

［147］中共中央宣传部．习近平总书记系列重要讲话读本：2016年版［M］．北京：学习出版社，
人民出版社，2016：240.

［148］中共中央宣传部．习近平总书记系列重要讲话读本：2016年版［M］．北京：学习出版社，
人民出版社，2016：234-235.

［149］习近平谈治国理政：第2卷［M］．北京：外文出版社，2017：215-216.

［150］毛泽东文集：第6卷［M］．北京：人民出版社，1999：495.

［151］邓小平文选：第3卷［M］．北京：人民出版社，1993：364.

［152］江泽民文选：第1卷［M］．北京：人民出版社，2006：466.

［153］胡锦涛文选：第2卷［M］．北京：人民出版社，2016：291.

［154］马克思恩格斯选集：第2卷［M］．北京：人民出版社，1972：94.

［155］马克思恩格斯选集：第2卷［M］．北京：人民出版社，1972：94.

［156］马克思恩格斯选集：第2卷［M］．北京：人民出版社，1972：94.

［157］学术界对"社会主义基本经济规律"是否存在以及如何科学表述均有不同看法。许多
人对斯大林在《苏联社会主义经济问题》一书中提出的关于社会主义基本经济规律的
观点有异议，但笔者认为，社会主义基本经济规律在社会主义经济中是存在的，不管怎
么表述，都不可缺少"不断满足全体人民日益增长的物质文化需求"。

［158］中共中央宣传部．习近平总书记系列重要讲话读本：2016年版［M］．北京：学习出版社，
人民出版社，2016：212.

［159］中共中央宣传部．习近平总书记系列重要讲话读本：2016年版［M］．北京：学习出版社，
人民出版社，2016：213.

［160］邓小平文选：第2卷［M］．北京：人民出版社，1994：259.

［161］卫炜，刘客．邓小平理论发展史［M］．上海：上海人民出版社，2002：162.

［162］马克思．资本论：第1卷［M］．北京：人民出版社，1975：98.

［163］马克思．资本论：第1卷［M］．北京：人民出版社，1975：19.

［164］亚当·斯密．国民财富的性质和原因的研究：上［M］．北京：商务印书馆，1972：13-14.

[165] 亚当·斯密. 国民财富的性质和原因的研究: 下 [M]. 北京: 商务印书馆, 1972: 27.

[166] 休谟. 人性论: 上 [M]. 北京: 商务印书馆, 1996: 6.

[167] 马克思: 资本论: 第1卷 [M]. 北京: 人民出版社, 1975: 669.

[168] 马克思恩格斯全集: 第46卷上册 [M]. 北京: 人民出版社, 1979: 102.

[169] 马克思恩格斯全集: 第1卷 [M]. 北京: 人民出版社, 1956: 82.

[170] 马克思恩格斯选集: 第2卷 [M]. 北京: 人民出版社, 1972: 537.

[171] 马克思恩格斯全集: 第46卷上册 [M]. 北京: 人民出版社, 1979: 102-103.

[172] 马克思恩格斯选集: 第1卷 [M]. 北京: 人民出版社, 1972: 18.

[173] 中共中央宣传部. 习近平总书记系列重要讲话读本: 2016年版 [M]. 北京: 学习出版社, 人民出版社, 2016: 213.

[174] 中共中央宣传部. 习近平总书记系列重要讲话读本: 2016年版 [M]. 北京: 学习出版社, 人民出版社, 2016: 43.

[175] 马克思恩格斯选集: 第1卷 [M]. 北京: 人民出版社, 1972: 285-286.

[176] 习近平谈治国理政: 第3卷 [M]. 北京: 外文出版社, 2020: 144.

[177] 习近平谈治国理政: 第1卷 [M]. 北京: 外文出版社, 2018: 56.

[178] 习近平谈治国理政: 第3卷 [M]. 北京: 外文出版社, 2020: 76.

第三章　新时代坚持与完善基本经济制度

对社会主义基本经济制度，一要坚持，二要完善。不坚持就谈不上完善，完善是为了更好地坚持。无论是坚持还是完善，都必须理论与实践相结合，紧密结合中国实际，坚持以马克思主义所有制理论为指导，充分借鉴西方制度经济学理论的精华。理论的自信，坚定了实践的自觉。党的十八大以来，以习近平同志为核心的党中央为中国基本经济制度的改革指明了方向，并对进一步完善社会主义基本经济制度作出了战略规划与具体部署，使新时代中国特色社会主义基本经济制度日益走向完善与成熟。

一、树立坚持与完善基本经济制度的自信

1. 从理论的必然性中树立社会主义经济制度的自信

习近平提出的"四个自信"，即中国特色社会主义道路自信、理论自信、制度自信、文化自信，为我们坚持和完善社会主义基本经济制度提供了科学指南与基本遵循。我们认为只有不断坚持与完善我国的基本经济制度，才能不断地树立中国特色社会主义的道路自信、理论自信、制度自信和文化自信；同时只有树立起中国特色社会主义的道路自信、理论自信、制度自信、文化自信，才能更坚定地坚持与完善社会主义基本经济制度。所以，只有从理论的必然性中认识并树立社会主义基本经济制度的自信，才能更好更自觉地坚持与完善社会主义的基本经济制度。

只有充分认识与理解社会主义制度取代资本主义制度的历史必然性，才能从理论上科学认识坚持社会主义制度的必要性，从而坚定社会主义的自信心与信念。

社会主义制度取代资本主义制度并非偶然，也绝非某个或某些历史大人物主观意志决定的，而是具有客观的历史必然性。在资本主义社会，随着资本积累的增加，劳动者的劳动过程社会化，劳动组织形式也社会化，它要求生产资料的使用也日益社会化，这就导致了资本的高度积聚与集中。生产资料越来越集中于少数大资本家手里，形成了生产资料私有制垄断。马克思指出："资本的垄断成了与这种垄断一起并在这种垄断之下繁盛起来的生产方式的桎梏。生产资料的集中和劳动的社会化，达到了同它们的资本主义外壳不能相容的地步。这个外壳就要炸毁了。资本主义私有制的丧钟就要敲响了。剥夺者就要被剥夺了。"[1]正是生产社会化与资本主义私人占有制这个资本主义基本矛盾日益激化的结果，才导致社会主义制度必然取代资本主义制度。社会主义制度取代资

本主义制度是生产力决定生产关系，生产关系必须适应生产力要求的必然结果，并且随着资本主义积累日益增长，形成对立的两极：一极是工人阶级贫困的积累；另一极是资本家财富的积累，造成工人阶级与资产阶级的尖锐对立。作为社会化大生产的代表，工人阶级日益由自在阶级锻炼成先进的自为阶级，自觉地同资产阶级进行斗争，这就为消灭资本主义制度准备了阶级条件。由此可见，社会主义制度取代资本主义制度是历史大势，是历史的必然。

马克思、恩格斯当年曾经设想，这种历史大势与必然一定会在所有发达资本主义国家同时实现，取得无产阶级革命的胜利。这就是社会主义革命在所有资本主义国家同时取得胜利的理论。然而社会主义革命运动的实践却超出了马克思、恩格斯的设想。由于资本主义世界经济政治发展不平衡的作用，在某个资本主义并不发达的国家，在条件具备并且较成熟的条件下，先进的工人阶级通过暴力革命，进行武装夺取政权，是可以并且能够取得社会主义革命胜利的。当年，俄国的十月社会主义革命，就是在列宁的"一国社会主义革命胜利"学说指导下取得伟大胜利的。

十月革命一声炮响，给中国送来了马克思列宁主义。马克思列宁主义武装了中国共产党。中国人民在以毛泽东为代表的中国共产党领导下，走以农村包围城市的武装革命道路，经过28年的英勇奋战，取得了新民主主义革命的胜利。1949年10月1日，中华人民共和国成立。经过三年国民经济恢复时期并经过三年多对农业、工业和资本主义工商业的社会主义改造，终于在1956年底跨入社会主义大门，建立了社会主义经济制度。

中国进入社会主义社会后，究竟处于什么阶段，社会主义经济制度应该如何坚持与完善？对这样重大而关键的问题，当时中国并没有自身的经验，只能"向苏联老大哥学习"。因为苏联是世界上第一个社会主义国家，他们经过近四十年的建设，不仅战胜了德国法西斯，而且社会生产力发展也取得长足的进步。他们成功实现了工业化，又在农村完成集体农庄化。其从1928年开始的国民经济计划化也取得了举世瞩目的成功。当时苏联社会主义制度的蒸蒸日上与深陷危机的资本主义制度"日落西山"形成鲜明的对照。并且苏联是最早同新中国建交的国家，不仅派大量专家帮助中国，还援建156个项目建设。正是在这一背景下，中国自觉或不自觉地全面照搬了苏联社会主义的制度模式及体制机制模式，在所有制上实行农业集体所有制、城市主要国有制两种形式，公有制经济在全国占绝对优势，个体私营经济基本被消灭。这种高度公有化的制度为全国实行高度集权的产品计划经济制度模式奠定制度基础。这种计划经济制度企图用一个包罗万象的统一大计划，把整个社会经济活动、社会的供给与社会需求等统统纳入进去。国家通过下达各种带强制性的计划指标，来命令企业生产，来组织产品销售等活动。在高度集中的条件下，企业唯有按计划生产与销售，没有任何生产经营自主权。这种国家计划管得过多、统得过死，政企不分、条块分割，企业没有任何独立自主权的管理制度，不仅排斥市场机制与价值规律作用，更是遏制了企业的生机与活力。同时，在分配上，企业吃国家"大锅饭"，劳动者又吃企业"大锅饭"，干多干少一个样儿，干与不干一个样儿，严重挫伤了劳动者的劳动积极性，阻碍了社会生产力的发展。

其实，上述所有制模式及产品计划经济制度的弊端，毛泽东同志在1957年就已经敏锐地观察到了。他在著名的《论十大关系》一文中指出："最近苏联方面暴露了他们在建设社会主义过程中的一些缺点和错误，他们走过的弯路，你还想走？过去我们就是鉴于他们的经验教训，少走了一些弯路，现在当然更要引以为戒。"[2]他还十分具体地指出："我们不能像苏联那样，把什么都集中到中央，把地方卡得死死的，一点机动权也没有。"[3]在如何对待农民问题方面，毛泽东也作了客观的批评，指出："苏联的办法把农民挖得很苦。他们采取所谓义务交售制等项办法，把农民生产的东西拿走太多，给的代价又极低。他们这样来积累资金，使农民的生产积极性受到极大的损害，你要母鸡多生蛋，又不给他米吃，又要马儿跑得好，又要马儿不吃草，世界上哪有这样的道理！"[4]前面说的是要给企业生产经营自主权，后者是说苏联搞工农业产品"剪刀差"把农民搞得很苦，这都明确指出了苏联高度集权的计划经济体制的弊端，为中国进行制度与体制改革指明了方向。可惜毛泽东指出的上述中国社会主义制度缺陷与体制弊端，没有来得及进行改革与完善，就由于国际上发生匈牙利事件及对国内形势的误判，便转向去抓所谓"阶级斗争为纲"，使中国错过了社会主义制度与体制改革与完善的大好时机。

直到20世纪70年代末80年代初，党的十一届三中全会召开之后，中国决定对内改革对外开放，这时才把如何完善社会主义制度、如何进行经济体制改革列入党和国家的重要议事日程。整个改革是把经济制度与经济体制改革作为中心环节来进行的。经济制度与经济体制改革在城乡分头实施，先在农村开展，由安徽凤阳小岗村农民开展"大包干"，实行农业生产责任制。而在城市，在国有企业实行了放权让利、利润留成的改革，继而又推行分税制改革，也取得一些成果。但相比农村而言，效果并没有农村那样显著。因为凤阳小岗村改革后的两年均获得大丰收，产量大提高，收入大增加。凤阳小岗村制度改革成功的效应惊动了中央。中央决定将农村承包制引入城市国企改革。在20世纪80年代末期，城市国企改革全面推行企业承包制。其核心在于实行企业经营权与所有权适度分离，国有制的所有权由国家掌握，企业拥有一定的经营自主权。承包制在分配上实行"缴够国家的，留够集体的，剩下全是自己的"，极大地调动了企业自主经营、追求利润最大化的积极性。但由于承包制存在"包死基数"、企业"掠夺式经营""包盈不包亏"等严重弊端，把企业发展后劲几乎掠夺殆尽，因而等承包期一过，便难以再包下去。随着改革的深入，抓大放小，推行股份制改革被提上议程。国有大中型企业广泛推行股份制，用以取代承包制，大多数中小企业则被放掉，彻底改为私有制企业，俗称"改制"。

伴随我国城乡经济制度与经济体制改革的全方位推进，全国出现了所有制方面的巨大变化，即由原来的公有制"一统天下"（公有制经济占整个国民经济的比重达99.9%）转变为多元化的所有制结构。在农村实行"大包干"之后，涌现出一大批个体户，各种养殖大户如雨后春笋般破土而生。在城市，由于大批下乡知青返城，上千万青年待业。在当时，国家若安排一个青年在集体企业就业就需要资金8000元，若安排一个青年在国有企业就业就需要1.2万到1.5万元。国家实在拿不出这上千亿乃至几万亿的资金来，再加上大批国有中小企业改制，大量员工下岗待业，又给国家安排就业形成巨大社会压力。所以，唯一的出路就是返城青年和下岗待业人员"自谋职业"。这样，城乡个体私营经济便大批涌现出来。

2. 社会主义初级阶段的科学确认，为我国树立坚持与完善社会主义基本经济制度的自信奠定坚实可靠的基础

1987年召开的党的十三大，是中国坚持与完善社会主义经济制度的一个重要里程碑，更是科学正确认识中国基本国情的里程碑，从而中国的一切路线方针、政策及各种发展战略有了可靠的"总依据"。

党的十三大报告明确指出，中国的社会主义还处于初级阶段，它是中国社会主义的一个特定历史阶段，特指中国逐步摆脱不发达状态，基本实现社会主义现代化的历史阶段。这个阶段从20世纪50年代生产资料所有制的社会主义改造基本完成，到社会主义现代化基本实现，至少需要上百年的时间。社会主义初级阶段，这是中国最大的国情，更是中国最大的实际，任何路线、方针与政策，都不能脱离开这个实际，都必须从这个实际出发。

党的十三大报告正是基于社会主义初级阶段理论，对大批涌现的个体私营经济予以承认，承认其合法存在，并对城乡大量在乡镇企业基础上产生的股份合作经济予以支持，允许其合法存在与发展。这样，在原有国有制经济形式与集体所有制经济形式之外，又产生一批非公有制经济形式，从而使中国产生了多种所有制经济并存与共同发展的局面。

这种局面的产生，完全是中国改革开放的必然结果，更是中国改革开放以后社会生产力与生产关系的矛盾运动规律作用的必然产物。因为这多种所有制形式，从根本上说，是适应当时社会生产力水平较低，呈现多层次且发展不平衡的现实而产生的。就一般情况而言，个体私营企业规模小，易创办，技术水平要求不高，生产工艺也较为简单，设备简陋，无需更多的办公设施和较多的员工，尤其是能灵活地适应市场需求变化进行自主决策，所以它能够适应社会生产力水平较低层次要求。当然，这是就大多数个体私营企业而言，并不排除少量私营企业做大做强，上了规模与档次，甚至出现了与社会化大生产要求相匹配的状况，乃至出现大型私营企业集团走上国际化道路的例子。大量的城乡股份合作制企业，由于它们的起点比个体私营企业高一些，在原有乡镇企业规模上通过兼并联合，一般能够进行机械化、半机械化生产，企业规模相对较大，劳动组织较健全，企业规章制度较完善，党组织、工会都得以建立，并能正常发挥作用，企业劳资关系比较和谐，在激烈的市场竞争中有一定的抗风险能力，一般都有较好的生产经营业绩。因此，他们虽然能够适应中低档次生产力水平的要求，但经过优化组合会有较大程度的提升，不久的将来，是可以适应社会化大生产要求的。国有企业经过"抓大放小"改革后，大批中小企业已被"放"掉，即改制成为股份合作制企业或干脆变为私营企业。剩下的国有大中企业经过兼并重组、处置企业办社会，用债转股的办法，甩掉债务包袱，使企业轻装上阵，加强市场综合竞争力，焕发了生机与活力。尤其是中央企业，盈利能力与水平都显著增强，在国民经济发展中发挥了明显的主导作用。

3. 我国基本经济制度的确立，更加坚定了坚持与完善中国特色社会主义市场经济体系的自信

党的十五大报告，客观地分析了非公有制经济在创造GDP、安置就业、增加国家税收、创造外汇、科技创新等方面的积极作用，取消了以往"既鼓励又限制"的政策（即一方面鼓励其积极发展，同时又限制其消极作用），将其定性为"我国社会主义市场经济的重要组成部分"。这种发展个体私营经济等非公有制经济的理论自信，很快变成了全国人民发展非公有制经济的行动自觉。随之国家出台了一系列鼓励、引导与大力发展非公有制经济的政策措施，促进了我国非公有制经济飞速发展。

正像其他任何新生事物一样，中国社会的基本经济制度作为一种新的制度安排，无疑也会受到来自各个社会层面的不理解、怀疑乃至反对的声音。笔者认为这些不理解、怀疑乃至反对的声音，绝大部分是属于思想理论认识问题，即思想理论的不自信，而只有极少数反对声音属于真正的基本经济制度的否定者。在他们那里，根本没有自信与不自信的问题，而根本上就是一个"否定派"。对前者，思想理论工作者的任务就是要进行耐心的思想理论教育工作，而对于后者则要进行理论批驳。只有这样，才能全面地增加对坚持与完善中国基本经济制度的自信，从而增强建设完整的社会主义市场经济制度体系的自觉性。

为了消除社会上对中国社会基本经济制度的疑虑、不理解，应对"否定派"的挑战，党的十六大再次坚定地指出，"毫不动摇地巩固和发展公有制经济"，"毫不动摇地鼓励、支持和引导非公有制经济的发展"[5]。这两个"毫不动摇"，表明了中国共产党坚持中国社会基本经济制度的鲜明立场、决心与自信心，同时也明确告知：来自中国社会基本经济制度的坚持与贯彻执行方面的问题，就是思想理论的"动摇"问题。思想理论一旦"动摇"，路线、方针与政策必"动摇"，执行或实践就要"地动山摇"。因此，必须首先从思想理论上解决问题，坚定坚持中国社会基本经济制度的思想理论自信。

4. 党的十八大发出"从来没有动摇"之声，宣示坚持基本经济制度的坚强自信

党的十八大报告对中国社会基本经济制度的认识，尤其是对人们普遍关注的对非公有制经济的认识，实际上"是不断深化的"。党的十八大报告指出："毫不动摇鼓励、支持、引导非公有制经济发展，保证各种所有制经济依法平等使用生产要素、公平参与市场竞争、同等受到法律保护。"[6]这里，在"毫不动摇"的基础上，又增加了"平等""公平""同等"三个方面具体内容，显然是对非公有制经济支持力度更大了，更有力地消除了社会对发展非公有制经济的各种不理解及疑虑。

习近平在参加全国政协十二届四次会议民建、工商联界委员联组会时，再一次针对人们普遍关心的非公有制经济问题，非常坚定地讲："我们党在坚持基本经济制度上的观点是明确的、一贯的，而且是不断深化的，从来没有动摇。中国共产党党章都写明了这一点，这是不会变的，也是不能变的。我在这里重申，非公有制经济在我国经济社会发展中的地位和作用没有变，我们毫不动摇鼓励、支持、引导非公有制经济发展的方针政策没有变，我们致力于为非公有制经济发展营造良好环境和提供更多机会的方针政策没有变。"[7]这里突出了"从来没有动摇"，"是不会变的，也是不能变的"，并且重申"三个不变"，再次给非公有制经济吃了"定心丸"，让坚持基本经济制度的自信在广大干部与群众心里扎下根。自信满满必然会带来执行贯彻行动的自觉满满。习近平对非公有制经济发展的自信，无疑会对坚持与完善社会主义基本经济制度的实践产生无比巨大的推动作用。

二、坚定坚持公有制为主体的自信

1. 坚持公有制为主体是社会主义的根本原则与特征

邓小平指出："总之，一个公有制占主体，一个共同富裕，这是我们所必须坚持的社会主义的根本原则。"[8]他还指出："我们允许个体经济发展，还允许中外合资经营和外资独营的企业发展，但是始终以社会主义公有制为主体。社会主义的目的就是要全国人民共同富裕，不是两极分化。如果我们的政策导致两极分化，我们就失败了。"[9]

以上两条社会主义的根本原则，显然第一条是根本，是起决定作用的。如果公有制主体地位丧失了，共同富裕就必然不可能了。这是政治经济学的基本常识，因为所有制决定分配。但分配问题也不是完全消极被动的，它反过来对所有制有巨大的反作用。正向的反作用，能积极促进公有制的完善与发展；反向的反作用，则会彻底瓦解公有制，甚至使社会基本经济制度荡然无存。

上述两条均是社会主义的根本原则与特征，丧失了哪一个都会使社会主义不复存在。这是邓小平对社会主义根本原则与特征的创新与发展。传统政治经济学将计划经济制度与公有制作为社会主义的根本原则与特征。邓小平认为是否搞计划经济不是区别社会主义与资本主义的根本标志与特征，资本主义可以有计划经济，社会主义可以搞市场经济，这就把计划经济从反映社会主义本质特征的特定地位上废弃掉了，而代之以共同富裕为社会主义的根本原则与特征，这是科学的取代与转换，是符合社会主义初级阶段的客观实际要求的。

对社会主义公有制主体地位的最大不自信，就是担心与忧虑其在市场经济发展中的主体地位会丧失。其实，这是没有必要的，也是不正确的。下面，我们结合几种理论认识，从理论上加以分析与解剖。

其一，"地位下降论"。公有制经济数量大幅减少，占国民经济的比重大幅下降。这是改革开放以来中国公有制经济发展状况的真实写照，也是不争的事实。但一定要清醒理性地看待这种"下降"。我们认为，决不能简单地认为其地位下降了，这是中国社会所有制结构得以改善与优化的结果。因为公有制经济在社会上占绝对优势地位（占99.9%）或居"一统天下"地位，是我国所有制结构的一大弊端，是所有制结构严重不合理的主要标志。大幅度减少公有制经济数量，使之比重下降到60%左右或以下一点，是所有制结构从严重不合理走向合理化的正常变动过程。这种下降，是由根本不适合中国国情下降到适合中国国情，所以表面上看似地位下降了，实际上由于地位适当，其作用是不降反升的。特别需要指出的是，看其地位是否合适，主要是看其作用能否得到最佳最优的发挥。公有制经济在国民经济中占绝对地位，看似很好，但它最大的弊端是抑制国民经济发展的生机与活力，因为它从根本上排斥或消除了不同经济成分之间的竞争。所有制的绝对垄断消除了竞争，致使整个经济成为一潭死水，市场机制与价值规律不能对商品经济发展起调节的作用。因此，应把公有制的主导地位与其主导作用结合起来、统一起来看。

公有制经济在国民经济中的主导地位不一定要求数量与比重都占绝大多数。有的同志认为，这是必需的，如果不在数量与比重上占绝大多数，其主导地位将不保。笔者认为，这里关键问题不在数量上，还有一个质量问题。如果仅仅是数量与比重都能达到保证主导地位的话，但众多数量和较大比重的公有制经济质量与效益都较差，在激烈的市场竞争中也毫无优势可言，那其主导地位仍然是不保的。所以，应从数量与质量相统一的基础上探讨确保公有制经济主体地位问题。

我国著名经济学家、西北大学教授何炼成提出了一个"3—4—3"模式，即国有经济占比30%，集体经济占比40%，个体私营经济与外资经济总体占比30%，被称"飞机头"模式。这个所有制结构模式，公有制经济仍占优势，占比仍高达70%，非公有制经济占比达30%。这个模式太注重数量与占比了，除了未充分考虑质量问题外，这个模式实际上早已被我国非公有制经济发展的实践所突破了。因为我国非公有制经济在进入21世纪以后，就已经占据国民经济发展的"半壁江山"了，现在其比重已经超过2/3了。

笔者认为，在确保公有制经济主体地位在数量与质量相统一的基础上，应该有一个合理区间。比方说，公有制经济占比大致要在30%左右，不能低于25%，这是底线，一旦底线被突破，其主体地位就会动摇或丧失掉。这仅是个人粗浅之见。究竟这个合理区间有没有或占比要多大才合适，还希望经济学界的专家们深入研究与探讨。

其二，"不相容论"。即主张"公有制经济与市场经济是根本不相容的"。这是忧虑和担心公有制经济主体地位难以保证的另一个重要思想理论观点。所谓"公有制经济与市场经济不能相容"的论断出自美国著名经济学家科斯的产权理论。依据科斯的产权理论，公有制企业产权边界不清，财产关系模糊，"企业财产是你的，又不是你的"，这就造成企业人员的财产关切度很低；而市场经济的本质是企业产权边界明晰化，"资产是你的，就不是我的；是我的，就不是你的"。财产关系不容有半点模糊。正因为如此，公有制经济就在财产归属关系上与市场经济发生严重的矛盾冲突，产生严重的不可兼容性。实际上这种判断本身就是一种先入为主的价值判断与主观论定。公有制经济，无论是全民所有制还是集体所有制，其财产归属关系都是很明晰的，产权边界也是清晰的。全民所有制就是财产归全体人民共同所有，集体所有制就是生产资料和财产为企业劳动者集体所有，宪法保护全民财产与集体财产不可侵犯。二者的财产关系都通过法律界定很清晰，根本没有模糊之说。再说，财产关切度高低，也不能只从私人的角度出发，私人利益是容许存在的，人性中也确有利己性，但无论从历史上看还是从现实来看，人作为社会关系总和，还有利他为公的另一面，从"公"的角度也会有一定的财产关切度。随着人们思想觉悟的提高，人们对"公产"的关切度会越来越高。大家都来关心公共财产，这是文明社会日益进步与发展的标志。所以，认为公有制经济根本不可能与市场经济相兼容的观点在理论上是难以立足的。并且，改革开放四十多年的实践已证明，公有制经济已经深度地融入市场经济，并且在激烈的市场竞争中，如鱼得水，充满了生机与活力，不断地取得骄人的生产经营业绩。这是对公有制经济与市场经济"不相容论"的有力批驳与回击。

其三，"产权效率低下论"。这种理论认为，公有经济"产权效率低下"，要解决这个问题，提高产权经营效率，根本出路就是"私有化"。这个问题与上述话题相关，仍然是由科斯的产权理论演绎而得出的所谓"科学"论断。按照科斯的产权理论，私有产权是最好的产权制度安排，它能直接与市场经济融合在一起，可以实现产权经营效率最大化。把这种纯粹为私有制辩护的理论，硬套在公有制经济上，让公有制经济削足适履，去搞私有化，其目的之鲜明可见一斑。以前公有经济确实存在效率不高的弊端，主要由经济体制弊端所致。旧的经济体制，运行机制死板、僵化，再加上决策层素质低下，故而经常造成决策慢于市场变化，不适应市场经济发展要求，所以经营效率比较低下。经过改革开放四十多年的实践，公有制的僵化死板的体制机制有了根本性改变。在所有权与经营权分开的条件下，企业产权运营效率大大提高。事实已经证明，中国公有制经济的产权运营效率已经远远胜过私有产权的运营效率。所以，再以"产权运营效率低下"为借口，取消或反对公有制经济的主体地位，是无效的，更是不能成立的。

其四，"'公''私'根本对立论"。这种理论认为，公有制经济与私有制经济（即"非公经济"）是两种根本对立的经济形式，二者是"你死我活"的矛盾，私有制经济发展与扩大，必然侵占公有制经济的空间，侵吞公有制经济的财产，即化"公"为"私"；公有制经济发展强大，也必然挤压私有制经济，让私有制经济没有容身之地，即化"私"为"公"。这是只见二者之间的矛盾，并将其扩大化的一种理论认识，实际上并不符合辩证唯物主义。公有制经济与私有制经济之间虽然有一定的矛盾，但二者是互相依存的，互相结合的，在社会主义制度下，是可以通过调节与协商解决，实现统一与融合的。对此，习近平指出："公有制经济也好，非公有制经济也好，在发展过程中都有一些矛盾和问题，也面临一些困难和挑战，需要我们一起来想办法解决。""公有制经济、非公有制经济应该相辅相成、相得益彰，而不是相互排斥、相互抵消。"[10]

实际上，公有制经济与非公有制经济完全可以在发展社会主义市场经济的大目标一致的前提下，共存共荣，实现相得益彰的发展，中国同外国资本主义国家能共建命运共同体，中国的公有制经济与非公有制经济没有理由不建成基于根本利益一致的命运共同体。所以，再以"公私对立论"来担心或否定公有制经济的主体地位，实属没有必要，其根据也不能成立。

担心或怀疑公有制主体地位会丧失的思想理论之所以会形成并在较长时期起作用，究其根源在于中国社会存在"恐资病""惧私症"。长期以来，人们受到一种传统理论意识的影响，即"私有制是万恶之源"，"资本主义私有制更是绝对的坏"。这种"恐资病""惧私症"一旦在社会上蔓延开来，形成一种社会思潮，短时期将难以消除和改变。所以，要下功夫、用气力，给人们以正确的思想理论观念，即要以马克思主义为指导，科学理性地对待私有制及资本主义私有制。

私有制作为一种生产资料的占有形式，在人类社会中存在了几千年，它是适应当时社会生产力要求而产生的一种产权制度安排。在中国社会主义改造中，曾消灭了私有制经济和资本主义私有制，但仅隔二十多年时间，中国改革开放后其又"破土而出"，迅猛产生，快速地发展起来。这是中国社会生产力与生产关系规律发挥作用使然。这就不能用好与坏的标准来评判，而应用是否适应生产力的发展要求来论定。私有制不仅在历史上起到过重要的作用，就是在当今社会主义初级阶段也无可否认地具有重要积极作用。它在增加就业、创造更多GDP，甚至出口创汇等方面都有重大作用。对待资本主义私有制，马克思进行了猛烈的批判，认为它是一种人剥削人的残酷的剥削制度，必将被更高级的社会主义制度所取代，但马克思还是十分客观地甚至高度地评价了资本主义私有制和其代表资产阶级的历史功绩，它创造了"比过去一切世代创造的全部生产力还要多，还要大"；它消灭了封建剥削关系；促进了工业文明；锻造了现代的工人，即无产阶级；甚至开拓了世界市场等等。马克思高度赞扬了资产阶级的革命作用与历史功绩，为我们科学正确对待资本主义私有制与资产阶级树立了光辉的范例。

关于如何消除"恐资病""惧私病"，邓小平给出了一个科学的方法。他主张，遇事不要先问"姓社""姓资"，而主要看是否符合"三个有利于"。他明确指出："改革开放迈不开步子，不敢闯，说来说去就是怕资本主义的东西多了，走了资本主义的道路，主要是姓'资'还是姓'社'的问题。判断的标准，应该主要看是否有利于发展社会主义社会的生产力，是否有利于增强社会主义国家的综合国力，是否有利于提高人民的生活水平。"[11] 从上可见，"恐资病""惧私症"还是相当严重的，它一直是阻碍改革开放进一步发展的最大障碍，更是束缚干部群众完善社会主义基本经济制度，发展壮大公有经济主体地位的绊脚石。所以，只有按照邓小平的"三个有利于"思想，才能真正把"恐资病""惧私症"，抛进历史垃圾堆，让人民撸起袖子毫无顾忌地大力发展社会主义。

2. 壮大国有经济实力，加强国有经济的活力、创造力与控制力

国有经济是公有制经济的中坚力量，是公有制经济的核心部分。坚持社会主义公有制经济的主体地位，必须不断地壮大国有经济的实力。这是由国有经济在社会主义社会中的重要地位所决定的。习近平指出："国有企业是中国特色社会主义的重要物质基础和政治基础，是我们党执政兴国的重要支柱和依靠力量。"[12] 并强调通过加强党的领导，使国有企业成为"六大重要力量"：成为党和国家最可信赖的依靠力量，成为坚决贯彻执行党中央决策部署的重要力量，成为贯彻新发展理念、全面深化改革的重要力量，成为实施"走出去"战略、"一带一路"建设等重大战略的重要力量，成为壮大综合国力、促进经济社会发展、保障和改善民生的重要力量，成为我们党赢得具有许多新的历史特点的伟大斗争胜利的重要力量[13]。这"六大重要力量"，具体详尽地阐明了国有企业在当今经济社会发展中的地位与作用。这"六大重要力量"实际上就是社会主义公有制主体地位的根本保证，也是中国共产党执政兴国的根基所在。中国共产党若没有这"六大重要力量"作支柱和依靠，建设中国特色社会主义的目标便难以实现。所以，全党全国人民务必为发展壮大这"六大重要力量"而努力奋斗。任何削弱和反对发展壮大"六大重要力量"的行为都是不容许的，必须坚决加以制止。

深化国有企业改革，绝不是要改掉国有企业。新自由经济学错误地把国有企业认作国家干预市场的"工具"，主张"政企分开"，就必须让国有企业"退出"，不仅从竞争领域"退出"，甚至从垄断行业也"退出"，让国有企业从经济中"全部出清"。这实际上就是彻底否定国有企业的一种极端的自由主义经济学理论。捍卫社会主义公有制主体地位，捍卫国有经济，必须同新自由主义理论作斗争，防止其卷土重来，阻碍国有企业改革的深化与健康可持续发展。

国有企业唯有不断深化改革，不断完善体制机制，激发其凝聚力，唤起其生机与活力，启动新的创造力，才会产生更大的生产力，才能更好地壮大其经济实力。实践证明，这是中国国有企业的成功之路、胜利之路。对此，习近平给予充分肯定和高度评价："新中国成立以来特别是改革开放以来，国有企业发展取得巨大成就。我国国有企业为我国经济社会发展、科技进步、国防建设、民生改善作出了历史性贡献，功勋卓著，功不可没。"[14]这里的"凝聚力、机制活力、创造力"是体制机制改革带来的可喜成果，只有这"三力"都释放出来了，增加了企业实力，才能增强企业在市场上的竞争力，从而增强国有企业的控制力。所谓国有企业的控制力，并非指国有企业控制其他非国有企业的能力，而是指对整个国民经济运行状态的掌控能力、调节能力，尤其是对国民经济命脉的掌控能力。把这种控制力理解为对非公有制经济的控制力是一种误读，因为国有经济与非公有制经济二者是平等、公平竞争的关系，并不是谁控制谁的关系。国有经济实力越大，掌控国民经济运行状态和国民经济命脉的能力越大，就越能保证国民经济运行态势平稳，实现稳中有进的策略目标。因此，必须把国民经济命脉牢牢掌握在国家手中，进而保证公有制经济主体地位更加稳固，更加可持续提升，保证社会主义制度行稳致远。

加强党对国有企业的领导，是我国国有企业的独特优势，对坚持公有制经济的主体地位具有重大战略意义。其一，加强党对国有企业的领导，一直以来都是我国国有企业的光荣传统。早在革命根据地的国企建设中就是如此，而且在"三大改造"过程及以后的社会主义建设中，都坚持党管企业的原则，有效地保障了国有企业沿着社会主义道路向前健康发展。其二，在改革开放过程中，也是依靠党的坚强领导，使国有企业成功应对各种挑战，走出发展困境，走上成功之路。实际上，党对国有企业的坚强领导，已成为我国国有企业的"根"与"魂"，是保障国有企业健康、稳定与可持续发展的"定海神针"。其三，坚持党对国有企业的领导，可以更有效地保障党的路线、方针与政策在企业落实到位，保障企业生产经营的正确方向，也能保障企业发展战略的正确决策与实施。有人认为，现在国有企业普遍建立了现代企业制度，治理结构比较合理、健全，再加上一个党委或党组，岂不会妨碍董事会、监事会及工会正常行使职权？这种把党的领导与现代企业制度对立起来的说法，是不正确的。习近平指出："中国特色现代国有企业制度，'特'就特在把党的领导融入公司治理各环节。把企业党组织内嵌到公司治理结构之中，明确和落实党组织在公司法人治理结构中的法定地位，做到组织落实、干部到位、职责明确、监管严格。"[15]可见，将党的领导融入现代企业制度建设，可以保障国有企业现代治理结构更好地发挥作用。习近平还指出："要处理好党组织和其他治理主体的关系，明确权责边界，做到无缝衔接，形成各司其职、各负其责、协调运转、有效制衡的公司治理机制。"[16]这对推动实现公司治理现代化，保证国有企业可持续发展真是百年大计，百年大利。

三、坚定非公有制经济发展与制度完善的自信

1. 法律地位的提升，为非公有制经济发展提供了坚强有力的制度自信

我国对非公有制经济的认识是逐步深化的，对其政策也是逐步完善的，对其法律地位更是逐步提升的。

早在1987年党的十三大召开之前，我国对非公有制经济的不同部分的政策还是有差异的。对外资积极引进，并采取许多优惠政策来促进其发展。对个体经济，则采取积极鼓励、大力促进其发展的政策，因为上千万知识青年由农村返城，国家无法安置就业，唯一的选择就是让他们自主择业或创业。对私营企业，则采取"放一放""不鼓励也不禁止"的政策。因为中国第一家私营企业在改革开放前沿的广东一产生，就引起了理论界与记者们的极大关注，并引发了一场"是否要立即禁止"的大讨论。问题的核心是私营企业雇佣二十多名工人，存在不存在剥削？中国已消灭剥削三十多年，现在还允许不允许重生？问题反映到党和国家领导人处，邓小平表态，先放一放，看一看。这就为私营企业的发展开了"绿灯"，等到党的十三大召开时，全国的私营企业已经有了相当大的规模了。党的十三大报告对此也并没有回避，直接容许其存在与发展，并十分宽容地将其定性为"以雇佣劳动为基础的经济形式"，根本没有定性为"剥削性企业"或"以剥削制度为基础的经济形式"，这在实际上助推了私营企业大批量产生与发展。1988年，全国人大七届一次会议根据党的十三大的建议，通过修改宪法的方式，正式承认私营企业合法存在与发展，明确规定："私营经济是社会主义公有制经济的补充。国家保护私营经济的合法权利和利益。"同年6月，这一规定又写入《中华人民共和国私营企业暂行条例》总则之中，使得私营企业的合法地位与权利进一步落实与巩固。

但是，到了20世纪90年代初，在中国开展了轰轰烈烈的治理整顿。这期间，个体私营经济遭受到猛烈的冲击与挫折。不少地方把个体私营企业作为治理整顿的对象，有些代表人物被抓了，不少个体私营企业被关掉了。昔日那些个体私营企业发达的什么"一条街""一座城"呀，如今已变得冷冷清清、无人问津了。1992年春，邓小平的南方谈话给个体私营经济发展刮来了强劲的春风，使个体私营经济发展又重新走上快速发展的轨道。

1992年，党的十四大报告，明确将个体私营经济包括外资经济等非公有制经济一起规定为"社会主义公有制经济的有益补充"，并采取"既鼓励又限制"的政策，即"鼓励其对社会主义公有制经济发展的积极作用，同时限制其对社会主义公有制经济发展的消极作用"的政策。

具有划时代意义党的十五大，成为我国非公有制经济发展的一个重大里程碑。党的十五大报告明确地将非公有制经济定性为"社会主义市场经济的重要组成部分"，将非公有制经济人士定性为"社会主义事业的建设者"。1999年3月，九届全国人大二次会议，依法对党的十五大的上述建议予以通过与采纳。同时，将宪法第十一条："国家允许私营经济在法律规定的范围内存在和发展。私营经济是社会主义公有制经济补充。"修改为："在法律规定范围内的个体经济、私营经济等非公有制经济是社会主义市场经济的重要组成部分。""国家保护个体、私营经济的合法权利和利益。"这就在法律关系上使非公有制经济由体制外的"有益补充地位"上升到社会主义市场经济体制内的

"有机组成部分"；由原来的拾遗补阙的从属地位上升到与社会主义公有制经济平起平坐的兄弟一样的平等地位。

非公有制经济，从只允许其存在与自然发展，到承认其为社会主义公有制的"有益补充"，再到从法律上承认其为"社会主义市场经济的重要组成部分"，可以同社会主义公有制经济平等看待、平起平坐，平等参加市场竞争，真可谓一步一步完成质的飞跃。非公有制经济法律地位与作用的跃升，充分表现中国共产党直面现实，敢于依据社会生产力发展的要求及广大人民群众的意愿，自觉调整生产关系，改善与扩大社会主义基本经济制度的内涵的伟大勇气和自信心。中国共产党将非公有制经济发展推向了新阶段，带进了新时代。

2. 依法保护非公有制经济的财产权和利益，使非公人士增加了完善我国基本经济制度的自信

党的十八大以后，党中央不仅重申非公有制经济与社会主义公有制经济都是社会主义市场经济的重要组成部分，还特别强调二者都是经济社会发展的重要基础：公有制经济财产权不可侵犯，非公有制经济财产权同样不可侵犯；国家保护各种所有制经济产权和合法利益，坚持权利平等、机会平等、规则平等，废除对非公有制经济各种形式的不合理规定，消除各种隐性壁垒，激发非公有制经济活力和创造力。党的十八届四中全会，更是把保护非公有制经济产权和利益上升到制度高度，明确提出："健全以公平为核心原则的产权保护制度，加强对各种所有制经济组织和自然人财产权的保护，清理有违公平的法律法规条款。"[17]

综上可见，党的十八大以后，党和国家对非公有制经济的方针、政策越来越明晰化、具体化，对非公有制经济的产权和利益保护力度也越来越大，还上升到用"健全制度来保护"的最高层面，并且还"建立以公平原则为核心的非公组织和自然人的财产权的保护"，这就给非公经济人士，尤其是非公企业的企业家带来法律保护网。只要他们合法生产经营，其企业或个人的财产权与利益都可公平地得到法律保护。制度上的保护不同于临时保护，不同于一段时间的保护，可谓最根本、最大、最持久的保护。只有这种保护才真正使非公有制经济的企业、企业家及非公人士能够切身地感到安全感、平等感。尤其是，在公平的保护制度下，非公人士遵纪守法生产经营有了突出业绩后，能公平得到社会承认，平等享受应有社会待遇，包括评职晋级、获得荣誉，这种得到尊重及自我价值实现的荣誉感是马斯洛需求层次理论的最高层次，无疑会最大限度地激发人的潜能，激励人们奋发向上，竭尽全力去发展自己的非公有制经济，把企业做大做强，成为一个光荣的社会主义建设者。

从制度上保护非公有制经济产权与利益，就会从制度上促进每个非公有制经济人士都能追求自我尊严、自我价值实现，从而主动地为完善非公有经济制度而尽心尽力，出谋划策，作出自己应有的贡献。

四、坚持公有制经济为主体与发展非公有制经济在社会主义市场经济中的一致性

1. 在共同发展社会主义市场经济中利益共享

非公有制经济的存在与发展，是我国推行改革开放的产物。随着我国改革开放的深化，非公有制经济虽然经过一些坎坷与曲折，但在总体上是健康、快速发展的，在创造GDP增长、稳定经济、促进创新、增加就业、增加税收、出口创汇、改善民生，满足社会多样化需求等方面都发挥了不可替代的积极作用，与公有制经济一起共同构成我国经济社会发展的重要基础。因此，绝不能把非公有制经济否定掉。正如习近平指出的："任何想把公有制经济否定掉或者想把非公有制经济否定掉的观点，都是不符合广大人民的根本利益的，都是不符合我国改革发展要求的，因此也都是错误的。"[18]

非公有制经济之所以获得长足发展，并能同公有制经济一起共同构成"我国经济社会的重要基础"，根本原因在于，它同社会主义公有制经济在社会主义市场经济发展中的利益一致性。首先，发展目标的一致性。二者都为实现中国梦，都为实现"两个一百年"奋斗目标而努力。中华民族的伟大复兴是所有中华儿女，自然也是非公经济人士所追求的梦想，追求幸福美好生活的共同目标，把大家的心连接在一起，这样才能共享美好的明天。其次，同为社会主义事业的建设者，平等参与市场竞争。不管你从事公有制经济建设也好，或致力于非公有制经济发展也好，只要共同为社会主义建设事业添砖加瓦，就会在建设社会主义现代化国家、实现"两个一百年"奋斗目标下达成根本利益的一致。虽然各自具体身份有不同，你可能是国企的员工，我可能是某私企的领导，两人没有高低贵贱之分，更没有尊卑之别。大家是"兄弟"，也是朋友，可以在激烈的市场竞争中平等竞争。你讲诚信，我信守规则与契约，相互尊重，平等相待，为各自实现自身的价值与利益、共同推动社会主义事业的发展，贡献自己的才能与智慧。最后，共享改革开放红利，共享社会主义建设事业发展成果。公有制经济尤其是国有企业担负着国家许多重大责任，在抗击重大自然灾害，加强国防建设，支援老、少、边、穷地方建设等方面都发挥了主力军的作用。改革开放以来，非公有制经济也承担起较多的社会责任，大力施行产业扶贫，为脱贫攻坚战取得胜利作出了重要贡献。非公有制经济随着改革的深入和对外开放的扩大，不仅上缴国家的税收日益增多，而且获得改革开放的红利也日益增加。从事公有制经济人群获得的社会主义事业的发展成果日益提高，从事非公有制经济人群的收入更是呈现几倍、几十倍的增加。改革开放红利的共享，社会主义建设丰硕成果的共享，都极大地促进了全体人民走向共同富裕、幸福美满的新生活。

正是由于非公有制经济与社会主义公有制经济在社会主义市场经济建设上具有利益一致性，坚持公有制经济的主体地位与大力发展非公有制经济二者并不冲突，也不是相互对立甚至对抗的关系。坚持公有制经济的主体地位，并不会妨碍或阻挡非公有制经济

的大发展；反过来，大力推动非公有制经济的发展，也不会损伤与破坏社会主义公有制经济的主体地位。实际上，二者是相辅相成、相互促进、共存共荣的关系。正确科学地认识二者的上述关系，就更能坚定坚持与完善社会主义基本经济制度的自信，使社会主义基本经济制度日渐成熟，不断臻于完善。

2. 发展"混合所有制经济"是完善社会主义基本经济制度的必由之路

"混合所有制经济"，简称"混合经济"（mixed economy），有宏观与微观之分。宏观上的"混合所有制经济"就是从国家或社会层面来观察的经济制度或经济形态。例如，本书所讲的中国社会主义初级阶段的基本经济制度本身就内含着混合所有制经济：既有占主体的社会主义公有制经济又有多种所有制的非公有制经济形式。微观上的"混合所有制经济"，即本书所说的非公有制经济成分参与国有企业股份制改造，投资入股国有企业，从而形成公与非公混合的企业。这两种"混合所有制经济"，在我国都客观存在，并允许其发展与完善。国有企业吸收非公资金入股，将企业改造成混合所有制企业，因此使企业股权结构得以优化及合理化，防止"一股独大"的弊端，提高产权运营效率，是目前国有企业深化改革的一个正确方向。而国有企业的"混合经济"化，则会增加社会基本经济制度的"混合经济"化，促进社会基本经济制度的进一步发展与完善。所以，国有企业改革方向选择发展"混合所有制经济"乃是进一步完善与发展社会主义基本经济制度的客观要求与实际需要。

"混合经济"作为一个独立的范畴，发端于西方宏观经济学。英国著名经济学家约翰·梅纳德·凯恩斯面对1929—1933年世界经济大危机后的大萧条、大量失业，为了找出应对之策，摆脱危机，经过潜心研究，于1936年出版了《就业、利息和货币通论》一书，（以下简称《通论》）。该书认为，资本主义之所以出现大危机、大萧条，根本原因在于：社会有效需求不足。为此，凯恩斯认定，走出资本主义危机的唯一办法与出路，就是扩大政府机能，"让国家之权威与私人之策动力量互相合作"[19]，具体说，就是政府扩大支出，创办国有企业，并与私人资本合作，创立"混合所有制经济"。尽管在凯恩斯的《通论》中找不到"混合所有制经济"这一概念与范畴，但是英国在实际上是按凯恩斯主义政策去做了，并且在实践中确实出现了大量国家资本与私人资本合作的"混合所有制企业"。

在凯恩斯之后的新制度经济学对"混合所有制经济"给予了丰富与发展。汉森在1941年出版的《财政政策和经济周期》一书中比较系统地阐释了"混合经济"的含义。他认为，从19世纪以后，世界大多数资本主义国家已经不再是单一纯粹的私人资本主义经济，与其同时存在的还有大量社会化的"公共经济"，其中包括许多国有经济。萨缪尔森和诺德豪斯在他们的《经济学》一书中，直接使用"混合经济"范畴，非常明确地指出，市场经济和命令经济是两种极端经济形式，"这两种极端的形式都不能代表当今美国经济制度的现实。我们的经济是私人组织和政府机构都实施经济控制的'混合经济'。""典型的学生对于我们这种混合经济功效会有一种新的崇敬"[20]。这种自诩后来遭到美国经济学家马克·林德的《反萨缪尔森论》一书的批判。瑞典学派代表人物林德伯克认为,混合经济制度的主要特征是在所有制方面实行"公""私"混合,在运行机制上实行计划与市场的相结合。从上可见,西方经济学中的"混合经济",其内涵表述尽管不相一致,但总体上是从宏观社会基本经济制度讲的,是指所有制上"公"与"私"两种经济形式的"混合"。这给我们以深刻的启示:中国在社会主义初级阶段实行"公"与"非公"的异质型混合经济制度,是符合社会化大生产发展的趋势要求的。

不仅如此,中国在推进国有企业深化改革中,大力让国有企业实行"混合所有制经济"。这与西方国家大有不同,是微观"公""私"异质所有权、产权的有效"混合",无论在马克思主义经济学理论史上,还是在西方经济学史上,这都是了不起的创新。习近平指出:"鼓励非公企业参与国有企业改革,鼓励发展非公有资本控股的混合所有制企业,各类市场主体可依法平等进入负面清单之外领域,允许更多国有经济和其他所有制经济发展成为混合经济,国有资本投资项目允许非国有资本参股。"[21]这多种形式、多渠道让非公资本参与公有制经济企业股份制改革和公有制经济建设项目,这对公有制经济的发展是有重大积极作用的。

第一,非公有资本进入国有企业,私人产权与公有产权在企业中实现私人产权与公有产权互补与制衡,对企业决策科学化具有重要保障作用。从权力上制约与减少企业出现重大决策失误,从而减少重大经济损失。

第二,非公有制经济进入国有企业内部,促进国有制经济转换体制机制,焕发生机与活力。如果企业墨守成规,不敢创新,必将被激烈的市场竞争所淘汰。同时,非公有制经济进入国有企业内部,可以充分利用国有企业的技术优势、人才优势,还可以学习国企现代化经营管理的经验与方法,为壮大自身的经济实力提供有利的条件,并扩大发展空间。

第三,非公资本进入国有企业内部,与国有企业形成利益共享的新型关系。企业发展得好,盈利多,大家按股本比例分享盈利;企业发展不好,盈利减少或根本没有盈利,大家共担责任;企业荣,"公"方与"非公"共荣;企业损,"公"方与"非公"俱损。大家不仅是"利益共同体",而且是"命运共同体"。这种新型关系完全不同于非公企业内部的雇主与劳动者雇佣关系,是社会主义制度下劳动者之间的平等、互助与合作关系。

第四,非公资本加入国有企业,直接扩大了企业的资本总量,提升国有企业的实力与控制力。由于国有企业资本总额的增大,可以承接社会上更大的工程与建设项目,甚至可以"走出去",到国际市场上去竞争投标,承揽大项目建设,为企业的国际化创造有利条件。同时,由于企业资本总额增加,企业抗风险的能力也随之增强。船大不怕风浪大。并且,由于企业资本总额增加,企业对外的影响力也加大,对国民经济运行状态的控制力也在加强。

但是也应该清醒地认识到，目前国企改革推行"混合所有制经济"举措以来，非公有制经济主体并不主动积极，为什么？问题的原因在于：投入国有企业资本量过少，在企业占不到太大的比例，在企业决策不会有多大的话语权，更谈不上经营决策权；但如果投入资本总量过大，超过企业总股份的50%以上，又恐政策上不允许，国有企业本身也不会愿意，因为这样，它就会丧失企业实际控制权。一旦非公资本总量超过一定比例，掌握了企业的领导权，这时的国有企业的性质会不会发生质的改变？这都是非公有制经济加入国企改革所带来的尖锐难题，应引起各方注意，深入加以探讨，研究出一个可行的对策方案，以确保混合所有制经济的全面推行、健康发展。

3. 保护民营企业家、保护民营企业、保护民营企业财产，是促进中国民营经济发展的根本之策

这"三保护"，缺一不可，它们是保证我国民营经济健康可持续发展的根本保证。对待民营企业家涉罪案件，一定要慎之又慎，严格恪守"无罪推定"原则，决不能先入为主，先验地戴上"犯罪嫌疑人"的帽子。尤其对民营企业家对政府官员的行贿案件，有一些是官员"索、拿、卡、要"。凡是这种案件，法官审理一定要分清"主动"与"被动"。习近平强调："有些是涉案领导干部主动索贿，有些是企业经营者主动行贿。如果是主动索贿，那是我们没有管教好，要加大管教力度。如果企业经营者主动行贿，那就要引以为戒，千万不能干这种事！"[22]有些是营商环境不好造成的，有些是政策变动造成的，有些是对法律条文理解与认识的偏差造成的，类似这些是否可以对民营企业家有一些宽容？有时候抓了一个代表人物，就会影响一大片。民营企业家涉罪问题是一个十分敏感的尖锐问题。政策上的稍许偏误，执法上的些许盲目，都可能酿成大错，都会大大影响民营经济的发展。邓小平在南方谈话中对"傻子瓜子"的态度，笔者认为是为全国正确对待民营企业家树立了样板的。有人主张抓他，邓小平说"不能动，一动人们就会说政策变了"[23]。所以对民营企业代表人物的涉罪行为，务必做得细，做得实，真正铁证如山，言之凿凿，方可判决。当然法不容情，但执法有错，必纠！对民营企业家自身来讲，一定要加强对国家有关法律法规的学习，自觉提高法律观念与意识，坚决守住法律"底线"，坚决不触碰法律"红线"，做守法生产经营的模范。习近平指出："非公有制经济要健康发展，前提是非公有制经济人士要健康成长。广大非公有经济人士也要认识到这一点，加强自我学习、自我教育、自我提升。""许多民营企业家都是创业成功人士，是社会公众人物。用一句土话讲，大家都是有头有脸的人物。你们的举手投足、一言一行，对社会有很强的示范效应，要十分珍惜和维护好自身社会形象。"[24]习近平还叮嘱大家要爱党、爱祖国、爱人民，践行社会主义核心价值观，做爱岗敬业、守法经营、创业创新、回报社会的典范，还特别要求各级党组织重视对年轻一代非公有制经济人士的培养，引导他们听党的话，健康成长。习近平代表中国共产党对民营企业家的关怀，是民营企业、民营企业家行稳致远的根本保证，更是我国民营经济发展的不竭动力源泉。

五、坚持与完善社会主义基本经济制度的对策

1. 大力改善营商环境，"净化经济生态"

所谓营商环境，就是指人们从事商品生产与经营的经济社会环境。这个环境的好坏，直接关系到商品生产与经营能否健康可持续发展，对整个社会经济的发展也是至关重要的。

党的十八大以来，习近平总书记登高望远，总揽全局，从治贪反腐的政治高度出发，以政治生态优化促进经济生态优化。从党的十八大以后，以习近平同志为核心的党中央加大反腐败力度，坚持"老虎""苍蝇"一起打，坚持无禁区、全覆盖、零容忍，查处了一大批违纪违法案件。反腐败斗争对经济发展产生了巨大的推动作用。正如习近平所指出的："反腐败斗争有利于净化政治生态，也有利于净化经济生态，有利于理顺市场秩序、还市场以本来的面目，把被扭曲了的东西扭回来。如果很多有大大小小权力的人都在吃拿卡要，为个人利益人为制造障碍，或者搞利益输送、暗箱操作，怎么会对经济发展有利呢？"[25]习近平正是科学地运用了政治对经济的反作用原理，使政治生态净化斗争有力地促进了经济生态的净化，而经济生态净化就把被扭曲的市场秩序扭转过来，使那些搞"吃、拿、卡、要"的官员及搞暗箱操作、利益输送的掌握大大小小权力的人，再无兴风作浪、为所欲为的活动空间与环境。从反腐败斗争出发，促进经济生态净化，从而使市场秩序根本好转，进而达到营商环境改善与优化的目的，确实是一个了不起的创新。

实践与事实是最好的证明。2019年10月24日，世界银行发布《全球营商环境报告》指出：中国近些年来的营商环境不断改善与优化，营商环境在世界上的排位，以前较长一段时间排在70～80位，2018年跃升到46位，2019年又跃升到了31位，连续两年大跃升。不仅如此，中国还连续两年成为世界营商环境改善幅度最大的十大经济体之一。世界银行对中国营商环境的综合评价，应该是比较客观、公正的。

另外，在世界经济下行压力不断加大的情况下，中国仍然成为世界第二大外资流入国。世界众多国家纷纷看好中国的市场和投资场所，这其中的重要原因就在于中国营商环境的大幅度改善与优化。

以上事实十分清楚地表明，习近平推行的政治经济生态"双净化"的战略，取得了巨大的成功。正是这种成功，给中国经济带来空前繁荣。

2. 构建中国特色社会主义新型政商关系

党的十八大以来，在国际贸易争端增多、保护主义抬头、经济下行压力加大的背景下，中国经济一直保持6.5%左右的中高速增长，除了得益于中国营商环境的根本改善与

优化以外，还有一个重要因素，那就是以习近平为主要代表的中国共产党人的另一个重大创新举措：构建中国特色社会主义新型政商关系。

习近平讲："我常在想，新型政商关系应该是什么样的？概括起来说，我看就是'亲'、'清'两个字。"[26]习近平接着从领导干部与民营企业家两个方面，阐述了"亲""清"的内涵与要求，构建出一幅友好和谐的中国特色社会主义新型政商关系的目标模式，让人耳目一新。马克思有句名言："理论只要说服人，就能掌握群众；而理论只要彻底，就能说服人。"[27]习近平是在全国政协十二届四次会议民建、工商联界委员联组会上与干部和民营企业家座谈时提出这个新型政商关系的，他用极其亲和的方式，拉近了同干部与民营企业家的距离，又用通俗的语言把原本深刻的理论说得十分清楚透彻，怎能不让人百分之百信服？

下面，不妨大段引用习近平的讲话：

"对领导干部而言，所谓'亲'，就是要坦荡真诚同民营企业接触交往，特别是在民营企业遇到困难和问题情况下更要积极作为、靠前服务，对非公有制经济人士多关注、多谈心、多引导，帮助解决实际困难，真心实意支持民营经济发展。所谓'清'，就是同民营企业家的关系要清白、纯洁，不能有贪心私心，不能以权谋私，不能搞权钱交易。

"对民营企业家而言，所谓'亲'，就是积极主动同各级党委和政府及部门多沟通多交流，讲真话，说实情，建净言，满腔热情支持地方发展。所谓'清'，就是要洁身自好、走正道，做到遵纪守法办企业、光明正大搞经营。企业经营遇到困难和问题时，要通过正常渠道反映和解决，如果遇到政府工作人员故意刁难和不作为，可以向有关部门举报，运用法律武器维护自身合法权益。靠旁门左道、歪门邪道搞企业是不可能成功的，不仅败坏了社会风气，做这种事心里也不踏实。"[28]

以上从政、商两个方面阐述了"亲""清"的内涵要求，政府工作人员如何做到"亲""清"，民营企业家如何做到"亲""清"，核心思想就是建立亲密友善、清白干净的政商关系。这为我国在改革开放过程中贯彻落实这种新型关系提供了方向与指南。

其实，习近平构建的"亲""清"新型政商关系模式，适用全国各种所有制经济形式。这种"亲""清"新型政商关系一定要建立在诚实守信、合法经营的基础之上，而诚实守信、合法经营则是社会主义社会所有企业都必须遵守的基本准则。正如习近平所说："守法经营，这是任何企业都必须遵守的一个大原则。公有制企业也好，非公有制企业也好，各类企业都要把守法诚信作为安身立命之本，依法经营、依法治企、依法维权。"[29]诚信守法，是从事市场经济活动必须信守的承诺。市场经济是一种契约经济，市场经济活动都要通过经济契约与合同来连接与保证，它要求签订契约或合同的各方都必须讲究诚实守信，任何破坏契约与合同的做法都是法律所不允许的。因此，所谓合法经营只有诚实守信才能实现。诚信守法，是任何企业经营者都不能跨越的一条"红线"，不讲诚信必然破坏守法，而任何不守法的经营行为都会招致法律的惩治。所以，要做到"亲""清"，构筑起中国特色社会主义新型政商关系，必须在全社会夯实诚实守信、合法经营的基础，否则新型的政商关系则是不牢靠或是不稳固的。所以习近平非常重视这一点，强调"各类企业都要把守法诚信作为安身立命之本"[30]。

3. 建立完善的发展非公有制经济的政策体系

党的十八大以来，我国非公有制经济发展跃上一个新台阶，出现了上规模、上档次、上水平、上质量、增效益、登上国际竞争大舞台，展现中国民营企业新形象的大好局面。这一切完全得益于以习近平同志为核心的党中央不断推出大力鼓励支持、引导非公有制经济发展的各种政策措施。当年我国东南沿海及珠三角地区的经济腾飞，国家并没有给多少资金，而主要靠给政策支持来实现的。可见，政策支持是最大也是最实惠的支持，它比资金支持更具持久性，具有更大的社会效力。

习近平指出："为贯彻落实中共十八大和十八届三中、四中、五中全会精神，我们接连出台了一大批相关政策措施，可以说，已经形成了鼓励、支持、引导非公有制经济发展的政策体系，非公有制经济发展面临前所未有的良好政策环境和社会氛围。"[31]这里首次提出了"鼓励、支持、引导非公有制经济发展的政策体系"，无疑是对我国非公有制经济发展在理论与实践结合方面的一个创新之举。在理论上，在我国社会主义初级阶段，必须在公有制经济占主体地位的前提下，大力发展各种形式的非公有制经济，这是坚持与完善社会主义基本经济制度的根本要求。这在全国上下已经基本形成共识，但在实践上发展非公有制经济的政策，一是还比较零散，不是十分集中；二是不协调配套，效力并没有能充分发挥；三是个别政策还有相互抵消的状况。因此，客观上就要求党和国家把各种鼓励、支持、引导非公有制发展的政策综合起来，形成完整的政策体系。党的十八大以来，以习近平同志为核心的党中央，正是在这方面努力改革创新，出实招加大力度进行"鼓励、支持、引导非公有制经济发展的政策体系"建设。这突出表现在如下几个方面。

第一，进一步放宽市场准入，实行"非禁即入"政策。

党的十五大之后，政策上一直就强调：放宽市场准入。但在现实生活中，仍然存在各种各样的高门槛，想跨越却跨不进；各种限制说取消，但实际上仍有各种有形与无形限制，如金融、保险、教育、医疗等领域非公经济仍难以进入。再如企业融资还是难上加难，有各种因素形成制约，隐性制约比显性制约更厉害。习近平指出："市场准入限制仍然较多。"[32]为什么限制还仍然那么多呢？笔者认为根本原因在于市场准入政策过于原则和笼统，缺乏具体落地的实施细则。好的政策也要有好的实施细则，不然执行政策的主体便无所适从。再有，政商关系还没做到习近平讲的那样到位，政府工作人员不敢去"亲"近民营企业家，怕弄个不"清"不"白"。民营企业遇到"门难进、脸难看、事难办"的情况，则若"清"且"白"就只能在门槛之外抱怨；若"不清""不白"，就可能触碰法律"红线"，所以往往是民营企业被挡在门外。政策条文上说"非禁即入"，实际操作起来是"非禁也难入"，许多情况下是附加一些具体条件。所以，清除计划经济观念及计划经济体制的影响，仍是推进民营经济市场准入问题的一个重要任务。

针对市场准入的上述问题，习近平再次强调："要着力放开市场准入，凡是法律法规未明确禁入的行业和领域都应该鼓励民间资本进入，凡是我国政府已向外资开放或承诺开放的领域都应该向国内民间资本开放。"[33]这里又加大了市场准入的力度，强调"着力放开市场准入"，同时将"允许民间资本进入"改为"鼓励民间资本进入"，显然是把大大小小的门槛去掉，除了负面清单之外，一律"无门槛"，完全可以自主进入。

第二，健全金融服务体系与政策，着力解决中小企业融资难问题。

习近平指出："民营企业特别是中小企业、小微企业融资渠道狭窄，民营企业资金链紧张"[34]。民营企业融资难，被形容为面前的一座高山，即"融资的高山"。习近平把解决民营企业融资难作为他重点解决的第一问题提出来："一是要着力解决中小企业融资难问题，健全完善金融体系，为中小企业融资提供可靠、高效、便捷的服务。"[35]笔者认为，习近平已经指出了问题的关键所在，那就是民营企业融资难，主要是由于当今中国金融体系不健全。出路就在于，大力发展民间中小银行。美国、日本等西方发达国家都存在大量的社区银行、私人股份小银行，居民办企业融资很方便、快捷。笔者很早就提出，为填补大银行服务的空缺或服务不到位的问题，中国应尽快放宽金融管制政策，办法就是允许兴办民间私人股份合作银行。这不仅可以解决民营中小企业融资难的问题，还十分有利于对原来处于地下的那部分资金的有效监管，更可以防止民营企业借民间高利贷，屡屡遭受金融诈骗的状况。有的人说，现在政策已经允许开办民间的私人股份合作银行，但笔者认为实际上政策上仍然偏紧，不敢大胆放开。笔者认为，就是要坚决落实习近平总书记关于"健全完善金融体系"的重要指示，放开兴办私人股份合作银行的种种限制，促使我国金融体系与政策体系更加完善，这或许是解决民营中小微企业融资难的一个好的出路。习近平总书记的指示，可以让民营企业爬上或越过横亘在面前的"融资的高山"。

第三，着力建设面向民营企业的公共服务体系，构筑便于民营企业技术交流、产权交易等互利合作平台。

一个国家的经济要大发展，公共服务体系一定要健全。我国在公共服务体系建设上的一个大缺欠，就是面向民营企业的公共服务平台比较少，尤其是直接供民营企业进行技术交流、产权交易等互助合作的平台更是少之又少。所以，习近平郑重提出："要着力加快公共服务体系建设，支持建立面向民营企业的共性技术服务平台，积极发展技术市场，为民营企业自主创新提供技术支持和专业化服务。"[36]国家建立民营企业自主创新的技术交流平台和产权交易平台，可以大大促进民营企业相互展示先进技术成果，提升本企业的创新能力与技术水平；同时，由于有产权交易平台可以促使企业自主进行兼并、合并及优化重组，推进民营企业积聚集中，实现规模化、集团化、集群化，甚至走向国际化。正像习近平所讲的那样："要着力引导民营企业利用产权市场组合民间资本，开展跨地区、跨行业兼并重组，培养出一批特色突出、市场竞争力强的大企业集团。"[37]

总的来说，党的十八大以来，以习近平同志为核心的党中央已经把鼓励、支持、引导非公有制经济发展的政策体系创立起来了。现在最关键的是要在如下两个方面进行突破："一方面要完善政策，增强政策含金量和可操作性；另一方面要加大政策落地的力度，确保各项政策百分之百落到实处。"[38]习近平还特别形象地指出："政策不落实或落实不到位、落实走样的问题，主要是'最后一公里'问题。我还是那句话，一分部署，九分落实。各地区各部门要从实际出发，细化、量化政策措施，制定相关配套举措，推动各项政策落地、落细、落实，让民营企业真正从政策中增强获得感。"[39]让政策"落地、落细、落实"这六个字，强调让民营企业家们从"政策中增强获得感"，从而增强执行党的政策的自信与自觉，为推动民营经济健康快速发展而努力奋斗。

新中国成立七十多年来，中国依靠不断坚持与完善社会主义基本经济制度，创造了两大奇迹：一是经济快速发展的奇迹。我国仅用几十年时间走完了发达国家几百年走过的工业化进程，跃升为世界第二大经济体，人民生活大幅度改善，综合国力和国际影响力显著提升；二是社会长期稳定的奇迹。尤其是改革开放四十多年来，社会长期保持安定和谐，人民安居乐业，各业兴旺发达，出现了前所未有的安定局面。这一切都归功于中国特色社会主义制度的作用充分发挥与完善的国家治理体系的功效展现。如习近平所指出的："可以说，在人类文明发展史上，除了中国特色社会主义制度和国家治理体系外，没有任何一种国家制度和国家治理体系能够在这样短的历史时期内创造出我国取得的经济快速发展、社会长期稳定这样的奇迹。"[40]

参考文献

[1]马克思.资本论:第1卷[M].北京:人民出版社,1975:831-832.

[2]毛泽东文集:第7卷[M].北京:人民出版社,1999:23.

[3]毛泽东文集:第7卷[M].北京:人民出版社,1999:31.

[4]毛泽东文集:第7卷[M].北京:人民出版社,1999:29-30.

[5]十六大以来重要文献选编:上[M].北京:中央文献出版社,2005:19.

[6]十八大以来重要文献选编:上[M].北京:中央文献出版社,2014:16.

[7]习近平谈治国理政:第2卷[M].北京:外文出版社,2017:259.

[8] 邓小平文选：第3卷 [M]. 北京：人民出版社，1993：111.

[9] 邓小平文选：第3卷 [M]. 北京：人民出版社，1993：110-111.

[10] 习近平谈治国理政：第2卷 [M]. 北京：外文出版社，2017：260.

[11] 邓小平文选：第3卷 [M]. 北京：人民出版社，1993：372.

[12] 习近平谈治国理政：第2卷 [M]. 北京：外文出版社，2017：175.

[13] 习近平谈治国理政：第2卷 [M]. 北京：外文出版社，2017：175.

[14] 习近平谈治国理政：第2卷 [M]. 北京：外文出版社，2017：175-176.

[15] 习近平谈治国理政：第2卷 [M]. 北京：外文出版社，2017：176.

[16] 习近平谈治国理政：第2卷 [M]. 北京：外文出版社，2017：177.

[17] 十八大以来重要文献选编：中 [M]. 北京：中央文献出版社，2016：162.

[18] 习近平谈治国理政：第2卷 [M]. 北京：外文出版社，2017：260.

[19] 凯恩斯. 就业、利息和货币通论 [M]. 北京：商务印书馆，1997：326.

[20] 萨缪尔森，诺德豪斯. 经济学：上 [M]. 北京：中国发展出版社，1992：68.

[21] 习近平谈治国理政：第2卷 [M]. 北京：外文出版社，2017：260-261.

[22] 习近平谈治国理政：第2卷 [M]. 北京：外文出版社，2017：265.

[23] 邓小平文选：第3卷 [M]. 北京：人民出版社，1993：371.

[24] 习近平谈治国理政：第2卷 [M]. 北京：外文出版社，2017：263.

[25] 习近平谈治国理政：第2卷 [M]. 北京：外文出版社，2017：265.

[26] 习近平谈治国理政：第2卷 [M]. 北京：外文出版社，2017：264.

[27] 马克思恩格斯选集：第1卷 [M]. 北京：人民出版社，1972：9.

[28] 习近平谈治国理政：第2卷 [M]. 北京：外文出版社，2017：264-265.

[29] 习近平谈治国理政：第2卷 [M]. 北京：外文出版社，2017：265.

[30] 习近平谈治国理政：第2卷 [M]. 北京：外文出版社，2017：265.

[31] 习近平谈治国理政：第2卷 [M]. 北京：外文出版社，2017：261.

[32] 习近平谈治国理政：第2卷 [M]. 北京：外文出版社，2017：261.

[33] 习近平谈治国理政：第2卷 [M]. 北京：外文出版社，2017：262.

[34] 习近平谈治国理政：第2卷 [M]. 北京：外文出版社，2017：261.

[35] 习近平谈治国理政：第2卷 [M]. 北京：外文出版社，2017：262.

[36] 习近平谈治国理政：第2卷 [M]. 北京：外文出版社，2017：262.

[37] 习近平谈治国理政：第2卷 [M]. 北京：外文出版社，2017：262.

[38] 习近平谈治国理政：第2卷 [M]. 北京：外文出版社，2017：261.

[39] 习近平谈治国理政：第2卷 [M]. 北京：外文出版社，2017：261-262.

[40] 习近平谈治国理政：第3卷 [M]. 北京：外文出版社，2020：124.

第四章　新时代坚持与完善我国收入分配制度

收入分配制度是社会主义经济制度的主要内容和方面。中国特色社会主义进入新时代，继续坚持与完善社会主义经济制度，就必须坚持按劳分配为主、多种分配方式并存的制度。习近平指出："必须完善收入分配制度，坚持按劳分配为主体、多种分配方式并存的制度，把按劳分配和按生产要素分配结合起来。"[1]

2019年10月底，党的十九届四中全会又将"按劳分配为主体、多种分配方式并存"的分配制度确定为社会主义基本经济制度的重要组成部分。这种理论认识的提升与飞跃，无疑是党的十八大以来以习近平同志为核心的党中央带领全党全国人民对社会主义初级阶段我国收入分配制度进行深入研究和艰苦探索所取得的一个重大理论成果，是对社会主义政治经济学理论的丰富与发展，是马克思主义分配理论现代化、中国化的科学结晶。

一、确立"按劳分配为主体、多种分配方式并存"分配制度为社会主义基本经济制度的依据分析

1. 历史依据考察：毛泽东是中国按劳分配与按要素分配之伟大先行者

早在井冈山革命根据地建设时期，由于国民党反动派的封锁，根据地物资匮乏，边区政府实行了官兵一致的供给制，在物质上实行平均分配。进入抗日战争时期，战争环境更加严酷。为了适应战争的需要，在分配上仍实行平均主义的"薪给制"。虽然用薪金代替了实物供给，但仍然是平均主义分配。这种平均主义薪给制严重影响了根据地公有经济的发展，毛泽东经过调查研究后决定用计件累进工资制取而代之："平均主义的薪给制抹杀熟练劳动与非熟练劳动之间的差别，也抹杀了勤惰之间的差距，因而降低劳动积极性，必须代以计件累进工资制，才能鼓励劳动积极性，增加生产的数量与质量。"[2]人所共知，计件工资是贯彻按劳分配的基本工资形式之一。毛泽东看到并承认劳动差别，决定用计件累进工资制来促进根据地经济发展，确实收到很好效果。这说明毛泽东在革命根据地经济发展中，已经开创按劳分配的先河。

不仅如此，毛泽东在革命根据地的经济建设中，还发明了一种劳动力带资入股分红的制度。1943年，在根据地的大生产运动中，出现了一种把公、私劳动力组织为股份合作社的新型组织，每个劳动力带资入股，每月按股"二八分成"。每个劳动力可以带着

自己的生产工具和其他生产资料加入股份合作社，合作社将其生产工具与生产资料折成股份，来参与收入的分配。由于这种"按股分红"把劳动者收入同其投资入股的数量及经营成果联系起来，因而较好地调动了劳动者的积极性。这在实际上是毛泽东创造性运用按要素分配的原理。

在新中国成立以后，毛泽东坚持按劳分配原则，既反对平均主义，又反对差距过大。为了坚持按劳分配，全国普遍取消了供给制，实行等级工资制。在不同行业、不同领域分别确立了不同等级，例如行政24级，企业工人分8级，高等教育有14级等，然后将劳动者依据其实际能力等因素评出级别，按级别领取工资。这就出现了大家竞相争级别的问题。毛泽东对这种现象提出了批评。毛泽东历来主张干部要艰苦朴素、发扬艰苦奋斗的光荣传统，但他从来都十分关心群众疾苦，关心提高群众生活。他十分担心党内干部发生严重腐败，引发党员蜕化变质，危及党的执政地位，所以他带头践行"大体平均、略有差别"的分配原则，并主动将自己的工资从国家一级降为三级。

2. 改革开放现实依据考察：邓小平是按劳分配制度的坚定支持者、践行者

由于按劳分配原则在"文化大革命"中被当作产生资本主义和资产阶级的土壤和温床而被批判和废弃掉了，所以1978年3月28日，邓小平刚刚恢复工作不久，就组织国务院政研室撰写了《贯彻执行按劳分配的社会主义原则》一文。他对国务院政治研究室负责人说："这篇文章我看了，写得好，说明了按劳分配的性质是社会主义的，不是资本主义的。有些地方还要修改一下，同当前按劳分配中存在的实际问题联系起来。我们一定要坚持按劳分配的社会主义原则。按劳分配就是按劳动的数量和质量进行分配。"并特别强调："只能是按劳，不能是按政，也不能是按资格。"[3]虽然政治态度可以参考，但政治态度好应表现为劳动好，至于资格老并不一定劳动贡献大，所以不能按资格来分配。邓小平这里把什么是按劳分配及其社会主义性质界定得十分清楚，为党和国家贯彻按劳分配原则指明了方向、坚定了信心。

为了贯彻好按劳分配原则，邓小平主张必须进行严格的业绩考核制度。他指出："要实行考核制度。考核必须是严格的、全面的，而且是经常的。各行各业都要这样做。今后职工提级要根据考核的成绩，合格的就提，而且允许跳级，不合格的就不提。"[4]

邓小平还主张恢复奖金制度，要奖勤罚懒，多劳多得，但他强调以精神鼓励为主，物质奖励为辅。对搞科研取得了重大成果的人，除了对其发明给予奖励以外，还可以提高工资级别。

1984年6月30日，邓小平在会见第二次中日民间人士会议日方委员会代表谈到中国到底是坚持社会主义还是走资本主义道路时，再次强调坚持按劳分配就是坚持社会主义。他指出："如果走资本主义道路，可以使中国百分之几的人富裕起来，但是绝对解决不了百分之九十几的人生活富裕的问题。而坚持社会主义，实行按劳分配的原则，就不会产生贫富过大的差距。再过二十年、三十年，我国生产力发展起来了，也不会两极分化。"[5]

1985年3月7日，邓小平在全国科技工作会议上明确地将按劳分配同发展多种所有制经济联系起来，清晰地表明坚持按劳分配就是坚持社会主义的基本经济制度。他指出："我们允许个体经济发展，还允许中外合资经营的企业发展，但是始终以社会主义公有制为主体，社会主义的目的就是全国人民共同富裕，不是两极分化。如果我们的政策导致两极分化，我们就失败了。""总之一个公有制占主体，一个共同富裕，这是我们所必须坚持的社会主义的根本原则。"[6]

1985年8月28日，邓小平在同外国朋友谈到中国改革时，再次强调："我们的改革，坚持公有制为主体，又注意不导致两极分化，过去四年我们就是按照这个方向走的，这就是坚持社会主义。"[7]这里虽然没有讲按劳分配四个字，但实际上是讲：坚持按劳分配，不会导致两极分化，就是坚持社会主义。在他心目中，按劳分配是社会主义题中应有之义。

1985年10月23日，邓小平在会见美国企业界人士时，再次强调改革中坚持两条社会主义根本原则："我们在改革中坚持了两条：一条是公有制经济始终占主体地位，一条是发展经济走共同富裕的道路，始终避免两极分化。"[8]

1990年12月24日，邓小平在同几位中央负责同志谈话时，更是将按劳分配同社会主义本质联系起来，同共同富裕结合起来，明确指出："社会主义最大的优越性就是共同富裕，这是体现社会主义本质的一个东西，如果搞两极分化，情况就不同了。"[9]

以上可见，邓小平的思想中，实行按劳分配，不搞两极分化，始终是同公有制经济占主体紧密相连的。坚持这两条，就是坚持社会主义。因此，将"按劳分配为主体，多种分配方式并存"同"公有制经济占主体，多种所有制经济共同发展"一起确定为中国社会主义基本经济制度是合乎逻辑的，更是符合邓小平的一贯思想与主张的，这同中国改革发展进程的现实轨迹是相一致的。

3. 党的重要文献依据：党的十三大到党的十九大中国收入分配制度的改革与跃升

1987年，党的十三大提出了社会主义初级阶段的理论，并由此认定中国处于社会主义的初级阶段，在此基础上，提出了"公有制为主体，非公有制经济为补充"的社会主义基本经济制度；与此相适应，提出了"按劳分配为主体，其他分配方式为补充"的分配制度。这时，由于非公有制经济发展在许多方面还受到严格的政策制约，发展尚不很充分，只能是社会主义公有制经济的补充。与此相适应，非公有制经济的分配方式也只能是占主体地位的按劳分配方式的辅助与补充。这种所有制上与分配制度上的补充与辅助作用，意味着给公有制经济拾遗补阙，给按劳分配起帮手与辅助作用。

随着党的十四大明确地将建立社会主义市场经济体制确定为经济体制改革的目标模式，对我国收入分配制度的探索进入了一个新阶段。其显著特点是经济发展引入了市场竞争机制，对收入分配制度的改革也围绕建立社会主义市场经济体制目标进行了改革创新。这体现在党的十四届三中全会通过的《中共中央关于建立社会主义市场经济体制若干问题的决定》（以下简称《决定》）中。《决定》在分配制度上的突破主要有以下三点：第一，由于理论上承认并鼓励公有制经济与非公有制经济之间的平等竞争关系，因而在分配制度上就必然确认按劳分配与按要素分配的平等关系，不再是"补充"与"拾遗补阙"了，由"补充"发展为"并存"；第二，按劳分配之所以居主体，是由公有制经济占主体地位决定的，并不排斥与否定多种分配方式的同时并存；第三，突破了按劳分配原则"唯一论"，即全国只通行一个按劳分配原则，承认多种分配方式与制度的存在，并首次允许资本等生产要素参与分配，这为以后按劳分配与按生产要素分配相结合的分配制度的建立和确立提供了理论铺垫。

党的十五大，对我国收入分配制度的改革与创新，有了实质性的突破，主要表现在：其一，更能平等地对待其他分配方式，将"允许"其他分配方式存在修改为"允许和鼓励"各种生产要素参与分配。看来只是增加"鼓励"两字，可是与之前相比，前进了一大步。这不仅是与所有制上的变化与改革相匹配，而且放宽了分配方式方面的一些限制。其二，肯定了资本、技术参与分配的合法性，鼓励资本、技术参与公有经济进行股份合作与投资，凭借资本、技术取得相应的分配收益，这无疑对公有制经济进行"混合所有制"改革大有裨益，同时，对收入分配制度的多元化也是有力的推动。其三，明确地将"其他分配方式"概括统一为"按生产要素分配"，并首次提出要把按劳分配与按生产要素分配结合起来，这就使社会主义基本分配制度的完善程度又向前推进了一步。

党的十六大，在所有制改革上明确提出"两个毫不动摇"的重大方针，相应地在分配制度改革上加大了力度，增加"毫不动摇"的分量。这表现在：一是明确将劳动、资本、技术和管理等统一纳入"生产要素"范畴之中，并且将按生产要素分配提升到"原则"的高度，使之成为"不可动摇"的分配方式。二是坚定地承认非劳动要素参与社会财富的创造过程，并第一次在党的文献中公开提出要保护"合法的非劳动收入。"这实际上就等于承认了非劳动收入的合法性，非劳动收入并不等于剥削收入，也不等于非法收入，它是用自己的要素投入换来的，具有合理性。确定它的合法性主要是基于其具有合理性。三是在党的十五大的基础上，进一步将非劳动要素参与分配应遵循的原则设定为"按贡献参与分配"原则，这就更加拓宽了"按要素分配"的参与者，贡献智力要素、贡献管理能力等，也都可以按贡献大小参与分配。

党的十七大，对收入分配制度的改革又取得新进展。这突出反映在：把各类生产要素按贡献分配统一纳入正式制度范围之内，并第一次提出要"创造条件让更多群众拥有财产性收入"。财产性收入，这对老百姓来讲，可是新收入。普通老百姓家庭的收入一般主要就是工资收入或者劳动收入。财产性收入包括金融财产（如股票、债券、储蓄存款、期货等）、房屋财产、车辆投资租赁等收入，这些收入均系非劳动收入。放开这一块，放手让老百姓拥有这方面的收入，这对老百姓尽快富裕起来，无疑是一个极大的推动。

基础理论每深化一步都很艰难。党的重要文献在分配制度改革方面每向前迈出一步，都凝聚了全党全国人民改革进取的心血与汗水。

党的十八大召开，标志着中国特色社会主义进入新时代。新时代要建立与中国特色社会主义基本经济制度相匹配的分配制度，自然要以习近平总书记的新发展理念为引领，创造性地将"共享理念"植入社会主义分配制度建设之中，实现发展成果由人民共享，丰富"按劳分配为主，多种分配方式并存"的社会主义分配制度的内涵，让全体人民真正从分配利益上体会到当家作主的主人翁自豪感、幸福感、获得感。

党的十八大以来，以习近平同志为核心的党中央抓住完善和发展中国特色社会主义制度这个关键，不断发挥和增强中国特色社会主义制度优势，解放和发展社会生产力，坚持"两个毫不动摇"方针，让公有制经济再上新台阶，再创新辉煌，让一切劳动、知识、技术、管理、资本等要素的活力竞相迸发，让一切创造社会财富的源泉充分涌流的体制机制日益完善。与此相适应，党的十九大在完善收入分配制度的基础上，着重促进收入分配体制机制的合理、规范、有序，以便使按劳分配更科学化。

党的十九届四中全会鉴于我国"按劳分配为主，多种分配方式并存"的制度内涵日益丰富充实，全国人民的认可度也日臻趋向成熟的现实状况，为适应全面坚持与完善社会主义制度体系的需要，将其由社会主义的基本收入分配制度提升到社会主义基本经济制度内涵之中，这不仅符合中国改革开放进一步发展与扩大的现实需要，更符合马克思主义关于生产关系理论的要求。

4. 马克思主义生产关系理论的依据："三个方面说"与"四个环节说"评析

"三个方面说"是指斯大林对生产关系所下的定义。他把生产关系的内涵界定为三个方面："政治经济学的对象是人们的生产关系，即经济关系。这里包括：（一）生产资料的所有制形式；（二）由此产生的各种不同社会集团在生产中的地位以及他们的相互关系，或如马克思所说的'互相交换其活动'；（三）完全以它们为转移的产品分配形式。这一切共同构成政治经济学的对象。" [10]

"四个环节说"是指马克思把生产关系分为四个环节，即生产、交换、分配、消费四个环节的生产关系。这里的"生产"方面的关系，是狭义的生产关系，四个环节的生产关系总括起来为广义的生产关系。我们所讨论的正是广义的生产关系。

无论是"三个方面说"还是"四个环节说"，都是说生产关系一般，而不是生产关系特殊。本书所研究的社会主义生产关系，即社会主义经济制度，是生产关系特殊。现在，先来比较与分析马克思关于生产关系"四个环节说"与斯大林关于生产关系"三个方面说"哪个更科学，哪个更能成为我国社会主义初级阶段"按劳分配为主，多种分配方式并存"的分配制度跃升为社会主义基本经济制度的重要理论依据。

应当承认，上述二说都把收入分配纳入生产关系之内，都列为生产关系的重要组成部分。从这一点上说，都具科学性，都可以成为我国社会主义初级阶段"按劳分配为主体，多种分配方式并存"跃升为社会主义基本经济制度的依据，但二者是有所不同的。"三个方面说"是从"纵向"来给生产关系下定义，并且将分配列为十分被动的"第三个方面"；而马克思的"四个环节说"是从"横向"来给生产关系进行界定的，并且从社会再生产过程的始点"生产"中的生产关系来依次将分配列为第三个环节上（如图4-1）。

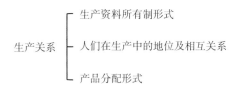

图4-1　"三个方面说"与"四个环节说"图示

从上可见，斯大林的生产关系"三个方面说"存在如下几个缺陷：其一，在其生产关系中不包括交换关系，尽管在其第二个方面解释说"如马克思所说的'互相交换其活动'"，但并非把商品交换（流通）关系作为一个独立环节列出来，说明他在理论上是否定商品交换与商品流通的。这与苏联当时的社会主义实践是相一致的。人所共知，商品被生产者生产出来之后，一定要经过交换（流通）活动，才能到达消费者手里。苏联对产品实行计划调拨，所以不承认商品交换（流通）。其二，在生产关系中不包括消费关系，这无疑是斯大林关于生产关系定义的"致命伤"。相比较而言，马克思的"四个环节说"把消费作为一个独立环节。正确的关系应是"没有生产就没有消费"，生产决定消费，因为只有生产才能生产出一个供消费者消费的对象来。但消费也不是完全被动的，它反过来为生产提供目的与动力，"没有消费，也就没有生产。因为如果这样，生产就没有目的。"[11]斯大林的定义取消了消费关系，显然背离了马克思关于生产关系的内涵的科学界定。取消了消费，使生产失去了目的性与内在动力，这种理论上无目的性的为生产而生产，或从根本上忽视与否定为满足全体人消费需求的生产，在实践上必然导致苏联社会主义生产的盲目发展，人们的消费需求得不到满足，生活水平得不到有效改善与提高，最终导致苏联社会主义国家的解体。其三，斯大林生产关系"三个方面说"是典型的"所有制决定论"，即生产资料所有制形式这第一方面，不仅决定第二、第三方面，它也决定整个生产关系的性质。高度重视生产资料所有制形式在生产关系中的重大作用无疑是正确的，它具有决定作用也没有错，正如马克思的"四个环节说"中生产起决定作用一样。生产资料所有制形式决定产品分配，这是正确的。但是斯大林的"三个方面说"中，却忽视了产品分配（包括第二方面"相互关系"）对生产资料所有制的能动的巨大反作用。如果分配方式与分配制度出现了大问题，则会把生产资料的所有制形式瓦解或破坏掉。这说明分配方式与分配制度在一定条件下，在某种意义上也会对生产资料所有制形式产生能动的巨大决定作用。

在马克思的"四个环节说"中，生产、分配、交换、消费，"它们构成一个总体的各个环节、一个统一体内部的差别"，"一定的生产决定一定的消费、分配、交换和这些不同要素相互间的一定关系。当然，生产就其片面性来说也决定于其他要素"，"不同要素之间存在的相互作用"[12]，马克思看到了并承认其他要素（包括分配）对生产的反作用甚至决定作用。苏联作为世界上第一个社会主义国家，万分重视生产资料所有制形式在社会主义生产关系体系中的决定作用，有其合理性一面，但其片面地走上了"唯所有制论"，严重忽视交换、分配、消费的反作用及一定条件下的决定作用，导致在实践中盲目片面追求生产资料所有制的升级，追求"一大二公"，忽视商品流通与价格规律，忽视消费需求对生产的巨大反作用。特别是分配问题上的平均主义，给苏联经济发展造成巨大的损失，最终导致苏联社会主义失败。分配制度的严重问题，不能不说是导致苏联社会主义制度失败的重要原因之一。

基于上述的比较分析，笔者认为，马克思的"四个环节说"远比斯大林的"三个方面说"更科学，完全适用于我国社会主义生产关系体系的建设与完善。其中，收入分配关系或收入分配方式与制度在生产关系体系中的地位与作用，以及它们同生产资料所有制形式之间的关系，完全可以成为"按劳分配为主，多种分配方式并存"的分配制度跃升为社会主义生产关系体系即社会主义基本经济制度体系的重要理论依据。

二、"按劳分配为主体、多种分配方式并存"的基本经济制度内涵考察

1. 分配方式取决于生产方式，用于可分配的消费资料取决于社会总产品及其扣除水平

任何的分配都是生产的产物。没有生产，没有生产成果，便无分配可言。生产的结构决定分配的结构，生产的方式决定分配的方式。马克思指出："分配关系和分配方式只是表现为生产要素的背面。个人以雇佣劳动的形式参与生产，就以工资形式参与产品、生产成果的分配。分配的结构完全决定于生产的结构，分配本身就是生产的产物，不仅就对象说是如此，而且就形式说也是如此。就对象说，能分配的只是生产的结果，就形式说，参与生产的一定形式决定分配的特定形式，决定参与分配的形式。"[13]

任何消费资料的分配都以生产条件的分配为前提，都是生产条件分配的结果，马克思指出："消费资料的任何一种分配，都不过是生产条件本身分配的结果。而生产条件的分配，则表现生产方式本身的性质。"[14]马克思这里讲的"生产条件的分配"，就

是生产资料归谁所有的问题，就是生产资料所有制形式。

生产资料归资本家私人所有，表明资本主义生产方式的性质。资本家凭借生产资料的私人所有，掌握消费资料的分配权，工人阶级不掌握任何生产条件即生产资料，"只有人身的生产条件即劳动力"，因而只能凭借出卖劳动力，获取劳动力的价值或价格——工资，来维持自己的生活。这就是资本主义生产方式的分配方式：按资本分配，劳动者工人阶级没有资本，只能获得自己的劳动力价值或价格。

马克思指出："如果物质的生产条件是劳动者自己的集体财产，那末同样要产生一种和现在不同的消费资料的分配。"[15]在社会主义社会，消灭了物质的生产条件归资本家私人所有的关系，即消灭了生产资料资本主义私有制，实现了生产条件归劳动者自己集体所有，建立了生产资料公有制，劳动者自己成为生产资料的主人，掌握了社会产品的分配权，就可以使产品以有利于劳动者自身利益的方式来进行分配。

劳动者创造的产品并不能全部用于个人消费资料的分配。拉萨尔曾鼓吹，社会主义社会劳动者要全部领回自己所制造的产品，认为这是公平的。马克思这个所谓的"公平"进行了批判。马克思认为每个社会都不能分光吃净，而必须从社会总产品中进行"六项扣除"。马克思指出："集体的劳动所得就是社会总产品。现在从它里面应该扣除：第一，用来补偿消费掉的生产资料的部分。第二，用来扩大再生产的追加部分。第三，用来应付不幸事故、自然灾害等的后备基金或保险基金。"[16]除此之外，马克思认为，还要进行三项扣除。那就是扣除："第一，和生产没有直接关系的一般管理费用。""第二，用来满足共同需要的部分，如学校、保健设施等。""第三，为丧失劳动能力的人等等设立的基金"[17]。

以上"六项扣除"均是必须必要的。社会总产品只有经过这"六项扣除"之后，余下来的才可作为消费资料进行分配，但是这"六项扣除"是大有文章可做的。

从国家的角度，从宏观上说，当然是这"六项扣除"的总量是越少越好，因为在社会总产品数量一定的情况下，扣除少量的"六项扣除"，可作为消费资料来分配的产品数量便会增加。但是必须看到，"六项扣除"并非都可以削减（做减法），而有的项目则必须增加（做加法）。下面逐一加以分配与说明。

前三项扣除：

第一项，用来补偿消费掉生产资料的部分。试看社会总产品价值（$c+v+m$），这一项扣除是为维持社会生产在原有规模上即简单再生产重新进行，补偿已消费掉生产资料价值c那部分。在上一年若c消费得多，则补偿c的价值就越大；在上一年，若c消费得减少，则本年补偿的价值就越小。若实现c较小化，则必须千方百计地提高劳动生产率，不断降低生产资料的消耗。其基础在企业，只有全国所有企业都改革创新，进行技术革新，提高劳动者素质，提高设备利用率等，千方百计降低生产资料消耗，并提高生产资料综合利用率，才可以减少全国范围总体上的生产资料消耗部分。

第二项，用来扩大再生产的追加部分。只要是进行社会扩大再生产，这个部分是必须增加的。虽然社会主义社会不能从根本上否定简单再生产，但扩大再生产无疑是社会主义再生产的主要特征。这是由社会主义的生产目的所规定的。社会主义的生产目的是实现全体人民日益增长的美好生活需要，为此就必须不断地进行扩大再生产，而不能将生产停留在原有的规模与水平上。

这个"追加部分"要按照一定的有机构成分成两部分，即$\Delta_c+\Delta_v$，Δ_c用于购买扩大再生产的生产资料，Δ_v用于招雇工人，支付工人工资。

第三项，用来应付不幸事故、自然灾害等的后备基金或保险基金。这项是否每年增加，要视上一年自然灾害、不幸事故是否增加而定。上一年自然灾害、不幸事故增多，则这一项扣除必须增加。同时，还要依据对下一年的自然灾害与不幸事故的科学预测及全国的抗灾能力等状况而决定是否增加。总的来讲，为了应对自然灾害、突发的各种不幸事故，国家不断增加社会后备基金。至于保险，除了国家保险以外，其余已经由保险公司承担。无论如何这一项也是必须增加的，目的是防患于未然，增加全国应对自然灾害与不幸事故的能力，保障国民经济健康发展与人民生活的稳定、有序。

再看后三项：

第一项，和生产没有直接关系的一般管理费用。这是国家行政管理费用，与直接管理生产的费用无关。这一项，应千方百计地减小（做减法）。

第二项，用来满足公共需要的部分，如学校、保健设施等。这一项必须随着国家经济的发展不断增加，只能做加法，不能做减法。习近平总书记在多种场合，包括与民营企业家谈话时，都十分强调要加强国家公共事业、公共设施、公共服务平台的建设。多办学校，办好学校，不仅是为国家经济建设提供更多的人才及高素质劳动者，更为是国家占领世界科学技术高地培养专家、学者。为此要尽可能增加国家教育经费支出。近些年来，国家不断提高教育经费支出，使其在国内生产总值（GDP）所占比重达4%以上，有力地促进了教育事业的发展。

另外，健康保健事业是关乎民生的大事业。公共健康是全体人民生活质量提高的重要标志与根本保障。改革开放以来，我国公共医疗卫生事业方面投入大幅度增加，人民的健康水平迅速提升，人均寿命比以前提升好多年，这是个了不起的成就。为了继续提高全体人民的健康水平，还要加大投入，重点建设县乡、社区医疗卫生及保健设施，把优质的医疗卫生保健服务送到千家万户。

第三项，为丧失劳动能力的人设立的基金，总之就是现在属于所谓官办济贫事业的部分。这一项是国家为社会上需要救济的人群而设立的社会救济基金。随着人口老龄化，各种失业人员，以及遭遇各种自然灾害和不幸事故人员的增加，社会上需要救济的人数可能会大量增加，这需要国家设立强大的社会救济基金来应对，以保持社会的稳定。由于这个人群数量具有不稳定性，又有突发性、偶然性等特点，难以准确掌握及严格控制，所以必须留有充分可靠的余地，不能满打满算。一般情况下，这一项是必须逐年增加的。

以上我们不厌其烦地阐述这"六项扣除"的必要性及每一项扣除的加或减，目的十分明了，那就是，按劳分配是需要客观物质条件的。对一个国家来说，它是不可能实现拉萨尔所主张的貌似公平的、分光吃净社会总产品原则的。社会主义国家用于供给劳动者进行按劳分配的消费资料，一定是由社会总产品扣除上面所讲的"六项扣除"以后余下的部分。以为社会主义国家的按劳分配是分配掉所有社会总产品，那就大错特错了。以前学术界对这方面讲得太少了，尤其老百姓对这方面的知识也了解不多，所以普及这方面的知识也是十分有益的。

2. "按劳分配为主体、多种分配方式并存"归根结底是由社会主义初级阶段的生产力发展水平决定的

首先，社会主义社会消费资料的分配实行按劳分配原则，是具有客观必然性的。其一，它是生产资料公有制建立与实现的必然结果。由于社会主义公有制建立，消灭了资本主义私有制，使劳动者成为生产资料的主人，这就从根本上排除了任何人凭借生产资料的私人所有，来获取消费资料的可能。用马克思的话说："除了自己的劳动，谁都不能提供其他任何东西。"[18]每个人贡献给社会的只有劳动，从社会领取的，也只是社会总产品做了"六项扣除"后，同自己贡献的劳动相当的消费资料。正如马克思所说的："每一个生产者，在作了各项扣除之后，从社会方面正好领回他所给予社会的一切。他所给予社会的，就是他个人的劳动量。""他从社会方面领得一张证书，证明他提供了多少劳动（扣除他为社会基金而进行的劳动），而他凭借这张证书从社会储存中领得和他所提供的劳动量相当的一分消费资料。"[19]由于马克思这里讲的是较发达的社会主义，而现在的中国尚处于社会主义初级阶段，还存在商品货币关系，按劳分配的实现还不能凭借那张证书而只能借助商品货币来进行。那就是劳动者领取劳动报酬工资，再以自己的工资去购买所需要的消费资料。其二，由于劳动者之间存在劳动差别，客观上要承认这种天赋人权上的差别，只有按劳分配。马克思指出："因为每个人都象其他人一样只是劳动者；但是它默认不同的个人天赋，因而也就默认不同等的工作能力是天然特权。"[20]马克思还指出："一个人在体力或智力上胜过另一个人，因此在同一时间内提供了较多的劳动，或者能够劳动更长时间；而劳动，为了要使它能够成为一种尺度，就必须按照它的时间或强度来确定，不然它就不成其为尺度了。"[21]只有以劳动为尺度来分配，才能体现客观存在劳动差别，别无选择。因而，按劳分配就成为必然。其三，由于社会主义社会还存在由旧的社会分工引致的城乡差别、工农差别、体力劳动与脑力劳动的差别。这三大差别不可能在短期内消灭，它们必然在消费品分配上表现出来。按劳分配是承认三大差别的唯一正确的分配方式选择。其四，如前所述，社会主义初级阶段，由于受旧的社会制度遗留的经济、道德与精神的影响，劳动还不能成为生活的第一生活需要，不可能人人都自觉自愿地贡献劳动，作为一种生存强制力量，劳动是人们谋生的主要手段。有劳动能力者，不劳动不得食，多劳多得，少劳少得，作为一种体制机制可以促进与激励其为了追求美好生活而多多贡献劳动。只有实行按劳分配，逐渐培养劳动者树立崇尚劳动、劳动光荣、热爱劳动的道德风尚，才能使劳动逐渐从谋生手段走向生活第一需要，从而为过渡到未来的共产主义按需分配准备道德精神条件。其五，实行按劳分配的原则与制度，归根到底是由社会主义社会的生产力发展水平所决定的。恩格斯指出："分配方式本质上毕竟要取决于可分配的产品的数量。"[22]这就是说，分配方式本质上要取决于社会总产品扣去"六项扣除"所剩的余额，即社会总产品－"六项扣除"=可分配的产品数量。可见，恩格斯的论断与马克思的社会总产品的"六项扣除"理论完全一致。可供分配的社会产品的数量，归根到底是由社会生产力发展水平决定的。只有社会生产力水平提高，社会总产量才会增大，再减去"六项扣除"（假定它为一个常量，或有少许增加），可供分配的产品数量才会增大。我国的社会主义社会是在旧中国"一穷二白"的基础上建立起来的，生产力极端落后。经过七十多年的建设，尤其是经过改革开放四十多年的发展，社会生产力水平有很大提高。但我国仍处于社会主义初级阶段这个基本国情没有变，社会生产力水平与发达国家相比仍有相当大的差距，仍是一个基本事实。这就决定我国在相当长一个时期（起码在社会主义初级阶段）不具备实行"按需分配"的物质条件，而只能实行"各尽所能，按劳分配"[23]的制度。

其次，社会主义初级阶段多种分配方式并存具有客观的必然性。这种必然性是由改革开放后中国社会所有制结构改革致使所有制形式多元化所决定的。中国的经济体制改革虽然从农村发端，但它却引起中国社会所有制结构发生变化。那就是由公有制的"一统天下"改变为多元所有制经济并存的局面。中国的个体经济在所有制方面的社会主义改造基本完成以后，始终并没有被彻底消灭，尽管"文化大革命"横扫资本主义，扬言"割掉资本主义尾巴"，个体经济这个"资本主义残余"始终以其顽强的生命力而生存与成长着。它告诉人们一个基本事实，客观规律的必然性，是打不垮的，主观意志或者用暴力都无法将其扼杀掉。党的十一届三中全会作出实行改革开放的决策，有了好的土壤及氛围，它便强烈地"破土而出"，茁壮地生长起来。再加之当时上千万由农村返城的知识青年需要就业，国家无力安置，让他们"自主择业"，这就使千万"知识青年办个体"事业发展起来，从而迅速地壮大了中国个体经济。在个体经济发展过程中，一些积攒了原始资本的人，开始突破"请几个帮手"的限制大量雇佣工人，从而产生了以雇佣劳动为基础的私营经济。在城乡大办乡镇企业的过程中，又出现了股份合作制经济。特别是从改革开放一开始，实施引进外资的政策之后，外国资本几乎是一拥而入，因为有许多对外资的优惠政策，资本的本性就是追逐利润的，有可观的利润为何不来呢？这样，中外合资企业、外资独营企业就迅速发展起来。就这样，仅仅几年的时间，中国就出现了个体经济、私营经济、城乡股份合作制经济、外资经济、中外合作经济等多种所有制经济与社会主义公有制经济共存的局面。当然，这只是使社会主义公有制经济从国民经济的"绝对优势"或"主宰"地位变成了"主体"，并没有撼动与改变它的"主体"地位。于是就形成中国在所有制上的"社会主义公有制经济为主体，多种所有制经济共同发展"的局面。

正是这种所有制结构决定了中国的分配结构，即"按劳分配为主体，多种分配方式并存"。具体来说，就是生产资料社会主义公有制决定在其范围内的分配上实行按劳分配的原则；多种所有制经济在其范围内实行与各自的所有制形式相适应的分配制度，统称为"按要素分配"。由于"社会主义公有制经济为主体，多种所有制经济共同发展"是由社会生产力发展水平决定的，那么"按劳分配为主体，多种分配方式并存"归根到底也是由社会生产力发展水平所决定的，就是顺理成章、自然而然的事情了。至此，"按劳分配"为社会唯一的分配原则与制度的时代结束了，以"按劳分配为主体，多种分配方式并存"的时代开始了。

3. 关于"按劳分配"中"劳"的规定性分析

实行按劳分配，必然要涉及对其中的"劳"如何认识与理解的问题，还涉及如何对劳动者付出的劳动量进行统计与核算的问题。这一直是贯彻按劳分配绕不开又难以解决的问题。我国在20世纪50年代中后期就曾展开过讨论，60年代初以及改革开放初又展开过对此问题的争论。[24] 可谓仁者见仁、智者见智。这里，笔者只结合理论学习谈谈个人的粗浅体会。

第一，要从劳动的私人性与社会性的统一中来认识与理解按劳分配中的"劳"。由于按劳分配首先是针对公有制经济范围内每一个劳动者而言的，是对每个劳动者都适用的原则。每个劳动者均是具有独立自身利益的个体，所以必须承认劳动的私人性，即劳动者为了谋取自身或家庭的消费资料而去从事劳动的，是为个人或家庭的私人利益而劳动的。但由于劳动是在公有制经济条件下进行的，这个劳动又直接具有社会性，是社会劳动的一个有机组成部分。但在市场经济的条件下，这个社会性又必须经过企业或单位来实现，劳动者的个人劳动要真正变成社会劳动，必须通过企业将其生产的产品拿到市场上去出售，只有产品卖掉了，其劳动者的私人（个人）劳动被社会所认可，个人劳动的私人性才真正变成劳动的社会性。按劳分配，既要看劳动者贡献给企业的个人劳动数量与质量，又要看其个人劳动被社会所认可的劳动数量与质量。由于按劳分配是以企业或单位为本位来进行的，因此，企业或单位要对劳动者的劳动数量与质量进行登记、统计与考核，作为进行按劳分配的依据。这样一来，因为公有制经济范围内存在不同企业或单位，就会出现因劳动者个人劳动在市场上实现的程度不同，或被社会认可的程度不同，虽然提供了同等数量与质量的劳动，但获取的劳动报酬会不一样的情况。例如，A汽车厂的车工与B汽车厂的车工提供同等数量与质量的劳动，最后两个车工领取的劳动报酬很可能不一样，除去两个厂的生产技术条件的差异外，这个差别应当是允许的。按劳分配是承认这个差别的，这就是所谓同工不同酬的情况。但是，同一劳动的差别绝不可太大，倘若差距太大，比如B汽车厂的车工的劳动收入为A汽车厂的车工的劳动收入的二倍或二倍以上，那就要考虑B汽车厂的是否背离了按劳分配原则与制度了。因为按劳分配本质上要求同一劳动或等量劳动获取同一报酬或等量报酬，这是劳动权利平等的要求。马克思指出："这里通行的是商品等价物的交换中也通行的同一原则，即一种形式的一定量的劳动可以和另一种形式的同量劳动相交换。"[25]马克思这种权利称为劳动者的平等权利，"平等就在于以同一的尺度——劳动——来计量"[26]。之所以两个车工的同一劳动会出现并承认收入上的差别，马克思则认为这种"平等的权利按照原则仍然是资产阶级法权"，它在社会主义社会是不可避免的。

第二，要从使用价值与价值的统一中来认识与理解"按劳分配"中的"劳"。有的同志主张，按劳分配就是按劳动者提供的一定数量与质量的劳动所创造的价值来分配，并认为这是最符合马克思的劳动价值理论的。笔者不同意这种观点。笔者认为，按劳动者提供的一定数量与质量的劳动所创造的价值来进行分配，很容易造成追求产值的倾向，从而忽视商品使用价值的数量、质量、品质、规格等方面的问题。劳动者通过劳动创造出来的产品是使用价值与价值的有机统一，使用价值是商品价值的物质担当者，而价值是劳动者的一定数量与质量的劳动量在商品内的凝结。劳动者所在的企业或单位，为了使商品在市场受到欢迎，容易卖掉，就一定要考虑如何生产使用价值，即商品很美观、品质优良、规格符合消费要求，然后再考虑其价值外在的表现——价格高低。而决不能只把价格（其内在是价值）放在第一位，也不会只把价格高低作为是否购买的唯一因素。再说，劳动者付出的劳动量（一定数量与质量）所创造的商品要在市场实现 $W—G$ 的惊险一跳，必须先靠使用价值品质优良、符合规格要求，然后才是尽可能价值大，卖高价。购买者也是要先考虑其使用价值是否好用，然后再考虑其价值或价格因素。按劳分配所依的劳动数量与质量，应该主要是从劳动创造社会财富的角度来考虑的，而产值是其中内在的因素。笔者认为，邓小平所说的按劳分配是按劳动者的劳动数量与质量来分配，主要是以劳动所创造的社会财富的数量与质量为依据，而不是依据其劳动所创造的价值多少来进行分配的。当然，同一劳动所创造的商品内在附加价值高是更好了，是不可排斥的。劳动者的劳动是具体劳动与抽象劳动的统一。具体劳动创造使用价值，抽象劳动创造价值，这都是科学的劳动价值论的内容，因为劳动者提供的劳动，首先要表现为具体劳动，同时才有社会必要劳动时间在产品内凝结（或物化）为价值。因此，正确理解与认识按劳分配中的"劳"，首先要体现在商品的使用价值上。正如马克思所说："为了把自己的劳动表现在商品中，他必须首先把它表现在使用价值上，表现在能满足某种需要的物中。"[27]同时也体现在商品价值上，产值高、附加值高更好。这里必须坚持使用价值与价值的结合与统一。只是按劳动所创造的价值大小或多少来分配，笔者认为是不科学的，也是不正确的。

第三，要从劳动三种形态的结合统一上，正确认识与理解按劳分配中的"劳"。从自然的形态上考察劳动，有三种形态：一是潜在形态的劳动；二是流动形态的劳动；三是凝固形态的劳动（如图4-2）。

图4-2　劳动的三种形态

首先，必须肯定，按劳分配是不能依据潜在形态的劳动为依据的。因为劳动者的脑力与体力即劳动能力还没有实际运作，只是潜藏于劳动者身体内，劳动过程尚未开始，劳动能力还未实际消耗与支出，仅是一种可能的劳动，无法知道其数量与质量。所以不能依据它来进行按劳分配。劳动者有天大的能力，但是什么劳动都没有付出，任何体力与脑力也都没有支出和耗费，理所当然不能支付劳动报酬。有人认为计时工资制就是以潜在形态的劳动为按劳分配依据的，这种看法是站不住脚的。实际上计时工资制虽然充分考虑了劳动者的劳动能力，但它仍要重点计算劳动者的实际劳动量（劳动时间），不然就不叫计时工资制。

倘若按劳分配依据潜在形态的劳动进行分配，势必形成有劳动能力的人不劳动或劳动时"出工不出力"的局面，会使懒汉或劳动时投机取巧的人大量出现，不利于鼓励全社会劳动者勤劳致富，也不利于"劳动光荣、人人热爱劳动"的社会好风尚的形成与发扬光大。所以，按劳分配中的"劳"，不应是潜在形态的劳动，而一定要是实现形态的劳动。

其次，流动形态的劳动，其本身的特点决定它难以成为按劳分配的现实依据。此种形态的劳动是劳动过程已经开始，劳动者正在支付或消耗其自身体力与智力，这已不同于潜在形态的劳动，而是现实的实实在在的劳动支出与劳动耗费。应该依据其实际支出与耗费的劳动量来分配消费品。那就是马克思在预见社会主义实行按劳分配时，要以劳动时间为尺度计算劳动报酬。马克思指出，劳动时间"是计量生产者个人在共同产品的个人消费部分中所占份额的尺度"[28]，或是劳动者"从社会的消费品储备中，取走一个与他们的劳动时间相当的量"[29]。理论上的"应该"到现实的"可行"还有很大距离。流动形态的劳动的特征是"流动"，劳动的支出和耗费尚未完结，劳动数量与质量无法确定，即劳动时间长短及劳动质量好坏都无法计量出来。因此，流动形态的劳动也难以成为现实的按劳分配的依据。

最后，凝固形态（或物化形态）的劳动应该成为按劳分配的根本的主要依据。凝固形态的劳动是劳动者实际支出或消耗的劳动量凝固在产品中。具体劳动创造出或凝固成一个有用的使用价值，抽象劳动物化为商品价值。这个商品就是劳动者创造的成果。按劳分配就是要依据这个凝固或已经物化的劳动成果的好坏或多少来分配。这个凝固或物化形态的劳动成果，不仅体现劳动者实际支出或消耗的劳动数量和质量，也反映劳动者的劳动效率的高低、工作强度大小、工作效率的高低以及劳动态度好坏等，所以，按劳分配应该以凝固或物化形态的劳动为根本的或主要依据。

之所以讲凝固形态的劳动是根本或主要的依据，就是说它还不能成为按劳分配的唯一依据。原因在于企业或单位的劳动成果不仅仅是由劳动创造的，它是在多种因素影响与参与下形成或产生的。除了劳动者自身因素外，企业的技术装备、生产机械化与自动化程度甚至自然条件等都会对劳动成果的数量多少与质量好坏产生作用与影响。所以，按劳动成果来分配消费品必须把这些因素排除在外，因为按劳分配不是按生产条件分配。就生产资料公有制企业或单位而言，生产条件公有制，大家对生产条件的所有、占有是一律平等的，不应分出你多我少的差别来，否则就是生产资料公有制的根本否定。再者，政治态度、政治热情包括劳动者的劳动态度、劳动热情都会在一定程度体现在劳动成果上。在贯彻按劳分配，进行劳动考核时，可以作为一项参考因素，但绝不可作为实行按劳分配的依据。邓小平早就讲过，按劳分配不是按"政"分配，也不是按"态度"分配。

需要指出的是，按劳分配以凝固或物化形态的劳动为主要依据，就是要说潜在形态的劳动和流动形态的劳动还是可以成为按劳分配的参考性依据或部分依据的。因为劳动者自身能力的提高，尤其是智力的提升，与劳动者受教育的程度有密切关系，而接受教育尤其接受中高等以上的文化技术教育，需要支付巨额费用，劳动者的智力中包含了这些费用，高等的智力劳动是高级复杂劳动，它是简单劳动的数倍，所以按劳分配必须考虑这个因素。此外，流动形态的劳动消耗，不仅有数量上的问题，也有质量上的问题，即劳动消耗的"含金量"上的差异。实行按劳分配也要适当考虑流动形态的劳动的"流"的数量，尤其是质量的差异，这个差异一定要在贯彻按劳分配时制定的量化指标中有所体现。

还需要指出的是，按劳动成果进行分配，还直接涉及劳动成果的实现问题。上面在阐述个人劳动与社会劳动及使用价值与价值的结合与统一时，都讲到了这个问题，相关内容不再赘述。这里需要特别说明的是，在市场经济条件下，按劳动成果分配意义特别重大，它可以促进劳动者从切身物质利益上关心企业的生产经营成果，从使用价值上关心产品的质量提高，从价值方面关心附加值的增加及盈利水平的提高。由于以企业为单元贯彻按劳分配，劳动者不可能等到全部劳动成果都在市场上实现以后再进行按劳分配，所以必须事先依据劳动者实际付出的劳动数量与质量，确定相应的结构性等级工资，大致考虑平均的劳动成果实现程度，在国家按企业经营效益确定的工资总额的框架内，实施不同等级的绩效工资。

　　总之，按劳分配是一个物质利益规律，是关系劳动者切身利益及社会稳定、经济可持续发展的大事。有关部门一定要把它作为最大的民生工作来抓好，让全体劳动者通过勤奋劳动过上美好幸福生活，让劳动者通过多贡献高质量、高水平的创造性劳动富裕起来。

4. 按要素分配的价值论基础分析

　　习近平指出："要立足我国实际，以我们正在做的事情为中心，聆听人民心声，回应现实需要，深入总结中国特色社会主义实践，更好地实现马克思主义基本原理同当代中国具体实际相结合，同时也要放宽视野，吸收人类文明一切有益成果，不断创新和发展马克思主义。"[30]

　　这是习近平为我们提供的科学认识与研究按要素分配的价值论基础的指导思想。其一，研究我国客观存在的多种分配方式，正是"立足我国的实际，以我们正在做的事情为中心，聆听人民心声，回应现实的迫切需要"；其二，正确认识与研究按要素分配的价值论基础，可以有效地践行习近平关于"放宽视野，吸收人类文明一切有益成果"的重要论述精神，这也是"深入总结中国特色社会主义实践"的迫切要求。

　　西方经济学是与马克思主义经济学完全不同的思想理论体系。马克思主义经济学就是在吸收英国古典经济学的科学成分、批判其庸俗成分的基础上形成与发展起来的。所以，马克思主义经济学并不排斥与否定西方经济学，而是合理吸收其中许多有益的东西。笔者认为，西方经济学中的效用价值论、生产费用论、要素价值论，是西方经济学家长期研究与探讨价值理论而形成的一些较有代表性的成果。这些理论，都是与马克思的劳动价值理论根本不同的，其共通点在于：只是从使用价值的角度论证商品的价值。其特点在于否定马克思的劳动二重性理论，因为马克思的劳动二重性理论的不同之处在于提出了抽象劳动创造并形成商品价值，而这种价值又体现了人与人之间不同的经济关系。马克思正是以此为基础揭示出了资本家阶级剥削雇佣劳动者、占有雇佣劳动者创造的剩余价值的阶级对立关系。而资产阶级经济学家的效用价值论、生产费用论及要素价值论的实质在于抹杀资本家阶级与雇佣劳动者之间的利益对立关系。认清了上述理论的这些实质，就可以清醒地认识到：它们是非马克思主义理论，非马克思主义理论也并不是任何科学价值都没有的。在一定意义上它们也是世界文明中有意义的一种成果，笔者认为，我们是可以承认并借用西方经济学中的效用价值论、生产费用论及要素价值论的。

　　西方经济学中的效用价值论、生产费用理论及要素价值论是可以成为我国多种经济形式中多种分配方式的共同的价值论基础的。其一，这些理论都是从资本主义发展实践中抽象出来的，是对资本主义经济现象的理论概括与说明。正因为如此，它们都符合资本主义经济运行的实际，对解释资本主义经济发展过程中的现象还是颇为"有用"的。其二，这些理论都是以私有制经济为研究对象的，而我国的多种经济形式所决定的多种分配方式恰好都是以私有制为基础的。所以，它们应该无障碍地运用到我国多种分配方式中去，成为多种分配方式的理论基础与指导。其三，我国的多种非公有制经济的分配方式中，的确存在大量雇佣劳动现象。若用马克思主义经济学分析，是一定要讲明的。如邓小平讲我国大量引进外资是要忍受一点剥削的。从策略上讲，对大量引进外资是有益的，其他经济成分亦是如此。而上述这些理论恰好不用讲阶级利益关系，因此，从策略尤其是从战略上考虑，在这些非公有经济中的分配中不讲剥削与阶级对立关系，是符合中国的策略及战略利益的。

要素价值论是在效用价值论及费用价值论基础上产生并发展起来的。西方经济学家认为，参与生产的所有要素共同创造并形成价值。其主要代表人物是法国经济学家蒙让·巴蒂斯特·萨伊（1767—1832）。他在代表作《政治经济学概论》一书中提出："物品的效用就是物品价值的基础，而物品的价值就是财富所构成的。"萨伊还明确写道："人们所给予物品的价值，是由物品的用途而产生的。有的东西能维持人的生命，有的东西可以制成衣服，有的东西可以给人抵御狂风烈日如房屋等，有的东西可满足人们的嗜好和虚荣。后两者也是一种需要，满足这种需要的东西大抵是装饰品。当人们承认某种东西有价值时，所根据的总是它的有用性。这是千真万确的，没用的东西，谁也不肯给予价值。"[31] 物的有用性，即使用价值效用决定商品价值，效用越大，价值越大。依据效用价值论，萨伊又提出了生产费用价值论和要素价值论。他认为，生产三要素劳动、资本、土地在生产中各自提供了"生产性服务"，参与生产或创造价值的过程，因而分别获得了工资、利润和地租等三种相应的收入作为它们的补偿。这些收入构成生产费用，决定商品价值。

实际上，萨伊的效用论、生产费用论尤其是三要素价值论，都是从古典经济学大师亚当·斯密那里继承下来的。亚当·斯密最先提出了一般人类劳动创造并形成商品价值，但由于他没有也不知道劳动的二重性，因而他的劳动价值论不彻底，就回头走上了由使用价值决定价值的老路。他认为，到了资本主义社会，商品的价值是三大主体——劳动者、资本家、土地所有者共同投入劳动、资本、土地三大要素所创造的，他们取得的三种收入（工资、利润、地租）共同构成生产费用，这个生产费用决定商品价值。这个斯密劳动价值论中的庸俗部分被萨伊加以利用与发展，比较完整地提出了要素价值论。萨伊指出："事实已证明，所生产出来的价值，都是归因于劳动、资本和自然力这三者的作用和协力。"[32] 这就是要素价值论的经典阐释。在此以后的马歇尔提出的"均衡价值论"，还有在西方经济学中长期占据主流地位的"边际效用价值论"，都是在萨伊的"要素价值论"基础上发展演变而来的。以至当代著名美国经济学家、1970年诺贝尔经济学奖获得者萨缪尔森仍然认定各生产要素共同参与生产，共同创造价值。他说："分配之谜——即如何在两个（或更多的）协作的生产要素之间分配它们共同生产的总产品——可以利用边际产品的概念而得到解决。"他指出，通过生产要素共同的互相依赖的供求市场作用，可以得到这样的分配模式，工资=劳动的边际产品，地租=土地的边际产品，其他生产要素以此类推。"这个分配办法把百分之百的总产品分配给所有的生产要素，不多也不少。"[33]

由上可见，要素价值论是按要素分配理论的基础和基石。它之所以随着资本主义的发展而经久不衰，且历久弥新，是因为它对维护资本主义的分配制度确实是十分有效的。我国是社会主义国家，在非公有制经济领域，借鉴并运用这些理论，无疑会对促进我国非公有制经济的健康可持续发展发挥重要的支撑与引领作用。当然，这种借鉴与作用不仅不会妨碍与动摇马克思主义政治经济学的指导地位，反而会彰显我们共产党人的博大胸怀和广阔的视野，敢于吸纳世界一切文明成果，为我所用。

三、社会主义收入分配制度的公平与效率

1. 按劳分配是既重公平又重效率的原则

"公平"有多种公平，有政治公平、经济公平、社会公平。按劳分配中的公平只属于经济公平范畴。政治公平及社会公平都对它有影响，但不应属于经济公平范畴，所以应当明确，这里讨论的内容仅限于经济公平。

按劳分配原则与制度为什么是公平优先？这主要体现在两个方面：其一，按劳分配实现了一系列的平等关系。这一系列平等关系首先根源于生产资料公有制。由于生产资料公有制使劳动者都成为生产资料的主人，在财产占有关系上处于平等地位。同时，它又使得劳动者成为生产过程的主人，相互之间的关系形成大家平等参加劳动的关系。正是由于上述两个平等关系又决定了劳动者在产品分配上成为分配的主人，大家都具有平等的分配权利。那就是平等地向社会贡献劳动，平等地从社会总产品扣除后的消费品中取得相应的一份消费资料，其中排除了任何凭借生产资料和私人占有来参与分配的权利与关系，消灭了剥削与任何阶级差别。这相对于资本主义人剥削人的分配制度，无疑是个巨大的历史进步，是从未有过的最大公平。其二，按劳分配中出现的事实上的不平等关系仍然是公平的。按劳分配由于使用"劳动量"这一尺度来进行消费资料分配，那么体现在各个不同的劳动者身上，就会出现事实上的不平等，即劳动能力强的人就会比劳动能力弱的人多获得一些消费资料。这种劳动者劳动能力的差异，即马克思讲的"一个人在体力或智力上胜过另一个人"，这种"天赋特权"是任何人都否定不了的，也取代不了的，只能"默认"。再者，劳动者所负担的家庭状况不同，也会造成事实上的不平等。马克思讲："一个劳动者已经结婚，另一个则没有；一个劳动者的子女较多，另一个的子女较少，如此等等。在劳动成果相同，从而由社会消费品中分得的份额相同的条件下，某一个人事实上所得到的比另一个人多些，也就比另一个人富些，如此等等。"[34]马克思承认这种事实上的不平等是弊病，但是在社会主义阶段是不能取消的。马克思指出："这些弊病，在共产主义社会第一阶段，在它经过长久的阵痛刚刚从资本主义社会里产生出来的形态中，是不可避免的。权利永远不能超出社会的经济结构以及由经济结

构所制约的社会的文化发展。"[35]

有的同志认为，按劳分配所出现的事实不平等是不公平的，并据此认为按劳分配不是一个公平的原则，笔者认为这是不正确的。这两种情况的不平等都是社会主义社会尤其是其初级阶段不可避免的，不能取消的，它是由社会主义社会生产力发展水平较低这一实际状况所决定的，是一种水平不高的社会主义公平。再说，从来没有绝对的公平，所谓公平从来都是相对的。由于劳动者劳动能力上的差别所引致的收入不平等，就连西方学者也承认它的公平性。美国学者阿瑟·奥肯说："随努力上差异而来的收入上的差异，一般被认为是公平的。"[36]最根本的原因在于，上述两种事实不平等是在收入分配权利公平基础上所产生的。基于劳动者劳动能力差别不可能差别过大，因而收入差别有限，家庭收入差别亦是有限的，不可能产生过分悬殊乃至两极分化现象。所以，只要是实实在在地贯彻按劳分配原则与制度，就不会发生严重的社会分配不公。

按劳分配也是一种激励劳动者提高劳动效率的重要分配原则与制度。由于劳动者的体力与智力水平高，在同一时间内能比另一些一般劳动者提供数量更多、质量更高的劳动，可以获取更多的收入，促使劳动者努力提高自身的体力与智力，增强劳动能力，这就需要注重体能的训练和智力的提高。为此，就要努力学习文化知识，学习科学技术，争取做一个能够从事高级复杂劳动的人。不仅如此，按劳分配由于实现了劳动权与分配权的平等，还能最大限度地激发劳动者的自主劳动热情，积极进行创造性的劳动，千方百计提高劳动生产率，创造更多的社会财富。

正是由于按劳分配既实现了社会主义公平原则，又实现了劳动效率的原则，因此它构成了中国特色社会主义制度的重要基础与根本特征。当年第一个社会主义国家的缔造者列宁盛赞它为"社会主义的第一个主要根本原则。"他指出，"'不劳动者不得食'"，"这个简单的，十分简单和明显不过的真理，包含了社会主义的基础，社会主义力量的取之不尽的泉源，社会主义最终胜利的不可摧毁的保障"[37]。列宁之所以认为它是"社会主义最终胜利的不可摧毁的保障"，就是因为它能创造出比资本主义更高的劳动生产率。中国改革开放四十多年来，一直坚定不移地坚持按劳分配原则，不断地完善与改进按劳分配的方式，依据市场经济的客观要求，公有制企业实行了与生产经营绩效挂钩的工资制度，事业单位实行新式结构工资制度，强化了业绩考核，对有突出贡献的人才实行特殊奖励工资政策，充分体现了按劳分配公平与效率相统一的原则。四十多年来中国所取得的巨大成就，都与贯彻按劳分配的原则与制度是分不开的。

2. 收入分配上的平均主义与差距过分悬殊，均是对按劳分配原则与制度的否定

收入分配上的平均主义否定劳动者的任何差别，主张产品平均分配。平均主义是一种小生产者的思想及行为，在中国有着深厚的经济根源与社会基础。因为中国几千年来都是小农经济占优势的国家，盛行"不患寡而患不均"的传统意识与行为，所以它极容易渗透到社会各个方面，自然也包括消费品分配的方式与制度之中。

无可否认，我国由于分配体制从属于中央高度集中的计划经济体制，否认企业的独立商品生产经营者地位，否认劳动者对其劳动力拥有独立的产权，并且长期追求防止差别过分悬殊，结果出现了分配上的严重平均主义。具体表现为"两个大锅饭"现象，即"企业吃国家的大锅饭"，"劳动者吃企业的大锅饭"，企业之间与劳动者之间，干多干少一个样儿，干与不干一个样儿。多劳不多得，少劳不少得，甚至不劳也得。国家计划管得死死的，企业没有独立的分配自主权，更没有独立的自身利益；劳动者没有独立的劳动力产权，劳动力不能自由流动，无法实现自身劳动收益最大化。

对分配上这种平均主义的严重危害，党和国家领导人都曾作过深刻的分析。早在国家开展大规模有计划的社会主义建设之初，周恩来就指出："平均主义是一种鼓励落后、阻碍进步的小资产阶级思想，同马克思主义思想和社会主义制度毫无共同之点。平均主义妨害职工学习技术和提高劳动生产率的积极性，对于发展经济建设很有害，因此我们必须坚决反对平均主义。"[38]时隔30年之后，在中国收入分配制度改革进入关键阶段，陈云也对平均主义进行了深刻的分析与批判。他指出："平均主义'大锅饭'实质上也是不干活的人占有干活的人的劳动成果，打破这个'大锅饭'，将会大大调动广大工人、农民、知识分子和干部进行四化建设的积极性，使我国的生产力获得一次新的解放。"[39]可见，平均主义危害极大，它鼓励懒汉、鼓励落后、阻碍技术进步与劳动生产率的提高，更是鼓励"不干活的人占有干活的人的劳动成果"，严重阻碍社会生产力发展，确实是对按劳分配的否定与破坏，必须从理论与实践上加以反对。

收入分配上的过分悬殊则是从另一端上否定与破坏按劳分配。改革开放以后，在鼓励一部分地区及一部分人先富起来的政策鼓舞下，许多地区和许多人竞相争取先富。这本是大好事，但问题接踵而来，一些地区和一些人不是依靠勤奋劳动争先实现富裕，而是不择手段能怎么富就怎么富，导致收入分配差距悬殊。

收入分配差距过分悬殊就是两极分化，这是邓小平这个改革开放总设计师一直最担心的问题。他不止一次强调要"始终避免两极分化"[40]，"如果搞两极分化，情况就不同了，民族矛盾、区域间矛盾、阶级矛盾都会发展，相应地中央和地方的矛盾也会发展，就可能出乱子。"[41]他还指出："如果富的愈来愈富，穷的愈来愈穷，两极分化就会产生，而社会主义制度就应该而且能够避免两极分化。""我们一定能够逐步顺利解决沿海与内地的贫富差距的问题。"[42]20世纪90年代到党的十七大之前，中国的收入过分悬殊，两极分化现象已经十分严重了。

收入差距过分悬殊是最大的分配不公。只有依靠中国共产党领导的政治优势才有可能得到缓解与根本解决。党的十八大，以习近平同志为核心的党中央发出了"把权力装进制度的笼子里"的号召，并吹响了国有企业深化改革的号角。国有企业强化了党的领导，健全各级党组织，通过收入分配体制改革，对高管层收入作出了一系列明确规定，限制了过高收入，并对基层群众收入有了较大改善与提高，使悬殊的收入差距得到了遏制。事实证明，只有坚持党的领导，才能保证国有企业的收入分配权牢牢掌握在代表全体人民的国家手里，才真正能够贯彻按劳分配。而只要真正贯彻按劳分配，就能解决收入过分悬殊和两极分化问题，确保实现收入分配公平。

3. 按要素分配：效率优先，兼顾公平

二战以后，随着资本主义的发展，按要素分配的价值论基础不断扩大，除了劳动、资本、土地三大要素决定价值以外，还出现了一系列新的价值论，如创新价值论、知识价值论、信息价值论、管理经营价值论等等，可谓五花八门，形形色色。这些理论有一个共同点，就是只要是投入生产的独立要素或非独立要素都参与商品价值的决定与创造，因此都有权参与产品的收入分配。

（1）创新价值论

这实际上是一种科学技术创新决定价值的理论，它是由美国经济学家熊彼特首先提出来的。熊比特在1912年的《经济发展理论》中首先提出了创新概念，并明确指出资本主义经济增长的主要源泉不再是资本、劳动与土地三大要素，而是科学技术的创新。1942年，他在《资本主义、社会主义和民主》一书中宣称边际效用论要优于劳动价值论，他的科学技术创新理论就是建立在边际效用价值论的基础之上的。他认为资本主义社会通过一系列创新，建立一种新的生产函数，而这种新的生产函数包含新技术、新产品、新的生产方法、引进了新材料、组成了新的组合，使企业生产高度科技化、自动化，这样创新活动就成为企业产品价值的决定要素，从而取代了以往的劳动、资本及土地三大要素决定价值的理论。实际上，这种理论并不是否定三要素决定价值的理论，而只不过是三要素理论在新时代条件下的翻版，把科学技术创新作为一个独立要素来决定商品价值，是以庸俗的边际效用价值论作为其理论基础的，同三大要素决定价值的理论是一脉相承的。

马克思高度重视科学技术，曾明确指出："生产力中也包括科学。"[43] 科学技术对社会生产力发展具有无比巨大的作用，这一点越来越被世界经济发展的实践所证实。熊彼特高度重视科学技术，并把它作为一个独立生产要素来参与价值创造，提出了科学技术创新决定价值的新理论。这在经济学史上无疑是一个伟大的创造。因为这个理论适应了当代资本主义经济发展与科学技术日新月异发展的迫切需要，为当代资本主义经济发展注入了新的强劲动力。

但是，从马克思主义经济学角度看，这种理论是反对与否定马克思主义劳动价值论的。原因在于：其一，任何科学技术都是物化劳动的结晶，它只能转移价值，不能创造价值。商品价值是由活劳动，即由科技工作者的劳动创造的，是由其所消耗的社会必要劳动时间凝结而成的，即由抽象劳动所创造的。其二，科学技术是一种使用价值，它只是具体劳动创造的，同样作为一种具体劳动的产物，只能形成更多的使用价值，而不能决定商品内在的价值。再高级的科学技术创新，其功能只能改变使用价值（即社会财富的物质形态）的量，而不会决定商品内在的价值与价值量。其三，任何科学技术都是由活劳动创造的，掌握高科技的劳动是高级复杂劳动，故其在创造使用价值的同时，也加入更多的活劳动，活劳动的高级复杂劳动可以创造更多的价值。认识科学技术创新决定价值的理论缺陷之后，可以更好地为我国多种经济形式发展提供参考与借鉴。为了创造更多的社会财富，满足人民日益增长的美好生活需要，一定要高度重视科学技术的创新，它已成为中国特色社会主义经济可持续发展的不竭的动力源泉。

（2）知识价值论

这也是在效用价值理论基础上发展起来的一种新要素价值论。它把知识作为参与生产过程的一个独立要素，参与价值的生产与创造。该理论认为，当代资本主义的发展，使知识取代劳动，成为创造价值的重要源泉。其代表人物是美国社会学家约翰·奈斯比特。他在1982年发表的《大趋势——改变我们生活的十个新方向》一书中指出，"我们必须创造一种知识价值论来代替劳动价值论"，"在信息经济社会里，价值的增长不是通过劳动，是通过知识实现的"[44]。可见其主旨非常清楚，即取消马克思的劳动价值，为发展知识经济提供理论基础。

同科学技术一样，知识本身都是物化劳动的结晶，只能转移其价值。但知识能武装劳动者的头脑，提高劳动者的智力，从而使劳动者的劳动从较低层次的简单劳动提高成为高级的复杂劳动，使劳动者的劳动创造出更多的价值。这是从事知识方面的劳动创造的，而不是知识本身创造的。可见，奈斯比特把知识同劳动对立起来，妄称用知识价值论取代劳动价值论是不可能的，也不会成功。

但奈斯比特的"知识价值"向世界宣告：知识就是力量！知识对经济发展、对社会生活方式的改善、对人的命运的改变，都有无比巨大的作用与力量，全社会既要尊重知识分子的劳动，也要尊重知识。

（3）信息价值论

这是一种把信息作为一个独立生产要素参与生产过程，从而决定商品价值的理论。它几乎同知识价值理论如出一辙。

信息价值论是伴随人类社会进入"信息社会"而产生的一种新要素价值理论。它是由美国社会学家阿尔文·托夫勒提出来的。人类社会发展经历了农业社会、工业社会，现在已经进入"后工业社会"，这被托夫勒称为世界的"第三次浪潮"，并把这"第三次浪潮"的信息时代称为信息社会。他认为，在信息社会人们只要掌握更多更有效的信息，就能创造出更多的价值。

从事信息的劳动创造价值，而不是信息本身创造价值。信息作为劳动者具体劳动的产物，其只能作为一种物化劳动成果由劳动者转移到新产品价值中去，商品的价值仍是从事信息工作的劳动者的活劳动支出所创造的。认为信息直接创造价值，仍是没有掌握马克思关于劳动二重性的科学理论所致。

信息劳动作为一种特殊的劳动，确实能创造更大的价值。至今，我国的信息产业已十分广大，为社会贡献的使用价值总量与总产值都非常巨大。信息的生产、交换、分配与消费都需要载体，例如互联网传递信息十分快捷，但其载体建设需要投入大量资金与劳动，仅从4G升级到5G，至少需要上百亿资金。中国的信息产业发展走在世界的前列，但信息产业制高点我们还没有占领，众多核心技术尚未掌握，这需要我们更加重视从事信息产业劳动的人们。

上述三种新要素价值论，不仅扩大了按要素分配的价值论基础，更重要的是扩大了按要素分配的内涵，并提供了依据。即以前是依据劳动、资本、土地三要素来分配，现在则增加了三个要素，即创新成果、知识、信息。这样，综合起来，按要素分配就是要依据劳动、资本、土地、创新成果、知识、信息六要素进行分配。

按要素分配十分有利于调动各个要素投入的积极性，是一个效率优先的分配原则。第一，在传统的三大要素中，土地投入的主体要求有最大化的地租收入，一旦投入契约签订之后，就基本固定下来。土地所有者，是要求在尽可能短的时间内获取更多的地租收入。这样，他可以重新再出租，提高有限土地的出租率。相比较而言，劳动与资本就有较大的灵活性。劳动投入的主体——劳动者为了获取更多的劳动收入，除了加班加点增加劳动支出外，更可以积极自主地进行创造性劳动，提高劳动生产率，为企业生产出更多更好的产品。企业按照劳动者实际的劳动成果付给劳动报酬。按劳动要素分配实际上是劳动成果分配，劳动成果多、质量好，获得的收入就多。这就会激励劳动者多多投入劳动，多多投入质量更高的劳动。对资本要素来讲，由于其利润收入与企业生产经营目的相一致，因而就更能充分调动资本所有者加大资本投入的积极性。非公有制企业生产经营的目的就是追求利润最大化，无论是生产过程的准备阶段，还是生产过程中，它都是效率优先的。$G—P_m$生产资料的购买及劳动力的雇佣$G—A$，要尽可能节省购买时间与雇佣成本。进入生产过程，更要讲究效率，让资本与劳动结合，以尽可能少的时间生产出高质量的产品，并以最快的时间将产品销售出去，以便实现更多的剩余价值m。企业获得剩余价值m越多，资本要素的所有者就会按其投入资本要素的相应比例获取剩余价值，投入资本要素越多，按相应比例所分到剩余价值就越多。资本追逐剩余价值（其表现形态为利润）是其本性，并且是最讲效率的"永动机"。以上三大要素投入都是讲究效率优先的。因此，按这三大要素来进行收入分配自然要体现效率优先原则。

第二，新的三大投入要素，更是体现效率优先的原则的。科技创新成果本身就凝结着以前广大科技工作者的辛勤劳动与汗水，凝结其主体高昂的研发投入，其作为新的生产要素投入生产过程，必然要求在投入结构中占有加倍的权重与比例，并要求在尽可能短的时间内收回其科技投入股权的成本，并带回尽可能多的科技成果股权收入。这样，科技成果所有者就必然要选择最佳的投资机会、场所、合伙人，选择平均利润率最高的部门、行业与企业，以便实现其获取最大限度利润的目标。为此，科技成果所有者就不能不尽可能地提高科技成果的使用或运营的效率，并尽可能扩大其科技成果的推广范围与力度，使其更快实用化、市场化，甚至尽快国际化。由此可见，按科技成果这个要素实行收入分配，可以充分调动科技成果的积极投入，大幅度提高科技成果的应用水平以及运营效率。知识与信息如何作为独立生产要素投入生产过程，这无论在理论上还是在实践上都是比较难的一件事情。由于知识具有历史传承性，信息又具有不确定性、易变性，因而，笔者认为首先一定要对知识产权与信息产权的真伪进行鉴别，明晰其真实可靠性，这需要有丰厚专业知识的专业人才才能做到；其次，要鉴别其使用价值及效用大小及其价值大小。只有搞清以上两点，才可决定是否允许其参与生产过程。

真实可靠的信息，其功效是相当大的。俗话说："一个好的信息可以挽救一个企业，还可以振兴一个行业。"同样，一个错误失真的信息可以毁掉一个企业，也可以断送一个行业。

知识的作用，早已人所共知，知识就是力量，知识可以改变人的命运，更可以改变社会。之所以如此，主要是因为它是人类文明的结晶，具有厚重的历史文化积淀，是前人血汗的凝聚。因而独立的知识产权价值巨大。

知识产权和信息产权参与生产过程，中国改革开放以来的新事物。按其两项投入进行收入分配，目前笔者尚未见到典型案例。不过，笔者依然认为，这两项产权只要是私人产权，就一定是效率优先的。这是依据科斯定理得出来的必然结论。科斯认为，私有产权效率是最大的，因为它的所有者对财产的关切度最高，因而产权的运营效率最高、最大。虽然他依此反对社会主义公有制，主张私有化是不对的，但他对私有产权运营效率这部分的分析反映了资本主义的实际。

以上我们分析了按要素分配体现效率优先的原则，那么它是否同时做到兼顾公平了呢？答案是肯定的。

衡量多种经济形式中的按要素分配的公平尺度，是与公有制经济不同的。它是不能用衡量公有制经济中"按劳分配"的尺度来衡量的，它只能以"收入与投入相适应"的尺度来衡量，即美国经济社会学家发现的"亚当斯"公式[45]：

$$甲收入/甲投入=乙收入/乙投入$$

$$本人收入/本人投入=他人收入/他人投入$$

这个公式可以将等号改成"大体相等"或"基本相适应"。按要素分配基本上能够做到本人的收入与其要素投入相适应，相对于其他人而言是公平的，因为他人的收入也同他的要素投入相适应，这就体现了相对平等与公平。它可以调动社会各方面力量，调动一切生产要素，为发展生产、繁荣经济、为加速实现社会主义现代化强国的目标共同努力奋斗，这绝对是好事。有什么理由不能视为公平呢？

从以上分析可见，按劳分配与按要素分配并不是对立的，而是具有公平与效率的同一性与统一性，二者是相辅相成、互相促进的。正因为如此，习近平总书记才讲："必须完善收入分配制度，坚持按劳分配为主体、多种分配方式并存的制度，把按劳分配和按生产要素分配结合起来。"[46]

四、当今中国收入分配制度改革与完善的重点主攻方向

1. "限高"与"提低"并举，以"提低"为重点

"限高"不是限制一般的或者正常的高收入，而是限制超越当时社会生产力正常发展水平的过高收入。居民收入或劳动者的收入不可能在同一水平线上，总会有高有低，并且高低本身也处于动态，是不断变化的，因而高低总是相对而言的。笔者认为，应该以不同行业、不同领域的平均收入水平为基准线，测定其中等收入水平。这个中等收入可有一个浮动区间，可设定为基准线的3～5倍，高于基准线5～10倍者为高收入，高于基准线12倍以上就应为过高收入或超高收入，在我们所讲的"限高"范畴之列。之所以设12倍以上，就是说一个月的收入超过普通劳动者一年的收入，肯定是超越当时社会生产力发展水平所允许与承受的范畴了。应当指出，"限高"并非高收入群体收入不增长，随着社会生产力的发展，在基准工资线上升的同时，高收入群体的收入便"水涨船高"，随其按倍数增长，这并不妨碍高收入群体增收的积极性。

为了遏制收入差距过分悬殊，防止两极分化，必须采取强力的手段限制过高收入。笔者认为，社会主义国家必须建立收入分配方面的立法，依法来规范收入分配，否则，难以遏制过高收入的增长。当然，其他的手段也要配合，如加强税收调节也是十分重要的经济手段。笔者认为，开征房产税，可以限制富人拥有更多房产；开征财产税，富人占有的财产超过亿元或10亿元以上，可征收累进高额财产税，在很大程度上限制两极分化的产生；征收累进高额遗产税，可以防止收入悬殊状况的代际传递。

在"限高"的同时，还必须重点进行"提低""扩中"，即逐步提高低收入群体的收入水平，扩大中等收入群体的规模（包括提升其平均收入水平）。现在突出的问题是"提低"及"扩中"进程过于迟缓，力度太小，尤其是政策倾斜度太小。尤其是对经济欠发达地区，以及东北、西北原来国有经济比重过大、国企改革导致下岗又没有得到国家补偿的人群，按照公平原则应给予相应的补偿并相应增加收入。习近平总书记十分关心民生，尤其关注普通老百姓的衣、食、住、行、医、学、保、健等日常生活，关注他们生活质量的提升，更关注他们对美好生活向往的实现状况，这一切都充分体现了人民至上的思想。然而，最终都要靠好的分配制度来保证人民平均收入水平的大幅提高。这样，通过有效的制度与机制，保证低收入群体的收入不断提高，就成为当前及今后一个时期我国收入分配制度改革与完善的一个重点及主攻方向。

2. "共同富裕"是贯穿起点到终点的大体同步的渐进过程

笔者认为，学术界以前对邓小平共同富裕思想的理解与认识存在着一定偏差，其中"共同富裕"不是"同步富裕"，也不是"起点""过程"富裕，而只是"结果"或

"终点"共同富裕，这是值得商榷的。

共同富裕肯定不是起点富裕，也不是起点公平。当初哪一年算起点？如果从当年邓小平讲这个话的时间算起，当时的起点并不是大家（或全体人民）共同统一的起跑线，因为那个时候大家的富裕程度已经不同了。有的学者认为机会均等，就是大家均等地站在同一起跑线上，可是那时大家的机会就已经不均等了。再说，机会对大多数人来讲，永远都不会均等，均等只是相对而言的。机会总是青睐那些早有准备之人，无准备之人遇到好机会，总是偶然大于必然。即使是2020年全面小康社会建成之时，也不具备机会均等的条件。即或将2020年算作大家走向共同富裕的起点，也是有众多家庭远远走在了共同富裕的大前头，而绝大多数的普通老百姓只是刚刚迈入小康。全国如果统一口径，以2020年全面建成小康社会后为起点，那么实现共同富裕的道路与过程也不可能是同步前进的。

为了顺利尽快地达到"两个一百年"奋斗目标，同时实现共同富裕目标，必须在严防收入分配两极分化的过程中，坚持"控长板，补短板"的大体协调，同步推进共同富裕的进程。如果还是分配差距扩大，中低收入群体收入的增长不能远远超过高收入群体收入的增长速度，那么中低收入群体的"短板"不补上来，本已扩大了的收入差距继续向前平移，共同富裕依然无法如期实现。倘若实现，必将大大拖后或者延期。

必须清醒地看到，共同富裕道路上的起点已经被贫富差距过分拉大了。没有了起点公平，若不在共同富裕过程中重点解决中低收入人群收入过低的问题，把收入分配中的短板拉长，失去了过程公平，那么终点公平或结果公平必然是一句空话。所以，从现在起，必须坚持过程公平。这个公平必须是中低收入人群的收入增长速度大大高于高收入人群的收入增长速度。除此以外，别无他途。

过程公平是达到终点公平或者结果公平的必由之路。谁能有那么大本事，可以从起点公平一跃而成为终点公平？任何轻视与忽略过程的想法与做法，都是不符合事物发展规律的，都违背唯物辩证法。

共同富裕是社会主义制度的本质特征。邓小平讲："社会主义与资本主义不同的特点就是共同富裕，不搞两极分化。"[47] 两极分化与共同富裕是格格不入的，如果真的两极分化了，就如邓小平所讲，社会主义就失败了。人们对共同富裕目标容易达成一致，但对两极分化却难以形成共识。什么叫两极分化？马克思指出，资本主义积累的一般规律"这一规律制约着同资本积累相适应的贫困积累。因此，在一极是财富的积累，同时在另一极，即在把自己的产品作为资本来生产的阶级方面，是贫困、劳动折磨、受奴役、无知、粗野和道德堕落的积累"[48]。再请看邓小平的论述。他指出："如果导致两极分化，改革就算失败了。会不会产生新的资产阶级？个别资产阶级分子可能会出现，但不会形成一个资产阶级。"[49] 依据马克思和邓小平的上述论述，笔者认为，所谓两极分化，就是收入分配的差距过分悬殊引致的阶级分化现象。一旦出现阶级分化现象，两极分化现象便会产生。个别资产阶级分子的产生，便是走向新的资产阶级形成的开始。因为事情总会有一个从量变到质变的过程。中国是社会主义国家，绝不允许新的资产阶级的产生。当然，这是一个十分敏感的理论与现实问题。执政的中国共产党必须认真严肃地对待邓小平这个论断，直面现实，下大力气解决这个问题。坚持共同富裕与反对两极分化，必须两手同时抓，两手都要硬。因为这二者可以结合起来，坚持共同富裕必须坚持反对两极分化，而反对两极分化，则有助于坚持和实现共同富裕。

3. 当前收入分配制度改革的主攻方向：解决收入分配不公

习近平指出："我国经济发展的'蛋糕'不断做大，但分配不公问题比较突出。"[50] 收入分配不公已成为当前我国收入分配制度改革所面临的主要问题，也是阻碍中国经济健康与可持续发展的重要因素，更是全体人民走向共同富裕的一只"拦路虎"。必须举全国之力，把它当作收入分配制度改革的主攻方向，努力缓解与消灭之。由于公有制经济领域与非公有制经济领域是两个所有制性质不同的领域，分配不公在两个领域表现不同，主攻方向也不同，因而必须全方位分别进行。

有人认为，分配不公只是私营经济等非公有制经济领域的事，社会主义公有制经济领域是贯彻按劳分配原则的，分配不公并非那么重要。诚然，公有制经济领域在个别行业、个别地方及少数企业仍然存在平均主义倾向，但是早已不构成按劳分配贯彻过程的主要倾向，主要倾向已经成为收入差距过大，即收入分配不公。其主要表现在以下几个方面。其一，企业管理层（包括董事长、总经理、总监、总裁等）与一般员工的收入差距过大，员工收入低者一年3到5万元，而企业高管则达到几百万、几千万元。党的十八大以后，采取了"限高"政策。其二，行业差距仍然没有消除，反而扩大。2008年，20个行业收入差距为4.77倍，有的高达10倍，最高与最低行业平均工资之比11∶1。我国行业工资差距悬殊，主要表现在垄断行业的国有企业凭借获取高额垄断利润来取得过高工资收入。[51]其三，集体土地资本化收益分配不公。其四，中小国有企业改制过程中，企业被低价出卖，导致国有资产流失。

在非公有制领域，公平的标准是不能用劳动作统一尺度来衡量。只要是其收入与投入大体相适应，就是公平的。当然，前提是合法合规生产经营。正是由于生产资料是私有制，其投入社会再生产过程的所有要素都已经资本化，执行资本的职能。而资本的本性就是赚钱发财，不断地追求最大限度的利润，是这个生产方式的绝对规律。马克思引用英国评论家登宁的话："资本害怕没有利润或利润太少，就象自然界害怕真空一样。一旦有适当的利润，资本就胆大起来。如果有10%的利润，它就保证到处被使用；有20%的利润，它就活跃起来；有50%的利润，它就铤而走险；为了100%的利润，它就敢践踏一切人间法律；有300%的利润，它就敢犯任何罪行，甚至冒绞首的危险。"[52]在资本本性与剩余规律的作用下，必然要产生前面所讲的对立的两极，一极是资本所有者财富的积累，另一极是雇佣劳动者贫困的积累。因此，在非公有制经济领域，生产要素资本化的必然结果是贫富两极分化，这是任何人都无法抗拒的规律。有些人包括一些学者认为，这是最大的分配不公。邓小平最担心的是两极化。如果在全社会都两极分化，那是绝对不容许的，要千方百计地加以防止。但在非公有经济领域，担心是没有用的，规律的作用是必然的。唯一的办法就是承认，因为这一问题在社会主义初级阶段无法超越。只有社会生产力充分发展了，私有制自然消亡了，这个两极分化才可能不存在。如今，可行的办法就是理性科学地运用法律与政策抑制与缓和两极分化，使之保持在最低程度，即邓小平所讲的"不要产生新的资产阶级"的程度。笔者认为，应理性科学地看待非公有制经济领域的贫富差距与两极分化现象，采用法律手段与经济手段尽可能地加以缓解。只要是合法合规生产经营积累起来的财富，必须得到依法保护，不得任意剥夺与损伤。同时，应鼓励非公有经济领域的企业家们多参与社会公益事业。

五、新时代社会主义分配理论与制度的创新

1. 把"蛋糕"做大分好，让人民群众有更多获得感

习近平在庆祝改革开放40周年大会上指出："40年来，我们始终坚持以经济建设为中心，不断解放和发展社会生产力，我国国内生产总值由3679亿元增长到2017年的82.7万亿元，年均实际增长9.5%，远高于同期世界经济2.9%左右的年均增速。我国国内生产总值占世界生产总值的比重由改革开放之初的1.8%上升到15.2%，多年来对世界经济的贡献率超过30%。"[53]这里讲的2017年国内生产总值82.7万亿元，就是以现行价格计算的国民经济总量，其实物形态即马克思讲的社会总产品量。习近平在各种场合讲要把"蛋糕"做大，就是要把这个社会总产品量做大。习近平特别重视把"蛋糕做大分好，让全体人民有更多的获得感。他指出："一是要充分调动人民群众的积极性、主动性、创造性，举全民之力推进中国特色社会主义事业，不断把'蛋糕'做大。二是把不断做大的'蛋糕'分好，让社会主义制度的优越性得到更充分体现，让人民群众有更多获得感。"[54]做大是基础，分好也极其重要。倘若分配不好，必将影响把"蛋糕"继续做大。

本章前面讲的社会总产品量进行"六项扣除"以后余额为消费资料=可供分配的产品量，用于按劳分配。实际上在理论与实际上是有不足与缺陷的，因为那只考虑社会是单一公有制下的单一按劳分配。在改革开放以来由多种所有制决定的多种分配方式并存的情况下，上述可供分配的产品总量将由多种经济成共同参与分配（如图4-3）。

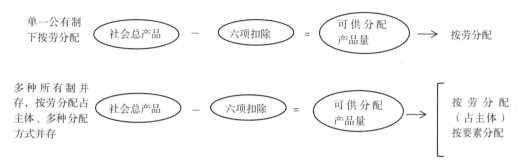

图4-3 单一公有制和多种所有制并存的不同分配情况

从上图可以清晰地看出：

第一，这里的关键因素是"可供分配产品量"，即可用作消费资料的量决定着按劳分配与按要素分配的比例。按劳分配占主体，就是意味着它所占的比重要在60%以上，最低也要超过50%，不然就不叫占主体。尽管公有制占主体在数量界定上有分歧，有的认为公有制经济质量高，数量并不一定超过50%，也可以占主体，甚至低于50%，通过增大控制力，也可以占主体。但无论如何，在分配上必须占主体，在数量一定要"拿大头"，当然，"拿大头"是可以通过增大控制力来实现的。

第二，如前所述，"六项扣除"大有文章可做，该减必减，该加要千方百计地加，但这个量总体只有减少，才有可能使用于消费资料分配的产品量增加。

第三，最根本的决定性因素是社会总产品量大小，即习近平讲的"蛋糕"大小。一般人谈分配容易就分配谈分配，就制度谈制度，而习近平从全体人民共创、共享的高度，一下子就抓住了根本，即发展社会生产力，增加社会财富总量。只有全体人民齐心协力，奋发图强，把社会生产力水平大幅度提高了，创造出更多的社会总产品，把"蛋糕"做得大大的，在"六项扣除"既定或少许增加的情况下，才会使全体人民共享的、可分配的消费资料大幅度增加，从而为更好地实现按劳分配与按要素分配，提供更多更好的物质基础与条件。

习近平讲的必须做大的"蛋糕"，不仅仅是个数量概念，更重要的还是质量概念。即高质量、高水平的好"蛋糕"。就是它不是靠规模扩张、粗放经营的发展方式得来的，而是靠内涵节约、集约生产经营的发展方式而实现的；不是通过资源浪费、生态环境被破坏来取得的，而是通过资源节约、生态环境全面优化而获得的。这种高质量、高水平的好"蛋糕"，可以更好地满足人民对高质量、高水平美好生活的需要。

习近平关于把"蛋糕"做大分好的论断，还充分体现了人民当家作主，以人民利益为中心，幸福生活靠全体人民共同创造、共同分享的思想。习近平指出："以人民为中心的发展思想，不是一个抽象的、玄奥的概念，不能停留在口头上、止步于思想环节，而要体现在经济社会发展的各个环节。要坚持人民主体地位，顺应人民群众对美好生活的向往，不断实现好、维护好、发展好最广大人民根本利益，做到发展为了人民，发展依靠人民，发展成果由人民共享。"[55] "共享理念实质就是坚持以人民为中心的发展思想，体现的是逐步实现共同富裕的要求。"[56] 只有全体人民共同努力奋斗，把社会总产品这个"蛋糕"做大、做好，共同分享，才能实现共同富裕的目标。习近平从统领全局的角度，从发展战略的高度，为全国人民开辟了一条共同奋斗、共同分享、共同富裕的幸福之路，让社会主义制度优越性得到充分发挥。这是对马克思主义政治经济学关于发展与分配理论的一个重要发展与贡献。

2. 跨越"中等收入陷阱"：扩大中等收入阶层的必经阶段

中国要胜利达到"两个一百年"奋斗目标，并实现国家的长治久安，必须坚持与完善党的十九届四中全会所提出的"十三个坚持与完善"重大任务要求。其中，在收入分配上跨越"中等收入陷阱"，扩大中等收入群体，就是坚持与完善社会主义基本经济制度的一项重要内容与任务。

所谓"中等收入陷阱"（middle income trap），是世界银行总结拉美一些国家经济发展经验与教训时提出的一个概念，其意是指那些人均GDP越过低收入陷阱以后，进入3000到1万美元区间，经济便长期停滞不前，难以突破最高上限1万美元的状态。中国于2008年人均GDP即达到3267美元，已经进入"中等收入陷阱"[57]，能否成功跨越出去，西方国家普遍认为，中国也会同拉美的巴西、阿根廷等国一样，陷入"中等收入陷阱"难以自拔的状况。而中国从上至下勠力同心，决心跨越"中等收入陷阱"，走上健康可持续发展之路。习近平创造性地提出"扩大中等收入群体"，就是一个跨越"中等收入陷阱"的战略性举措。

关于"中等收入陷阱"的实质是什么，经济学界有不同的认识与理解。这涉及如何认识其产生原因，以便有针对性地实施跨越对策问题，有必要讨论清楚。概括起来说，有三种观点：一是"经济增长论"。这种观点认为，"中等收入陷阱"的实质是原有经济增长机制被锁定，人均国民收入难以有实质性突破，使经济增长陷入停滞徘徊阶段。如世界银行2006年的《东亚经济发展报告》指出："使各经济体赖以从低收入经济体成长为中等收入经济体的战略，对于它们向高收入经济体攀升是不能够重复使用的，进一步的经济增长被原有的增长机制锁定，人均国民收入难以突破1万美元的上限，一国很容易进入经济增长的停滞徘徊期。"著名经济学家吴敬琏则认为，"中等收入陷阱"实质是经济动力与模式问题。他指出，"中等收入陷阱"是早期经济增长阶段向现代经济增长阶段发展时都会遇到的问题，如果这个时候经济增长模式选择不恰当的话，就会落入"中等收入陷阱"，其中主要原因就是驱动因素选择不当所致。[58] 二是"经济发展论"。这种观点认为，"中等收入陷阱"的实质是经济发展方式问题。上海社科院研究员权衡认为，中等收入是指一些国家和地区在人均收入达到世界中等水平以后，经济发展仍过分依赖外在因素，不能顺利实现发展方式转变，导致新的增长动力特别是内生动力不足，经济因此停滞徘徊。三是"因素均衡论"。著名经济学家蔡昉认为，"中等收入陷阱"是一种均衡状态，即在一些促进收入提高的因素发挥作用之后，由于这些因素具有不可持续性，其他因素又会将其作用抵销，把人均收入拉回到原来的水平上，这个国家即使越过了低收入水平阶段，仍有可能在中等收入水平上停滞不前，甚至有人均收入下降的危险[59]。

综上所述，笔者认为，"中等收入陷阱"实质是一些发展中国家在从低收入国家向高收入国家迈进过程中，经济发展阶段转型面临增长方式转变困难、增长动力不足等因素制约而陷于停滞徘徊阶段。

基于上述认识，导致"中等收入陷阱"产生的根本原因在于经济增长方式转变困难与经济发展动力不足的问题。经济增长方式转变之所以困难，原因很多，根本制约因素有两个：一是经济结构调整与优化十分艰难；二是经济体制转型更需要加大力度攻坚。而突破上述两大难题，必须给经济发展增添新的动力，让经济增长具有可持续性。

党的十八大以来，习近平紧紧抓住了"创新"这个"牵动经济社会发展的'牛鼻子'"，坚持"把创新摆在第一位"，这就启动了"引领经济发展的第一动力"，使经济体制改革有了实质性的突破，经济结构调整与优化也取得了重大进展。中国经济由原来追求数量扩张的粗放增长模式转变为注重质量与效益的集约增长模式；由原来的结构不合理的经济高速增长模式转变为结构得到改善与优化的中高速增长模式，从而使中国经济进入了全面协调、结构合理、动力强劲的新常态，这就为中国经济跨越"中等收入陷阱"提供了坚实的经济基础与可靠的保障。正如习近平所指出的："我国经济发展进入新常态，是我国经济发展阶段性特征的必然反映，是不以人的意志为转移的。认识新常态，适应新常态，引领新常态，是当前和今后一个时期我国经济发展的大逻辑。"[60]这个有着强劲内生动力驱动的经济发展新常态必将带动全国人民跨越所谓的"中等收入陷阱"，顺利突破人均GDP1万美元大关。2019年中国的人均GDP已经达到1万美元，跨过"中等收入陷阱"仅是一步之遥。跨过"中等收入陷阱"，已经成为中国经济发展大逻辑的必然趋势与结果。

3. 形成橄榄型分配格局：国家长治久安的必然要求

尽管光辉前景就在眼前，但是为了飞越最后一公里，实实在在地跨过"中等收入陷阱"，并将它远远抛在身后，中国必须"要扩大中等收入阶层，逐步形成橄榄型分配格局"[61]。这"是维护社会和谐稳定、国家长治久安的必然要求"[62]。可见扩大中等收入群体，不仅具有现实的必要性，更具有长远的战略意义。

"中等收入群体"与"中等收入阶层"这两个概念或范畴，在习近平总书记那里同等地使用。因为二者虽然有些差别，但本质上别无二致。为了研究与统计的统一，笔者赞同使用"中等收入阶层"，这同西方国家使用的"中产阶级"可能更靠近些，也便于进行中西方的比较研究。由于"中等收入阶层"是"中等收入者"的集合，因而可以等同地使用，差别在于前者侧重于宏观，而后者侧重于微观。"中等收入阶层"是从整个社会角度来划分的，基本上属于宏观研究范畴。若把微观与宏观统一起来，"中等收入者"是可以同"中等收入阶层"同等使用的。

收入受多重、多种因素制约与影响，导致确定"中等收入阶层"的内涵及标准划分比较困难。首先一定要设定一个基期，以哪一年为基准；其次，要剔除价格波动因素，以基期年份的价格为准；最后，要准确确定劳动者人数，包括基期年度增加的劳动者数量。笔者认为，国家发改委社会发展研究所课题组2012年的研究报告《扩大中等收入者比重的实证分析和政策建议》具有一定的权威性。该文认为："中等收入者是指一定时期收入及生活水平稳定保持在中等或相对平均水平的居民群体。"[63] 这里，显然把"者"等同于"群体"来使用，而并非指劳动者个体。对"中等收入阶层"的内涵界定，该课题组提出两项内容：一是发展的内涵。即随着经济社会发展和整体生活水平的提高，收入在贫困线以下的人口比重将缩小，符合一定标准的中等收入者比重将上升。这意味着需要像制定贫困线测算贫困人口一样，为中等收入者量身定做相应的标准，这一标准应是绝对的而不是相对的，否则不能客观反映社会进步与社会发展水平。二是收入分配的内涵。中等收入者比重提升，也意味着社会收入差距的缩小，即社会收入分配结构从"上端小、底部大"的金字塔型向"两头小、中间大"的橄榄型转变，这是社会不同收入群体结构的变迁。基于这两个方面的内涵，该课题组决定用绝对标准考察中等收入者比重，对于这点笔者是不敢苟同的。该文确认的两方面内涵承认中等收入者是发展变化的，是动态的，这是科学的。但为什么要用绝对标准来衡量动态变化的中等收入者，而恰恰应该用相对动态指标来衡量才更科学，才能更好地反映中等收入群体的变化。只要把基期确定为100，其后动态指数变化如102，105，110…是可以反映经济社会发展变化及中等收入群体变化的。相反，用固定的绝对标准却难以反映经济社会进步与中等收入者的变化趋势。

但该课题的实证分析，还是颇具说服力的。因为他们选用的大都是《中国统计年鉴》《中国城市（镇）生活和价格年鉴》《中国农村住户调查年鉴》等公开数据，充分考虑各种因素来进行实证分析。

从总量上看，2010年全国中等收入者占人口的比重为21.25%，约2.85亿人；城镇和农村相应比重分别为36.78%和5.75%，城乡中低收入者人数分别为2.46亿人和0.386亿人，中等收入者主要在城镇，占总量的86.5%。全国低收入者人口比重为76.26%，其中大部分在农村，占总量的61.8%，高收入者比重仅为2.49%，约3335.6万人，大部分在城镇，约占总量的98.8%。

从变量上看，2000年到2010年这十年，我国经济发展很快，GDP由2000年的9.9万亿元上升到2010年的40万亿元。按可比价格计算，增长了2.27倍。GDP的增长带动了居民收入的增长，使中等收入者增长明显加快。2000年，全国中等收入者仅为1.62%，但到2010年就上升到21.25%，2005年至2010年提高了12.29个百分点。

从比较分析看，从2000年到2010年，我国低收入者的比重下降37.33%，其中绝大部分进入中等收入阶层，使其比重上升了32.44%，而同期上升到高收入人群者并不多，其比重仅上升4.89%。[64]

综上所述，笔者认为，2010年中国中等收入群体或阶层只占21.25%，低收入者比重占76.26%，高收入者比重仅占2.49%，显然是一个金字塔型收入格局（如图4-4）。

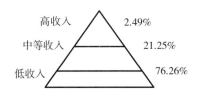

图4-4　金字塔型收入格局

由图4-4清晰可见，中等收入人群或阶层所占比重仅为1/5多一点，远未形成橄榄型收入格局，但十分可喜的是，这充分表明，中国向橄榄型收入格局的过渡已经开始。

令人可喜的是自2010年以来，尤其是自党的十八大以来，在以习近平同志为核心的党中央正确领导下，中国实现了经济持续中高速高质量增长，国内生产总值翻了一番，2018年达97万亿元，2020年突破100万亿元大关。这对收入分配将产生巨大作用，使分配格局出现可喜变化。

该课题组经科学测算与研究后指出："到2020年我国不同收入群体将开始步入橄榄型结构。今后十年即到2020年，中国中等收入者比重将增长一倍，达到45%，基本上和低收入者比重持平，之后不同收入群体将整体上进入两头小、中间大的橄榄型收入结构，届时全国高收入比重约是现在的四倍，约1.3亿人。"[65]这个判断基本上被我国经济发展的实践所证实。但是笔者认为，还必须努力奋斗，才可能真正达到橄榄型收入格局。理想的橄榄型收入分配格局模式或者中国橄榄型收入分配模式的目标模式如图4-5所示。

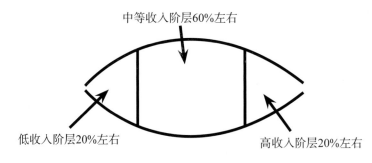

中等收入阶层60%左右

低收入阶层20%左右　　　　　高收入阶层20%左右

图4-5　橄榄型收入分配格局

应当特别指出的是，这个目标模式是笔者的大胆构想。其客观依据是它一定是随着经济的发展变化自行形成的，而非人为规定的，并且它是每年都可变化的。因为随着中国经济实力的加强，高收入阶层占比肯定会更大，中低收入人群将会减少一些。笔者认为，中国只要坚定不移地以现在的中高速、高质量发展，到新中国成立100周年即2049年就基本上能达到橄榄型收入分配的目标模式；达到习近平讲的形成橄榄型分配格局，估计到2030年即可实现；然后再过20年实现其目标模式。笔者认为把收入分配橄榄型目标模式与中国发展的"两个一百年"奋斗目标统一起来，是符合经济发展规律的。

橄榄型收入分配格局的形成，对经济社会的协调稳定发展和国家的长治久安，具有重大战略作用与意义。这是因为：其一，这个格局的形成标志中国的"四个现代化"已经实现，中华民族伟大复兴的中国梦已经实现，中国的经济实力已跻身世界发达国家行列。中国那时会如巍峨的泰山一样屹立在世界的东方。其二，这个格局的形成，标志着中国收入分配不公平的问题已经根本解决，不仅消灭了绝对贫困，就连相对贫困也基本解决，实现了全体人民共同富裕的目标，真正实现全体人民发展成果共享，过上安居乐业、幸福美好的生活，从而达到社会和谐稳定和国家长治久安。这就是习近平从长远的战略高度来抓橄榄型收入分配模式的深谋远虑所在。可以肯定地说，这种收入分配格局有序化、合理化是"让改革发展成果更多更公平惠及全体人民，朝着实现全体人民共同富裕不断迈进"[66]的根本战略措施与有效途径，必将促进社会主义分配制度更加完善与成熟。

参考文献

[1]习近平谈治国理政：第2卷[M].北京：外文出版社，2017：369.

[2]毛泽东文集：第2卷[M].北京：人民出版社，1993：464.

[3]邓小平文选：第2卷[M].北京：人民出版社，1994：101.

[4]邓小平文选：第2卷[M].北京：人民出版社，1994：102.

[5]邓小平文选：第3卷[M].北京：人民出版社，1993：64.

[6]邓小平文选：第3卷[M].北京：人民出版社，1993：110-111.

[7]邓小平文选：第3卷[M].北京：人民出版社，1993：139.

[8]邓小平文选：第3卷[M].北京：人民出版社，1993：149.

[9]邓小平文选：第3卷[M].北京：人民出版社，1993：364.

[10]斯大林.苏联社会主义经济问题[M].北京：人民出版社，1961：58.

[11]马克思恩格斯选集：第2卷[M].北京：人民出版社，1972：94.

[12]马克思恩格斯选集：第2卷[M].北京：人民出版社，1972：102.

[13]马克思恩格斯选集：第2卷[M].北京：人民出版社，1972：98.

[14]马克思恩格斯选集：第3卷[M].北京：人民出版社，1972：13.

[15]马克思恩格斯选集：第3卷[M].北京：人民出版社，1972：13.

[16] 马克思恩格斯选集: 第3卷 [M]. 北京: 人民出版社, 1972: 9.

[17] 马克思恩格斯选集: 第3卷 [M]. 北京: 人民出版社, 1972: 9-10.

[18] 马克思恩格斯选集: 第3卷 [M]. 北京: 人民出版社, 1972: 11.

[19] 马克思恩格斯选集: 第3卷 [M]. 北京: 人民出版社, 1972: 10-11.

[20] 马克思恩格斯选集: 第3卷 [M]. 北京: 人民出版社, 1972: 11-12.

[21] 马克思恩格斯选集: 第3卷 [M]. 北京: 人民出版社, 1972: 11.

[22] 马克思恩格斯选集: 第4卷 [M]. 北京: 人民出版社, 1972: 475.

[23] 这里特别加了 "各尽所能", 是因为本来的分配制度全称为 "各尽所能, 按劳分配", 现在只称 "按劳分配", 但严格来说这个 "各尽所能" 还应包括进去。社会上只要有劳动能力的人, 还是要 "各尽所能为社会贡献劳动", 在这个前提下, 才能按付出的劳动数量与质量分配消费品。

[24] 参见《经济研究》编辑部. 建国以来社会主义经济理论问题争鸣 (1949—1984) [M]. 北京: 中国财政经济出版社, 1985: 161-166.

[25] 马克思恩格斯选集: 第3卷 [M]. 北京: 人民出版社, 1972: 11.

[26] 马克思恩格斯选集: 第3卷 [M]. 北京: 人民出版社, 1972: 11.

[27] 马克思. 资本论: 第1卷 [M]. 北京: 人民出版社, 1975: 201.

[28] 马克思. 资本论: 第1卷 [M]. 北京: 人民出版社, 1975: 96.

[29] 马克思. 资本论: 第2卷 [M]. 北京: 人民出版社, 1975: 397.

[30] 习近平谈治国理政: 第2卷 [M]. 北京: 外文出版社, 2017: 66.

[31] 萨伊. 政治经济学概论 [M]. 北京: 商务印书馆, 1982: 59.

[32] 萨伊. 政治经济学概论 [M]. 北京: 商务印书馆, 1982: 75.

[33] 萨缪尔森. 经济学: 中册 [M]. 北京: 商务印书馆, 1991: 225-230.

[34] 马克思恩格斯选集: 第3卷 [M]. 北京: 人民出版社, 1972: 12.

[35] 马克思恩格斯选集: 第3卷 [M]. 北京: 人民出版社, 1972: 12.

[36] 阿瑟·奥肯. 平等与效率 [M]. 北京: 华夏出版社, 1987: 32.

[37] 列宁选集: 第3卷 [M]. 北京: 人民出版社, 1972: 560-561.

[38] 周恩来选集: 下 [M]. 北京: 人民出版社, 1984: 143.

[39] 陈云文选: 第3卷 [M]. 北京: 人民出版社, 1995: 337.

[40] 邓小平文选: 第3卷 [M]. 北京: 人民出版社, 1993: 149.

[41] 邓小平文选: 第3卷 [M]. 北京: 人民出版社, 1993: 364.

[42] 邓小平文选: 第3卷 [M]. 北京: 人民出版社, 1993: 374.

[43] 马克思恩格斯全集: 第46卷下册 [M]. 北京: 人民出版社, 1980: 211.

[44] 约翰·奈斯比特. 大趋势——改变我们生活的十个新方向 [M]. 北京: 中国社会科学出版社, 1984: 15.

[45]潘石. 个人收入分配不公问题论评[J].吉林大学社会科学学报, 1990（01）：47-54.

[46]习近平谈治国理政：第2卷[M].北京：外文出版社, 2017：369.

[47]邓小平文选：第3卷[M].北京：人民出版社, 1993：123.

[48]马克思. 资本论：第1卷[M].北京：人民出版社, 1975：708.

[49]邓小平文选：第3卷[M].北京：人民出版社, 1993：139.

[50]习近平谈治国理政：第2卷[M].北京：外文出版社, 2017：200.

[51]蔡继明. 论财富创造与财富分配的关系[J].经济学动态, 2010（04）：60-64.

[52]马克思. 资本论：第1卷[M].北京：人民出版社, 1975：829.

[53]习近平. 在庆祝改革开放40周年大会上的讲话[M].北京：人民出版社, 2018：11-12.

[54]习近平谈治国理政：第2卷[M].北京：外文出版社, 2017：216.

[55]习近平谈治国理政：第2卷[M].北京：外文出版社, 2017：213-214.

[56]习近平谈治国理政：第2卷[M].北京：外文出版社, 2017：214.

[57]徐瑾. 中等收入陷阱研究评述[J].经济学动态, 2014（05）：96-103.

[58]转引自高杰, 何平, 张锐. 中等收入陷阱理论述评[J].经济学动态, 2012（03）：83-89.

[59]转引自高杰, 何平, 张锐. 中等收入陷阱理论述评[J].经济学动态, 2012（03）：83-89.

[60]习近平谈治国理政：第2卷[M].北京：外文出版社, 2017：233.

[61]习近平谈治国理政：第2卷[M].北京：外文出版社, 2017：216.

[62]习近平谈治国理政：第2卷[M].北京：外文出版社, 2017：369.

[63]国家发改委社会发展研究所课题组. 扩大中等收入者比重的实证分析和政策建议[J].经济学动态, 2012（05）：12.

[64]国家发改委社会发展研究所课题组. 扩大中等收入者比重的实证分析和政策建议[J].经济学动态, 2012（05）：12-17.

[65]国家发改委社会发展研究所课题组. 扩大中等收入者比重的实证分析和政策建议[J].经济学动态, 2012（05）：15.

[66]习近平谈治国理政：第3卷[M].北京：外文出版社, 2020：35.

第五章　新时代社会主要矛盾论

中国特色社会主义进入新时代，我国社会主要矛盾是什么？发生没发生变化？我国社会主义初级阶段的社会主要矛盾是如何发展演进的？一个国家要发展为什么非要找出并紧紧抓住社会主要矛盾？中国特色社会主义新时代，社会主要矛盾的科学内涵如何？解决社会主要矛盾应采取哪些对策？对这一系列重大问题，习近平都给予了科学的阐释与回答，创造性地建立了新时代社会主要矛盾学说，丰富了马克思主义关于社会主要矛盾的理论。

一、找出并抓住社会主要矛盾的重要性

1. 找出并抓住社会主要矛盾：辩证唯物主义的思想方法与工作指导原则

世界是运动的世界。世界上万事万物时刻都在运动。运动的世界中万事万物无不充满着矛盾，没有矛盾也就没有世界。人类社会亦是如此，它充满着各式各样的错综复杂的矛盾，人类活动使旧的矛盾解决，新的矛盾又出现了。人类社会就是在错综复杂的矛盾的不断解决又不断出现的进程中向前发展的。

无论是在新民主主义革命时期、社会主义革命和建设时期，还是改革开放和社会主义现代化新时期，我们都要学会善于在纷繁复杂的矛盾中找出并抓住主要矛盾。毛泽东指出："研究任何过程，如果是存在着两个以上矛盾的复杂过程的话，就要用全力找出它的主要矛盾。捉住了这个主要矛盾，一切问题就迎刃而解了。这是马克思研究资本主义社会告诉我们的方法。"[1]这是毛泽东基于自身实践经验的科学总结，是一个辩证唯物主义的思想方法和工作指导原则。习近平对中国特色社会主义新时代社会主要矛盾的选择就是科学地运用了这个思想方法与工作指导原则来进行的。

那么，什么是主要矛盾呢？毛泽东指出："任何过程如果有多数矛盾存在的话，其中必定有一个是主要的，起着领导的、决定的作用，其他则处于次要和服从的地位。""不能把过程中所有的矛盾平均看待，必须把它们区别为主要的和次要的两类，着重于抓住主要的矛盾，已如上所述。但是在各种矛盾之中，不论是主要的或次要的，矛盾着的两个方面，又是否可以平均看待呢？也是不可以的。无论什么矛盾，矛盾的诸方面，其发展是不平衡的。有时候似乎势均力敌，然而这只是暂时的和相对的情形，基本的形态则是不平衡。矛盾着的两方面中，必有一方面是主要的，他方面是次要的。其

主要的方面，即所谓矛盾起主导作用的方面。事物的性质，主要地是由取得支配地位的矛盾的主要方面所规定的。"[2]这就是毛泽东关于主要矛盾和矛盾的主要方面的科学论断。简而言之，所谓主要矛盾，就是许多矛盾中起着领导和决定作用的矛盾，其他的矛盾则是处于次要和服从地位的矛盾；所谓矛盾的主要方面，就是在矛盾的两个方面中起主要的主导作用的方面。事物性质主要是由取得支配地位的矛盾的主要方面所规定的。

找出并抓住社会主要矛盾和矛盾的主要方面，对经济社会发展具有至关重要的意义。首先，可以明确主攻方向是什么。作为经济社会发展的领导者，就像战场上的指挥员一样，必须明确其主攻方向是什么。在面对经济社会发展中各种纷繁复杂的矛盾时，必须找出一个主要的矛盾，并紧紧抓住它。否则，经济社会发展就会受到巨大损失，甚至失败。可见，主要矛盾决定着经济社会发展的主攻方向。其次，主要矛盾还规定着经济发展的基本路线与政策。1952年6月6日，毛泽东指出，"在打倒地主阶级和官僚资产阶级以后，中国内部的主要矛盾即是工人阶级与民族资产阶级的矛盾"[3]。基于这个主要矛盾的判断并为了解决这个主要矛盾，党和国家明确提出了过渡时期总路线。毛泽东指出："从中华人民共和国成立，到社会主义改造基本完成，这是一个过渡时期。党在这个过渡时期的总路线和总任务，是要在一个相当长的时期内，逐步实现国家的社会主义工业化，并逐步实现国家对农业、对手工业和对资本主义工商业的社会主义改造。"[4]这个总路线和总任务主要有两个方面：一是发展生产力方面，要在过渡时期基本实现工业化；二是在生产关系方面，完成生产资料所有制方面的社会主义改造，主要解决对民族资产阶级生产资料的和平剥夺问题。最后，社会主要矛盾还规定着经济社会发展面临的根本任务。这主要是通过主要矛盾的主要方面来实现的。因为主要矛盾总是体现生产力与生产关系两个方面因素的。在其中，生产力因素是起主导与决定作用的方面。只有完成生产力方面的根本任务，才能从根本上解决社会主要矛盾。这本是社会主要矛盾的题中应有之义。以上三者，明确主次方向也好，规定基本路线与政策也好，规定根本任务也好，这都是社会主要矛盾的内在逻辑力量作用的必然结果。上述由社会主要矛盾所规定的三个方面，都关系到国家的大政方针，用习近平总书记的话说，关系到国家治理体系与治理能力现代化的提高，甚至决定着国家走什么道路的根本问题。所以，找出并紧紧抓住社会主要矛盾，绝不是一件简单的事情。

2. 找出并抓住社会主要矛盾：革命与建设不断夺取胜利的法宝

毛泽东是伟大的无产阶级革命家、战略家、理论家，他总是能从宏观大视野的角度，观察与洞悉中国的基本国情，然后从国情出发，从错综复杂的矛盾中，厘清并找出主要矛盾。他指出，旧中国一直是个封建主义国家，农民阶级和地主阶级之间的矛盾是这个国家的主要矛盾。地主阶级凭借他们对土地所有权的垄断，对农民收取实物地租或徭役地租，残酷地剥削农民，榨取农民的血汗。同时，地主阶级还同封建官府相勾结，不断地霸占、侵占农民的土地，使得农民根本没有土地，或很少有土地，生活几乎陷于绝境。所以，各地不断爆发农民联合起来反对地主阶级的起义与斗争。毛泽东在《湖南农民运动考察报告》中指出："宗法封建性的土豪劣绅，不法地主阶级，是几千年专制政治的基础，帝国主义、军阀、贪官污吏的墙脚。打翻这些个封建势力，乃是国民革命的真正目标。"[5]他还指出："革命是暴动，是一个阶级推翻另一个阶级的暴烈的行动。农村革命是农民阶级推翻封建地主阶级的权力的革命。农民若不用极大的力量，决不能推翻几千年根深蒂固的地主权力。"[6]所以，在一些人污蔑湖南农民运动为"痞子运动"时，毛泽东非常坚定地支持农民运动，还亲自创办了农民运动讲习所，宣传农民革命的道理；同时，他还组织工农武装队伍，建立革命根据地，为消灭封建主义制度而进行不懈的斗争。毛泽东准确地抓住了农民阶级与封建地主阶级这个旧中国社会的主要矛盾，并为解决这个主要矛盾进行不懈的斗争，这在当时社会是非常了不起的事情，表现出了一个人民领袖的智慧与才能。更为可贵的是，毛泽东还及时关注到社会主要矛盾的变化。1931年九一八事变之后，日本帝国主义侵占东北；1937年七七事变，日本悍然发动全面侵华战争。毛泽东审时度势，敏锐认识到中国社会的主要矛盾已经转化，已经由国内农民阶级与封建地主阶级之间的矛盾转变为中华民族与日本帝国主义之间的矛盾。正是基于这种社会主要矛盾的转化，毛泽东领导中国共产党创立了抗日民族统一战线，联合国内一切反对日本帝国主义的力量，团结世界一切反法西斯的力量，把日本侵略者赶出中国去。经过十四年艰苦卓绝的抗日战争，中国人民终于在1945年取得抗日战争的伟大胜利，使中华民族与日本帝国主义的主要矛盾得以解决。不仅如此，找出并抓住社会主要矛盾还是夺取社会主义经济建设胜利的一个法宝。最典型的事例就是党的十一届三中全会确立了"解放思想、实事求是"的思想路线，坚持以经济建设为中心，实行对外开放，对内搞活的发展战略，全面推进"四个现代化"建设。特别是党的十一届六中全会，经过前几年的探索，终于从各种错综复杂的矛盾中，找出并确立社会主义初级阶段我国社会的主要矛盾为人民日益增长的物质文化需要同落后的社会生产之间的矛盾。抓住了这个主要矛盾，接下来便以"改变"落后的社会生产为主攻方向，集中力量发展社会生产力。为此还全力推进对一切阻碍社会生产力发展的经济体制的改革，并配套以政治体制及社会管理体制改革，进而解放和促进社会生产力的发展。那段时间，西方一些人曾预言：中国的改革一定要改向资本主义，走西方的资本主义道路，不然中国经济就会崩溃。一时间，"中国经济崩溃论"甚嚣尘上。然而，中国人民在中国共产党领导下紧紧抓住社会主要矛盾不放，坚持把发展社会生产力放在首位。结果不到40年时间，就实现了经济发展的腾飞，创造了世界上著名的"中国奇迹"，粉碎了"中国经济崩溃论"。资料显示，1979年到2016年，国内生产总值年均增长9.6%，是新中国成立以来中国经济发展速度最快的一段时间。国内生产总值GDP在2010年首次超过日本，2016年又接近美国的60%，相当于日本的2.27倍、英国的4.28倍和法国的4.54倍[7]。2014年，中国GDP占世界GDP的比重上升到13.5%，到2015年又进一步提高到15.5%，对世界经济的贡献率达到30%以上。

事实无可辩驳地证明，找出并抓住社会主要矛盾，就能够明确经济发展的主攻方向，就可以配合主攻方向提出相应的发展战略与任务，并为此实行一整套实现经济发展的路线、方针及政策，推行一系列体制与机制的改革，从而保证与促进社会主要矛盾的逐步缓和与解决。因此，找出并抓住社会主要矛盾，是不断夺取社会主义经济建设胜利的一个瑰丽的法宝，一定要珍视它、重视它，切不可丢失了。

二、新时代中国社会主要矛盾的确立是符合生产力决定生产关系矛盾运动规律的必然选择

新时代中国社会主要矛盾的确立，并非人们主观随意决定的，更不是偶然性的事情，而是有着一种历史必然性的。它是中国进入社会主义初级阶段生产力与生产关系矛盾运动发展的必然结果，是以习近平同志为核心的党中央遵循这个客观规律发展要求而作出的一个战略抉择。为了说明这一观点，有必要对中国进入社会主义初级阶段以后社会生产力与生产关系的矛盾运动状况，以及中国共产党人对中国社会主义初级阶段社会主要矛盾的艰苦探讨过程进行梳理。

1. 党的八大前毛泽东对中国社会主要矛盾的探寻

1956年底，中国进入社会主义社会，就直接面临一个社会主要矛盾的寻找与探索问题。毛泽东在1956年11月15日举行的党的第八届二中全会上的讲话就涉及中国社会主要矛盾问题。他指出，将来全世界的帝国主义都打倒了，阶级没有了，那个时候还有生产关系同生产力的矛盾，上层建筑同经济基础的矛盾。生产关系搞得不对头，就要把它推翻。上层建筑（其中包括思想、舆论）要是保护人民不喜欢的那种生产关系，人民就要改革它。[8]他还指出，生产力有两项，一项是人，一项是工具。工具是人制造的。工具要革命，它会通过人来讲话，通过劳动者来讲话，破坏旧的生产关系，破坏旧的社会关系。这里，毛泽东用极其生动的语言讲述了生产关系与生产力之间的矛盾、上层建筑与经济基础的矛盾，指出生产力决定生产关系，生产关系一定要适合生产力要求，生产关系搞得不对头，就要把它推翻；同时也指出经济基础（即生产关系）决定上层建筑，上层建筑必须适应经济基础的性质与要求，它要是保护人民不喜欢的那种生产关系，人民就要改革它。这两对矛盾就是人类社会的基本矛盾，它必然要集中地表现为社会的主要矛盾，为什么会这样呢？实际上，这两对矛盾其实就三个要素。一是生产力；二是生产关系（即经济基础）；三是上层建筑（如图5-1）。人类社会就是在这三个要素的矛盾运动中向前发展的。从图5-1我们可见：其一，生产关系是核心环节，它是人

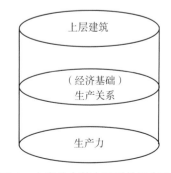

图5-1　人类社会基本矛盾的三个要素

（图中文字：上层建筑／（经济基础）生产关系／生产力）

们在遵从、征服与改造自然界过程中所形成的人与人之间的关系。这种关系实质就是人们之间的利益关系。在阶级社会中，这种关系表现为阶级对立关系，形成社会的主要矛盾。其二，上层建筑主要包括政治体系及其制度，法律体系及其制度，意识形态（包括思想、舆论等），它一定是由经济基础所决定，并为经济基础服务的。它是由社会主要矛盾的主要方面（例如资本主义社会的资产阶级）起决定与支配作用建立起来的，要为保护资产阶级利益服务。在社会主义社会，国家的法律就是由当家做了主人的取得社会支配地位的工人阶级与广大人民制定的。正如毛泽东所说："法律是上层建筑。我们的法律，是劳动人民自己制定的。它是维护革命秩序，保护劳动人民利益，保护社会主义经济基础，保护生产力的。"[9]其三，生产力虽然处于最底层，但它是人类社会赖以存在的物质基础，它是决定人类社会存在与发展的终极原因。没有了它，人类社会便不复存在。人类劳动过程就是人们运用生产资料改造与征服自然界、实现物质变换的过程。所以才有马克思下列名言："任何一个民族，如果停止劳动，不用说一年，就是几个星期，也要灭亡，这是每一个小孩都知道的。"[10]这就是说，经济基础也好，上层建筑也好，最终都是由社会物质生产力所决定的。

从上可见，毛泽东在1956年底已经探寻到中国社会的基本矛盾，为他找寻到中国社会主义社会初级阶段社会主要矛盾拿到了一把钥匙。他已经意识到，社会主义制度的建立，使资产阶级作为一个剥削阶级已经消灭了，但社会制度还要改革，他更清醒地意识到，生产力是最革命的因素，他还特别重视生产工具革命的作用，指出它会通过人来讲话，通过劳动者来讲话，破坏旧的生产关系，破坏旧的社会关系，即马克思提出的生产力（包括生产工具）是人类社会存在与发展的最终决定的物质力量。

然而，毛泽东并没有停止探寻中国社会主义初级阶段社会主要矛盾的脚步。1957年2月，在中国跨入社会主义社会不久，毛泽东就发表了著名的《关于正确处理人民内部矛盾的问题》一文。他在文中将中国社会各种各样矛盾划分为两类不同性质的矛盾：一类是人民内部矛盾，一类是敌我矛盾。敌我矛盾是对抗性的，而人民内部矛盾则是非对抗性的。在两类矛盾中，敌我矛盾是极少量的，处于从属地位；而人民内部矛盾则是大量的，是处于主要的地位。这里，毛泽东实际上触摸到当时中国社会的主要矛盾，但没有十分清晰地表述出来。紧接着，他在同一篇文章中，运用马克思主义关于社会基本矛盾的学说这把钥匙，较前更深入地探寻社会主义社会的主要矛盾问题。他明确指出："在社会主义社会中，基本的矛盾仍然是生产关系和生产力之间的矛盾，上层建筑和经济基础之间的矛盾。不过社会主义社会的这些矛盾，同旧社会的生产关系和生产力的矛盾、上层建筑和经济基础的矛盾，具有根本不同的性质和情况罢了。我国现在的社会制度比较旧时代的社会制度要优越得多。如果不优越，旧制度就不会被推翻，新制度就不可能建立。所谓社会主义生产关系比较旧时代生产关系更能够适应生产力发展的性质，就是指能够容许生产力以旧社会所没有的速度迅速发展，因而生产不断扩大，因而使人民不断增长的需要能够逐步得到满足的这样一种情况。"[11]这里已经说到了生产与需要之间的矛盾，只是还没有明确指出它就是中国社会的主要矛盾。然后，毛泽东沿着社会主义社会基本矛盾的思路，进一步指出："总之，社会主义生产关系已经建立起来，它是和生产力的发展相适应的；但是，它又还很不完善。这些不完善的方面和生产力的发展又是相矛盾的。除了生产关系和生产力发展的这种又相适应又相矛盾的情况以外，还有上层建筑和经济基础又相适应又相矛盾的情况。""我们今后必须按照具体的情况，继续解决上述的各种矛盾。当然，在解决这些矛盾以后，又会出现新的问题，新的矛盾，又需要人们去解决。例如，在客观上将会长期存在的社会生产和社会需要之间的矛盾，就需要人们时常经过国家计划去调节。"[12]他还特别强调，"现在的情况是：革命时期的大规模的急风暴雨式的群众阶级斗争基本结束"，并宣布要"团结全国各族人民进行一场新的战争——向自然界开战，发展我们的经济，发展我们的文化，使全体人民比较顺利地走过目前的过渡时期，巩固我们的新制度，建设我们的新国家"[13]。这就正式宣告：随着剥削阶级作为一个阶级已被消灭，国内以阶级矛盾为主要矛盾的时代已经结束，新的社会主要任务是向自然界开战，发展经济与文化，巩固新制度，建设新国家。这时，毛泽东已经比较清晰地看到了中国社会主要矛盾及由其决定的主要任务了。

2. 党的八大以后，毛泽东对中国社会主要矛盾的误判

事情到了1957年底却出现了反复。由于国际上发生匈牙利事件，出现了一股反对社会主义政权的思潮，国内也出现了所谓资产阶级右派的大举进攻。鉴于当时严峻的国际国内环境，毛泽东作出误判，又重新认定："无产阶级和资产阶级的矛盾，社会主义道路和资本主义道路的矛盾，毫无疑问，这是当前我国社会的主要矛盾。"并且直接否定了党的八大决议，指出："'八大'决议没有提这个问题。'八大'决议上有那么一段，讲主要矛盾是先进的社会主义制度同落后的社会生产力之间的矛盾。这种提法是不对的。"[14]将无产阶级与资产阶级的矛盾重新确立为中国社会主要矛盾无疑是个倒退。因为在社会主义中国资产阶级作为一个独立的剥削阶级已经被消灭了，虽然尚有少量残余及个别分子，但无论如何都不能再重新上升为与无产阶级相对立的一个阶级，因为有了人民民主专政的存在。至于社会主义道路与资本主义道路的矛盾确实还存在，有时这两条道路的斗争还表现得很激烈，但它又无法再构成中国社会主要矛盾。这是因为这两条道路的矛盾与斗争，更多地表现在意识形态领域。有中国共产党的坚强领导，有马克思列宁主义思想的指导，走资本主义道路的思想理论不可能在中国取得支配地位。因此，资本主义道路在中国不可能走得通。这样，社会主义道路与资本主义道路的矛盾是不可能上升为中国社会主要矛盾的。

关于党的八大决议中提出的中国社会的主要矛盾为"先进的社会主义制度同落后的社会生产力的矛盾"，显然是比"两个阶级的矛盾与两条道路的矛盾"有进步，似乎更切合当时中国的实际。因为中国的社会主义制度，确如毛泽东所讲，要比资本主义制度先进得多，优越得多。此外，直接将生产关系与生产力之间的矛盾列为社会主要矛盾，也似乎有一定道理。例如，资本主义社会主要矛盾为生产社会化与资本主义私人占有之间的矛盾，就是一个例证。但笔者认为具体提法和表述却有大可商榷之处。其一，当时中国社会主义制度刚刚建立，尚有许多不完善的地方，完全认为它是先进的，就有可能把其不完善、不成熟的地方掩盖起来，不利于社会主义制度的改革与完善。其二，为某些认为社会主义"搞早了""搞糟了"的人提供口实，为他们主张走资本主义道路提供可乘之机。这些人认为，既然社会主义生产关系或社会主义制度"冒进了""太先进了"，与落后的社会生产力相矛盾，那理所当然就应该退回去，退到与落后社会生产力水平相适应的状况上去。其三，容易给人造成错觉，认为反正社会主义制度是先进的，只要大干就可以，怎么干都行，有先进的制度作保证，怎么都不会出问题。这就给某些肆意蛮干的人开了"绿灯"。事实证明，先进的社会主义制度并不能自动保障经济建设不出现问题，也并不一定会在短时间内实现经济飞跃。其四，先进的社会主义制度，现在看来（当时人们还未意识到），其先进性、优越性要真正发挥出来，还要通过先进的人、先进的体制机制才能真正得以实现。如果人或体制机制都存在问题，例如人的科技文化水平，驾驭与调节社会主义生产关系的能力都不达标，体制机制都十分僵化陈旧、运转不灵活，二者结合在一起，不仅不会保证解放与发展社会生产力，反而还会给社会生产力发展造成巨大损失。

3. 党的十一届三中全会召开使中国对社会主要矛盾的认识步入正轨

1978年底召开的党的十一届三中全会，冲破长期"左"的错误的严重束缚，批评"两个凡是"的错误方针，重新确立马克思主义的思想路线、政治路线、组织路线，制定了党在新时期的基本路线。其主要内容为"一个中心，两个基本点"，即：一个中心为以经济建设为中心；两个基本点为坚持四项基本原则，坚持改革开放。这就彻底抛弃了以往的"以阶级斗争为纲"，摆脱了原有的社会主要矛盾理论的束缚与影响，走上以经济建设为中心，全力发展社会生产力的轨道。

1982年，党的十一届六中全会明确地将中国社会的主要矛盾确定为"人民日益增长的物质文化生活需要同落后的社会生产之间的矛盾"，此后，我们党坚持这个主要矛盾，"咬定青山不放松"，长期为解决这个主要矛盾而努力。由于这个社会主要矛盾抓得及时、准确、科学，依据这个主要矛盾制定的一系列路线、方针、政策正确有效，制定的发展战略目标切实可行，因而解放与促进了社会生产力的飞速发展。从1979年到2016年，我国经济以年均近两位数的速度迅猛增长。到2010年，中国的GDP超过日本，成为世界第二大经济体。2014年，中国GDP的总量进入10万亿美元俱乐部，是日本的2倍。[15]到2016年，中国GDP的总量已接近美国的60%多，相当于日本的2.27倍，英国的4.28倍和法国的4.54倍。[16]中国的钢铁、水泥、煤炭等产品的产量已居世界第一位，铁路、公路、港口、桥梁等基础设施建设更居世界第一位，电脑、手机拥有量及网络支付也占第一位，货物运输与贸易量占世界第一位，许多日用工业品及一些大工业"重器"生产也跃居世界前列。面对这种令人鼓舞的成就，有人认为中国社会的主要矛盾解决得差不多了，是应该改一改了。面对这种情况，2016年7月1日，习近平在庆祝中国共产党成立95周年大会上的讲话中特别强调指出："发展是党执政兴国的第一要务，是解决中国所有问题的关键。我国仍处于并将长期处于社会主义初级阶段的基本国情没有变，人民日益增长的物质文化需要同落后的社会生产之间的矛盾这一社会主要矛盾没有变，我国是世界上最大发展中国家的国际地位没有变。这是我们谋发展的基本依据。"[17] 这"三个没有变"，都是中国共产党立命安身、谋取发展的根本依据，其中第二个就是要坚守中国社会的主要矛盾。习近平深知，这个主要矛盾是中国共产党自1956年以来经过近60年探索，几经曲折与失败，付出许多惨痛的代价才抓住的，也是中国共产党在实践中按照生产关系一定适合生产力性质与发展的规律，不断调整与转换对中国社会主要矛盾认识上的偏误，逐渐探索的结果。

三、新时代社会主要矛盾的科学内涵

1. 新时代社会主要矛盾转换的依据

习近平在中国共产党第十九次全国代表大会上的报告中明确指出："中国特色社会主义进入新时代，我国社会主要矛盾已经转化为人民日益增长的美好生活需要和不平衡不充分的发展之间的矛盾。"[18] 这是一个非常科学理性的判断。为什么社会主要矛盾在短短几年时间会发生如此明显的变化与转化呢？其一，社会主要矛盾是运动与变化的，而不是凝固不变的，在社会主义初级阶段也是如此。其二，社会主要矛盾的运动与变化是要随着时代的变化而变化的。时代前进了，它如果还停留在以往时代，显然不适应新时代要求，无法反映新时代的本质。其三，时代的变化，归根到底是由社会生产力发展运动引起的。习近平在党的十九大报告中，实际上把"中国特色社会主义进入新时代"作为我国社会主要矛盾变化的基本前提与根本依据。意思是说中国特色社会主义社会倘若没有进入新时代，中国社会的主要矛盾就不会发生转化。那中国特色社会主义为什么已经进入新时代？其原因在于，中国社会生产力发展已经取得了举世瞩目的成就。正如习近平在党的十九大报告中所说的："我国社会生产力水平总体上显著提高，社会生产能力在很多方面进入世界前列，更加突出的问题是发展不平衡不充分，这已经成为满足人民日益增长的美好生活需要的主要制约因素。"[19]

习近平阐述了中国社会主要矛盾转化的关键所在，即"不平衡不充分的发展"，它已经成为"满足人民日益增长的美好生活需要的主要制约因素"。因此说，中国特色社会主义进入新时代是中国社会主要矛盾转化的直接原因，而社会生产力发展不平衡不充分则是决定性依据。

2. 新时代中国社会主要矛盾内涵解析

依据习近平关于新时代中国社会主要矛盾的科学表述，它的内容是由两个方面构成的，一方面是"人民日益增长的美好生活需要"，另一方面是"不平衡不充分的发展"。两个方面的对立统一，构成新时代中国社会的主要矛盾。下面，我们通过与转化前的中国社会主要矛盾的对比来分析矛盾的双方。

第一，"美好生活需要"要比"物质文化需要"内涵宽泛得多，层次高得多。

用习近平的讲话来具体诠释就是："我们的人民热爱生活，期盼有更好的教育、更稳定的工作、更满意的收入、更可靠的社会保障、更高水平的医疗卫生服务、更舒适的居住条件、更优美的环境，期盼孩子们能成长得更好、工作得更好、生活得更好。"[20]这些期盼与需要，显然不仅仅是"物质文化需要"了，它要比"物质文化需要"包括的内容多得多。如"更可靠的社会保障""更高水平的医疗服务""更优美的环境"，甚至连"孩子们成长得更好、工作更好、生活得更好"都包括在内，这是原来的"满足人民日益增长的物质文化需要"所无法完全包含的。特别值得一提的是，"美好生活需要"不仅仅是数量上的要求，更重要的是有质量提升的要求。人们越来越追求有尊严、有品质、高质量的生活，远比"物质文化需要"层次更高。按照马斯洛的需求层次理论，人类的需求像阶梯一样从低到高依次是生理需求、安全需求、社交需求、尊重需求和自我实现需求。这种划分不一定十分科学，但却鲜明地划分了需求的层次。实际上随着我国人民收入水平的提高，人民对美好生活的质量与品位也会不断提高，并且对社会安全、公平、正义及自身社会价值的提升也会有较强的需求。

第二，"不平衡不充分的发展"要比"社会生产力落后"指向更明确、更具体。

它是说社会生产力发展水平总体上改变了过去严重落后的状况，现在的主要问题是社会生产力发展不充分、结构不平衡。什么叫"不充分"？就是社会生产各个方面的潜力还没有充分发挥，新动能、新的增长点还没有充分挖掘出来，创新活力还没有充分显现出来，社会生产力中最活跃的因素——劳动者们的积极性，尤其是创造性还没有充分发挥出来，社会生产力中的物质要素——生产资料的变革，尤其是生产工具的变革还没大规模发生。所有这些都还在制约着中国社会生产力发展质的飞跃，或发生革命性的变化。中国社会生产力发展确实存在许多不平衡，如：城乡发展不平衡，农业机械化、自动化生产水平还较低，农村工业化水平还较低，与城市工业化水平相比还差别很大。再如，东部和中西部发展也很不平衡，东部发展水平较高，而中西部生产力发展还很落后。另外，南北发展差距更大，南方的长三角、珠三角的发展水平比东北地区高许多。更重要的是产业结构不平衡，这更是中国社会生产力发展的突出问题。如在产业结构方面，服务业比重过低、高新技术产业发展在产业发展中还未达到世界领先水平等等。我国社会生产力总体不充分发展及其发展结构不平衡，已经成为一个显著问题，并成为满足全体人民日益增长的美好生活需要的主要制约因素，这就使得它成为中国社会主要矛盾的主要方面，成为中国社会主要矛盾的决定性因素。

第三，主要矛盾的双方都有一个层次与结构问题，以及二者如何平衡的问题。

中国特色社会主义新时代社会主要矛盾的双方，从经济学角度上看，说到底就是供给与需求之间的矛盾问题。生产力发展的不平衡不充分问题，这是讲供给侧的问题。美好生活的需要，这是讲需求侧的问题。在社会再生产运动中，一般是供给决定需求，供给也可以创造需求，但需求也不是完全被动的，它也可反过来拉动供给，促使供给增长，并且在一定条件下还可以决定供给。新时代，中国社会主要矛盾的双方，即"不平衡不充分的发展"与"人民日益增长的美好生活需要"的关系也如上述关系一样。这就是毛泽东所讲的："在客观上将会长期存在的社会生产和社会需要之间的矛盾，就需要人们时常经过国家计划去调节。我国每年作一次经济计划，安排积累和消费的适当比例，求得生产和需要之间的平衡。"[21]

实际上，上述矛盾双方都有一个层次与结构问题。人民美好生活的需求层次与结构是由社会生产力发展的层次与结构所决定的，社会生产力发展的层次与结构决定着人民美好生活需要的实现程度与水平，它的发展越充分，结构越合理平衡，人民的美好生活需要的满足程度及实现水平就会越高。反之，社会生产力发展水平与档次很低，并且结构不合理不平衡，不能与人民美好生活需要在水平、档次与结构上相一致或大体上相平衡，就会严重制约与影响人民美好生活需要的实现。倘若二者在水平、档次与结构上发生严重错位，比例严重失调，就会发生毛泽东所讲的"社会需要与社会生产"之间的结构失衡。在改革开放前，中国经济的典型特征是社会生产力水平低下，导致短缺经济下的供不应求，社会生产满足不了社会需要，许多商品凭票供应也买不到，人民的一般物质文化生活需要难以满足。1997年，经过近20年的改革开放，我国生产力获得空前的解放与发展，基本上扭转了"短缺经济"现象，一些社会生产开始大于社会需要，出现了生产过剩现象。这种过剩并不是总量严重过剩与失衡，而主要是由结构失衡中的长、短线产品失衡造成的，即长线产品过剩，而短线产品仍然供不应求，满足不了社会需要。自1997年以后，中国经济一直被结构失衡所困扰，所以一直在加大力度努力调结构、转方式。

以往中国实行计划经济，一直像毛泽东所讲的那样，每年作一次经济计划，用计划去调节社会生产与社会需要之间的矛盾。现在，我国实行市场经济，社会经济活动完全由市场决定与调节，同时辅以政府干预与调节。笔者认为，市场决定与调节，并不排斥政府的计划调节与干预。邓小平讲市场调节与计划调节都是手段。既然如此，市场经济也可以辅之以计划调节，当然这种调节不要再像以前计划经济那样，采用强制的指令计划去调节，可以用"规划"一类弹性的计划去引导社会经济活动向着"社会生产与社会需要相对平衡"的目标努力。

所谓"相对平衡"就是说，"社会生产与社会需要"之间在水平、档次与结构上只能是大体上实现平衡。绝对的一致与平衡只是暂时的偶然形态，而不平衡则是矛盾运动的常态，它是经常发生、大量发生的。毛泽东指出："所谓平衡，就是矛盾的暂时的相对的统一。过了一年，就整个说来，这种平衡就被矛盾的斗争所打破了，这种统一就变化了，平衡成为不平衡，统一就成为不统一，又需要作第二年的平衡和统一。""有时因为主观安排不符合客观情况，发生矛盾，破坏平衡，这就叫做犯错误。矛盾不断出现，又不断解决，就是事物发展的辩证规律。"[22] 当今中国社会主要矛盾就是按照"平衡—不平衡—平衡"的辩证公式，在"矛盾不出现又不解决"的运动中得以运行与发展的，实际上它是"社会生产与社会需要"之间矛盾在中国特色社会主义新时代条件下具体运动的表现形式。

四、供给侧结构性改革：习近平应对新时代中国社会主要矛盾的重大战略举措

1. 以供给侧结构性改革，促进社会供给能力跃升为手段，促进社会主义生产目的的全面实现

抓住主要矛盾，就是为了解决主要矛盾。如何从根本上解决新时代中国社会的主要矛盾即"人民日益增长的美好生活需要和不平衡不充分的发展之间的矛盾"呢？以习近平同志为核心的党中央精准施策，那就是抓住主要矛盾的主要方面，从供给侧发力，大力推进供给侧结构性改革，以此来促进解放与发展社会生产力，促进社会供给能力的跃升，保证社会主义生产目的更好地实现。习近平指出："从政治经济学的角度看，供给侧结构性改革的根本，是使我国供给能力更好满足广大人民日益增长、不断升级和个性化的物质文化和生态环境需要，从而实现社会主义生产目的。"[23]

社会主义生产目的和实现其的手段之间存在着一定的内在的必然联系，这种必然联系是不以人们的主观意志为转移的。斯大林在总结苏联社会主义实践经验的基础上，创造性地提出了社会主义社会基本经济规律。他在《苏联社会主义经济问题》书中指出："社会主义基本经济规律的主要特点和要求，可以大致表述如下：用在高度技术基础上使社会主义生产不断增长和不断完善的办法，来保证最大限度地满足整个社会经常增长的物质和文化的需要。"[24] 对这个规律的表述，学术界一直存在争议，但很少有人否认这个规律的存在。在市场经济条件下，很多人只讲价值规律是商品经济的基本规律，斯大林讲的这个基本经济规律还是否存在？笔者认为，不管这个规律叫什么、怎么表述，社会主义生产目的及其实现手段或路径之间的内在联系都无可否认。"条条大路通罗马"，实际上实现或达到社会主义生产目的的路径有很多条。习近平在这里并没有被斯大林的理论所束缚，创造性地提出：以供给侧结构性改革为动力，以大力解放与发展社会主义社会生产力为手段来提升社会供给能力，来最大限度地实现社会主义生产目的，这应当是典型的结合中国实际对马克思主义政治经济学理论的创新与发展。

实行供给侧结构性改革，不仅在理论上是一种创新，而且在实践上是适合中国当前

及今后一个时期经济发展迫切需要的。习近平指出："当前和今后一个时期,我国经济发展面临的问题,供给和需求两侧都有,但矛盾的主要方面在供给侧。"[25]习近平列举了下列事实给予上述判断有力支撑:(1)我国一些行业和产业产能严重过剩,同时,大量关键设备、核心技术、高端产品还依赖进口,国内庞大的市场没有掌握在我们自己手中。(2)我国农业发展形势很好,但一些供给没有很好适应需求变化,牛奶难以满足消费者对质量、信誉保障的要求,大豆生产缺口很大而玉米增产则超过了需求增长,农产品库存也过大了。(3)我国一些有大量购买力支撑的消费需求在国内得不到有效供给,消费者把大把钞票花费在出境购物、"海淘"购物上,购买的商品已从珠宝首饰、名包名表、名牌服饰、化妆品等奢侈品向电饭煲、马桶盖、奶粉奶瓶等普通日用品延伸。(4)据测算,2014年我国居民出境旅行支出超过1万亿元人民币。[26]通过以上事实,习近平给出总体判断:"我国不是需求不足,或没有需求,而是需求变了,供给的产品却没有变,质量、服务跟不上。有效供给能力不足带来大量'需求外溢',消费能力严重外流。解决这些结构性问题,必须推进供给侧改革。"[27]

进行供给侧结构性改革,不能所有问题不分轻重一把抓,而必须突出重点,集中力量实施重点突破。习近平明确指出:"供给侧结构性改革,重点是解放和发展生产力,用改革的办法推进结构调整,减少无效和低端供给,扩大有效和中高端供给,增强供给结构对需求变化的适应性和灵活性,提高全要素生产率。"[28]可归结为三个重点:一是解放和发展生产力;二是用改革的办法推动结构调整,增加有效供给和中高端供给;三是提高全要素生产率。只有紧紧抓住这三个重点之策,供给侧结构性改革,才会产生实质性突破与重大进展。

推行供给侧结构性改革,除了突出重点以外,还要有具体的应对之策,那就是习近平高度概括的十五个字,"去产能、去库存、去杠杆、降成本、补短板"简称"三去、一降一补"。所谓"去产能",特指去掉落后过剩的产能,而不能盲目地去产能,并且是针对"长线"产业而言的。所谓"去库存",是指产品严重积压,而对质量与销路都不佳的产品,要尽快处理掉。所谓"去杠杆",特指要去掉企业由于长期负债率过高而产生的高负债,使之降低到合理的负债水平。所谓"降成本",特指所有企业都应降低生产经营成本,以此提高经济效益。所谓"补短板",特指将"短线产业"与"短线产品"拉"长","长"到与其他产业与产品相平衡的程度。这些具体之策为各地区、各部门、各企业推进供给侧结构性改革提供了可靠的抓手,能够有针对性地使改革落地开花,结出丰硕之果。

推行供给侧结构性改革,切不可孤立进行,而一定要以需求为导向,与社会需求密切结合起来。习近平强调,供给侧结构性改革必须"关注需求",要以需求为导向,与需求相结合。为什么要这样呢?习近平从理论与实际的结合上给予了科学的阐释与回答:"供给和需求是市场经济内在关系的两个基本方面,是既对立又统一的辩证关系,二者你离不开我、我离不开你，相互依存、互为条件。没有需求，供给就无从实现，新的需求可以催生新的供给；没有供给，需求就无法满足，新的供给可以创造新的需求。"[29]

2. 供给侧结构性改革创新，为经济可持续健康发展提供源源不断的内生动力

供给侧结构性改革，顾名思义，就是要在产业结构改革上下功夫，促使产业结构在合理化基础上，进一步优化升级，从低端化走向高端化。长期以来我国产业结构不合理，"长线"过长，"短线"过短，"长线"产业产品严重过剩形成库存积压，而"短线"产业产品供不应求，国内买不到，只能依靠大量进口。这说明国内产业结构与社会需求结构已经严重不相适应。上述状况主要是由于我国生产力水平低，又长期依靠规模扩张、粗放增长而形成的。所以供给侧结构性改革力图改变传统粗放的发展方式，实现新型集约化发展方式，进而改变产业结构中"长线"过长、"短线"过短的状况，压"长线"、补"短线"，促进产业结构合理化。同时，使产品由传统老旧化转向新型化、高端化、高品质化。我国产业结构改革与调整之所以长期以来进展迟缓，问题就在于许多地方就结构调整谈结构调整，没有从转变发展方式上狠下功夫。只有从供给侧转变发展方式上来进行产业结构的调整与改革，才可能取得事半功倍的效果。

从供给侧的生产发展方式转变上来推进产业结构升级优化，实现高端化、新型化，从根本上要依靠科技与产业的革命。历史上，每一次科技与产业革命都使社会生产力产生巨大的飞跃，如蒸汽机的发明、电力的使用、电子计算机的产生与广泛应用，无不使社会产业结构跃上新的水平与高度，都为社会供给创造了巨大的需求，使世界市场得到充分广阔的空间；同时，改变了人们的生产方式和生活方式，整个社会面貌为之一新。

当今中国要从根本上解决社会主要矛盾，使人民日益增长的美好生活需要上档次、上水平，更大更高程度地得到满足，只有在供给侧深入推进结构性改革，依靠科技创新与产业革命，为产业结构优化升级，实现产业高端化、新型化、高品质化提供源源不断的内生动力源，才能使供给侧的社会供给能力有质的飞跃与提升，进而保证社会主义经济可持续、健康迅速发展。习近平列举了燃料电池汽车、新一代机器人、可循环利用的热固性塑料、精准基因工程技术、积材制造、自然人工智能、分布式制造、能够感知和避让的无人机、神经形态技术、数字基因组等等。这些新兴科学技术很可能引发又一次科学技术及产业革命。习近平十分坚定地表示："当今时代，社会化大生产的突出特点，就是供给侧一旦实现了成功的颠覆性创新，市场就会以波澜壮阔的交易生成进行回应。"[30]经济发展由此会跃上新的台阶，出现崭新局面。

五、新时代中国社会主要矛盾理论与实践的重大创新

1. 把中国共产党的根本宗旨与人民日益增长的美好生活需要有机结合与统一起来

习近平在十八届中央政治局常委同中外记者见面时的讲话中说："人民对美好生

活的向往，就是我们的奋斗目标。人世间的一切幸福都需要靠辛勤的劳动来创造，我们的责任，就是要团结带领全党全国各族人民，继续解放思想，坚持改革开放，不断解放和发展社会生产力，努力解决群众的生产生活困难，坚定不移走共同富裕的道路。这个重大责任，就是对党的责任。我们的党是全心全意为人民服务的政党。"[31] "全心全意为人民服务是无限的。责任重于泰山，事业任重道远。我们一定要始终与人民心心相印、与人民同甘共苦、与人民团结奋斗，夙夜在公，勤勉工作，努力向历史、向人民交出一份合格的答卷。"[32] 在这里，习近平将中国共产党的根本宗旨"全心全意为人民服务"，同把实现人民对美好生活的向往与期盼作为奋斗目标，有机地结合起来统一起来，高度地体现了中国共产党的根本宗旨、责任、奋斗目标与社会主要矛盾中关于满足"人民日益增长的美好生活需要"表述的契合，充分体现了与实现全体人民利益的一致性。正是这种一致性，说明中国共产党有全体人民的广泛而强有力的支持，才形成了战无不胜、攻无不克的胜利源泉。

2. 拓宽了社会主义生产目的的内涵

在党的十九大之前，我国社会的主要矛盾是"人民日益增长的物质文化需要同落后的社会生产之间的矛盾"，社会主义生产的目的则是最大限度地满足人民日益增长的物质文化需要。这个生产根本目的与社会主要矛盾的一方，即社会需要方是相一致的。物质文化需要的满足，不能只靠物质资料生产，还需要文化产品的生产。人所共知，文化属于上层建筑，其生产属于精神产品生产，它完全不同于物质资料生产，其生产能力可称之为精神生产力。所以，与"需要"一方相对应的社会主义生产，应该是广义的社会主义生产，不应该认为这个社会主义生产只是狭义的物质资料的生产，还应包括精神产品（包括文化产品）的生产。

习近平在党的十九大报告中，将"人民日益增长的物质文化需要"修改为"人民日益增长的美好生活需要"，这是一个重大变化，也是一个重大理论创新，这一创新把社会主义生产的目的内涵拓宽了，加进去一个"生态环境需要"。习近平指出："从政治经济学的角度看，供给侧结构性改革的根本，是使我国供给能力更好满足广大人民日益增长、不断升级和个性化的物质文化和生态环境需要，从而实现社会主义生产目的。"[33]把"生态环境需要"加进社会主义生产目的的内涵之中，这非常重要，其意义极其深远。因为"人民日益增长的美好生活需要"，若不包括生态环境友好，怎么能真正美好得了呢？笔者认为这是对马克思主义关于社会主义生产目的的重大发展与创新，它使社会主义生产目的的内涵更加科学化，是马克思主义政治经济学理论中国化、现代化的一个科学结晶。

3. 对新时代中国社会主要矛盾的主要方面抓得准确科学

按照毛泽东《矛盾论》的科学思想，在确定社会主要矛盾之后，还必须找出主要矛盾的主要方面。因为社会主要矛盾的两个方面，是不可以平均看待的，其中必有一方是起主导或决定作用的方面，它规定着矛盾的性质。因此，在中国特色社会主义进入新时代之后，找出并确定中国社会主要矛盾的主要方面，就成为问题的关键。

如何找到并科学确定这个矛盾的主要方面呢？习近平认为："随着经济总量不断增大，我们在发展中遇到了一系列新情况新问题，经济发展面临速度换挡节点，如同一个人，10岁至18岁期间个子猛长，18岁之后长个子的速度就慢下来了。经济发展面临结构调整节点，低端产业产能过剩要集中消化，中高端产业要加快发展，过去生产什么都赚钱、生产多少都能卖出去的情况不存在了。经济发展面临动力转换节点，低成本资源和要素投入形成的驱动力明显减弱，经济增长需要更多驱动力创新。"[34] 这"三大换挡节点"，迫使习近平进一步深入思考与研究。在纵观世界经济发展史，剖析了中国经济的"三大换挡节点"之后，习近平给出了一个基本判断："当前和今后一个时期，我国经济发展面临的问题，供给和需求两侧都有，但矛盾的主要方面在供给侧。"[35]

习近平在党的十九大报告中对供给侧的表述是"不平衡不充分的发展"，这就找到了问题的关键所在，准确而又科学地抓到中国社会主要矛盾的主要方面。社会生产力发展的不平衡不充分，主要是结构不平衡与动力不足问题。正是基于此种判断，习近平提出推行供给侧结构性改革。所谓供给侧结构性改革，主攻方向便是解决我国经济发展所面临的最突出的结构性矛盾，力图从结构调整与改革中出效益、上档次、上水平，实现经济健康、协调与可持续发展。

正是由于习近平对中国社会主要矛盾的主要方面抓得准确科学，推行供给侧结构改革适时有力，给中国特色社会主义新时代经济发展注入新动能，产生新活力，带来新局面。无论是在理论上还是在实践上，都开创了中国特色社会主义政治经济学理论的新境界。

4. 开创了中国供给学派之先河

二战使世界经济遭受无比巨大的损失，甚至倒退了几十年，世界人民陷入凄凉的苦难之中。二战后，世界各国都在探索克服萧条、走出危机之路。此时，凯恩斯主义应运而生。凯恩斯面临世界经济大萧条的现状，认为主要问题是社会有效需求不足，为此提出国家干预和刺激社会总需求增长的一系列总需求管理政策。西方一些主要资本主义国家纷纷采用凯恩斯主义政策，通过增发货币来拉动经济增长，结果经济恢复了增长，却带来了严重的通货膨胀。而为了控制通货膨胀，又开始转向控制总需求，实行所谓总需求管理。这种总需求管理政策不仅没能控制通货膨胀，而且带来经济停滞与通货膨胀并存的局面，即所谓"滞胀"。这种经济病更难医治。因为"滞"与"胀"犹如跷跷板的两端，压"胀"这一端则"滞"起来；压"滞"这一端则"胀"那一端则翘起来，陷于"左右两难"境地。

20世纪七八十年代，在凯恩斯主义刺激总需求政策失灵后，供给主义学派成为西方主流经济学派。20世纪70年代，为了摆脱使西方国家"滞胀"的两难困境，供给主义学派主张从供给方入手，主张用大幅度减税的办法，让供给创造需求，让生产创造消费，刺激企业与个人增加投资。同时，为了控制通货膨胀，他们又主张控制货币发行，但一定不能抵冲"减税让利"的效应。这种医治"滞胀"的政策确实收到了一定的成效，不仅生产增长了，通货膨胀也在一定程度上得到遏制。但它也存在一些问题，习近平指出："供给学派强调的重点是减税，过分突出税率的作用，并且思想方法比较绝对，只注重供给而忽视需求，只注重市场功能而忽视政府作用。"[36]

中国的供给学派与西方供给学派有根本不同。其一，中国虽然也主张并推行"减税让利"政策，但尽可能避免其过分突出税率的作用。2018年，中国减税降费、让利于企达几千亿元。2019年，又减税降费超过2万亿元之多，这对企业降低经营成本、提高盈利水平，发挥了明显的积极成效。其二，中国推行的供给侧结构性改革是以需求为导向，不仅没有忽视需求，而且使供给更加注重需求的个性化、多样化，注重供给的层次与档次同社会需求的层次与档次相对应、相衔接，不致发生层次与档次的严重错位，从而更好地实现结构平衡。其三，中国的供给侧结构性改革，充分重视发挥市场的功能作用，将市场的作用由原来的起"基础性"作用改变为起"决定性"作用，一下子把市场对经济的功能作用提高到应有的高度，但又绝不放弃政府对市场、对经济的宏观调控作用。以上三点，从根本上讲，将中国的供给学派同西方供给学派严格区别开来，从而为创立中国特色社会主义供给学派开了先河。

中国的供给学派实质上不同于西方供给学派还在于，中国是新结构主义的供给学派，西方则是减税主义的供给学派。二者关注供给侧的重点是不同的。新结构主义是当代经济学发展前沿，是一种先进科学的理论，而减税主义把减税当作刺激经济增长的唯一手段，正像习近平所批评的那样过于"绝对"。当今世界经济发展普遍的问题，尽管也有总量不足的问题，例如发展中国家还有大量短缺问题，但是中国改革开放以来，经济发展突飞猛进，自20世纪90年代中期以后，便走出"短缺"经济时代。在经济总量不断跃升的基础上，结构性矛盾便凸显出来，这一矛盾开始成为新时代中国经济发展的主要制约因素。党的十九大报告科学地将"不平衡不充分的发展"列为主要矛盾的主要方面，实施改革攻坚，力图实现重点突破，最大限度地满足全体人民对幸福美好生活的需要。这确实是一种基于眼前，放眼长远的伟大战略举措。"以前我们要解决'有没有'的问题，现在则要解决'好不好'的问题"[37]，并把主攻方向与重点放在提升经济发展质量与效益上。

参考文献

[1] 毛泽东选集: 第1卷 [M]. 北京: 人民出版社, 1991: 322.

[2] 毛泽东选集: 第1卷 [M]. 北京: 人民出版社, 1991: 322.

[3] 毛泽东文集: 第6卷 [M]. 北京: 人民出版社, 1999: 231.

[4] 毛泽东选集: 第6卷 [M]. 北京: 人民出版社, 1999: 316.

[5] 毛泽东选集: 第1卷 [M]. 北京: 人民出版社, 1991: 15.

[6] 毛泽东选集: 第1卷 [M]. 北京: 人民出版社, 1991: 16.

[7] 参见李耘涛, 武建奇. 中国特色社会主义制度的竞争优势理论探讨——学习习近平关于中国经济发展制度优势的论述 [J]. 河北经贸大学学报, 2018 (05): 26-32.

[8] 毛泽东年谱 (一九四九——一九七六): 第3卷 [M]. 北京: 人民出版社, 2013: 33.

[9] 毛泽东文集: 第7卷 [M]. 北京: 人民出版社, 1999: 197.

[10] 马克思恩格斯选集: 第4卷 [M]. 北京: 人民出版社, 1972: 368.

[11] 毛泽东文集: 第7卷 [M]. 北京: 人民出版社, 1999: 214.

[12] 毛泽东文集: 第7卷 [M]. 北京: 人民出版社, 1999: 215.

[13] 毛泽东文集: 第7卷 [M]. 北京: 人民出版社, 1999: 216.

[14] 中共中央文件选集 (一九四九年十月——一九六六年五月): 第26册 [M]. 北京: 人民出版社, 2013: 254.

[15] 参见李耘涛, 武建奇. 中国特色社会主义制度的竞争优势理论探讨——学习习近平关于中国经济发展制度优势的论述 [J]. 河北经贸大学学报, 2018 (05): 26-32.

[16] 参见洪银兴. 新编社会主义政治经济学 [M]. 北京: 人民出版社, 2018: 67.

[17] 习近平谈治国理政: 第2卷 [M]. 北京: 外文出版社, 2017: 38.

[18] 习近平. 决胜全面建成小康社会 夺取新时代中国特色社会主义伟大胜利——在中国共产党第十九次全国代表大会上的报告 [M]. 北京: 人民出版社, 2017: 11.

[19] 习近平. 决胜全面建成小康社会 夺取新时代中国特色社会主义伟大胜利——在中国共产党第十九次全国代表大会上的报告 [M]. 北京: 人民出版社, 2017: 11.

[20] 习近平谈治国理政: 第1卷 [M]. 北京: 外文出版社, 2018: 4.

[21] 建国以来重要文献选编: 第10册 [M]. 北京: 中央文献出版社, 1994: 73.

[22] 毛泽东文集: 第7卷 [M]. 北京: 人民出版社, 1999: 215-216.

[23] 习近平谈治国理政: 第2卷 [M]. 北京: 外文出版社, 2017: 252.

[24] 斯大林. 苏联社会主义经济问题 [M]. 北京: 人民出版社, 1961: 31.

[25] 习近平谈治国理政: 第2卷 [M]. 北京: 外文出版社, 2017: 253.

[26] 习近平谈治国理政: 第2卷 [M]. 北京: 外文出版社, 2017: 253.

[27]习近平谈治国理政：第2卷[M].北京：外文出版社，2017：253-254.

[28]习近平谈治国理政：第2卷[M].北京：外文出版社，2017：252.

[29]习近平谈治国理政：第2卷[M].北京：外文出版社，2017：252.

[30]习近平谈治国理政：第2卷[M].北京：外文出版社，2017：255.

[31]习近平谈治国理政：第1卷[M].北京：外文出版社，2018：4.

[32]习近平谈治国理政：第1卷[M].北京：外文出版社，2018：5.

[33]习近平谈治国理政：第2卷[M].北京：外文出版社，2017：252.

[34]习近平谈治国理政：第2卷[M].北京：外文出版社，2017：247.

[35]习近平谈治国理政：第2卷[M].北京：外文出版社，2017：253.

[36]习近平谈治国理政：第2卷[M].北京：外文出版社，2017：252.

[37]习近平谈治国理政：第3卷[M].北京：外文出版社，2020：133.

第六章　新时代政府与市场关系创新论

如何正确处理政府与市场的关系，几百年来一直是困扰西方经济学家们的理论难题，也是西方国家在经济发展中最纠结的选择题。中国在处理政府与市场关系上，也走了一些弯路。改革开放后，邓小平创造了社会主义市场经济理论，为我国正确认识政府与市场关系指明了方向，奠定了基础。中国特色社会主义进入新时代，习近平创造性地提出"使市场在资源配置中起决定性作用，更好发挥政府作用"[1]的重大理论与实践命题，使我们党对中国特色社会主义建设规律的认识有了新的突破，标志着中国特色社会主义市场经济发展进入了一个新阶段。

一、邓小平的市场经济理论：正确认识中国政府与市场关系的前提与基础

1. 对内搞活对外开放是搞市场经济的前奏

邓小平指出，"中国的经济开放政策，这是我提出来的"，"党的十一届三中全会以来，我们制定了对内经济搞活、对外经济开放政策，没有这样的政策不可能成功"[2]。对内经济搞活，首先从农村开始。实行家庭联产承包制，仅3～4年工夫，就取得了可喜的成果。邓小平强调："现在看，一系列新的农村政策是成功的。过去农村很困难，现在可以说绝大多数的人能够吃饱，能够穿得比较好，居住情况有了很大的改善。农村政策见效很快，增加了我们的信心。"[3]邓小平预见到城市比农村复杂得多，但通过试验也会取得成功。在对内搞活的同时，坚持对外开放。邓小平讲："总结历史经验，中国长期处于停滞和落后状态的一个重要原因是闭关自守。经验证明，关起门来搞建设是不能成功的，中国的发展离不开世界。"[4]引进外资与技术，这就开放了国内的投资市场和技术市场。随着中国对外经贸关系的发展，国内市场发展起来，对西方国家解决市场不足的问题，是大有好处的。邓小平讲："如果我们能够实现翻两番，对外贸易额就会增加许多，中国同外国的经济关系就发展起来了，市场也发展了。所以，从世界的角度来看，中国的发展对世界和平和世界经济的发展有利。西方政治家要清楚，如果不帮助发展中国家，西方面临的市场问题、经济问题，也难以解决。"[5]西方国家有头脑的政治家从自己国家的切身利益考虑也会看好中国的市场开放的。大批外资企业带着先进的技术与管理方法进入中国市场，就会形成内外资本与技术方面的竞争关系，从而在激活市场的同时也激活了市场主体，让他们目睹了市场竞争机制的力量。

对内搞活需要寻求合适的方法，对外扩大开放需要与西方发达国家可以接轨的体制机制。这一切都要服从于社会主义的根本任务。邓小平强调："社会主义阶段的最根本任务就是发展社会生产力，社会主义的优越性归根到底要体现在它的生产力比资本主义发展得更快一些、更高一些，并且在发展生产力的基础上不断改善人民的物质文化生活。如果说我们建国以后有缺点，那就是对发展生产力有某种忽略。社会主义要消灭贫穷。贫穷不是社会主义，更不是共产主义。"[6]他还指出："社会主义的任务很多，但根本一条就是发展生产力，在发展生产力的基础上体现出优于资本主义。"[7]邓小平一直在思考用什么样的经济形式或体制来解放与促进社会生产力的发展。"问题是用什么方法才能更有力地发展社会生产力。我们过去一直搞计划经济，但多年的实践证明，在某种意义上说，只搞计划经济会束缚生产力的发展。把计划经济和市场经济结合起来，就更能解放生产力，加速经济发展。"[8]

2. 经济体制改革的方向：社会主义+市场经济

中国经济体制改革不是要改掉社会主义制度，而是废弃或改掉计划经济那一套，实行市场经济。这就遇到了一个最大的理论障碍，那就是：传统政治经济学理论认为，计划经济是社会主义的本质特征。新中国成立后不久就一直坚持搞计划经济，要废弃它转而实行市场经济，谈何容易？这需要大智慧及思想大解放。邓小平经过一番深思熟虑，终于作出决断，指出："社会主义和市场经济不存在根本矛盾。"[9]"多年的经验表明，要发展生产力，靠过去的经济体制不能解决问题。所以，我们吸收资本主义中一些有用的方法来发展生产力。"[10]

确如邓小平所讲，计划经济体制的弊端在过去几十年的实践中已经充分暴露出来，已经严重地束缚社会生产力的发展。其主要表现在：（1）政府用指令性计划把企业管得死死的，企业是政府机构的附属物，没有任何生产经营自主权，更没有独立的自身利益，这就窒息了企业的生机与活力。（2）国家对企业统负盈亏，企业生产的产品的国家统购包销，企业生产所需要的生产资料和人员，由国家计划统一调拨。这就否定了市场与市场机制的作用，否定了市场竞争和价值规律的作用。（3）在收入分配上，国家对企业实行了"两个大锅饭"，即"企业吃国家的大锅饭"，"职工吃企业的大锅饭"，这样就形成了分配上的平均主义，干多干少一个样儿，干与不干一个样儿，多劳不多得，少劳不少得，甚至不劳也得，使企业与职工都丧失了劳动积极性、自主性及创造性。计划经济已经严重束缚社会生产力发展，非改不可了。

1992年初，邓小平在南方考察，看到深圳改革开放后的巨大变化，十分兴奋。他一再鼓励当地干部解放思想大胆试，大胆闯："深圳的重要经验就是敢闯。没有一点闯的精神，没有一点'冒'的精神，没有一股子气呀、劲呀，就走不出一条好路，走不出一条新路，就干不出新的事业。"[11]他率先垂范，身体力行，终于突破理论禁区，大胆作出理论决断："计划多一点还是市场多一点，不是社会主义与资本主义的本质区别。

计划经济不等于社会主义，资本主义也有计划；市场经济不等于资本主义，社会主义也有市场。"[12]这就从根本上突破了计划经济的社会主义本质特征的桎梏，为社会主义实行市场经济打开了光明之门，为中国的经济体制改革指明了方向。"社会主义+市场经济"由此应运而生。二者有机结合在一起就是社会主义市场经济，其深刻意蕴为一种新的经济体制，它与资本主义市场经济有着根本不同的性质。并且，它也同以往的计划经济体制区别开来，因为它把市场纳入其中，从此，政府必须面对市场，而不可能再像计划经济体制下那样包办企业的一切，把企业看作政府行政机构的简单附属物了。这样一来，政府与市场的关系问题自然就构成了中国经济体制改革的核心。要使中国的经济体制改革朝建立社会主义市场经济目标前进，正确处理政府与市场关系就成了无法回避的课题。

从以上分析可见，邓小平的市场经济理论是在中国改革开放过程中逐渐形成的。它是邓小平在探寻完成和实现社会主义根本任务——发展社会生产力的有效方法过程中"摸着石头过河"摸到的，更是邓小平凭借智慧与胆识，敢于解放思想，突破理论禁区所取得的一项重大成果。正是由于邓小平关于"社会主义可以搞市场经济"的英明论断，党的十四大才明确规定中国经济体制改革的目标是建立社会主义市场经济体制模式。党的十四届三中全会通过了《中共中央关于建立社会主义市场经济体制若干问题的决定》，由此，中国的经济体制改革进入了一个崭新的阶段，即建立社会主义市场经济体制阶段。这为正确认识政府与市场关系奠定了深厚的基础，创造了可靠的条件。

二、政府与市场的结合统一论：中国市场化改革的唯一正确选择

1. 新旧市场自由主义的兴衰：政府与市场关系探究（一）

提到市场自由主义，自然要想到英国古典经济学大师亚当·斯密，他是市场自由主义学说的伟大奠基人之一。他认为，在私有制社会里，每个"经济人"都有追求自己私人利益的自由，都有自己从事经济活动的方式与自由，他追求自己的利益不会损伤与妨碍社会公共利益，反而还会促进社会公共利益。有一只无形之手会支配他去达到他并非想要的目的，促进社会资源合理配置，从而推动社会经济发展。这就是亚当·斯密著名的关于"看不见的手"合理配置社会资源的原理。其实，亚当·斯密并不是一个反对政府作用的人，他在《国民财富的性质和原因的研究》（简称《国富论》）中，给政府划定了作用的范围：保卫国家安全、行使司法权、建设公共工程、维持公共机关、维护君主制度、收取各种税赋及发行公债等。斯密反对18世纪末期封建势力，反对他们利用手中的权力干预"经济人"从事正当的经济活动，其目的在于说明"经济人"受"看不见的手"支配去追求个人利益是"自然规律"，政府的过多干预是对"自然规律"的破坏，会导致国民财富的损失，妨碍社会经济发展。实际上，在亚当·斯密的古典经济学中，对政府与市场关系的论述与说明，是具有一定科学合理性的。他主张经济自由、市

场自由、"看不见的手"作用自由，并不完全否定政府或君主国家的作用，这在当时具有积极作用，维护了新兴资产阶级发展产业的利益，抑制并阻止了封建势力对社会生产力发展的阻碍作用。

但是，这种由"看不见的手"自动决定与调节社会经济资源配置的市场经济模式，被认为是典型的标准市场经济体制模式，在20世纪30年代大危机的猛烈冲击下破产了。实践告诫人们，完全靠市场"看不见的手"自动调节社会资源配置，也会出现危机，也会引发大量企业倒闭与工人失业。市场机制并非使经济自动"均衡"的万能之手，让人们认识到，政府在这种市场经济中是可以发挥作用的。

美籍奥地利经济学家哈耶克被称为极端自由主义经济学家。他认为，"个人的自由高于一切"，"一个人不需要服从任何人，只服从法律，他是个自由人"，他攻击社会主义和计划经济，认为社会主义是一种极权主义，计划经济是"通向奴役的道路"[13]。他认为，经济自由是自由中最重要的内容，它是高效配置资源的有力保证。他把亚当·斯密的市场自由调节极端化、扩大化，反对凯恩斯的《就业、利息和货币通论》，认为它把亚当·斯密的市场自由竞争学说弄得失去了阵地，声称自己要收复"失地"。实际上，哈耶克所标榜的极端经济自由主义市场经济模式，在任何一个国家都是难以实现的。

二战后，德国的新自由主义比较集中地反映在瓦尔特·欧根和路德维希·艾哈德的经济学理论中。欧根历任柏林大学讲师和图宾根大学教授，二战后兼任联邦德国政府经济咨询委员会委员，主要著作有《资本理论研究》（1934年）、《经济政策原理》（1952年）等。艾哈德系德国新自由主义主要代表人物，1897年出生于德国菲尔特，曾在联邦德国政府任要职，其主要著作有《德国又重返国际市场》（1953年）、《来自竞争的繁荣》（1952年）等。他的主要贡献是阐述与发展了欧根的"社会市场经济"理论，并在社会生活中努力实践欧根的理论。他们认为，"社会市场经济"不同于中央指挥型经济，也不同于古典经济学的自由放任理论。古典自由放任理论要求政府是一个"守业者"，即要求政府放弃管理的"非社会"的自由市场经济，而他们的自由市场经济是根据市场机制的作用，保证"社会安全"和"社会保障"的经济秩序，是介于中央管理经济模式和自由放任模式的中间形态。之所以称为"社会"有两层含义：一是强调"公平合理"；二是强调"国家干预"。概括起来讲，所谓社会市场经济就是指一种在国家和法律保证下实现完全竞争，以达到社会公平和社会稳定的经济秩序，不是放任不管的自由市场经济，而是国家加以有意识指导即社会指导的自由市场经济。[14]

德国的"社会市场经济"既区别于古典自由放任的市场经济模式，也不同于哈耶克的极端的自由市场经济模式，但它们在资源配置方式上都强调由市场机制来配置。差别在于：社会市场经济模式强调社会或国家要保障竞争公平，保障稳定的经济秩序。依据这种理论制定的反垄断法、保护市场自由竞争的政策，促进了德国的经济发展与社会的稳定。这种模式的局限性在于，仍然没有找到政府干预与市场决定作用的最佳结合点或区间。因此，其对经济发展的作用还是十分有限的。

现代货币主义代表人物弗里德曼，是一个典型的经济自由论者。他长期执教于美国芝加哥大学，1967年任美国经济学会会长，1969—1971年任尼克松总统的经济顾问委员会委员。他一生著作很多，主要有《实证经济学论文集》《货币稳定方案》等，主要研究领域是货币理论与货币政策。他的理论与政策主要是应对凯恩斯主义带来的"经济停滞与通货膨胀并存"的局面，他也是反对凯恩斯政府干预主义的代表人物之一。弗里德曼认为，通货膨胀的原因在于货币的超量发行，"如果货币量增长不快于产量的增长，那就不可能发生通货膨胀"[15]。他指出货币的超量发行有三个原因：政府开支增长；政府推行充分就业政策；中央银行（美国联邦储备银行）实行错误的货币政策。这三个原因责任都在于美国政府奉行凯恩斯财政扩张与赤字政策。由此得出结论：要制止通货膨胀，政府就要停止货币超量发行，才能避免经济停滞。他还认为："通货膨胀和低速增长是政府庞大化的产物，两者有相互强化的力量。"[16]原因在于：（1）政府庞大化必然增大财政开支，不仅要靠增税来维持，还必然向市场伸手，其中"捷径"就是增发货币，向公民征收货币税；（2）为了维护庞大的政府机构，政府必然增加各种名目的收费，加重企业负担，影响企业的竞争能力；（3）政府为了平息社会对通货膨胀的不满，必然要采取物价与工资管制，这就极易造成市场价格信号扭曲与失真，误导企业生产经营方向。同时，工资管制会直接影响工薪阶层的劳动积极性。因此，弗里德曼十分坚决地反对大政府，反对政府扩大开支，反对政府超量货币发行，认为这些都是凯恩斯财政政策与货币政策造成的恶果。

弗里德曼的经济自由主义，实际上是亚当·斯密"经济人"理论在现代形势下的翻版与"活学活用"。他认为，自由主义的核心是个人尊严与自由，经济活动的发生与发展是由人们的本性自主决定的，人的本性都是利己的，都是根据对自己有利的原则来选择经济活动的方式与从事交易的。政府调节个人与个人、个人与企业、企业与企业之间的关系，只能有两种方式：一是使用强制性的中央集权制国家干预的办法；二是运用自由市场机制自行调节的办法。他认为资本主义国家只能采取后一种办法，这是因为：资本主义国家消费者拥有消费主权，自由消费；资源配置由市场主体自由配置，不容国家干预。政府的主要职责就是维护市场公平竞争，做规则的制定者与裁判者。弗里德曼明确指出："政府必要性在于它是'竞赛规则'的制定者，又是解释和强制执行这些已被决定的规则的裁判者。"[17]

2. 国家干预主义的成败：政府与市场关系探究（二）

国家干预主义的重量级代表人物，当属世界著名的英国大经济学家凯恩斯。凯恩斯被誉为与马克思齐名之人，因为马克思以其名著《资本论》宣告了资本主义制度的死亡，而凯恩斯则以其名著《就业、利息和货币通论》救治了行将死亡的资本主义。

　　凯恩斯的国家干预主义是应对世界经济危机的产物。1929—1933年的世界经济危机，使大量企业倒闭，大批工人失业，产品大量过剩，堆积如山的产品卖不出去。牛羊被赶到海里，穷人却吃不上牛羊肉；牛奶与小麦被倒掉，工人却吃不上饭；煤炭被销毁，穷人流浪街头被冻死。人民生活陷入水深火热之中，整个资本主义世界一片萧条凄惨景象。这就是亚当·斯密自由市场经济的那只"看不见的手"自行调节经济发展的不可想象的后果。哪料想曾经支撑资本主义繁荣一百多年的市场机制自动调节社会经济"平衡"的神话如此破灭了，资本主义面临"全部毁灭"[18]。

　　为了挽救资本主义，凯恩斯以过人的胆识，创造地提出"有效需求不足"理论，并建议政府果断出手，扩张社会总需求，推行扩张性财政政策与货币政策，增加政府投资，扩大就业，实行经济国有化等一系列国家干预经济的措施。这一整套救治资本主义的政策措施，实际上是摒弃了传统自由市场经济原则与自由放任政策，扩大了政府的职能与政府干预经济运行的功能。政府直接投资，就等于"裁判者"下场比赛；政府实行扩张性财政政策，增加财政支出，扩大了就业，但却排挤了私人与企业投资及盈利的机会与空间；政府实行扩张性货币政策，势必要增发货币，这虽然扩张了消费需求，但却引起市场物价上涨，使市场价格机制严重扭曲，无法正确引导企业合理配置资源。

　　凯恩斯国家干预主义的扩张总需求政策确实收到了"神奇"的效果。资本主义各国经济在凯恩斯国家干预主义的作用下纷纷走出危机，很快恢复到大危机之前的水平，并且一直支撑20世纪50至70年代的高增长，创造了二战后资本主义世界经济高增长的奇迹。以美国为例，罗斯福总统扩大开支、增加投资、刺激消费的政策，就为美国战后经济增长奠定了良好基础。克林顿在任总统期间曾保持近10年的高增长，这都得益于国家对资本主义经济运行的调节与干预。但是，事情总是有一个限度，长时期持久地运用国家干预市场经济的政策，政府职权长期超越市场经济运行的承受度，政府的作用就会由正转负，就会成为阻碍市场主体发挥自主创造性的消极力量，成为市场机制配置资源的压制力量。到20世纪80年代，国家干预自由市场经济的负面效应就开始大面积显现出来，资本主义世界的经济普遍发生了"滞胀"病就是典型的例证。有人形象地将这种经济病比作"癌症"，无可医治。原因在于：治"胀"的"药方"却会加重经济的"滞"，而治"滞"的"药方"，却会加剧通货膨胀，陷于"两难"困境。为了摆脱这"两难"困境，于20世纪80年代开始，便兴起了一股反凯恩斯主义热潮。以英国为代表的西方国家展开了一场空前的私有化浪潮，日本、德国、美国等纷纷将原先建立的大批国有企业都搞了私有化，转卖给私人资本。其中重要原因除了国有企业运营效率低下外，最重要的因素是要削减国家干预市场的力量。在他们看来，国有企业就是国家深度介入市场，妨碍市场公平竞争的重要力量。

　　如前所述，现代货币主义学派的代表人物弗里德曼就是一个激烈地反对凯恩斯财政政策与货币政策，反对国家干预主义的人。

在反凯恩斯国家干预主义的学派中，除了弗里德曼代表的现代货币主义以外，还出现了新的理性预期学派。面对资本主义各国经济陷入"滞胀"泥潭长期不能自拔的状况，西方经济学家特别是一批年轻经济学家开始抛弃凯恩斯主义，寻求新的出路。于是，以卢卡斯和萨金特为代表的理性预期学派应运而生。罗伯特·卢卡斯（Robert E. Lucas）是美国芝加哥大学教授；托马斯·萨金特（Thomas Sargent）是美国明尼苏达大学教授。这个学派明确主张自由市场经济，反对国家干预，反对通货膨胀的财政政策和货币政策。他们认为，社会上所有的"经济人"都会对政府施行的通货膨胀的财政政策与货币政策有一个理性预期，并会自行采取相应对策，这就会导致国家干预政策失效，甚至成为有害的东西。要使经济持久稳定发展，唯一的途径就是顺其自然，一切任由市场机制自行调节，政府可以"无为而治"。由此，反对凯恩斯的国家干预主义，又回到亚当·斯密的自由放任的市场经济模式。

同理性预期学派一样，西方供给学派也是在反对凯恩斯国家干预主义声浪中产生的。该学派的代表人物较多，主要有哥伦比亚大学教授孟德尔（Robert Mundell）、哈佛大学教授费尔德斯（M. S. Feldstein）、乔治城大学教授罗伯茨（P. C. Roberts）等。他们认为资本主义国家经济产生"滞胀"的原因是长期推行凯恩斯赤字财政与货币政策和长期只注重需求方面的刺激。该学派最大的特点在于从需求侧转向供给侧来应对"滞胀"。孟德尔较早提出增加供给来促进经济增长，反对凯恩斯的国家干预主义，反对凯恩斯主义一味刺激需求的政策。1981年就任美国总统的里根公开采用了供给学派的主张，由此产生了"里根供给经济学"。

供给学派的一个重要理论就是以"萨伊定律"为基础，反对国家干预主义。萨伊（J. B. Say），18世纪末至19世纪初法国著名资产阶级经济学家。他认为，从整个社会来看，供给总额与需求总额是相等的，因此，"当一个产品一经产出之际，即在它自己的全部价值限度以内为另一个产品提供了市场"，"是生产开辟了对产品的需求"，就是说在政府不干预的市场经济中，"供给可以自行创造需求"，这意味着资本主义永远不会有供大于求的现象，永远不会有生产过剩的大危机发生。这就是所谓"萨伊定律"。这比亚当·斯密的"经济人"定律更为彻底地反对政府干预的理论，但同样被1929—1933年的世界性生产过剩大危机所击碎。现在供给学派又重拾"萨伊定律"，用以反对凯恩斯的国家干预主义。

但现代供给学派与萨伊的不同之处在于，他们并不反对一切国家干预，而是主张将国家干预范围降到最小，干预程度降到最低。由于他们认为所有的供给都会创造出需求，所以就可以放手发展生产，用不着担心产品没有销路，更不用担心产品过剩。增加供给，在客观上就促进了经济增长，解决了"滞"的问题。为此，就可以腾出手来应对"胀"的问题。由于"胀"是因为投资扩张导致的投资大于储蓄造成的。这是政府利用利率杠杆迫使大量储蓄转化为投资的结果。只要国家制定有效的供给管理政策，刺激储蓄增长，并使储蓄能合理地转化为投资，就会增加生产量，从而一个既有经济增长又无通货膨胀的局面就会出现。因此，从供给侧发力，推行供给管理政策，是可以消除"滞胀"的。

现代供给学派为了刺激生产、增加供给，力主实行减税政策。减税直接可以使企业减少成本，增加盈利，刺激企业生产积极性。同时，减税也可以直接增加居民收入，增加储蓄与投资，居民自主增加投资自然会促进经济增长。储蓄增加也会增加转化为投资的资本，同样达到刺激经济增长的目标。供给学派的减税的主张与计划并未获得成功。萨缪尔森和诺德豪斯在1985年出版的《经济学》中评论说："供给学派经济学的主要预言——随着边际税率的削减，工作和储蓄都将急剧地增加——到目前为止远未实现。按照常规的科学标准，1981年的试验可以表明，供给学派的理论应该加以抛弃。"因为，萨缪尔森认为，"到目前为止的证据是，减税确实减少了联邦的收入"，造成"巨大的联邦预算赤字"[19]。由于大幅度减税，必然减少国家财政收入。为了避免更大的财政预算赤字，政府应加大力度削减政府开支，尤其是削减社会福利开支。他们认为现行的社会福利政策不但使国家机构臃肿，非生产性人员增加，而且起鼓励"懒人"的作用。如失业津贴过高，导致失业人员不愿就业，宁肯领失业救济金混日子。高福利政策在很大程度上抑制了生产，高福利损失了生产效率。他们向社会福利开刀，容易引起社会中下层的不满与反对。

现代供给学派另一个主张是恢复货币金本位制，以严格限制货币超量发行，减少政府对经济活动的干预。他们认为，只有恢复美元的金本位，才能消除人们看涨的心理预期，增加人们对美元的信心，使物价稳定，利率下降，同时配以减税政策，刺激储蓄与投资，这就会既促进经济增长，又抑制通货膨胀，从而起到控制"滞胀"，达到全面繁荣的理想目标。

对现代供给学派的经济学主张，评说各异。有的人认为，它是反凯恩斯理论的，研究的视角从需求侧转到了供给侧，过于迷信"萨伊定律"而根本放弃了凯恩斯的国家干预主义。还有人认为，现代供给学派对福利制度的抨击，主张削减国家福利，恐会引起社会不满，进而达不到削减政府开支，减少政府财政赤字的目的。还有人认为，现代供给学派主张严格限制国家超量发行货币，是可取的，但恢复金本位制已经是不可能的。因为黄金已不适合作货币商品了，现在已发展到数字货币网络支付时代了，再搞金本位无异于倒退。萨缪尔森和诺德豪斯在《经济学》一书中对现代供给学派作了总括性评价："在政治上，供给学派经济学被里根政府公开采用，而撒切尔首相领导的英国政府也同意它的许多观点。虽然这个经济学者和政治领导人的集团具有范围广泛的不同看法，但却存在三个突出的观点：从凯恩斯观点后退；强调改变总供给而不是总需求；以及主张大幅度减税。"[20]

供给学派的反凯恩斯主义的主张是比较彻底的，因为它完全离开了社会总需求侧，并且大面积减税使国家财政收入锐减，赤字攀升，负债增加，国家机构运转困难。资本主义经济不仅没有走出"滞胀"泥潭，反而陷入更严重的危机。20世纪80年代发生危机的实践表明，反对凯恩斯的国家干预主义，并没有给资本主义带来繁荣。并且反凯恩斯国家干预理论也显露出一些漏洞，政策的执行也不得力。这些因素的综合作用，又造成凯恩斯主义的复兴，新凯恩斯主义由此产生。

新凯恩斯主义是不同于传统凯恩斯主义的，它是传统凯恩斯主义经过修改补充后在新的历史条件下形成的。它成为美国克林顿政府的重要理论基础与支柱。[21] 新凯恩斯主义，在理论上吸收了自由主义各个学派的长处，如吸收了供给学派和理性预期理论关于总供给方面的理论，力图从需求与供给两方面结合的角度阐释资本主义经济发展中出现的各种问题，从而形成了一个所谓"现代主流经济学的新综合"，实际上是一个力图阐释当代资本主义经济运行的理论"大杂烩"。这个"新综合"是在理论与政策实践上试图把国家干预与自由放任市场经济结合起来，但结果形成了一个不伦不类的所谓"第三条道路"。既要从供给方面扩大就业，刺激经济增长，又要压缩与控制需求，削减财政赤字和债务；既要在短期内用扩张财政办法刺激经济增长，又要在长期内减少赤字，增加政府公共投资。这种有些自相矛盾的"新综合"，被克林顿阐释得十分明白清楚。克林顿说，"我们的政策既不是随便的，也不是保守的；既不是共和党的，也不是民主党的。我们的政策是新的，是与以往不同的。""是介于自由放任资本主义和福利国家之间的第三条道路"。也就是说，他承认自己的国家政策是介于新自由主义与凯恩斯主义之间的折中主义。[22] 但从其政策实践来看，在自由主义与国家干预主义的关系上，他是倾向于凯恩斯的国家干预主义方面的。克林顿的介于自由主义与凯恩斯国家干预主义之间的折中主义理论与政策获得了相当大的成功，有力地保证与支撑了他任内110多个月的经济增长，为世界提供了正确处理政府与市场关系的宝贵启示与借鉴。

3. 政府与市场结合统一论：中国经济体制改革的正确选择

如果将上述市场自由主义与国家干预主义的兴衰成败用图示表示出来，可能会更清晰一些（如图6-1）。

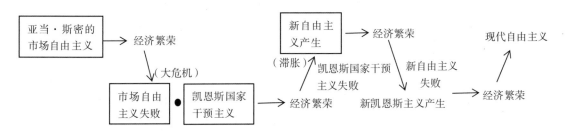

图6-1　市场自由主义与国家干预主义的兴衰交替

按上图的思路可见：国家干预主义与市场自由主义之间处于你兴我衰、轮流登场、轮流成为主流的相互交替的过程。

　　一个时期以来，中国经济学家也跟世界各国的经济学家一样，千方百计地求解政府与市场关系这个大谜题。在国际上凯恩斯主义带来经济停滞与通货膨胀并存的严重后果之后，反凯恩斯国家干预主义声浪一浪高过一浪，现代新自由主义在中国也备受推崇。尤其那些有海外留学背景的经济学家十分偏好于市场自由主义，认为中国应该与资本主义接轨，搞私有化，实行资本主义市场经济体制。尤其在邓小平南方谈话发表之后，他们更是欢呼雀跃，以邓小平"不要问姓'社'还是姓'资'"的指示为借口，大肆推销资本主义市场经济。在党中央一再强调我们的市场经济是社会主义市场经济，我国经济体制改革目标是建立有中国特色的社会主义市场经济新体制之后，他们便收起私有化主张，采取新的策略，即在政府与市场关系这个经济体制改革核心问题上大做文章。首先，他们认为中国应搞真正的自由市场经济。为此政府应从市场撤出，到市场以外做规则制定者与裁判者。国有企业是政府的附庸，是滋生腐败的重要根源，应从市场"出清"。不仅竞争行业的国企要"出清"，垄断行业的国企也要"出清"。其次，他们认为应取消国家的各种产业政策。因为这些政策是国家干预自由市场经济的重要工具与手段，严重干预与干扰自由市场经济的正常运行。最后，他们主张建立"大市场，小政府""强市场，弱政府"，认为"市场要大有所为，政府就应无所为而为"，把政府与市场对应起来。

　　任凭风浪起，党中央一直把握中国特色社会主义航船的正确方向，始终坚持建立社会主义市场经济体制的方向。在政府与市场关系这个建立社会主义市场经济体制的核心问题上，党的十四大首先取得了重大理论突破。习近平指出："1992年，党的十四大提出了我国经济体制改革的目标是建立社会主义市场经济体制，提出要使市场在国家宏观调控下对资源配置起基础性作用。这一重大理论突破，对我国改革开放和经济社会发展发挥了极为重要的作用。"[23]之后，经过二十多年的实践，社会主义市场经济体制已经初步建立。但在这个过程中也暴露出一些问题，如市场体系不健全，要素市场滞后，要素闲置与大量有效需求得不到满足并存；市场秩序不规范，以不当手段谋取经济利益现象普遍存在；市场规则不统一，部门保护主义与地方保护主义大量存在；市场竞争不充分，阻碍优胜劣汰和结构调整；等等。这些问题的解决，有赖于建立完整的社会主义市场经济体制，而要建立完整的社会主义市场经济体制还必须进一步深化对政府与市场关系问题的认识。

　　从党的十五大到党的十八大，中国共产党对政府与市场关系问题的认识逐步深化，逐渐科学化。党的十五大提出"使市场在国家宏观调控下对资源配置起基础性作用"，党的十六大提出"在更大程度上发挥市场在资源配置中的基础性作用"，党的十七大又提出"从制度上更好发挥市场在资源配置中的基础性作用"，党的十八大进一步提出"更大程度更广范围发挥市场在资源配置的基础性作用"。党的十六大比党的十五大增加了"更大程度上"，党的十七大又比党的十六大增加了"从制度上更好发挥"，党的十八大又比党的十七大增加了"更大程度更广范围"，一步比一步前进，力图更好地在更大范围从制度上保证发挥市场在资源配置中的决定作用。党的十八届三中全会又对政府与市场关系作出了新的理论表述，把市场在资源配置中的"基础性作用"改为"决定性作用"。对此，习近平在主持十八届中央政治局第十五次集体学习时的讲话中指出："党的十八届三中全会将市场在资源配置中起基础性作用修改为起决定性作用，虽然只有两字之差，但对市场作用是一个全新的定位，'决定性作用'和'基础性作用'这两个定位是前后衔接、继承发展的。使市场在资源配置中起决定性作用和更好地发挥政府作用，二者是有机统一的，不是互相否定的，不能把二者割裂开来、对立起来，既不能用市场在资源配置中的决定性作用取代甚至否定政府作用，也不能用更好发挥政府作用取代甚至否定使市场在资源配置中起决定性作用。"[24]这就把政府与市场二者的科学准确定位及二者的统一关系讲得再清楚不过了，为我们在实际工作中把二者有机结合起来指明了方向，有了可靠的依据和根本遵循。

当年，亚当·斯密为了同封建制度及其残余势力作斗争，保护资本主义工商业，坚决否定政府的作用，把政府同市场对立起来，其价值指向是非常明显的。可以说，亚当·斯密是将政府与市场对立起来的鼻祖。美国经济学家查尔斯·林德布洛姆在《政治与市场：世界的政治—经济制度》一书中评论说："亚当·斯密在他那个时代表达了对等级制和官僚制的一种日益强硬的对抗意识。他仿佛是一边摇头，一边评论为路易十四的伟大部长戈伯特说：'他竭力照着公共部的某个处署的样子管理一个伟大国家的工业和商业。'《国富论》坚持一个古典命题，即：这种做法是一个巨大的失误，它将使国家永远贫穷。历史上看，能代替国家的政治—经济制度的政府统治的选择，始终是市场。如同等级制、官僚制和政府体系源于权威关系一样，市场制度源于简单的交换关系。"[25]亚当·斯密出于维护工商业者利益坚持与政府对抗的意识，实际上为后人留下了一个错误的命题，即政府是市场的对立物，是国家贫困的根源。所以说，亚当·斯密的自由市场经济从本质上是排斥政府的。其意是在说：一个国家要富裕起来，政府就不要干预市场。我们在借鉴亚当·斯密的自由市场经济模式，处理政府与市场关系时，一定要充分认识到其上述思想，不能简单照搬过来，以为搞自由市场经济必然要把政府与市场对立起来，使二者相互排斥、相互替代。西方经济学的许多流派实际上一直在政府与市场二者相互对立、相互排斥、相互替代上兜圈子，都直接或间接与亚当·斯密的自由市场经济与政府是相对立的"对抗意识"有关。新自由主义不是排斥政府吗？现代自由主义，包括中国的现代自由主义不也在排斥政府吗？政府机构要改革，要由庞大而臃肿的政府改为小而精、运行高效的政府，但无论如何不能让政府与市场根本对立起来，让政府丝毫不能干预、调节市场。习近平的关于政府与市场的统一论与结合论，在理论与实践的结合上为我们正确认识与处理好政府与市场二者关系，树立了典范与样板。

除了将政府与市场二者有机统一起来，习近平还对政府与市场二者的职能作了科学界定与划分。他指出："发展社会主义市场经济，既要发挥市场作用，也要发挥政府作用，但市场作用和政府作用的职能是不同的。""政府的职责和作用主要是保持宏观经济稳定，加强和优化公共服务，保障公平竞争，加强市场监管，维护市场秩序，推动可持续发展，促进共同富裕，弥补市场失灵。"[26]除了上述八项之外，均由市场调节、起决定作用。这种清晰的界定，让政府及其部门有法可依、有章可循，让市场及其主体放心大胆起决定作用。真可谓政府与市场，各行其道，各守其规，各司其职，各显其能，营造一个政府与市场统一兴盛繁荣的大好景象。

习近平还清醒地认识到市场并不是万能的，并不是什么事情都可以由市场决定。他指出："市场在资源配置中起决定性作用，并不是起全部作用。"[27]并承认存在"市场失灵"的情况，所以要由政府的作用来"弥补"。这就在理论与实践上堵塞了市场万能论与市场泛化主义兴风作浪的通道，为社会主义市场经济健康可持续发展提供了可靠的保障。有些资源如军事资源、高科技之核心技术资源及政治、法律资源是不能由市场决定来进行配置的。中国是社会主义国家，实行的是人民代表大会制度，其民主是通过人民代表大会制度来保证的，而不是像西方国家通过政治市场化来实现的。公安、司法等是维护社会安定，保障人民安全的公共资源，必须由国家直接配置，不能用市场来决定其配置。因此，在中国，并不是所有或"全部"资源配置都由市场决定的。所谓"泛市场主义"在中国是行不通的，也不允许存在。

把政府与市场二者关系统一起来，作出二者的科学定位，具有重大的作用与意义。习近平将其概括为"四个有利于"，非常科学准确，我们分别加以阐释和说明。其一，有利于在全党全社会树立关于政府和市场关系的正确观念。政府与市场二者有了科学定位，其职责范围及边界十分清晰，政府必须要管好自己该管的，不能越权越位，市场自己该管的，也要自主决定，不能依赖政府，不能向政府"等、靠、要"。在全社会形成政府与市场各司其职、各尽其责、自主发展的观念与氛围，就会产生和谐稳定、健康向上的经济发展环境。正确观念的力量，也是推动社会主义市场健康可持续发展的积极力量。其二，有利于转变经济发展方式。市场主体生产经营什么，以什么方式来生产经营，完全由他们自主决定，政府按照其职责规定无须干涉与干预。在市场公平竞争的条件下，市场主体的生产经营方式一定要符合市场需要，有利于其在公平竞争中取得优势。为此，每个市场主体会自动调整自己的生产经营方式，使之不断升级、不断提高档次与水平。全社会的市场主体都如此追求更高水平的生产经营方式，以便获取市场竞争优势地位，这就形成一股巨大力量推动社会经济发展方式的新型化、规模化、高级化乃至国际化。其三，有利于转变政府职能。由于政府与市场二者的职责与权能界定得非常明晰，边界非常清楚，政府一旦发生越权越位情况，市场就会依法依规作出反应，使之行为难以实施。这在客观上就形成一股抵御力量，促使政府转变自己的职能。这种抵御力量一旦形成一种长效机制，政府转变职能就成自然而然之事了。其四，有利于抑制消极腐败现象。美国著名经济及社会学家阿瑟·奥肯在《平等与效率》一书中分析了"金钱对权力的侵犯"："事实上，金钱可以买到许多我们民主社会里根本不出售的东西。现实状况与抽象原则大相径庭，市场实际上侵犯了每一项权利。"[28]他还指出："金钱购买政治权利的一条途径，是直接或间接地用金钱贿赂政治决策者。"[29]政府官员手中的权力只有找到利益，才能变成实在的权利，而市场是最好的场所。工商业者或市场主体手里的金钱对政府官员手中的权力来说，是极具诱惑力的，它只有找到权力，如阿瑟·奥肯所指出的那样买到权力，就可以换取更大的利益，甚至比自己从事工商业赚取的金钱更多。权钱交易，对政府官员来说，是最好的发财之道，可以快速致富；钱权交易，对工商业者或者市场主体而言，更是十分划算的，它可以直接以一定量的 G 换取 ΔG 或者 G'，这个 G' 可以是有形的，也可以是无形的。这种权钱交易是滋生腐败的土壤和温床，它不仅破坏市场的正常交易规则，损害公平竞争，而且侵蚀政府的公信力，使政府成为金钱的俘虏，变成市场主体的奴隶或工具，最终导致市场经济腐烂变臭，根本没有公开、公正与平等、自由的市场经济可言了。所以，遏制政府公权力深度介入市场，使之站在市场之外，主要从事监管与宏观调控职能，可以有效地防止权钱交易大量发生，从而遏制政府官员腐败现象的发生与蔓延。这"四个有利于"，归结为一点就是有利于充分调动与发挥政府与市场两个方面的积极性、主动性与创造性，使社会主义市场经济体制更加完善起来，将社会主义制度的优越性充分体现与发挥出来。

三、"市场失灵"与政府作用

1. "市场失灵"：主要表现及原因分析

当然，在政府与市场二者关系中，政府绝非仅仅充当宏观经济的调控者，市场经济的监管者，当市场发生严重失灵或调节失效时，政府是可以主动介入市场进行补位的。这是政府职能所系，也是市场恢复正常的必然要求。

所谓"市场失灵"，也有人称"市场失败"，其意是说市场失去正常调节功能。市场正常调节功能是通过价格来实现的，而市场价格又是由市场供求规律所决定的。供大于求，商品供给大于需求，市场价格下跌；反之，供小于求，即商品供不应求，价格上涨。由供求关系变化引起的市场商品价格的涨落变化，来引导商品生产经营者生产经营什么或不生产经营什么、生产经营多少等。"市场失灵"，实际上是市场价格调节生产经营者的功能失效。按照马克思的价值理论，市场价格是受供求关系变动支配围绕商品价值上下波动，价格与价值相一致只是偶然状态，上下波动是常态。因此，商品的市场价格正常波动不会引致价格失真失效。只有商品的市场价格在供求关系规律的作用下完全脱离其价值制约，大幅度背离其价值，大幅度高于或低于其价值，才会发生价格调节功能失效，从而导致"市场失灵"。所以，"市场失灵"，一定是价格调节功能失效，但并非仅此而已。深究下去，就会发现，价格调节功能失效是由于社会供求关系严重失衡引起的，所以，它归根到底是由社会供求关系超出正常不平衡状态引起市场价格严重背离其价值而形成的。价格调节功能失效是"市场失灵"的主要外在表现，而社会供求关系严重失衡超越了正常不平衡状态，致使价格与价值严重背离，则是"市场失灵"的内在原因。

"市场失灵"的表现有多种形式，主要有以下几种。

第一，指令性计划衔接供求取代了市场机制的功能作用。对于此种情况，著名经济学家董辅礽教授作了深刻的分析与说明。他指出："市场不是哪个人发明的，但却是人类一项伟大的创造。有了市场，人们就有了最便利的交换彼此的劳动及其成果的途径；有了市场，人们更找到了促使资源配置优化的机制。""人们曾试图以指令性计划替代市场来配置资源，但没有成功。自从发明了电子计算机，人们认为，计算机可以替代市场，指令性计划借助于计算机就可以做到资源配置的优化。""但是，指令性计划、计算机都不能替代市场"，为什么？原因不在于计算技术水平，而在于"它无法模拟参与市场活动的千百万市场主体以其各自的利害判断采取的行为，在于它不存在市场的极其灵敏的反馈机制，这种反馈机制是参与市场活动的千百万市场主体在权衡利害中对市场价格的变动所做出的行为的调整"[30]。我国过去实行的计划经济制度，就是以指令性计划代替了市场，试图用指令性计划衔接社会供给与社会需求，实践证明，尽管计划再严密，再包罗万象，即或是用计算机来精确统计供给与需求，也不会取得成功。原因在于：千百万市场主体在市场上的趋利避害的行为，以及他们自动根据市场价格信号调整经济活动的行为是指令性计划与计算机无法计划与计算到的。

第二，严重的通货膨胀会使市场配置资源的功能失效。市场在市场经济中起决定作用，是通过市场主体的自主逐利行为来实现的。市场主体依据市场价格信号即价格涨落来自主进行生产经营决策。什么商品价格上涨，他便依此判断该种商品供不应求，生产或经营该种商品有利可图，于是就将自己的资本或资源投向该种商品的生产与经营；什么商品价格持续下跌，他就依此断定，该种商品供大于求，生产或经营该种商品已无利可图，甚至亏本，就不把自己的资本和资源投向该种商品的生产或经营；已经投入的资本或资源也千方百计地尽快撤出来。正常运作的市场价格机制引导商品生产与经营者的资源配置目标与行为。但是，通货膨胀一来，市场价格信号严重失真，严重背离价值并使供求关系严重扭曲，这就会误导商品生产与经营者作出错误决策，将资本或资源配置到所谓价高利大的商品生产与经营上去。一旦通货膨胀得到控制，虚高的市场价格大幅回落，就会导致资本与资源的错误配置而造成巨大损失和浪费。严重的通货膨胀会破坏市场正常运作，使价格引导资源配置功能失常、失衡乃至失效。

当然，通货紧缩是通货膨胀的反向，是通货运行的另一种失衡状态。通货紧缩也会引发市场配置资源的功能失常、失衡乃至失效。

第三，政府严重超越职责范围边界，深度干预市场运行，也会造成"市场失灵"。首先，在国家只存在一种所有制，国家直接控制全部或绝大部分社会资源，就会出现政府统制经济，否定市场与价值规律作用的情况。各种生产资源由国家直接调配划拨，产品由国家统一收购的情况，导致企业用不着看市场、问市场，市场对企业似乎不存在。这自然就会出现"市场失灵"。正如阿瑟·奥肯所指出的："如果政府直接指挥社会全部的生产资源，它就会禁止不同意见，强行一致，扼杀民主。"[31] 自由民主的市场经济就会被政府用它的"大脚"，而不用"看得见的手"，来踩住、压垮。其次，政府的部门及官员直接干预企业生产经营活动，使市场主体不能自主决策，不能自行趋利避害。各种限制性规定太多，各种证照要求过于烦琐，各种税费负担过滥过重，弄得市场主体不堪重负；再有各种检查、督查、评比，让企业应接不暇，无所适从。这些越权行为累积起来，就会使市场主体身心疲惫，生产经营的动力被削减进而造成生产与经营失败。如果这种情况在社会蔓延开来，也会产生一种慢性的"市场失灵"。再次，垄断行为扼杀市场公平竞争，也会导致"市场失灵"。凯恩斯主义失败的一个重要原因在于国家垄断资本主义高度发展，垄断取代了市场自由竞争，使垄断组织不用改革创新，不采用新技术与新的生产经营方法，不用通过市场竞争就能轻而易举地获取高额利润，这就等于把市场排挤掉了，使市场丧失了自主配置资源的功能。这种"市场失灵"是通过国家的垄断地位，凭借垄断价格取消了自由市场价格机制来实现的。最后，官商勾结，制造交易黑幕，也可导致"市场失灵"。当然不是整体"市场失灵"，而只是某种市场的单一性的"市场失灵"。黑幕交易、暗箱操作等替代了竞争性的自主公开的市场交易行为。就是说，市场的决定作用不见了，有的只是黑幕下的权钱交易，这就是官商勾结致使市场丧失配置资源功能的表现。

2. "市场失灵"与"市场缺陷"要求政府主动"补位"

"市场失灵"大多数场合是由外部因素（如指令计划、通货膨胀与紧缩、政府干预过度等）造成的，并非它本身所固有的。由市场决定配置资源的最大优越性是可以实现资源配置效率最大化，使有限的资源最大限度地得到合理使用，这对建立节约型社会具有重大战略意义。

但市场并非万能的，它本身具有自发性、盲目性和急功近利性的特点，而这"三性"的存在，又直接导致市场竞争的无序性。市场主体之间，只承认竞争优势的权威，不承认其他权威或命令的存在，各自都追求自身利润最大化，并按照自己利益标准各行其是。这样，你争我夺，就会使市场运行处于无序状态。这种无序竞争还是会给社会资源带来巨大浪费与损失。大量的产能过剩，就是市场自发性、盲目性及急功近利性发展的必然结果。淘汰落后的过剩产能，关闭一批企业，无疑会造成资源的损失与浪费，但为了产业升级也不能不做。市场的"三性"缺陷，也造成重复建设、产业结构的趋同化。

"市场失灵"与"市场缺陷"的存在，迫切要求政府主动作为，积极"补位"。这是政府发挥作用的一个重要职责所在。除此而外，政府要对整个社会承担起科学的宏观调控、有效的政府治理、健全宏观调控体系，保持宏观经济稳定等重大职责。结合我国当前实际，笔者认为具体应做好以下几点。

第一，深化所有制结构改革，进一步优化我国的所有制结构。生产资料所有制结构的多元化是发展社会主义市场经济，发挥市场决定作用的重要经济基础。不同所有制之间的商品交换是市场经济中最根本的交换关系。改革开放前采取单一的公有制，全民所有制内部无法形成商品交换，全民所有制与集体所有制之间难以形成统一市场，所以，如前所述，那时市场几乎对资源配置不起作用，由国家指令性计划替代了市场。正是由于改革开放后，发展了个体私营经济、外资经济等多种非公有制经济，这才形成了多种所有制之间错综复杂的商品交换关系，进而形成真正的大市场。

多元所有制的存在，尤其是大量非公有制经济的存在，使指令性计划替代市场的"市场失灵"失去了经济根源与基础，不会再发生。阿瑟·奥肯指出："私有制和私人决策约束了政府的权力——或更准确地说，约束了政府决策人物的权力——及由此而来的侵犯权利范围的能力。"[32]"与完全中央集权经济的这种极端情况相比，市场经济显然保护着各种权利免受国家侵犯。"[33]就连国有企业也已改革成独立的市场主体，它的自主生产经营权也不容国家侵犯，那私有企业和私人的权利更不容国家侵犯其生产经营自主权。这就从根本上排除了指令性计划替代市场的可能性。为了巩固与发展这种可能性，笔者认为，中国的所有制结构应从两个方面深化改革与优化：一方面继续收缩国有企业的范围，降低其在整个所有制中的比重。让国有制企业全力占领国家发展战略产业高地，强化其掌控国民经济命脉的能力。实践证明，这个改革方向是正确的。现在东北地区国有企业曾经占国民经济80%以上的省份，全都成了经济欠发达地区，东北地区国有企业是受计划经济体制束缚最严重的地区。另一方面，让非公有制经济依法有一个更大的发展与提升，推动其上规模、上档次、上水平，走规模化、集团化、管理科学化的发展道路。

第二，严控通货膨胀，力争市场物价保持基本稳定。近些年来，我国在严重的国际贸易保护主义、霸凌主义及恶意反华势力的冲击下，在国内经济下行压力不断加大的情况下，保持清醒的头脑，理性应对各种挑战，不仅没有采用凯恩斯主义扩大社会总需求，扩大财政性投资，刺激与拉动经济增长的办法，反而从供给侧结构性改革上发力，积极调整经济结构，转变发展方式，提高经济质量和效益，取得了经济稳中有进，市场物价水平基本稳定的好成绩。其间，虽然有些农产品（如猪肉、鸡蛋、蔬菜等）价格有较大幅度上涨，但很快就得到抑制，并没有发生严重的通货膨胀。这就给市场价格机制发挥良好的配置社会资源作用创造了有利条件。这无疑是以习近平同志为核心的党中央对社会总供给与总需求状况作出科学正确判断的结果，更是供给侧结构性改革取得的骄人业绩，也是政府主动作为，大刀阔斧推进去产能，优化结构，转变发展方式，增质提效，充分发挥政府宏观调控作用的重大胜利。这一胜利的取得，与政府坚决不搞"大水漫灌式"的财政货币扩张，推行稳健的财政和货币政策有直接关系。须知，稳住市场物价，就稳住了人心，也稳住了人们的增长心理预期，这是社会稳定的重要基础。笔者在二十多年前曾撰文专论通货膨胀的九大负效应，明确指出："一个国家的币值是否相对稳定，是这个国家的经济、政治是否稳定的一个重要标志与测量尺度。如果持久的恶性通货膨胀使货币极度贬值，那么就会使这个国家的人民对其政府丧失信心，产生极端不信任感。"[34] 在稳中求进，实乃保就业、保增长的最佳选择。

第三，加强市场监管，保障公平竞争，维护市场秩序，营造良好的经商环境。由于市场固有的"三性"的作用，存在一定的无序乱象在所难免，不应也不值得大惊小怪。

市场乱象不会从根本上动摇与阻止我国社会主义市场走向更加繁荣的大趋势，但其负面影响与作用仍不可小视。这些乱象的存在，严重地扰乱市场秩序，破坏市场机制发挥资源配置的决定性功能，难以实现社会资源的正常优化配置。任其发展会损伤市场营商环境，破坏市场经济的健康发展。虽然它难以从市场上根本"出清"，但还是可以通过政府的强力作用，逐渐加以消除或大幅减少的。党的十八大以来，习近平一再强调政府要主动作为、要敢于作为，全面正确履行政府职能，并为政府发挥作用明确规定了八项职责和作用。这就给政府为社会主义市场经济健康可持续发展保驾护航，指明了方向，增添了动力，加大了前进力量，使社会主义国家的政府作用谱写出其与市场结合统一的壮美篇章。

四、新时代政府与市场关系理论的创新与发展

1. 发现与揭示"市场决定资源配置是市场经济的一般规律"

所谓经济规律，就是贯穿于各种经济现象中的一种内在的必然联系，它"以铁的必然性发生作用并且正在实现的趋势"[35]。它作为一种铁一般的强制力量为自己发挥作用开辟道路，人们只能顺从它的规则行动，按照它的要求办事，否则，就会受到无情的惩罚。因为它"视之无形，听之无声"，所以很难被发现与揭示出来。

发现与揭示经济规律，需要深厚的知识功底与非凡的智慧。马克思就是这样的伟大的智者。他一生有两个伟大发现：一是唯物史观；二是剩余价值理论。这两大发现集中体现在其著作《资本论》中。在《资本论》中，他运用科学的唯物史观，深刻地分析与研究了资本主义生产方式，发现并揭示出追求剩余价值是这个生产方式的绝对规律，阐明了剩余价值的不断资本化——资本主义积累的发展，必然导致资本主义灭亡的规律。

习近平在集中全党全国人民智慧和不断总结经验的基础上，对"政府与市场关系"理论的认识产生了升华与飞跃，创造性地提出"市场决定资源配置是市场经济的一般规律"的科学论断。人所共知，市场经济运行规律有许多，如价值规律、供求规律、竞争

规律等，为什么市场决定资源配置就成为其一般规律呢？这只能从其必要性与可能性上去求解。

第一，市场决定资源配置是市场经济发展的内在客观要求。政府配置资源是计划经济体制的基本特征。它是通过政府向企业下达指令性计划来向企业配置资源的。企业没有配置资源的自主权，所以它不能被认为是独立的市场主体，也没有自主配置资源的动力与利益诉求。并且，指令性计划配置资源要由企业逐级向上申报，逐级审核批准，然后由政府主管部门批准下达。存在计划书由下而上，再由上而下反复确认的情况，导致时效性差。因此，高度集中的计划经济体制通过指令性计划配置资源是一种效率低下甚至是无效率的体制。相比较而言，市场决定配置资源，即市场主体自主决定资源配置。市场主体一经确定生产什么，便可用资本金去市场购买生产所需生产资料即$G-W$（生产资料），同时也可去雇佣生产所需要劳动力即$G-A$，然后使二者相互结合便可进行生产。这一切绝不需要像计划经济体制下那么麻烦、耗时费力，大大节省了资源配置时间及配置成本。并且要在尽可能短的时间，以尽可能少的资源消耗，生产出更多市场需要的产品，以实现其收益最大化，即$W'-G'$，$G'>G$，产出收益大大高于其投入的G（资本金）。正如习近平所说："理论和实践都证明，市场配置资源是最有效率的形式。"[36]市场决定配置资源之所以最有效率，关键在于：一是市场主体可以依据市场信号自主决策，快速决定；二是生产要素可以快速购进，实现最优组合；三是生产过程尽可能节省资源消耗，以最少的消耗生产出更多更好的产品；四是产品生产出来后，尽可能缩短销售时间，减少仓储成本，减少商品流通费用；五是通过市场竞争，加速商品$W-G'$的惊险跳跃，以便实现收益最大化$G'>G$。这个全过程，收益的动力是充足的，资源配置是高效的，生产过程及销售过程是尽可能节省资源消耗与产品销售费用成本的。这一整个过程就是市场经济体制在客观上所必须的实现过程。

第二，社会主义国家的政府可以通过强有力的职能作用，保证市场经济体制对市场决定资源配置的客观必然要求得以顺利实现。其一，政府通过建立有效的公共服务平台，可以使市场主体在更短的时间，办理好各种生产经营许可证照，及早开工生产或开门营业。其二，政府通过建立完善与健全的要素市场体系，使市场主体能够快速及时地购买到生产所必需的要素——生产资料与劳动力。同时，还有及时找到有利的生产经营场所。其三，政府通过制定与完善各种法律法规及产业政策，为市场主体进行合法生产经营提供安全、稳定、便利的生产经营环境，让市场主体安全有序地进行资源的有效配置与生产。其四，政府通过强有力的市场监管，打击各种市场乱象，维护市场秩序，保护公平竞争，保护市场主体的合法权益，使之收益最大化目标得以顺利实现。阿瑟·奥肯指出："市场的运行——事实上，日常生活亦然——依赖于政治制度的各种强制性权力。国家利用这些权力，建立并保障市场上的权力，直接提供某些基本的服务，并间接地创造出信任、理解和有安全保障的环境，这种环境对企业的日常生产是生命攸关的。"[37] 随着政府对宏观调控体系的不断健全与完善，政府对市场经济运行的调控作用不断加强，政府对市场运行的保障能力日益加强，提供的各种服务更加到位，企业日常生产经营越来越优化，这就完全可以保证社会主义市场体制对市场决定资源配置的客观要求得以实现。

正是由于政府充分有效发挥职能作用与市场决定资源配置二者实现有机结合与统一，使市场决定资源配置的必要性与其实现的可能性变成了一种客观必然性，即变成马克思所讲的"铁的必然性"与"正在实现的趋势"。

既然市场决定资源配置成为市场经济发展的一个规律，那么又为什么称其为"一般规律"？对此，习近平作了简明概括的回答："市场经济本质上就是市场决定资源配置的经济。"[38] 市场经济中有众多规律发挥作用，如前所述，有供求规律、价值规律、竞争规律，为什么偏偏它是"一般规律"？因为这几个规律虽然都是商品经济中都存在并发生作用的，但它们并不反映市场经济的独特本质，不反映政府与市场关系，不反映资源的配置方式。而反映市场经济本质的规律，只有市场决定资源配置规律，凡是市场经济存在的地方，市场决定资源配置的规律就必然存在并发挥作用，不管你愿意不愿意、承认不承认。

习近平发现与揭示"市场决定资源配置是市场经济的一般规律"，具有重大现实意义与深远的历史意义。不论是现在还是将来，在经济规律面前永远人人平等。在规律面前，只有老老实实遵从它，按照它的要求办事，才可能取得好的经济效果；反之，你如果不遵从它，不按它的要求办事，结果它就会让你遭受损失与失败。政府机构更是如此。政府只有忠诚地履行自己的职责，不越位，不越权，管好自己该管的，属于市场决定资源配置规律管的事，坚决不要去干预。只有这个规律管不了的事或出现"市场失灵"，政府才可以去"补位"；只有市场固有缺陷引起市场紊乱，政府才可以出手治乱，去弥补缺陷。但这时也不能用行政命令或指令性计划等手段，而只能用产业政策及产业发展规划加以引导，使市场主体尽可能增加配置资源的自觉性、远瞻性及逐利合法性。这是市场决定资源配置规律所要求的。

2. "看不见的手"和"看得见的手"都要用好，争做驾驭政府与市场关系的行家里手

习近平指出："在市场作用和政府作用的问题上，要讲辩证法、两点论，'看不见的手'和'看得见的手'都要用好，努力形成市场作用和政府作用有机统一、相互补充、相互协调、相互促进的格局，推动经济社会持续健康发展。"[39] 这里，习近平把用好"两只手"的目的，已经讲得十分明确了。现在，我们就分别探讨一下"看不见的手"和"看得见的手"的科学内涵。

人所共知，"看不见的手"，是亚当·斯密在《国富论》里提出来的，是支配"经济人"从事经济活动，追逐私人利益的那个看不见的东西。这个东西就是指经济规律。它到底是个什么经济规律呢？学术界基本形成共识，一致认为它就是著名的价值规律。

关于价值规律内容的表述，虽然有些争论，但基本趋向一致，即认为它是商品价值由社会必要劳动时间决定，商品交换依照等价原则来进行的规律。这样的表述把商品价值决定与交换的两个方面的内容都包括了，不再是单一的价值决定的规律，尤其是在市场经济条件下，商品的价值是通过市场交换才得以实现的，所以把等价交换包括在价值规律内涵之中是符合马克思原意的，因而是科学的。

现在的问题是：将亚当·斯密的"看不见的手"只理解为"价值规律"是否准确和科学。笔者认为，值得怀疑，特提出来与学界同仁进一步探讨。亚当·斯密讲的只是"一只手"，而不是"两只手"或"三只手"，那就是说是一条经济规律，绝不是两个或者更多。由于亚当·斯密的理论中，只有劳动创造价值的理论，并没有剩余价值的概念与范畴，所以他不可能明确提出剩余价值规律。但是，认真仔细地推敲其原文，确有"经济人"追求剩余价值之意。亚当·斯密指出："由于他管理产业的方式目的在于使其生产物的价值能达到最大程度，他所盘算的也只是他自己的利益。在这场合，像在其他许多场合一样，他受着一只看不见的手的指导，去尽力达到一个并非他本意想要达到的目的。"这里的"生产物的价值最大化"，笔者认为不能理解为简单商品生产。因为简单商品生产者他追求的是商品使用价值，而不是"价值最大化"。简单商品生产者之所以生产某种商品是要将它卖出去，以便换回自己所需要的商品。他关注的重点是不同商品的使用价值，而不是价值。只有资本主义生产的目的才是追求价值的无限增值，以便在价值实现后获取的剩余价值，其标准公式是 $G{\diagup\!\!\!\!\!\!{}^{P_m}_{A}}\cdots p\cdots W\text{-}G'$，而绝不是

$G{\diagup\!\!\!\!\!\!{}^{P_m}_{A}}\cdots p\cdots W\text{-}G'\cdot G\text{-}W$。笔者认为，亚当·斯密提出的"看不见的手"是剩余价值规律，更符合当时历史实际。亚当·斯密所处的时代是资本主义取代封建主义的交替与转换时期。为了保护正在上升发展的资本主义工商业，防止封建统治集团及其残余势力对资本主义工商业发展的不必要的干预，他提出了自由市场经济受"看不见的手"支配与调节的理论。由此可见，亚当·斯密的"经济人"所从事的生产绝非简单商品生产，而必定是资本主义商品生产。资本主义生产的目的，就不是追求使用价值，是为了追求价值最大化，从而追求剩余价值最大化。正因为如此，马克思才指出："生产剩余价值或赚钱，是这个生产方式的绝对规律。"[40] 联系亚当·斯密的上下文论述，都可认定，他讲的是资本投资，而不是简单商品生产。

虽然亚当·斯密讲的是"一只看不见的手"，是指一条经济规律，但并不排除其他规律的存在与发挥作用。价值规律是商品经济的基本规律，供求规律、竞争规律以及新被发现的市场决定资源配置规律都与价值规律密切相关，凡是存在商品生产与商品交换的地方，上述诸规律就存在并发挥作用。由于现代市场经济是发达的商品经济，具有了市场经济体制的意蕴，所以，上述规律都同样存在并发挥作用，即它们都是"看不见的手"，并且在支配与调节市场主体的经济活动。但应该明确，在现代市场经济中起主

导作用的必定是两大规律：一是剩余价值规律。无止境地追求剩余价值即价值增加额是资本主义生产的内在的"永动机"。二是市场决定资源配置规律。因为这个规律在客观上解决了实现资本主义生产目的的途径或手段问题，那就是尽可能优化资源配置，实现以最小的资源消耗，换取最大利润或收益。正是由于这两个规律充分体现了市场经济的本质要求，所以这两个规律就分别以"基本规律"和"一般规律"加入"看不见的手"行列，对资本主义市场经济进行支配与调节。由于市场经济并不属于资本主义的专利，社会主义也可以搞市场经济，那自然以这两个规律为内涵的"看不见的手"，就也可以对社会主义市场经济运行起支配、引导与调节作用了。由于上述供求规律、市场竞争规律、价值规律都与这两大规律密切相关，因而在社会主义市场经济仍然要起支配与调节的作用。并且市场是一个十分复杂的体系与系统，上述诸多规律相互交织，相互联系，共同发挥作用，所以不能只见其一，不见其余，而要从辩证的角度，全面系统地认识上述各个规律的作用原理及机制，切不可简单从事，搞单打一，而要搞总体协调、综合灵活运用。

再看政府这只"看得见的手"的内涵。"看得见的手"，更是一个多元化的体系，有政治之手、法律之手、军事之手、行政之手、经济之手、文化之手、体育之手、医药之手等等，它们统一构成政府这只"看得见的手"。任何一个社会，经济社会要正常运转，这只手都是不可或缺的。并且各只"手"之间要协调配合，相互促进，不能相互抵销、相互掣肘，断了哪一只手，或者弄残哪一只手，都是绝对不允许的。正像一架现代机器系统每个部分都要保持顺畅"在线"，坚守岗位，政府这只"看得见的手"才能正常发挥作用。

上述各只"手"都有自己的职责定位与功能作用。政治之手、军事之手、法律之手，主要是保卫国家安全，维护社会稳定，保障人民的民主权利及当家作主的社会地位。行政之手，主要是保障国家政令畅通，各级行政机构运作便利高效率，使全体人民安居乐业。文化之手、体育之手、医药之手，是政府为全体人民文化生活丰富多彩、强身健体、健康长寿、远离疾病之害而服务的机构。这些"看得见的手"离市场或远或近，但都与市场不无关系，都有可能发生越权越位的问题，如政府行政机构直接办产业，成立公司搞创收，参与市场经商活动等。但经济之手是与市场关系最密切的"大手"，因为它直接面向庞大的国民经济系统，直接与统一大市场打交道。经济之手是通过法律法规及经济政策，来管理市场经济，维护市场经济秩序的。一句话，通常是做好宏观经济运行的调控者。只有在因市场缺陷引起市场秩序混乱或发生严重"市场失灵"时，政府的经济之手才会主动去"补位"，不容许它越位去干预企业或市场主体正常生产经营，尤其不容许它干预市场主体对资源进行自主配置。

"看得见的手"与"看不见的手"结合统一得好不好，是否使两只手作用发挥得最优，关键在政府。其一，政府一定要深化改革，精简机构，从上到下建立起一个运转灵活、精干高效的政府体系。这个体系一定是结构合理，有机配合，适合统一大市场发展要求的、具备现代化治理能力的、规模适度的政府。所谓规模适度，就是要将过于庞大的政府机构进行精简，减少政府运营成本，减少政府开支，减轻人民的行政负担。实践证明，一个机构重叠、职能交叉、规模过分庞大的政府机构，必然人浮于事，效率低下，压制市场这只"看不见的手"发挥作用。其二，要建立一支公正廉洁、肯作为、敢作为的公务员队伍。政府官员要爱市场、亲市场，克服官僚主义。官场气氛浓厚、官僚主义严重，已经成为市场这只"看不见的手"正常发挥作用的大敌。建设公正廉洁的公务员队伍，已成为当今中国市场这只"看不见的手"发挥作用的必要条件。其三，政府只有把自身的改革做好之后，才能更好发挥其监管市场的职能作用，全力以赴致力于市场体系建设，才能正确发挥政府这只"看得见的手"的作用。那就是习近平所指出的，"建立公平开放透明的市场规则，把市场机制能有效调节的经济活动交给市场，把政府不该管的事交给市场，让市场在所有能够发挥作用的领域都充分发挥作用，推动资源配置实现效益最大化和效率最优化，让企业和个人有更多活力和更大空间去发展经济、创造财富"[41]。实践证明，只要政府做好了，把那些"看得见的手"弄得公正廉洁、运行高效，才能更好地服务于市场，让市场这只"看不见的手"有更大的活力与更大的空间去发展、创造财富。所以，政府深化改革，是当今中国处理好政府与市场关系的关键所在，更是让市场决定资源配置规律发挥正能量的决定性因素。

　　为了保证政府这只"看得见的手"正确有效地发挥作用，习近平还特别强调加强党的领导，发挥党组织的核心作用。他明确指出："坚持党的领导，发挥党总揽全局、协调各方的领导核心作用，是我国社会主义市场经济体制的一个重要特征。"[42]他号召全党各级干部"学会正确运用'看不见的手'和'看得见的手'，成为善于驾驭政府与市场关系的行家里手"[43]。这就十分清晰地告诉我们，坚持党的总揽全局、协调各方的核心作用，是使政府这只"看得见的手"与市场这只"看不见的手"二者有机结合并充分发挥作用的根本保证，也是坚持与发挥社会主义制度独特优势的根本保证。习近平把党建理论与治国理论有机结合起来，创造性地发展了政府与市场关系理论，这无疑是对中国特色社会主义经济理论的重大丰富与发展。

　　为了充分发展政府与市场两个方面的优势，使二者作用有机统一、相互补充、相互协调、相互促进，必须进一步深化政府与市场关系的改革与创新，做到"两个最大限度"，实现效益最大化和效率最优化。习近平在党的十九届三中全会上明确指出："这次改革强调要减少微观管理事务和具体审批事项，最大限度减少政府对市场资源的直接配置，最大限度减少政府对市场活动的直接干预，目的是通过改革实现产权有效激励、要素自由流动、价格反应灵活、竞争公开有序、企业优胜劣汰，让各类市场主体有更多的活力和更大空间去发展经济、创造财富，实现资源配置效益最大化和效率最优化。"[44]

参考文献

[1] 习近平谈治国理政: 第1卷[M]. 北京: 外文出版社, 2018: 116.

[2] 邓小平文选: 第3卷[M]. 北京: 人民出版社, 1993: 77.

[3] 邓小平文选: 第3卷[M]. 北京: 人民出版社, 1993: 78.

[4] 邓小平文选: 第3卷[M]. 北京: 人民出版社, 1993: 78.

[5] 邓小平文选: 第3卷[M]. 北京: 人民出版社, 1993: 79.

[6] 邓小平文选: 第3卷[M]. 北京: 人民出版社, 1993: 63-64.

[7] 邓小平文选: 第3卷[M]. 北京: 人民出版社, 1993: 137.

[8] 邓小平文选: 第3卷[M]. 北京: 人民出版社, 1993: 148-149.

[9] 邓小平文选: 第3卷[M]. 北京: 人民出版社, 1993: 148.

[10] 邓小平文选: 第3卷[M]. 北京: 人民出版社, 1993: 149.

[11] 邓小平文选: 第3卷[M]. 北京: 人民出版社, 1993: 372.

[12] 邓小平文选: 第3卷[M]. 北京: 人民出版社, 1993: 373.

[13] 赵汉平. 西方经济思想宝库: 第3卷[M]. 北京: 经济科学出版社, 1997: 73-75.

[14] 赵汉平. 西方经济思想宝库: 第3卷[M]. 北京: 经济科学出版社, 1997: 90-95.

[15] 弗里德曼. 论通货膨胀[M]. 北京: 中国社会科学出版社, 1982: 18.

[16] 弗里德曼. 危机中的自由经济[J]. 世界经济译丛, 1982(02): 22.

[17] 转引自赵汉平. 西方经济思想宝库: 第3卷[M]. 北京: 经济科学出版社, 1997: 166.

[18] 凯恩斯. 就业、利息和货币通论[M]. 北京: 商务印书馆, 1997: 323.

[19] 萨缪尔森, 诺德豪斯. 经济学: 下[M]. 北京: 中国发展出版社, 1992: 1237.

[20] 萨缪尔森, 诺德豪斯. 经济学: 上[M]. 北京: 中国发展出版社, 1992: 308.

[21] 付殷才, 颜鹏飞. 自由经营还是国家干预[M]. 北京: 经济科学出版社, 1995: 366.

[22] 付殷才, 颜鹏飞. 自由经营还是国家干预[M]. 北京: 经济科学出版社, 1995: 372.

[23] 习近平谈治国理政: 第1卷[M]. 北京: 外文出版社, 2018: 75.

[24] 习近平谈治国理政: 第1卷[M]. 北京: 外文出版社, 2018: 117.

[25] 查尔斯·林德布洛姆. 政治与市场: 世界的政治—经济制度[M]. 上海: 上海三联书店, 上海人民出版社, 1994: 43.

[26] 习近平谈治国理政: 第1卷[M]. 北京: 外文出版社, 2018: 77.

[27] 习近平谈治国理政: 第1卷[M]. 北京: 外文出版社, 2018: 77.

[28] 阿瑟·奥肯. 平等与效率[M]. 北京: 华夏出版社, 1987: 17.

[29] 阿瑟·奥肯. 平等与效率[M]. 北京: 华夏出版社, 1987: 18.

[30] 董辅礽. 用辩证的眼光看市场经济[M]. 北京: 生活·读书·新知三联书店, 2002: 18-21.

［31］阿瑟·奥肯. 平等与效率［M］. 北京: 华夏出版社, 1987: 34.

［32］阿瑟·奥肯. 平等与效率［M］. 北京: 华夏出版社, 1987: 34.

［33］阿瑟·奥肯. 平等与效率［M］. 北京: 华夏出版社, 1987: 35.

［34］潘石. 关于目前我国通货膨胀的几个理论认识问题［J］. 吉林大学社会科学学报, 1995（04）: 71.

［35］马克思. 资本论: 第1卷［M］. 北京: 人民出版社, 1975: 8.

［36］习近平谈治国理政: 第1卷［M］. 北京: 外文出版社, 2018: 77.

［37］阿瑟·奥肯. 平等与效率［M］. 北京: 华夏出版社, 1987: 29.

［38］习近平谈治国理政: 第1卷［M］. 北京: 外文出版社, 2018: 77.

［39］习近平谈治国理政: 第1卷［M］. 北京: 外文出版社, 2018: 116.

［40］马克思. 资本论: 第1卷［M］. 北京: 人民出版社, 1975: 679.

［41］习近平谈治国理政: 第1卷［M］. 北京: 外文出版社, 2018: 117.

［42］习近平谈治国理政: 第1卷［M］. 北京: 外文出版社, 2018: 118.

［43］习近平谈治国理政: 第1卷［M］. 北京: 外文出版社, 2018: 118.

［44］习近平谈治国理政: 第3卷［M］. 北京: 外文出版社, 2020: 172.

第七章　新时代全面深化改革

　　改革开放犹如车之两轮，鸟之两翼，策动中国这辆动车奋力前行，策动中国经济展翅腾飞。"没有改革开放，就没有中国的今天，也就没有中国的明天。"[1]习近平指出："面对新形势新任务，我们必须通过全面深化改革，着力解决我国发展面临的一系列突出矛盾和问题，不断推进中国特色社会主义制度自我完善和发展。""要完成党的十八大提出的各项战略目标和工作部署，必须抓紧推进全面改革。"[2]

　　本章就新时代全面深化改革问题，谈谈笔者的体会。

一、中国改革进入深水区，各种矛盾凸显

1. 区域发展差距扩大：以东北地区与南方发达省区为例

　　经济发展不平衡是客观存在的情况。由于全国各个地区的人口、资源、自然、经济、社会条件存在客观差异，所以其经济社会发展不可能同步前进，必然呈现发展水平不平衡状态。而发展水平的不平衡，又必然造成各地区经济社会实力上的差距。在正常情况下，这种实力上的差距，人民在感情上能够理解，思想上也认可，反映各地区的收入差距也能够接受。但也存在由于政策倾斜而带来的实力差距。政策倾斜带来不同地区人民收入的差距，笔者认为这是改革进入深水区凸显的一个大矛盾，应引起国家高度关注。东北为什么振而不兴？是否可以考虑建立东北自由贸易示范区、东北与俄罗斯能源研发中心区、东北与日韩合作示范区、东北亚重工业联合体等？也给予政策倾斜支持。改革开放以来，东北重工业的优势一直没有得到足够的重视，马克思关于制造生产资料工业是工业的基础，必须优先发展的论断长期被忽视，这不能不说是东北长期振而不兴，成为"欠发达地区"的一个重要原因。

　　东北成为"欠发达地区"另一个原因是，除了辽宁省外，吉林、黑龙江两省农业比重过大，工业化水平较低。改革开放后很长一段时间，中国人的饭碗是端在东北人手里的。吉林、黑龙江两省均为产粮大省，每年都低价交给国家大量商品粮，而国家只给少量补贴。两省经营粮食每年都亏损几十亿到上百亿元。东北农民面临工农业产品价格剪刀差，工业品价格高于其价值，农产品价格低于其价值，由此形成工农业产品价格剪刀差这种状况，毛泽东曾多次讲过，并在《论十大关系》中作过分析，指出要缩小剪刀差，不能把农民挖得很苦，拿农民的太多，而给农民太少。

等到20世纪末，粮食及农产品市场放开以后，东北农民的非商品经济意识已经根深蒂固了，按市场经济原则种植粮食基本上"不知道怎么玩儿了"，他们已经落进"贫困的陷阱"。

东北陷入"欠发达地区陷阱"还有一个非常重要的原因，那就是国有经济比重过大，改革成本均由国企员工承担所致。国有经济比重过大，是历史形成的。由于东北是新中国的重工业基地，苏联援助中国的156个项目基本上都是重工业项目，东北地区距苏联地理位置较近，故都落户东北地区。再加上东北地区又新建了不少重化工业，结果使东北三省的国有经济比重都达到80%以上。国有企业是计划经济的样板，但它也受计划经济体制约束最厉害。

上述几种不利的状况，迫使东北地区掉入了"欠发达地区陷阱"。东北地区与南方发达省区（如广东、江苏、浙江、福建等）经济实力差距主要是由政策不到位、人才与资本外流、农业比较利益严重受损、国企改革国家未予合理补偿等多种原因叠加在一起造成的。全面深化改革，应密切关注改革过程出现的区域经济实力尤其是收入差距过大的问题。

2. 产业结构矛盾：制约经济高质量发展的根本因素之一

根据木桶原理，经济结构的有效性是由"短板"所决定的，其余的"长板"均为多余的，因为木桶装上水以后，那些"长板"是无效的。虽然一个社会的经济结构远比木桶复杂得多，难以用一个木桶原理准确科学地加以证明，但它告诉世人一个简明的道理：调整经济结构要压"长板"补"短板"，或者说控"长线"拉"短线"。

一个时期以来，我国钢铁产量跃升世界前列。一方面，粗钢库存增加，产能过剩；另一方面还需要大量从国外进口精钢与特种钢。由于小煤矿遍地开花，致全国煤炭产量一度达到全世界最高水平。为了减少燃煤对大气的污染，多地企业纷纷进行"煤改电"或"煤改油"工程，各地居民生活也改用天然气，对煤炭需求量大幅减少，煤炭供大于求的局面凸显出来。改善生态环境与居民的生活环境，迫切要求控制煤炭产量。进入21世纪以来，世界各国汽车企业看好中国大市场，纷纷抢滩中国展开了一场空前的汽车大战。近些年，我国汽车年产销量都达到2000万辆左右，给我国城市交通带来巨大的拥堵，全国大中城市几乎没有不堵车的。另外，房地产开发过剩，众多企业都去建房子。结果形成目前的困局：一方面，对房产有刚性需求者买不起商品房；另一方面，房产开发商还在一味扩建商品房，同时又不肯低价售房，这就造成大量空置房。

上面只是讲到比较突出的几个"长线"产业，相比较而言，一些本应该得到相应发展的产业，却由于利小而无人问津。如各种服务业，其中健康养老产业，已成为当今中国最急需发展的产业。目前，中国老龄人口（超过60岁）已占全国总人口的19%左右，超过世界人口老龄化的界限。中国有规模、上档次、管理得好的养老院真是太少了。许多城市社区根本没有像样的养老机构，养老保健卫生设施更是少得可怜。现在独居老人日益增多,居家养老更需要完备的居家养老服务。人口老龄化与经济社会发展的矛盾,今后一段时间会更加突出、尖锐。

再有一个"短板"或"短线"产业,就是生态环保产业。由于我国在很长一段时期奉行"大开发"战略,各种各样的开发,实际上都不同种程度地造成了自然生态与环境的破坏。如今放弃"大开发"战略,转变为"大保护"战略,非常英明、非常正确,这为我国生态环保产业发展带来了绝好机遇。可以说中国的生态环保产业刚刚步入成长期,今后,它还有很长很远的发展空间。它是保证中国经济协调发展,提高人民生活质量,实现人民对美好生活的向往的根本保障,因此,把这个产业做大做强,是实现建成美丽中国目标的战略需要。笔者认为,可以将生态环保产业定义为战略性新兴产业,这个产业的发展,将带动空气污染治理、城市环境污染治理、土壤改良、江河湖泊及水系整治、城乡垃圾处理、居民家庭装修及家具的无害化工艺、城市废水处理、城市园林绿化等众多方面生产、设备、技术与工艺的改造、改良与提升,是一项庞大的系统工程,发展空间十分复杂,可以带动和促进众多行业的发展,对实现人与自然的和谐共处,具有长远的战略意义。所以,这个"大短板"应该尽快地补上来。

经过近几年的改革攻坚,压"长线"产业,去库存、去产能工作取得长足进展。小钢铁、小煤矿关了一大批,小钢材以低价竞争排挤大钢材、小煤矿以低价竞争排挤大煤矿的所谓"劣币驱逐良币"的现象得到根本性扭转,大钢厂及大煤矿的产品销售都有了明显上升,并且出现盈利。这说明,结构性调整与改革取得重大进展。但结构改革并未完成,一定要防止地方小钢厂、小煤矿再度反弹。所以,调结构不仅是攻坚战,也是一场持久战。

必须承认,"补短板"尽管有一定进展,但成效有限。因为"补短板"客观上需要大量人、财、物,即需要大量科技人才、资金、物质资源,这三种要素筹措都需要一定时间,尤其是人才的培养有一个周期性的问题,把一个产业由"短板"补到合理的"长"线恐怕不是一个容易的事情,没有8~10年的工夫是难以完成的。

面临国际单边主义及贸易保护主义的猛烈冲击,国内经济下行压力越来越大。在此情况下,习近平经过细心观察、科学冷静地作出判断:"这些问题的主要矛盾不是周期性的,而是结构性的,供给结构错位问题严重。需求管理边际效益不断递减,单纯依靠刺激内需难以解决产能过剩等结构性矛盾。因此,必须把改善供给结构作为主攻方向,实现由低水平供需平衡向高水平供需平衡跃升。"[3]习近平一语中的,抓住了问题的要害与实质,为我国进行供给侧结构性改革,从根本上实现高水平供需平衡指明了道路与方向。

3. 生态保护与经济发展的矛盾:坚持保护优先

长期以来,在GDP这个"指挥棒"的指挥下,各地掀起了你追我赶的排名赛。虽然嘴上说"不追求GDP",不以GDP高低论英雄,但实际上,无论怎么讲,GDP这个指挥棒，笔者认为至今它仍在起作用，甚至还起"总指挥"的作用，因为它确实是体现政绩的一个重要指标。我们还需要这个指标同西方发达国家进行比较，只是不要用这个指标去替代和否定生态环保指标。并且，不要盲目过分追求GDP增长，而要努力实现没有任何水分的GDP增长。当然，为了政绩，片面追求GDP增长，以牺牲生态环境为代价，那是绝对不可以的。

应当承认，在现实经济生活中，生态环保与经济发展的矛盾还是大量存在的，并且日益突出，不妨列举几例。

例一：在江河湖泊及各种水库中开展养鱼、养虾等养殖业，设置网箱，投放饵料，并且在水面上建设居所，以便进行看护与管理。不仅投放各种饵料会改变水质，而且管理人员在水面上居住也会排放各种污物，这些都会对水系造成环境污染。取消了这些水产养殖，自然会严重影响养殖户的收入，同时使当地政府GDP减少，也就在一定程度上减少当地的税收或其他相关收费。

例二：为了发展与繁荣当地经济，各地纷纷开发建设小铁矿、小煤矿、小白土矿等小矿山。开山凿石、挖井掘土，这就必然会破坏当地林木植被，破坏地上地下水系。同时，进行矿区各种配套建设，不仅会产出大批固体废物垃圾，也会排出大量污水污物，给周边环境带来严重损伤。每一个小矿的建设，几乎都把树砍光了，把绿色植被踏平了，把山变秃了，把清澈的山溪流水变黑变臭了。

例三：在国家自然保护区，开发特色旅游景区建设。这类项目建设是极具吸引力的，一旦建成就会吸引大批游客慕名而来，给当地经济发展带来巨大收益。正因为如此，一些地方政府采取打"擦边球"的办法拉投资，巧立各种名目，偷偷开工建设。

例四：发展养猪事业，保证老百姓餐桌有足够的猪肉供应，这是应该大力支持的。可是它的发展与县、乡及村镇的生态环境保护发生了冲突。一般说来，大型养猪场每天都要排出大量粪便，现有的条件又没有办法对这些粪便进行处理，所以猪场附近臭气熏天，弄得村民难以忍受。环境部门出动，其处理办法就是一罚二关，再加上市场猪肉价格持续走低，养猪户亏了本，赔了钱，只好关门不干了。这样一来猪肉市场供应短缺，导致猪肉价格上涨。应当承认，养猪与环境保护的冲突，并非导致猪肉价格暴涨的唯一原因，但无法否认，它总归是导致养猪大量减少的一个重要因素。

上述四例，足以证明生态环保与经济发展的矛盾冲突是大量存在的，限于篇幅不能一一列举。在党的十八大之前，许多地方对"发展是硬道理"的理解与认识存在偏误，只要能发展经济，把经济搞上去，就不顾一切，牺牲生态环境也在所不惜。甚至有些领导干部认为，经济发展上去了，以后有了钱再慢慢补偿恢复。其实这是一种典型的"先污染后补偿"错误理念。云南滇池就是典型一例。改革开放以后，滇池周围建设了一大宾馆和众多企业，每天有大量废水污染物排入滇池；并且湖中开设数以千计的网箱养殖，使湖水大面积被严重污染，水中鱼和有益生物愈来愈少。为了恢复滇池的天然生态，不得不将周边的旅馆和企业迁走，治理的费用一年又一年不断加大投入，现在投入的恢复生态资金已远远超过滇池原来所带来的收入。事实充分证明，"先污染后治理"是急功近利之举，是得不偿失的战略性错误。党的十八大之后，习近平提出"保护优先"[4]的方针，已经成为全国人民正确处理生态保护与经济发展之间矛盾的根本行为准则，有力地防止"先污染后治理"的错误发生，保证了经济社会的可持续健康发展。

4. 利益固化与掣肘：阻碍全面改革深化

改革是一场深刻革命，必然要触及各个地区或某个行业、某些人的利益。得到利益实惠者，自然高兴；损失利益者，自然难受。每一项改革举措出台，往往不可能使大家都获得均衡利益，所以大家都要以正常健康的心态对待每一项改革措施的出台。比如举全国之力，在2020年消灭绝对贫困，实现全面建成小康社会的目标，这实际上就是全国利益格局大调整。人力、物力、财力三大资源重点向全国贫困地区、贫困人群倾斜配置。这需要有钱出钱、有力出力、有人出人，中国人民为实现共同富裕甘愿舍弃个人利益，愿意贡献自己的智力、体力与财力。

但是，改革已进入深水区，遇到了利益固化藩篱，各种深层次利益矛盾交错，掣肘改革深化的步伐。这就是习近平所说的："中国改革经过30多年，已进入深水区，可以说，容易的、皆大欢喜的改革已经完成了，好吃的肉都吃掉了，剩下的都是难啃的硬骨头。"[5]如何打破利益固化藩篱，克服部门利益掣肘，就是全面改革深化难啃的"骨头"。所谓"利益固化"，就是经过改革，有许多人或不少的阶层都从"皆大欢喜的改革"中获得了利益，如今这种利益早已固定为既定的利益。如优惠的税收政策及率先改革效应，使东南沿海开放地区获得巨大的比较利益，如今这个地区已成为中国最富裕的地区。按照邓小平原来的设想，先富要帮后富，要向国家多交税。但如今国家税制是全国统一的，如果让他们多交税，他们能愿意交吗？既得利益已经固化，再动就难了，就会自然而然地成为改革深化的巨大阻力。习近平还指出"部门利益掣肘"[6]，这就是说，在一些部门或行业中的利益固化情况也是改革深化难以应对的问题。那些依靠部门垄断而获取巨额利润的群体，则是克服行业与部门利益掣肘的最大阻力。因为要实现人民共享改革与发展成果，实现全体人民共同富裕目标，不可能容忍两极分化，不可能容许收入过分悬殊，一定要实现社会公平公正，阻力再大也要冲破，骨头再难啃，也必定"啃"下来。习近平强调，"改革再难也要向前推进"[7]。硬骨头怎么啃？习近平概括为八个字："胆子要大，步子要稳。"他解释说："胆子要大，就是改革再难也要向前推进，敢于担当，敢于啃硬骨头，敢于涉险滩。步子要稳，就是方向一定要准，行驶一定要稳，尤其是不能犯颠覆性错误。"[8]"胆子要大，步子要稳"，这是我国全面深化改革，啃硬骨头的根本指导方针，也是确保我国全面深化改革夺取胜利的具体实施原则。只要各地、各部门坚决按照八字方针去推进改革，无论什么险滩都能闯过，无论怎么难啃的骨头也都能啃下来。

二、处理好改革与稳定的关系：攻坚克难的基础

1. 平安和谐思想：处理改革与稳定关系的指南

习近平对如何处理好改革与社会稳定、发展与社会稳定的关系，以及如何实现社会稳定，提出了一系列科学见解与观点，为我国建设一个平安和谐稳定的社会指明了方向，奠定了坚实理论基础。

习近平对社会稳定的论述，内容十分丰富，并且多为与工作实践相结合，既生动具体，又深刻富有新意。

第一，他认为稳定压倒一切，没有稳定，什么事情都干不成。他在担任中共浙江省委书记时指出：“从这些年来的实践看，稳定压倒一切，没有稳定的环境，什么事都干不成，改革与发展都会成为一句空话，已经取得的成果也会失掉。”[9]

第二，把平安和谐纳入科学发展观，并提出了广义平安范畴。他在浙江工作时，结合当地实际，创造性地提出“平安浙江”战略，他指出：“人人平安，社会和谐，是科学发展观的题中应有之义，是全面建设小康社会的重要目标。”“省委在深入调查研究的基础上，作出了建设‘平安浙江’、促进社会和谐稳定的重大决策部署。我们指出的‘平安’，不是仅指社会治安或安全生产的狭义的‘平安’，而是涵盖了经济、政治、文化和社会各方面宽领域、大范围、多层面的广义‘平安’。这完全符合科学发展观的执政理念，完全符合构建和谐社会的本质要求，也完全符合广大人民群众的迫切需要。”[10]

第三，社会稳定是建设和谐社会的前提和基础，维护社会稳定就是不断化解不稳定、不安定因素的过程。习近平指出：“社会稳定是社会和谐的前提和基础。只有在社会稳定的前提下，才能集中精力解决经济社会发展中不和谐的问题。”“和谐社会不是没有矛盾的社会，社会总是在解决矛盾中不断前进的。维护社会稳定、构建和谐社会，就是一个不断化解这些不稳定、不确定、不安定因素的过程，就是最大限度地减少不和谐因素、最大限度地增加和谐因素的过程。”[11]他教育干部都要从大局角度来看待社会稳定问题，对社会不稳定因素要见之于早，抓之于实，求之于解，常研究，常调查，常督促，把过细的工作做到前面，防止不稳定因素变成“慢性病”。

第四，社会稳定是改革与发展、人民安居乐业、国家长治久安的根本保证。习近平指出：“实践证明，只有社会和谐稳定，国家才能长治久安，人民才能安居乐业。人民群众企盼生活幸福，但幸福生活首先必须保证社会和谐稳定。深入实施‘八八战略’，必须深化改革，促进发展；而无论是改革还是发展，都需要和谐稳定的社会环境来保证。没有和谐稳定的社会环境，改革不可能深化，发展更无从谈起。”[12]他还特别强调，维护社会和谐稳定不仅是人民群众的根本利益，也是领导干部的责任与政绩。

第五，明确提出“改革是动力，发展是目的，稳定是前提”的三者关系界定，坚持积极的和谐稳定观。习近平指出：“要正确处理改革发展稳定的关系，既坚持稳定压倒

一切的方针，又坚持发展这个第一要务，坚持改革开放的路线。改革是动力，发展是目的，稳定是前提，这是十分清楚的三者关系。"[13]他还结合"平安浙江"战略实施，特别强调指出："不能以为我们现在强调'平安'，改革与发展就可以放松了；更不能以为在改革与发展中出现了一些影响'平安'的问题，就因噎废食，不事改革，不抓发展，'不求有功，但求无过'，当'太平官'。这样不是'平安'而是'平庸'。"[14]可见习近平的社会稳定观是积极的稳定观，而不是消极的稳定观。不能为了社会和谐稳定什么都不敢干了，改革不改了，发展也不发展了。维护社会和谐稳定恰恰是要为了更好地推进改革，促进经济社会发展。消极的和谐稳定观，不是"平安"，那是"平庸"。

第六，提出社会和谐稳定重心在基层，打牢基层是维护社会稳定的第一平台。这是习近平长期从事基层工作的经验总结，也是他对社会和谐稳定理论的一个重大创新。改革开放以来，随着社会的发展变化，基层日益成为社会的前沿，日益成为"维护社会和谐稳定的第一线平台"，"基层既是产生利益冲突和社会矛盾的'源头'，也是协调利益关系和疏导社会矛盾的'茬口'"[15]。要筑起维护社会和谐稳定的第一道防线，必须打牢基层，依靠基层制度建设，强化基层服务与管理功能，"疏导社会矛盾，把各种不稳定因素化解在基层，解决在萌芽状态"[16]。基层作为社会的"细胞"，它全部做到了和谐稳定，那么全国的和谐稳定就必定能实现。

第七，社会和谐稳定需要有强有力的法治作保证。社会有秩序地运行，保持良好的稳定前行状态，必须由法律法规来维系。否则，就会出现混乱状态，威胁社会稳定。习近平指出："和谐社会本质上是法治社会。同时，法治也为社会和谐提供重要保证。法治通过调节社会各种利益关系来维护和实现公平正义，法治为人们之间的诚信友爱创造良好的社会环境，法治为激发社会活力创造条件，法治为维护社会安定有序提供保障，法治为人与自然的和谐提供制度支持。"[17]

习近平的上述思想，为我们正确处理改革、发展与稳定三者之间的关系，提供了准绳。那就是，稳定是前提，没有稳定就谈不上改革与发展；只有改革与发展不断深化与前进，社会稳定才有更坚实的基础。所以，只有在社会和谐稳定的基础上，全面深化改革，攻坚克难，促进经济发展，才是正确的选择。

2. 各种风险增加，威胁社会稳定

习近平在党的十八届五中全会第二次全体会议上的讲话中指出："今后5年，可能是我国发展面临的各方面风险不断积累甚至集中显露的时期。我们面临的重大风险，既包括国内的经济、政治、意识形态、社会风险以及来自自然界的风险，也包括国际经济、政治、军事风险等。如果发生重大风险又扛不住，国家安全就可能面临重大威胁，全面建成小康社会过程就可能被迫中断。"[18]习近平对我国改革开放攻坚力度加大，各种风险增加的分析与判断，具有充分的依据及重大现实意义。

习近平强调要着力增强风险防控意识和能力，并要求"各级党委和政府要增强责任感和自觉性，把自己职责范围内的风险控制好"，"力争把风险化解在源头，不让小风险演化为大风险，不让个别风险演化为综合风险，不让局部风险演化为区域性或系统性风险，不让经济风险演化为社会政治风险，不让国际风险演化为国内风险"[19]。化解各种风险就是为了维护国内社会稳定，以保证改革开放和社会主义现代化建设大步推进。

3. 改革坚持"稳中求进"的战略

凡事欲速则不达，心急吃不了热豆腐。改革是一个艰巨而漫长的过程，不可能一蹴而就，必须稳扎稳打，有秩序、有步骤地向前推进，切不可急躁冒进，急功近利。采取稳中求进的战略，则是一种正确可靠的战略选择。这个"稳"有两层含义：一是一定要在社会和谐稳定的大环境基础上大胆推进，即在稳中大进。因为社会和谐稳定的大环境良好，人心思进，人心思变，所以大胆推进改革恰逢其时。此时改革即使出了点毛病或出现一定偏误，也不会引起社会动荡。并且，社会和谐稳定的大好环境也十分有利于纠正缺点和偏误，使改革重回正确轨道。二是改革一定要采取稳妥可靠的方式来推进。即在稳中求进。为此，要充分调查研究，选准改革的主攻方向与目标，制定实行的主要政策及相关配套措施，把可能出现的种种问题都考虑周全。就是说，要设计一个完整的改革方案，经过充分酝酿协商，征求各方意见。政策一旦出台，即大胆果断贯彻执行，做到令行禁止，毫不含糊。

稳中求进绝不是谨小慎微，缩手缩脚，更不是畏缩不前。稳中求进重点在进。改革若不前进，只是修修补补进行的改良，那不是真正的改革。习近平指出："要真枪真刀推进改革，为今后几年改革开好头。"强调要"五抓到位"，让改革见成效。"各地区各部门要狠抓工作落实，实施方案要抓到位，实施行动要抓到位，督促检查要抓到位，改革成果要抓到位，宣传引导要抓到位，让人民群众感受到实实在在的改革成效，引导广大干部群众共同为改革想招、一起为改革发力。"[20]"五抓到位"目的在于使改革尽快推进，取得让人民群众见到的实实在在的成效。只有真刀真枪推进改革，只有坚持"五个抓到位"，才能够达到稳中快进的效果。只要取得人民群众看得见的改革成果，无论是快或慢，都是成功的。因为有一些改革是不可能在短期见到效果的，所谓"好饭不怕晚"，晚来的美味佳肴，也让人欢喜万分。

本轮改革是全面深化改革，这是实现国家治理体系和治理能力现代化的迫切要求。所谓全面就不只是单一方面，也不是某个领域，而是所有方面、所有领域。习近平在党的十八届三中全会第二次全体会议上的讲话中指出："我们之所以决定这次三中全会研究全面深化改革问题，不是推进一个领域改革，也不是推动几个领域改革，而是推进所有领域改革，就是从国家治理体系和治理能力的总体角度考虑的。"[21]所谓国家治理体系，就是在共产党领导下管理国家的制度体系，包括政治、经济、文化、社会、生态文明和党的建设等各个领域的体制机制、法律法规安排，也就是一套紧密相连、互相协调的国家制度。所谓国家治理能力则是运用国家制度管理国家各个方面事务的能力。既包括治理国内事务的能力，还要包括治理对外关系方面的能力。两者相互联系，相辅相成，统一构成一个有机的整体。只有国家治理体系现代化了，国家的治理能力才能大幅提高，进而实现现代化。全面深化改革，就是要适应国家治理体系与治理能力现代化的根本要求与迫切需要。

全面深化改革之所以要采取"稳中求进"的战略，完全是由改革的系统性、整体性和协同性所决定的。其一，全面改革是一个系统工程，各项改革哪一项都不可单项突进，需要它们相互照应、相互配合。因为每一项改革都会对其他项改革产生重大影响，同时它本身也要受到其他各项改革的制约与影响。尤其是关乎全局的重大体制的改革，就有"牵一发而动全身"的作用与影响，更是需要其他项目改革的配合。否则，重大项目改革就难以推进，更不会取得成功。正是这种全面改革的系统性特点，决定了改革不可能大步快跑，而只能稳扎稳打，稳中求进。其二，全面改革的整体性、协同性推进，只能采取"稳中求进"的战略。全面改革需要各个地区、各个部门的局部改革都要服从全局改革的整体要求，处理好局部与全局的关系。所有的局部改革都要在全局顶层设计方案的调控下进行，不能各行其是，更不允许局部以各种借口，想怎么改就怎么改。否则，改革就会乱了套。各个局部改革出现的矛盾和利益冲突，也只有中央从改革全局出发，按照整个国家利益要求才能正确地进行协调解决。全局改革的整体性，国家整体利益要求与各个部门改革要求的统一，是一个艰难的利益协调过程。这个协同需要冲破地区和部门利益固化的藩篱，保证全面改革向公平、公正，全民共享改革与发展成果，实现共同富裕社会目标迈进。这个协同目标实现的艰巨性，就决定了本轮全面改革不可能轻而易举完成，唯一正确的选择就是稳中求进。

当然，"稳中求进"绝不意味着稳步不前。有的人认为全面改革就是慢慢来，漫不经心，能改就改，不能改就拉倒。这是要不得的，也是错误的。"稳中求进"重点在"进"，不进还叫什么改革？习近平明确指出："更加注重改革的系统性、整体性、协同性，同时也要继续鼓励大胆试验、大胆突破，不断把改革开放引向深入。"[22] 由于改革开放是一项前无古人的事业，又是亿万中国人民自己的事业，改革开放中每个新生事物的产生与发展，都是中国人民凭借自己的智慧和力量创造的。安徽凤阳小岗村的大包干、深圳的敢为天下先等，不都是大胆试、大胆闯、大胆突破、大胆干出来的吗？习近平指出："必须坚持尊重人民首创精神。"[23] 这告诉我们稳中求进与大胆地干、大胆地突破并不矛盾。"稳中求进"是全面深化改革的总体战略，在这个总体战略下，人民群众的首创精神尽可以充分发挥，也可以像小岗村和深圳那样敢为天下先，闯出一条改革新路来。全面深化改革需要各方协调、整体推进，但绝不意味着各方"齐步走"，更不意味着没有轻重缓急。从总体上说，国家层面的全面深化改革还必须突出重点，紧紧抓住主攻方向，以期获得重点突破，带动各方的良好效果。

三、全面深化改革的主攻方向

1. 防止债务链"节结"与"陷阱"，严控地方债过快增长

习近平在2016年初的省部级主要领导干部学习贯彻党的十八届五中全会精神专题研讨班上严肃地分析了我国国内的经济形势："从国内看，经济发展面临'四降一升'，即经济增速下降、工业品价格下降、实体企业盈利下降、财政收入下降、经济风险发生概率上升。"[24] 由于近几年国际经济环境日趋恶化，贸易保护主义、单边主义和制裁主义日益猖獗，中国受贸易霸凌主义侵害之重，几乎前所未有。在日益严重的外部环境下，国内的"四降一升"状况，更趋严重。尤其是经济增速与财政收入的下降，尤为突出。这"四降"是导致"经济风险概率上升"的重要原因。而"经济风险概率上升"又会加剧"四降"，给我国宏观经济运行带来更大的风险。

在国际国内经济风险加大的情况下，中国经济体制的全面深化改革，就不能不把控制经济风险作为一个主攻方向。一旦经济风险得以蔓延，失去控制就会演变成一场经济危机。那样，就会给中国经济发展造成灾难性后果，收拾起来将十分困难，尤其像中国这样超大的国家及超大的经济体，更是难上加难。为了防患于未然，必须在全面深化改革中，将其作为一个主攻方向，全力加以解决。

综观21世纪的经济危机，大多始发于债务危机。2008年，美国爆发的严重经济危机，就起始于次级贷款引发的债务危机。由于美国几大房地产商经营不善，欠下银行高额债务无法偿还，使一些大银行无法正常营业，被迫宣布破产。由此引爆一系列房地企业及银行倒闭，加上美国华尔街的金融精英在金融创新的名义下，弄出好多衍生产品，如多米诺骨牌一样，使债务危机愈演愈烈。债务危机又使金融系统的借贷关系运转失灵，从而引发金融危机。

希腊的债务危机，是人所共知的。希腊的危机是长期推行高福利政策造成的。欧洲一些国家在战后迷恋于追求"福利社会"，使得人们不愿付出劳动就享受高福利，过舒适、悠闲的生活。希腊为了维持高福利制度正常运转，不得不举借外债，债务累积愈来愈多，到期难以还本付息。因为国内劳动生产率下降，企业经营业绩下滑，企业给国家上缴的税收收入日益减少，国家偿债能力下降，这就不可避免地陷入严重的国家主权债务危机。为了走出危机，希腊采取大力削减财政赤字，压缩开支，减少民众社会福利等一系列改革措施，引起国内民众的强烈不满与反对，酿成严重的国内动乱。若不是国际社会的鼎力相助，希腊就很有可能遭受国家破产的厄运。

中国改革开放以来债务累积越来越多，目前已逼近30万亿大关，创历史新高，债务风险概率大幅上升。发展市场经济，不可能完全不举债。实际上，适度借债是撬动经济发展的强有力的杠杆。在企业生产经营发生严重资金短缺的困境时，举借适量外债会起到"四两拨千斤"的效果，使企业转危为安，重新步入健康发展轨道。在我国市场经济发展初期，有一些头脑灵活的人，就是靠借贷发了大财的。他看好了一个项目，认为其颇有发展前景，且是赚钱发财的大好机会，于是向银行借了一大笔钱。不到两年时间就把该项目拿下，及时还清了银行贷款本息，还赚了一大笔。可见，借债实属市场经济中的正常行为，对发展市场经济还是十分有利的，也是市场经济发展必不可少的。

中国债务风险概率升高，笔者认为主要还不在于债务总规模上。我国债务总规模虽然已逼近30万亿元大关，但还远未超过国际债务风险的警戒线，它在GDP中所占的比重还处于较低水平。但问题有四：一是增长速度过快、过猛。改革开放以来，尤其是进入21世纪以来，我国的负债率比以往的正常水平高出许多，许多企业资产负债率超过100%，有的地方政府为了追求自身业绩，大搞"面子工程"，只要能借或筹到钱，就上大项目、大工程。二是地方政府举债不止，债务累积一再攀升。政府举债不止，赖账不还，是当今中国最大的债务风险。原来一些地方政府是靠卖土地增加财政收入的，即"土地财政"，现在可卖的土地越来越少，"土地财政"几乎走进了"死胡同"。所以其偿还银行贷款的能力急剧下降，甚至要"归零"。这样，解决"地方债"的过快增长问题，就迫在眉睫了。三是企业债务链条"节结"增多，甚至出现不少"死结"。企业在市场经济发展中，相互借债，调剂资金余缺，弥补流动资金暂时缺口，本属正常现象，也是经济发展的"润滑剂"。但企业之间的债务一旦形成长长的债务链条，问题就复杂了。你欠我的，我欠张三、李四、王二麻子的；你不还我的借款，我就不能偿还张三、李四、王二麻子等一批人的钱；由于我不能及时偿还张三的债，张三不仅还不了李四的债，还会还不了刘五、赵六的钱；而刘五不仅还不了赵六的债，还会还不了郭七的债，如此引发一连串债务纠纷。倘若你一破产，我同张三、李四等一连串的人就会陷入债务困境。这样，企业之间的债权债务就形成难以解开的"节结"，甚至是"死结"。1999年亚洲金融危机时，为了破解"三角债"难题，国务院还专门成立了"债务清欠"领导机构，全力攻克"三角债"。这说明打开企业间或企业与政府间的债务通道，冲开债务链条上的"节结"至关重要，是保障市场商品流通与货币流通顺畅进行，经济"血液"健康循环的重要举措。笔者认为，应借鉴1999年应对亚洲金融危机，化解"三角债"风险之经验，组织有关人员，专门清查债务链条"节结"，尤其准确找出债务"死结"，千方百计地打开"节结"化解危机。否则，债务链条日益增多的"节结"或"死结"，必然引爆债务危机。四是企业债和政府债都会汇聚为银行金融风险。企业由于债务缠身，在市场经济条件下求助于政府是无用的。政府无钱帮助企业解决资金困难，而只能求助于银行，增加贷款，举借新债还旧债。银行再贷款给企业，一般说来就会落入企业"债务陷阱"，形成金融风险。

以上四点，就是当今中国债务风险概率上升，可能引发债务危机的症结所在。尤其后三点，是中国债务风险发生的较深层次的原因。企业债务"节结"如果能打通，地方政府债务得以有效遏制，并加以严格规范，银行与企业间债务关系，银行与政府间借贷关系得以理顺，企业"债务陷阱"得以清理，第一点的债务增速问题便可控制乃至化解。所以，当今中国防止债务风险的主攻方向主要是三点：一是打通企业债务链条的"节结"；二是严格控制地方政府债务增长；三是防止银行被拖入企业"债务陷阱"。把这三点攻克了，就可有效地防范债务危机的发生。

2. 影子银行：金融风险防范的重点

影子银行的概念，是由美国太平洋投资管理公司的执行董事Paul McCulley在美联储举行的2007年年会上首次提出的，并将其定义为："一系列杠杆化的非银行投资中介、渠道和框架。"2008年10月，IMF将其定义为"准银行"。2011年，被金融界普遍认同的FBS提出明确的定义，即认为"影子银行是包含诸多游离于传统商业银行系统外的，脱离或很少受金融监管部门监管的信用中介系统"。

我国国内学者对影子银行的界定，也有较多不同的看法。笔者认为，所谓影子银行就是传统银行体系之外从事金融中介活动的信用中介系统。其特点是它从事着类似银行的业务活动，却很少受到金融监管机构的监管。影子银行的内涵主要包括信托、理财、融资租赁、融资担保、小额借贷公司与典当行、民间借贷，业务涵盖银行理财产品、信托贷款、委托贷款及贴现票据等。随着银行兼业化发展与金融创新活动的增加，影子银行的业务范围进一步拓展，如信用评级机构、住房公积金管理中心、专业保险公司、消费金融公司、四大资产管理公司及互联网金融等主体，银行同业拆借、资产证券化、非金融债务与股票融资都被纳入影子银行范畴之中。

影子银行的发展，是传统银行兼业化、混业化发展的必然产物，是金融深化与金融创新活动加速的必然结果。由于传统银行的社会融资渠道过于狭窄，主要依赖于银行信贷，难以满足市场经济发展的资金多元化需求，客观上要求银行拓宽融资渠道，由单一借贷向混业经营发展，实现兼业化、混业化模式经营。由于传统银行受金融监管机构的严格监管，不能实现自由经营，从而产生金融供给与社会金融需求的尖锐矛盾。尤其是商业银行作为金融企业自身也有强烈的追求利润最大化的冲动。这种冲动是冲破金融管制的内在动力机制。在外在社会融资需求的拉动与银行内在趋利的动力机制二者相互配合、相互作用下，银行的兼业化、混业化便迅速发展起来。这就使银行的传统借贷关系之外的影子银行业务日益发展起来。

中国的影子银行发展虽然起步较晚，但速度很快，规模扩展迅猛。概括起来，主要有如下几个特征：其一，高杠杆获利性。由于影子银行业务处于金融监管机构的监管视野之外，规避了存贷款准备金率及资本充足率规定方面的限制，其就可以自行利用高杠杆操作，追求利润最大化。这个口子一开，便产生连锁式的示范效应。大家竞相利用高杠杆逐利，无疑就会使整个影子银行系统的杠杆率大幅提高，从而导致金融稳定性遭受冲击与破坏。尤其是传统银行的储蓄量难以满足社会对资金的巨大需求，促使更多的金融机构转向影子银行业务，以获取更多利润。影子银行通过获取银行贷款及资产支持证券而形成基础资产，并利用结构化产品将其投向证券衍生品市场，成倍地扩大了杠杆效应。如2007年，美国次贷危机时，其投行的杠杆率已增至30倍，较之2000年增加了10倍，风险值由100上升到240，房利美及房地美的杠杆率高达62.5倍。中国影子银行的杠杆率远没有这么高，但其风险却不可小觑。其二，信用创造性。传统银行主要通过银行存款准备金及基础货币的货币乘数等方式产生派生存款来扩大及创造信用，这种信用扩大与创造是在金融监管机构的监管下发生的，容易观测到。而影子银行则利用金融创新工具，通过"储蓄转投资"的方式重新配置资产，这样的方式实现信用创造，它是在金融监管机构视野之外隐蔽进行的，故而更具风险性。其三，与传统银行的替代性与互补性。影子银行与传统银行的关系十分密切，它之所以叫影子银行，就是因为它与传统银行形影不离，是从传统银行业务扩展与直接派生出来的。影子银行要依赖传统银行的资金支持，传统银行要依靠影子银行向外进行业务扩展。二者之间既有替代性，更有互补性及依存性。替代性反映了二者之间的利益有一定的冲突，互补性又表明二者利益的分享有一致性，前者会使二者相互竞争，后者又会使二者产生合作。这种在趋利一致的基础上的合作，使影子银行得以快速发展。其四，信息不透明、不对称。影子银行成立之初衷，就是规避金融监管机构的监管，实现银行业务范围的扩大，以达到对利润最大化的顺畅追逐。所以，信息不透明、不公开，就构成影子银行的一个典型特征。由于影子银行借助繁杂的金融工具（如数学模型等），通过对资产的多次打包、分装、嵌套等方式，包装出各种"创新"金融产品，投资者被弄得眼花缭乱，头晕目眩，无法识别其中的奥妙与风险。金融监管机构也往往被其金融产品"创新"所迷惑，难以识破其中隐藏的风险。再者影子银行为了掩饰自身真实的盈利水平，也往往不愿主动披露信息。这为金融监管机构进行有效监管带来极大的困难与挑战。

正是由于影子银行的上述特征，决定了它在经济发展中具有积极和消极两个方面的功能与作用。其积极作用主要表现：一是冲破了金融抑制的阻碍，创新了传统金融业的服务模式。传统银行固守单纯的借贷关系，把存、贷款业务错误地当成银行的唯一职能，若办理其他相关业务则被看作非银行职能，甚至被认为是不务正业。这种传统银行观念对银行业发展是一种严重的抑制。冲破这种观念的束缚，打破银行业发展被抑制状况，根本就在于，创新银行业服务模式，扩大银行除传统借贷关系之外的业务范围，实现银行的金融服务功能多元化。这为银行业的发展拓展了广阔的空间。二是影子银行的产生，不仅加速了银行储蓄快速转化为投资的功能作用，推动了社会投资的增加，而且多元化的经营也使银行的资产配置多元化及结构合理化，从而使银行的整体运营效率提高及经营业绩优良化。三是影子银行开展理财产品及典当抵押等业务，拓宽了老百姓的投资渠道、融资渠道，满足了社会的多元化需求，搞活了流通，促进了市场经济的活力，繁荣了经济。四是影子银行开设各类投融资担保公司、小额贷款公司、金融中介公司以及从事民间借贷活动，活跃了金融市场，方便了民众对资金的融通，满足了民众的多元化资金需求，对促进市场经济发展起到积极作用。但也应看到，影子银行的发展也带来一些消极作用和风险挑战。主要表现在：其一，影子银行规模急剧扩张，严重挤压了传统银行的健康发展，扩大了银行的系统性风险。影子银行以高额收益率吸引了大量社会资金的涌入，这对传统银行的正常借贷关系形成了强力冲击，致使传统借贷规模急剧萎缩，银行的基本功能被弱化，银行的主营业务被严重挤压，这就会导致整个银行经营方向的偏误，即急功近利、行为短期化。这种银行经营方向上的偏误，很可能成为金融监管机构最难控制的风险。因为它是银行系统内在逆监管的力量，更是金融监管机构难以应对的风险挑战。其二，影子银行内部管理的脆弱性滋生并积聚了大量系统性风险。这给银行人员与外部人员互相勾结作案提供了方便。影子银行的关注点在于如何用高收益率千方百计地吸纳社会资金注入，而对吸纳进来的资金如何严加管理、科学使用却并不十分在意。因为他们觉得资金只要借贷出去，到期就会本息全回的。其实，风险就在这其中。理财产品吸纳的资金不能滞留在银行，必须尽快投放出去，并且其利率远高于吸进时的利率。一旦高息揽进的资金，管理不严，使用不当，发生不良借贷或其他投资失误，影子银行将付出更多的成本与代价。投向实体企业一般收回期较长，而投向获利较快较高的股市、期货，很可能血本无归，风险更大。所以，影子银行自身没有一套严格的管理制度本身就蕴含巨大的风险。其三，影子银行违法违规操作比较普遍，致使金融风险蔓延。目前，我国影子银行大多数为家族经营模式，缺乏健全完善的内部治理体制与机制，基本上没有严格约束机制。一些民营的融资担保公司，担保资金不足，担保能力很低。有的小借贷公司，以"高利率"为诱饵，吸到一定资金就"跑路"，消失得无影无踪，受害人申告找不到对象。诸如此类，影子银行发展乱象丛生，鱼龙混杂，使得金融风险大有蔓延之势，严重威胁社会安定。其四，影子银行自身的风险隐蔽性与传导性，使其风险更加难以控制。影子银行的信用担保机制是多层担保，担保关系较为复杂，层层连环担保，导致信息的隐蔽性、连带性，导致风险的传递性及不可控性。影子银行运作的顺周期性特点决定其风险累积率升高，风险程度加大。在经济上行时，影子银行十分活跃，信贷供给量膨胀，信贷资产来源骤增，杠杆率被拉升，系统性风险快速积聚增大；而当经济下行时，影子银行不得不将信贷量紧缩，投资与消费的信贷都大幅度下降，以往经济扩张时累积的各种风险开始暴露出来，并形成连锁式的风险。因此，当经济进入下行周期时，影子银行的各种风险就会像"多米诺骨牌"一样造成系统性危机，从而导致银行业危机。由此可见，影子银行的正负效应是相伴而生的，都是其本身所固有的。它是冲破传统银行的金融抑制、适应银行业务扩展与创新而产生的。市场经济的发展，要求并且推动了它的快速发展，而它的发展也确实促进了市场经济的发展与繁荣。不能因噎废食，不能由于它存在各种负效应和风险就彻底取消它，正确的选择就是兴利除弊，充分发挥其正效应，千方百计地限制其负效应。因此，必须大力加强对影子银行的监管。

第一，设立影子银行的专门监管机构。要改变传统银行的监管方式，实行细而准的监管模式。银保监会要设立自上而下的专门监管影子银行业务活动的机制，配套专职监管人员，全方位实施跟踪式监督，让每家银行的影子银行业务都置于监管者的视野之内。专职监管人员每天都要向单位领导及上级监管机构报告影子银行运作情况。

第二，建立有效的风险问责机制。各大商业银行要视下属单位的实际情况，设立风险监管与防范人员，专职专责，若在其职责范围内发生影子银行风险，要实行严格的问责制度，相关领导承担领导责任，要加重处罚。

第三，健全影子银行信息披露制度。影子银行是金融风险的高发地，一个很重要的原因是影子银行的许多业务活动是在隐蔽情况下进行的，有的任务具有私密性。这就为一些贪腐者提供了以权寻租、权钱交易的可乘之机，是极易发生风险的地方。所以只要在不涉及金融机密、商业机密的条件下，尽可能将影子银行的一般性业务全部公开。公开化是预防影子银行风险的最有力的武器之一。尤其是那些号称设计精密的各种理财产品，往往借助于繁杂的数学公式与模型，以"金融创新"名目迷惑人。只有公开化才会有更多的专业人士知其奥秘所在，识破其中隐藏的风险。所以影子银行的业务要尽量公开化，让影子银行建立健全信息公开与披露制度。

第四，建立与健全银行内部自律约束机制。银行要加大改革力度，强化内部管理。鉴于金融风险大部分发生在银行系统内部，所以银行要加大改革力度，强化内部管理。尤其要健全各级经理及高层管理人员的约束机制，使其只能在各种规定与纪律约束下从事影子银行业务。要披露信贷规模大小，实行逐级审核报批制度，不得越级报批。实行逐级约束，并且在横向上形成业务制衡关系，一个部门发生风险，另一个部门可以及时发现。特别要注重强化对银行高层管理人员的监管，实行风险与其获利相挂钩的约束，一旦发生风险，不仅要扣其奖金，还要减薪降职。

第五，严厉打击金融诈骗等犯罪活动，维护金融市场秩序。影子银行急剧扩张，发展过滥，导致金融市场风险加剧，险象环生，其中一个重要因素就是影子银行业务中，出现了网络金融诈骗、非法吸收社会存款、携款出逃等违法犯罪现象，这是当今中国金融市场最大的风险。金融欺诈、非法集资风险波及面太大，严重影响社会安定，影响市场经济健康可持续发展，必须严加防范，坚决打击，严厉惩处。

防范影子银行的各种风险，是为了给我国金融体制全面深化改革创造良好的环境，也是促进金融与经济良性循环、健康发展的根本要求与重要保障。严格来讲，它也是全面深化改革的重要内容与必要步骤。金融是整个国民经济的血脉，也是国家核心竞争力的重要体现者。金融安全关系国民经济的安全，乃至关系国家的安全。所以，习近平才特别强调："要坚持党中央对金融工作集中统一领导，确保金融改革的正确方向，确保国家金融安全。"[25] "各级地方党委和政府要树立正确政绩观，严控地方政府债务增量，终身问责，倒查责任。要坚决整治严重干扰金融市场秩序的行为，严格规范金融市场交易行为，规范金融综合经营和产融结合，加强互联网金融监管，强化金融机构防范金融风险主体责任。要加强社会信用体系建设，健全符合我国国情的金融法治体系。"[26]

3. 财税体制改革：全面深化改革的重点之一

习近平明确指出："这次全面深化改革，财税体制改革是重点之一。"[27]

第一，实施全面规范、公开透明的预算制度，适度增加中央事权和支出责任。

在明确中央在国防、外交、国家安全、全国统一市场规则、管理等事权和支出责任的基础上，进一步扩大社会保护、跨区域重大项目安排事权与支出责任，还应扩大国家调节区域发展不平衡及矛盾的转移支付的事权与支出责任。由于过去一段时间实行中央财政和地方财政"分灶吃饭"，地方设立地税局，组织地方税收，地方财力明显增加，促进了地方经济的快速增长。但由于一些地区保护主义严重，为了保护地方财力增长，挤压中央财政，使"分灶吃饭"成了挖挤中央财力的借口。鉴于各地发展出现区域不平衡，各地利益矛盾凸显、差距过大的现象，中央财政必须集中适当财力，加大转移支付力度，用以支持欠发达地区的建设与发展，以保证全国区域间的健康协调发展。为此，统一国家税收，就是十分必要的。它便于增加中央事权和财政支出责任，是充分保证全体人民共享改革发展成果的迫切需要。同时，也有利于建立全国公平统一市场，有利于推进基本公共服务均等化的现代财政制度，形成中央和地方财力相匹配的财税体制，更好地发挥中央与地方两个积极性。

第二，实施结构性减税是完善我国税制结构的正确选择。

实施结构性减税，优化我国税制结构，是全面深化我国税制改革的一个必要举措，也是应对国际贸易保护主义、经济单边主义冲击的正确选择。在国内外经济下行压力与冲击加大的情况下，推行结构性减税，进一步为企业减轻负担，降低生产经营成本，充分调动民间投资积极性，激发市场主体活力，提高本国企业在国际市场上的竞争力，都具有重要意义。

所谓结构性减税，并不是全面减税，也不是单一减税，而是为了刺激经济，有增有减，稳定税负，优化税制结构，完善税收制度。

结构性减税在税负总水平基本保持稳定的条件下，不排斥个别税种实行增税。例如，为了抑制房地产经济过热、房价过高，影响经济健康协调发展，开征房地产税就是十分必要的。为了解决自然资源的过度开发与滥用，建立资源有偿使用与补偿制度，可以而且应该开征资源税。但增税措施的出台，要选择良好的时机，不要使税负总水平大幅度上升。在当今中国经济面临巨大下行压力情况下，还是要以结构性减税为主，意在为市场主体减轻负担，为企业降低生产经营成本，增加盈利，增强市场竞争力创造有利条件，为企业高质量发展提供一个有利环境。2019年，我国实施大规模减税计划，全国减税达2万多亿元，虽然减少了一定的财政收入，但由于让利于民，让利于企业，使企业降低了生产经营成本，有了足够多的资金改进技术，提升产品质量，应对国外市场贸易单边主义、保护主义冲击，生产经营保持稳中有进的良好态势。事实证明，国家的结构性减税政策是成功的。

同时，事实也证明，结构性减税政策，必须与降费相结合，才能取得实质性成效。不然的话，各种收费如果大幅增加，就会把减税效应严重抵销，甚至使其效应归零。据统计，1953年中国预算外收入只有8.91亿万元，仅相当于预算内资金的4.2%；但从1998年起，非税收入已从960亿元猛增到2000年的4640亿元，22年增长了4.8倍。到2008年全国各种收费达4万亿元，是1998年的42倍。改革开放以来，收费虽然有一定的下降，但与税收的比例仍达1：1。近几年大力控制非税收入，这个比例有所下降，但比例仍然偏高。原因在于收费主体多元化，尤其是地方为了增加财政收入，巧立名目收费，不仅增加了企业负担，而且形成"费挤税"。[28] 2019年，国家加大力度，强制压缩减少各种行政性、事业性收费，千方百计为市场主体进行资源优化配置提供便利，简化办事手续，网上办理，三五日办结，缩短办事周期，提高办事效率，使企业与市场主体尽可能"不花钱能办事""少花钱也办好事"，并且都能迅速办成事，这些就有效地激发了市场主体创办企业、创造财富的积极性、主动性和创造性。

笔者认为，结构性税制改革一定要与财政加大民生投入相结合，否则，难以取得预期效果。政府应按照公共财政的要求，调整财政支出结构，减少一般建设项目的支出，加大对公共服务全领域的支出。具体来说，加大对教育、卫生、医疗、环境保护、保障性民生工程等方面的支持力度，增加公共产品的有效供给，更好地满足民众对公共服务产品的需求。这种普惠民生的事业，恰恰应是国家公共财政的基本职责。

第三，充分发挥税收调节收入差距，缓解社会分配不公的功能，促进共同富裕目标实现。

共同富裕是社会主义的本质要求与体现。目前，中国城乡之间、区域之间、不同阶层之间、不同行业之间的收入差别的存在，已成不争的事实。共同富裕不是要把各地各行业、不同阶层、不同区域之间的收入均等化，但绝不允许两极分化。邓小平讲："如果导致两极分化，改革就算失败了。"[29] 他主张先富带后富，富裕地区和富人多交税。现在的问题是税收调节贫富差距的功能没有得到充分有效发挥。我们的个人所得税制度，以往调节的重点放在了工薪阶层，对高收入群体调节作用甚微。本轮个税改革有了较大改观，使工薪阶层缴纳税款额大幅减少，但对高收入群体的调节力度仍然十分有限。靠富裕地区、高收入群体主动奉献，参与公益事业，搞慈善义举，是解决不了地区之间、行业之间、不同阶层之间及城乡间收入差距悬殊的问题的。唯一可行的办法就是强化税收的调节功能，对富裕地区和高收入群体实施高额累进税制。另外，笔者建议开征遗产税。当然，这必然会遇到阻滞甚至各种形式的反对。但从国家稳定和谐全局着眼，为确保国家长治久安，尤其是从要实现共同富裕目标的角度来讲，这个难啃的"硬骨头"是无论如何都要啃的，宜早不宜迟，晚啃恐怕难度更大，风险更大。

第四，开征房地产税，是全面深化改革必啃的"硬骨头"。

如前所述，税制的结构性改革并非只能是减税，而不允许增加新税种。开征房地产税，是我国优化税制结构，建立适应市场经济发展要求的必然选择，是大势所趋，民心所向，它体现着老百姓的根本愿望与要求。"人有所居"，是基本的生活需求。一方面是高房价，房屋空置率高；另一方面年轻人无力买房。这种矛盾的现象就是由不合理的房地产市场所产生的，即由市场供求严重扭曲使房价虚高而造成的。房价虚高一是由于投机者炒房引发的；二是由于地价过高造成的。怎样才能使虚高的房价降下来呢？笔者认为开征房地产税，实乃最优选择。严控土地供给并实行土地拍卖征税，可以抑制地价过高，抑制过度投资与炒卖。同时，还可以抑制地方"土地财政"的过度膨胀。征收房产税，以家庭为单位计算，超过两套房以上（不含第二套）开始征税，超过五套征收高额累进税。笔者认为，这样就可有效防止炒房者投机，把囤积的大量商品房放到市场上去售卖，增加市场有效供给，促使房价回落；国家可用房产税收入有计划开发建设保障性租赁住房，满足住房的刚性需求，也可以促使房地产市场价格下降。

4. 推进协商民主广泛多层制度化：政治体制改革的重要内容

经济基础决定上层建筑，上层建筑必须适应经济基础的要求，这是一条不以人们的意志为转移的客观规律。

改革开放四十多年，经济制度已由计划经济转变为市场经济。经济基础的巨大转变，要求上层建筑必须随之转变。为适应市场经济这个新的经济基础的客观需要，必须对适应计划经济要求的上层建筑进行根本性改革。

国体和政体是上层建筑中最重要的组成部分。"中国实行工人阶级领导的、以工农联盟为基础的人民民主专政的国体，实行人民代表大会制度的政体，实行中国共产党领导的多党合作和政治协商制度，实行民族区域自治制度，实行基层群众自治制度，具有鲜明的中国特色。"[30]中华人民共和国成立七十多年来，全国人民在这个伟大的政治制度的指引与保障下，跨过许多沟沟坎坎，涉过数不清的激流险滩，闯过一道又一道难关，取得了经济繁荣、国泰民安、人民生活幸福的大好局面。"这些事实充分证明，中国社会主义民主政治具有强大生命力，中国特色社会主义政治发展道路是符合中国国情、保证人民当家作主的正确道路。"[31]

坚持社会主义政治制度的自信，绝不是自我满足，更不是故步自封，而是要把坚定制度自信与不断改革创新结合起来，在坚持制度自信的基础上，不断推进制度体系的完善和发展，即进行政治体制的改革。通过改革，改掉那些与扩大社会主义民主和经济社会发展要求不相适应的部分，废除那些在体制机制及其运行等方面还不完善的地方，使得我国的政治体制机制更能保证人民民主权利充分实现，适应与促进社会主义市场经济的发展。

推进协商民主广泛多层制度化发展，是党的十八届三中全会决定推进我国政治体制改革深化的一个重要内容。协商民主包括多种协商，主要有立法协商、行政协商、民主协商、参政协商、社会协商等；协商的内容有很多，主要是国家经济社会发展中遇到的重大问题和涉及群众实际利益的大问题等。协商要在决策之前和决策实施之中进行，以避免决策失误并及早发现与纠正失误，做到决策科学化。为了实现广泛多层协商，要拓宽国家政权机关、政协组织、党派团体、基层组织和社会组织的协商渠道；要充分发挥统一战线在民主协商中的重要作用，团结与组织广大知识分子发挥聪明才智，为协商民主建言献策；发挥人民政协作为协商民主的重要渠道作用，对国家民主制度建设中的问题进行调研，并提出改进意见。要加强人民政协建设，完善人民政协制度体系，规范协商内容、协商程序，拓展协商民主形式，组织好专题协商、对口协商、界别协商、提案办理协商，提高协商质量与成效，使协商民主广泛多层制度化。

协商民主广泛多层制度化，是以习近平同志为核心的党中央推进我国政治体制改革的创造性举措。它是体现我国社会主义民主政治的特有形式和独特优势，是党的群众路线在政治领域的重要体现。动员社会各个层级的力量，团结一切可以团结的群众，参与政治协商，参与民主协商，密切党同人民群众的血肉联系，密切干部与群众的关系，使民主程序化、广泛化、制度化，形成中国共产党集中统一领导下的广大人民群众团结奋斗、生动活泼的政治局面。

5. 司法体制改革：健全权责明晰的司法运行机制

习近平明确指出："司法改革是这次全面深化改革的重点之一。"[32]

司法机关是社会主义国家上层建筑的重要组成部分，是保证社会公平正义，维护社会稳定，保卫与促进社会主义经济基础健康发展的强大力量。

改革开放以来，我国的司法制度改革取得了长足的进步。在确保司法机关依法独立行使审判权方面，制定了一系列制度与法规，给法官以严格独立的审判权；在确保检察机关依法独立行使检察权方面，进一步明确了检察的监察责任与权力，真正实现了司法公正、司法正义、司法公开。在惩治犯罪、保护人民、维护社会稳定、促进经济社会发展方面，作出了重大贡献。但是，我国的司法制度还有许多与社会主义市场经济发展要求不相适应的地方，司法制度建设方面还有许多不完善的地方，尤其在司法权力运行机制方面，还缺乏有效制衡与约束；在防止冤、假、错案的体制机制建设上还有一些漏洞和不足的地方；在保外就医、假释、减刑等环节，还需要有更多严格制度加以规范，还需要建立严厉的责任追究制度。诸如此类，在司法体制建设过程中出现的各种问题，都要在司法体制改革中加以解决。

第一，建立司法权力运行机制。一是确保责任与权力相统一，有权者必担责。为此，要明确主审法官、合议庭办案责任制，让审判者裁判，由裁判者负责。二是要健全冤、假、错案防止、纠正与责任追究制度。在询案与审讯中都要全程录像、真实记录。凡是在审讯过程中采取逼、供、讯手段，制造冤、假、错案者，更要终身追究。哪个环节出问题，就追责相关责任方。按权担责，在办案及审讯中，行使什么权力就担什么责。每个角色的权力界限定要划分清楚，叫权力明晰。权力明晰之后运行好坏及后果如何，行使权力者要承担责任。权责统一明晰，这是司法制度改革与建设的一个核心问题，必须努力健全这个运行机制。

第二，严格实行非法证据排除规则。为了防范办案讯案的各种行为，保证审案的公正性，必须坚持严格的非法证据排除原则。涉案的相关人员以非法手段获得的证据，不能作为评案、判案的真正依据，无论是何人提供的，都必须加以排除。随着现代科学技术的发展，有些人用科技手段非法获取的证据，往往难以识别，所以要采取科技手段来加以甄别与排除。这就需要司法机关设立伪证、假证等非法证据鉴定与识别机构。否则的话，一些披着科学合法外衣的非法证据识别不出来，就会造成冤、假、错案。民事案件涉及民事纠纷能否合理解决，经济案件涉及财富分割，刑事案件人命关天哪一种案件都容不得伪证及非法证据。这是判案的前提与基础，必须严格把控证据可靠这一关，坚决排除任何非法证据。这是司法公正的基本要求，更是完善司法制度的重要环节。

第三，推动省以下地方法院、检察院人、财、物统一管理机制。过去一段时间，在哪个地方法院办的案子，涉及的人、财、物就由哪个地方法院负责处置。有的法院领导甚至把涉案嫌疑人的汽车当作私家车来用。总之，这个涉案的人、财、物的管理责任并不十分明确，所以管理是十分混乱的。建立地方法院、检察院人、财、物统一管理机制，不仅可以克服上述管理混乱局面，还可以保护涉案人、财、物的安全，保证其不受损伤、损坏及非法侵占现象。同时，集中统一管理，实行严格的登记制度和科学保管制度，还可以避免相关人员的贪腐行为。有些珍贵物品必须要有效保护，待案件终结时便于及时返还给物主，保证公正司法，取信于人，取信于民，树立法院与检察院的公信力。这项改革措施，是增加地方法院、检察院公信力、保证涉案人权利的一项重要举措。

6. 加强反腐败体制机制创新和制度保障

党的十八大以来，以习近平同志为核心的党中央，以大无畏的精神，以果敢的勇气，大刀阔斧地开展反腐倡廉斗争，坚持"老虎、苍蝇"一起打的原则，打倒的"大老虎"一个又一个，拍死的"苍蝇"难以数清。反腐败斗争成就巨大，清正了党风，纯洁了干部队伍，赢得了民心。

改革开放以来，尤其是搞市场经济以来，一直盛行一种理论，认为腐败是市场经济的"润滑剂"，搞市场经济必然腐败，不腐败就搞不了市场经济，腐败可以促进市场经济发展。"腐败有理论""腐败必然论""腐败对市场经济有益论"等奇谈怪论，貌似有理，貌似为了发展市场经济，实则是为反腐败斗争设置理论障碍，从根本上否定发展市场经济。因为发展社会主义市场经济与腐败没有内在的必然联系。腐败现象自从私有制社会产生以来，在任何经济形态中都存在。在我国原来的计划经济中，也有腐败行为与现象发生，在以私有制为基础的资本主义经济中也屡见不鲜。腐败现象是许多社会经济形态中共有共生之现象，它并非属于某一种社会经济形态的专利。因此，发展社会主义市场经济并不必然与腐败共生共长。但是无可否认，在社会主义市场经济发展过程中，确实存在一些腐败行为与腐败现象。这些腐败行为与腐败现象是可以遏制、可以逐步消除的。问题是要有反腐斗争的强力政策与制度安排。党的十八大以来，以习近平同志为核心的党中央正是由于反腐败斗争的政策与制度安排得英明正确，才取得反腐败斗争的伟大胜利。事实证明，发展市场经济不是腐败滋生的土壤与条件，反而发展市场经济可以更有效地遏制腐败的蔓延。

本轮全面深化改革，力图加强反腐败体制机制创新和制度保障，目的就在于建立一个"不敢腐、不能腐、不想腐"的长效体制机制。为此，要在加强反腐败的体制机制和制度保障上攻坚克难。其一，建立党委反腐败责任制。加强党委对反腐败工作的领导，明确党委负主体责任，纪委负监督责任，建立切实可行的责任追究制度。其二，健全反腐败领导体制和工作机制。在党委统一领导下改革与完善各级反腐败协调小组职能，明确规定查办腐败案件要以上级纪委领导为主。其三，建立向上级报告制度。本轮改革强调上级纪委对下级纪委的领导，规定线索处置和案件查办在向党委报告的同时，必须向上级纪委报告。其四，改进中央和省、区、市巡视制度。本轮改革明确，要全面落实中央纪委向中央一级党和国家机关派驻纪检机构，做到巡视监督全国全覆盖。以上责任制度、领导体制、报告制度、巡视制度四个方面，加强了反腐败的体制机制与制度保障建设，有力地解决了反腐败机构职能分散，形不成合力以及责任追究不够等问题，使反腐败工作形成新局面，跃上新台阶。

7. 健全国家自然资源管理体制和完善国家自然资源监管体制

习近平指出："健全国家自然资源资产管理体制是健全自然资源资产产权制度的一项重大改革，也是建立系统完备的生态文明制度体系的内在要求。"[33]

长期以来，我国自然资源一直存在"无偿使用，滥采乱挖"的严重浪费现象，并且对自然生态造成许多无可挽回的损失与破坏，甚至给人们的生存环境带来十分严重的影响。之所以如此，一个非常重要的原因就是理论上认为"自然资源无价值"。其实，这是一个误区。

自然资源有无价值是不能套用马克思的劳动价值理论来说明的。因为劳动并不是社会财富的唯一源泉，未经劳动加工的原生性自然资源也是社会财富的重要源泉。自然资源构成自然生产力，对其价值是否存在及其如何形成的问题，恩格斯作了出色的研究并得出科学的结论。恩格斯在1844年的《政治经济学批判大纲》中指出，"价值是生成费用对效用的关系"，这个价值的新定义把效用直接看成是商品价值的构成要素。由此可见，恩格斯是不完全排斥"效用价值论"的。他认为，价值形成不仅仅在生产过程中，不能仅仅看成是与市场竞争无关的人的劳动耗费，从而价值是先于市场决定的东西，而要通过市场竞争最终得以形成。恩格斯恰恰是引进了市场竞争机制来考虑并论证价值决定的，他的价值理论是广义价值理论。恩格斯指出："价值首先是用来解决某种物品是否应该生产的问题，即这种物品的效用是否能抵偿生产费用的问题。只有在这个问题解决之后才谈得上运用价格来进行交换的问题。如果两种物品的生产费用相等，那末效用就是确定它们的比较价值的决定性因素。"[34]这段论述含义有三：其一，价值首先是效用能否抵偿生产费用，若不能抵偿，生产者亏了本，他就不会生产。价值是由效用和生产费用两者共同决定的。其二，在价值由效用与生产费用共同决定"这个问题解决之后才谈得上运用价格来进行交换的问题"，即在市场上进行等价交换问题。其三，如果两种物品生产费用相等，那么效用就成为它们的比较价值的决定性因素。总之，商品价值的最终决定与实现取决于效用与生产费用的对比关系。这个论断与马克思在《资本论》第三卷论证的价值的第二种含义的社会必要劳动时间是一致的。

看来，恩格斯关于"效用与生产费用关系"的价值定义，更能解释自然资源价值。自然资源价值的大小，首先要取决于其效用的大小，效用越大，其价值越高；反之，则越低。其次，自然资源的价值还取决于其稀缺性。越是稀缺的自然资源，其价值越大；反之，则越小。最后，自然资源的价值还取决于效用与成本费用的关系。这一点体现在非原生性资源的价值决定上尤为重要。

既然自然资源是有价值的，那么利用与开发自然资源就不能是无偿的，要对其进行价值补偿。自然资源的价值大小是可以计量的，尽管计量上有一定难度，但总可以大体测算出来。这对科学合理地开发利用自然资源，强化自然生态保护，无疑具有重大的理论意义与运用价值。

我国自然资源长期以来之所以遭受严重破坏，除了由于其理论上无价值，实践上无偿使用之外，另一个重要原因在于"全民所有自然资源资产的所有权人不到位，所有权人权益不落实"[35]。我国自然资源的产权虚置，产权属于全民所有，人人有份，人人都不实际占有，国家代表全体人民作为产权主体，但在现实中却无具体法人代表，这就形成"所有权人不到位，所有权人权益不落实"的状况。这导致自然资源的滥采乱挖、滥砍盗伐、滥捕乱抓等等，给自然生态造成严重破坏，给许多宝贵的自然资源造成不可恢复的严重损失。所以，自然资源管理体制改革，一是要保证所有权人到位，真正有人担负起代表全体人民对自然资源行使所有者权利的职责。切实保证所有者权益得到实现并落实。二是自然资源的管理权可以与所有权分开。管理者负责具体管理被所有者委托管理的自然资源，在充分保证自然生态不被损伤与破坏的条件下，尽可能地提高自然资源的使用效率和效益，给自然资源的所有者以最大收益回报。习近平强调要"使国有自然资源资产所有权人和国家自然资源管理者相互独立、相互配合、相互监督"[36]。这是建立统一的行使全民所有自然资源资产所有权人职责新体制的客观要求，也是保证国家生态安全的一个重大措施。

8.加快完善互联网管理领导体制

在当代中国，互联网技术日新月异，互联网应用突飞猛进，信息传播快如闪电，电脑、手机已进入千家万户，微信、微博和网络支付已成为人们生活不可或缺的东西。中国的手机拥有量及网络支付都已占据世界第一的位置，并拥有世界领先的5G技术，正抢占世界通信技术发展的制高点。中国已进入高度网络化、信息化的新时代。一个以网络化、信息化促进国家工业化、农业现代化及社会管理现代化的新浪潮正在中国大地上勃勃兴起，一浪高过一浪。

网络信息技术的迅猛发展，给国家的管理与领导带来了严峻的挑战。网络信息有时良莠混杂，真假难辨，虽是虚拟空间，但世间百态尽显其中。尤其是网络暴力、网络诈骗、网络黑客攻击等违法犯罪活动日益猖獗，毒害青少年，危害群众利益，污染社会风气，威胁国家安全，危害社会稳定。网络空间绝非法外之地，国家要通过建立健全有关网络的法律法规体系，严加管制与惩治，净化网络空间，优化网络管理。所有这些，都有赖于加强党对网络信息各种平台和传播手段建设的领导。要建立一整套网络信息的管理系统、监管制度、举报奖励制度、健全信息平台违规退出制度与惩罚条例，让其不敢乱作为、胡作非为。

四、新时代全面深化改革创新：抓关键与"摸规律"

1.科学确定并抓住"决定当代中国命运的关键一招"

习近平在党的十八届三中全会上的讲话中指出："改革开放是决定当代中国命运的关键一招，也是决定实现'两个一百年'奋斗目标、实现中华民族伟大复兴的关键一招，实践发展永无止境，解放思想永无止境，改革开放也永无止境，停顿和倒退没有出路，改革开放只有进行时、没有完成时。"[37]

为什么改革开放是"决定当代中国命运的关键一招"？1992年，邓小平在南方谈话中说："不坚持社会主义，不改革开放，不发展经济，不改善人民生活，只能是死路一条。"[38]对此，习近平十分感慨地说："回过头来看，我们对邓小平这番话就有深刻的理解了。所以，我们讲，只有社会主义才能救中国，只有改革开放才能发展中国、发展社会主义、发展马克思主义。"[39]只有改革开放才能发展中国、发展社会主义、发展马克思主义，这是科学确认它们是"决定当代中国命运的关键一招"的根本依据。

依据"关键一招"，习近平提出相互关联的"三个永无止境"论断，即"实践发展永无止境，解放思想永无止境，改革开放也永无止境"。这是对马克思主义实践论、认识论与知行观的创造性运用与发展，是马克思主义真理观中国化的一个光辉范例。

恩格斯指出："每一时代的理论思维，从而我们时代的理论思维，都是一种历史的产物，在不同的时代具有非常不同的形式，并因而具有非常不同的内容。"[40]中国特色社会主义进入新时代，要有新的理论思维，"三个永无止境"的论断，赋予马克思主义实践观、认识论、知行观新的内容，具有现代化的特色与形式，体现中国共产党人探寻真理的不懈追求与无穷无尽的力量。

毛泽东指出："客观现实世界的变化运动永远没有完结，人们在实践中对于真理的认识也就永远没有完结。马克思列宁主义并没有结束真理，而是在实践中不断地开辟认识真理的道路。"[41]

社会主义社会是不断发展运动的社会，社会实践的发展永无止境。为了跟上社会发展实践的步伐，人民的思想认识必须不断解放，思想解放永无止境。思想解放是推动改革开放的强大武器。改革开放的每一个新举措，改革开放所取得的每个新成果，改革开放每前进一步，无不依靠理论上的重大突破。而每个理论上的重大突破，无不首先要大胆解放思想。只有解放思想，才能冲破传统思想理论观念的束缚，才能突破阻挡改革开放的各种障碍。只有思想大解放，才会有理论大突破，而只有理论的大突破，才会带来改革开放的大发展。改革开放不能停顿，停顿就等于倒退，即所谓"不进则退"。然而，倒退是没有任何出路的。改革开放未有穷期，改革开放只有进行时没有终结时。改革开放永无止境，中国共产党人在改革开放实践中探求真理的脚步就不会停歇，探寻真理的认识就会逐步深化与升华，形成中国特色社会主义理论。然后再用这个理论去指导改革开放，推进改革开放伟大实践深入发展，并丰富自己的理论体系。以此发展中国，发展社会主义，发展马克思主义，这个过程，正如毛泽东所说："通过实践而发现真理，又通过实践而证实真理和发展真理。从感性认识而能动地发展到理性认识，又从理性认识而能动地指导革命实践，改造主观世界和客观世界。实践、认识、再实践、再认识，这种形式，循环往复以至无穷，而实践和认识之每一循环的内容，都比较地进到了高一级的程度，这就是辩证唯物论的全部认识论，这就是辩证唯物论的知行统一观。"[42]

2. 提出富有中国特色的改革方法："摸着石头过河"

中国的改革开放是一个前无古人的事业，没有现成模式可以照搬，没有成功的经验可以借鉴，甚至连失败的教训也无从查找。前进的方向，只能依靠我们自己去寻找"罗盘"；前进的道路，只能靠我们一双慧眼去摸索。"摸着石头过河"，从改革开放一开始，便成了我国上下探寻改革方向与路径的一种方法。但在改革实践中却遭到许多误解。

一是把"摸着石头过河"与"试错"式改革方法等同起来。"试错"是匈牙利著名经济学家科尔奈提出来的一种社会主义国家进行经济体制改革的方法。科尔奈是一位专门研究社会主义短缺经济的专家，其代表作为《短缺经济学》。中国在计划经济体制时代一直是短缺经济，市场上几乎什么东西都"短缺"，凭票凭证供应，每逢年节供应更是紧张，奶、肉、蛋、鸡、鸭、鱼、米、面、油、烟、酒、糖、茶、棉花、布等都定量供应。对短缺经济改革，不明方向与路径，不晓得该从何处下手，所以只能采用"试错"的方法。即先从某一个方面或环节试着进行改革，实践证明如果不行，发现错了就改，然后再行试验。这种方法现在看来也是一种唯物主义、现实主义的做法。因为它注重试验、注重实践，实践证明错了就再试。这显然是一种无可奈何的选择。

二是认为"摸着石头过河"纯属"瞎子摸象"。那就是不知改革的方向与路径，摸到什么算什么，摸对了，就算"瞎猫碰上死耗子"；摸错了，重新再摸。由于每个人摸到大象的部位不同，就会给出不同的意见与看法，从而提出不同的改革主张与建议。所以，改革之初，从哪儿先下手对经济改革，全国从上到下争论颇多，意见与建议纷呈，感性多于理性。这也本属正常现象。因为改革开放是一场前无古人的深刻革命，寻求正确的方向与路径是必然的。但必须清楚，"摸象"就只是摸方向。中国人不是"瞎子"，勤劳智慧的中国人民在中国共产党的领导下，终于在党的十二大找到了改革的方向，那就是从改革计划经济体制入手，实行计划经济为主，市场调节为辅的经济体制。这就将计划经济分离出一大块，让市场去自由调节，这是智慧的中国人在理性的中国共产党领导下选准了改革的前进方向与路径。

三是把"摸着石头过河"与"跟着感觉走"等同起来。"跟着感觉走"是当时中国流行歌曲的一句歌词，用它来形容中国改革开放探寻方向与路径的状态，倒也比较真实。从哲学上讲，"跟着感觉走"大有感性第一的味道。任何理性认识都首先从感性开始，是主观世界感知客观世界得来的。这符合马克思主义唯物论认识论的原理。在中国改革开放不知道朝什么方向改、如何改、怎么改的时候，先从感性入手尝试一下，也应当是允许的，并是可以理解的。但必须清楚，仅凭感觉、感性是不够的，必须上升到理性。可喜的是，中国的改革开放并没有真正"跟着感觉走"，而是在改革开放总设计师邓小平"摸着石头过河"思想的英明指导下，逐步明确了方向与路径。

习近平在主持十八届中央政治局第二次集体学习时的讲话中指出："改革开放是前无古人的崭新事业，必须坚持正确的方法论，在不断实践探索中推进。摸着石头过河，是富有中国特色、符合中国国情的改革方法。摸着石头过河就是摸规律，从实践中获得真知。"[43]从马克思主义哲学的角度，给"摸石头过河"作出"摸石头就是找规律""就是从实践中获真知"的全新阐释，真是让人眼前一亮，耳目一新。首先要有胆量和勇气，敢于涉水过河。胆小怕水，没有勇气与胆量下水，那就根本不可能过河；但冒冒失失，一个莽撞汉下水，不但摸不到石头，还很可能被水淹死。其次，要有智慧与技术，学会游泳，且有一双慧眼，能够找到石头，这才算英雄好汉。最后，摸到石头，不要让石头撞个头破血流，充分驾驭石头，安全到达河的彼岸。那就是敢不敢下河去摸石头，即是否勇于到改革开放实践中探求规律；然后不要被石头撞得头破血流，即不要被规律惩罚，付出血的代价；最后凭借石头到达胜利彼岸，即驾驭规律取得改革的胜利。"摸着石头过河"，形象描述了中国共产党人探寻改革开放规律的大无畏精神和科学胆识。习近平给"摸着石头过河"赋予马克思主义哲学的辩证唯物论的科学阐述，为中国全面深化改革找到了先进科学的向前推进的方法，无疑会引领全国人民夺取全面深化改革的伟大胜利。

　　总之，新时代我国全面深化改革一定要坚持"两敢""两稳""三不"的基本方针，"既要敢为天下先、敢闯敢试，又要积极稳妥、蹄疾步稳、把改革发展稳定统一起来，坚持方向不变、道路不偏、力度不减，推动新时代改革开放走得更稳、走得更远"[44]。

参考文献

[1]习近平谈治国理政：第1卷[M].北京：外文出版社，2018：69.

[2]习近平谈治国理政：第1卷[M].北京：外文出版社，2018：71.

[3]习近平谈治国理政：第2卷[M].北京：外文出版社，2017：254.

[4]习近平谈治国理政：第1卷[M].北京：外文出版社，2018：209.

[5]习近平谈治国理政：第1卷[M].北京：外文出版社，2018：101.

[6]习近平谈治国理政：第1卷[M].北京：外文出版社，2018：87.

[7]习近平谈治国理政：第1卷[M].北京：外文出版社，2018：101.

[8]习近平谈治国理政：第1卷[M].北京：外文出版社，2018：101.

[9]习近平.之江新语[M].杭州：浙江人民出版社，2007：119.

[10]习近平.之江新语[M].杭州：浙江人民出版社，2007：119.

[11]习近平.之江新语[M].杭州：浙江人民出版社，2007：236.

[12]习近平.之江新语[M].杭州：浙江人民出版社，2007：52.

[13]习近平.之江新语[M].杭州：浙江人民出版社，2007：53.

[14]习近平.之江新语[M].杭州：浙江人民出版社，2007：53.

[15]习近平.之江新语[M].杭州：浙江人民出版社，2007：239.

[16]习近平.之江新语[M].杭州：浙江人民出版社，2007：239.

[17]习近平.之江新语[M].杭州：浙江人民出版社，2007：204.

[18]习近平谈治国理政：第2卷[M].北京：外文出版社，2017：81.

[19]习近平谈治国理政：第2卷[M].北京：外文出版社，2017：82.

[20]习近平谈治国理政：第2卷[M].北京：外文出版社，2017：97.

[21]习近平谈治国理政：第1卷[M].北京：外文出版社，2018：90.

[22]习近平谈治国理政：第1卷[M].北京：外文出版社，2018：68.

[23]习近平谈治国理政：第1卷[M].北京：外文出版社，2018：68.

[24]习近平谈治国理政：第2卷[M].北京：外文出版社，2017：254.

[25]习近平谈治国理政：第2卷[M].北京：外文出版社，2017：281.

[26]习近平谈治国理政：第2卷[M].北京：外文出版社，2017：280.

[27] 习近平谈治国理政: 第1卷 [M]. 北京: 外文出版社, 2018: 80.

[28] 潘石, 王文汇. 中国结构性减税的五大原则 [J]. 学术月刊, 2010 (04): 85-91.

[29] 邓小平文选: 第3卷 [M]. 北京: 人民出版社, 1993: 139.

[30] 习近平谈治国理政: 第2卷 [M]. 北京: 外文出版社, 2017: 288.

[31] 习近平谈治国理政: 第2卷 [M]. 北京: 外文出版社, 2017: 288.

[32] 习近平谈治国理政: 第1卷 [M]. 北京: 外文出版社, 2018: 83.

[33] 习近平谈治国理政: 第1卷 [M]. 北京: 外文出版社, 2018: 85.

[34] 马克思恩格斯全集: 第1卷 [M]. 北京: 人民出版社, 1956: 605.

[35] 习近平谈治国理政: 第1卷 [M]. 北京: 外文出版社, 2018: 85.

[36] 习近平谈治国理政: 第1卷 [M]. 北京: 外文出版社, 2018: 85.

[37] 习近平谈治国理政: 第1卷 [M]. 北京: 外文出版社, 2018: 71.

[38] 邓小平文选: 第3卷 [M]. 北京: 人民出版社, 1993: 370.

[39] 习近平谈治国理政: 第1卷 [M]. 北京: 外文出版社, 2018: 71.

[40] 马克思恩格斯全集: 第20卷 [M]. 北京: 人民出版社, 1971: 382.

[41] 毛泽东选集: 第1卷 [M]. 北京: 人民出版社, 1991: 296.

[42] 毛泽东选集: 第1卷 [M]. 北京: 人民出版社, 1991: 296-297.

[43] 习近平谈治国理政: 第1卷 [M]. 北京: 外文出版社, 2018: 67-68.

[44] 习近平谈治国理政: 第3卷 [M]. 北京: 外文出版社, 2020: 189.

第八章　创建中国特色反贫困理论体系

在全方位推进中国改革开放的伟大进程中，习近平在马克思主义反贫困理论的指导下，充分比较与借鉴西方经济学的各种反贫困理论，紧密结合中国改革开放实践与反贫困的实际，创建了一整套具有中国特色的反贫困理论体系，并运用这个体系指导新时代反贫困的伟大实践，夺取了中国脱贫攻坚战的重大胜利。2020年，中国完成了全面小康建设的重大历史任务，在中国历史上破天荒地消灭了绝对贫困，创造了"中国奇迹"，震惊了世界。联合国的千年目标，在有14亿人口的东方大国——中国提前实现了，联合国官员称之为"世界之楷模""世界反贫困史上的奇迹"。

本章拟就中国特色反贫困思想理论体系的形成、主要内容及其对中国与世界的贡献，谈一些笔者的看法与学习体会。

一、反贫困理论比较：中国特色反贫困模式的选择与借鉴

1. 贫困概念及其内涵的界定

什么是贫困？贫困概念从不同的角度看，有不同的定义。尤其是在不同社会制度下，给贫困下定义，也会有不同的观点。中外学者对贫困概念及其内涵的界定，更是众说纷纭，意见相左。

英国学者汤森认为："所有居民中那些缺乏获得各种食物、参加社会活动和最起码的生活和社交条件的资源的个人、家庭和群体就是所谓贫困的。"[1]另一位英国学者奥本海默则认为："贫困是指物质上的、社会上的和情感上的缺乏。它意味着食物、保暖和衣着方面的开支要少于平均水平。"[2]因研究贫困问题而获得诺贝尔经济学奖的印度经济学家阿玛蒂亚·森，对贫困的定义为："贫困不仅仅是相对地比别人穷，而且还在于得不到某些基本物质福利的机会，即不拥有某些最低限度的能力……贫困最终不是收入问题，而是一个无法获得某些最低限度需要的能力问题。""在分析贫困情况时，最重要的是针对社会具体情况确定一些衡量最低限度的物质能力的绝对标准。不管与别人相比相对地位如何，只要他达不到这个绝对水平，就是贫困者。"[3]世界银行的《2000—2001年世界发展报告》认为"贫困是指福利被剥夺的状态"，并指出其表现为"缺衣少食，没有住房，生病时得不到治疗，不识字，而又得不到教育。"[4]

以上关于"贫困"概念的表述，基本上都包括：①物质上严重缺乏，难以满足基本

生存需求；②缺少起码的文化及社交资源；③福利被剥夺，缺衣少食，无住房，有病无医疗条件，得不到教育；④收入水平长期低下，基本无法维持物质文化生活。所不同的是各有侧重，结论大同小异。

国内学者对"贫困"问题研究起步较晚，对贫困概念的理解和阐释也各不相同。

著名经济学家董辅礽指出，贫困大体上，首先是指生理方面的需要不能满足的状况；其次是指除了生理方面的需要不能满足的状况以外，又产生了精神方面的需要不能满足的状况；再次，除了二者外，又产生了社会方面的需要不能满足的状况。[5]童星和林闽钢在《我国农村贫困标准线研究》一文中将贫困定义为："贫困是经济、社会、文化落后的总称，是由低收入造成的缺乏生活必需的基本物质和服务以及没有发展机会和手段这样一种生活状况。"[6]屈锡华、左齐认为："贫困是因种种发展障碍和制约因素造成的生存危机和生活困境。一定层面的贫困是一种社会状态，这种状态不被改善将是恶性循环的。"[7]国家统计局在1989年的《中国农村贫困标准研究报告》中提出，贫困是"个人或家庭依靠劳动所得和其他合法收入不能维持其基本的生存需求"[8]。李军认为："贫困是社会中某一部分人的生存状态，在这种生存状态中，人们不能合法获得基本的物质生活条件和参与基本社会活动的机会，以至于不能维持一种个人生理和社会文化可以接受的生活水准。"[9]

综合以上国内学者对贫困的定义，相对于外国学者要全面一些，即对贫困的定义，不仅包括绝对贫困的内涵，也包括了相对贫困的含义。因为贫困的概念是一个历史的、动态的概念，也是一个不同国家相对而言的概念。之所以如此，是由各个国家的经济发展水平、收入水平、物质文化生活水平不同所决定的。

笔者认为，中国的贫困，完整的定义应表述为：贫困是个人或家庭依靠劳动所得和其他合法收入不能维持基本的生存需求和社会文化需求，生活陷入困境的状态。基本的生存需求，主要包括吃、穿、住等，即有饭吃、有衣穿，有住所；社会文化需求，主要包括有病能医、有学能上，有接受文化教育及参与一定社会活动的机会等。社会文化教育及医疗由物质上的贫困所决定与制约，但它们又成为物质贫困的重要原因。这样定义中国贫困，不仅包括绝对贫困，即缺吃少穿，吃不饱、穿不暖，居无定所的状态，也包括缺乏必要的社会文化需求满足状况这种相对贫困状态。中国在2020年全面建成小康社会，消灭了绝对贫困，但相对贫困依然存在，恐怕到第二个百年奋斗目标实现时能彻底解决相对贫困问题。

2.西方反贫困理论

英国古典经济学大师亚当·斯密的贫困理论是基于自由市场经济理论提出的。他认为，在自由市场经济条件下，市场上劳动力的供给与需求是不断变化和波动的，当劳动力供给大于需求时，会使一些劳动者找不到工作，而这时社会人口还在增长，劳动力供给还在增加，就会有越来越多的人找不到工作。找不到工作，断绝收入来源就会陷入贫困状态。按照斯密的理论逻辑，这种贫困不是由政府造成的，而是由市场供求关系失衡产生的，所以政府没有必要担责，也不用管，可以由市场自行调节解决。

继亚当·斯密之后，马尔萨斯基于其人口原理提出了自己的贫困理论。他的人口原理是：社会物质资料的生产永远跟不上社会人口的增长，即物质资料生产是按算术级数增长的，而社会人口是按几何级数增长的，人口增长得过快，使许多人获得不到必要的物质生活资料，从而产生贫困。这种贫困产生的责任，同样不在政府，而在劳动者本人，是由劳动者及其家庭生殖繁育过多过快造成的。基于此，要解决贫困问题，劳动者及其家庭必须自行控制人口生育。由此可见，亚当·斯密和马尔萨斯的贫困理论，都是在十分鲜明地替资本主义制度辩护，掩盖资本主义剥削所造成劳动者贫困的罪恶。只不过亚当·斯密的贫困理论是由劳动价值理论和市场供求理论推演出来的，马克思称其为伟大的经济学家；而马尔萨斯的贫困理论是由其反动的人口原理推演出来的，所以马克思称其为仇视人类的"反动的经济学家。"

20世纪50年代初，美国发展经济学家纳克斯通过对发展中国家的贫困问题的系统考察研究，提出了"贫困恶性循环"理论。1954年，他出版了《不发达国家的资本形成》一书。该书认为，不发达国家长期贫困的原因并非国内资源不足，而是这些国家资本不足而导致资本严重匮乏，而资本匮乏又源于供给与需求两方面分别存在一个由低收入形成的怪圈（如图8-1、图8-2）。

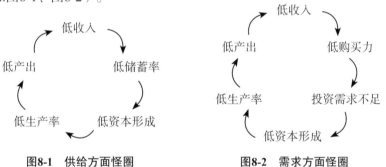

图8-1　供给方面怪圈　　　　图8-2　需求方面怪圈

从上可见，这两方面的怪圈均是由于发展中国家收入低造成的，而收入水平低又是由资本短缺造成的，由此引起"贫困的恶性循环"。那么如何才能走出贫困的恶性循环呢？按照纳克斯的理论逻辑，那就是：从供给方面，改变低储蓄率，鼓励劳动者多储蓄，让更多的储蓄转化为投资，以此来增加资本形成；从需求方面，改变低购买力为高购买力，扩大投资需求，以扩大资本形成。纳克斯认为跳出"贫困恶性循环"怪圈的关键环节在于增加资本形成，扩大投资，促进经济增长。这种反贫困的思想与理论，对于广大发展中国家走出"贫困恶性循环怪圈"还是具有一定参考价值的。

在反贫困理论中，福利经济学是典型代表。这一派经济学主张实现最大化的社会福利，就可以摆脱贫困。因此，他们把理论研究的中心放在如何实现"社会福利最大化"问题上。庇古是资产阶级福利经济学体系的创立者。他在《福利经济学》（1912年以

《财富与福利》出版，1920年改为现名出版）中宣称，要把他们经济学"作为改善人们生活的工具"，"要制止环绕我们的贫困和肮脏、富有家庭有害的奢侈，以及笼罩许多穷苦家庭朝不保夕的命运等等罪恶"[10]。庇古在书中指出，"本书的目的，就是研究在现代社会实际生活中影响经济福利的重要因素"，并明确提出影响经济福利的两大因素，"第一，国民收入的大小。第二，国民收入在社会成员中的分配情况"[11]。

依据上述两因素，庇古认为，国民收入总量越大，社会福利就越大；国民收入分配越是均等化，社会福利就越大。正是基于上述论断，他对国民收入分配状况进行了研究，提出了"收入均等化"学说。据此，他主张收入转移，即如果把富人收入的一部分转移给穷人，社会福利就会越大。收入转移的途径就是由政府向富人征税，再以补贴的方式补助穷人。

此外，庇古在书中还提出，要使国民收入增加，必须使社会资源在各个生产部门的配置达到最优化。而这又是达到社会福利最大化的最佳选择。庇古认为，社会客观上存在着边际私人纯产值和边际社会纯产值的偏离，这种状况单凭市场自由竞争不能解决问题，而应由政府采取适当的经济政策来加以弥补或消除。这个经济政策就是征税与补贴。他认为，通过征税和补贴，可以导致资源从边际私人纯产值小的地方向边际私人纯产值大的地方转移，从而使边际私人纯产值与边际社会纯产值的差距大大缩小，结果会使社会经济福利增加。

庇古的福利经济学由于触犯了富人的经济利益，招致资产阶级富裕阶层的强烈反对。新福利经济学就抛弃了庇古福利经济学中的收入分配均等化问题，转而研究经济效率问题。意大利经济学家帕累托在序数效用论基础上，用最优效率阐明经济福利。他认为，为获最优的经济效率，从而实现最大的福利，必须实现资源的最优配置。而最优的资源配置必须同时使一些人处境变好，而另一部分人处境变坏。为了实现经济效率最优及经济福利最佳，寻求二者的均衡，新福利经济学提出了"补偿原理"，即经济效率提高、福利增加的社会成员补偿经济效率与经济福利遭受损失的社会成员，可以总体上使社会福利增加。政府可以向受益者征收特别税，用以对利益受损者支付补偿金，如果特别税超过了补偿金，则社会福利将增长。[12]

以伯格森、萨缪尔森为代表的新福利经济学对庇古的旧福利经济学进行了修正与补充。他们除了将收入均等化理论摒弃之外，还提出"社会福利函数理论"。他们认为，社会福利函数有两个层次，一是个人福利函数，二是社会福利函数。

个人福利函数受一系列因素影响，用公式表示为：

$$U=U（q_1，q_2，q_3，\cdots q_n）$$

（公式中U代表个人福利，q_1，q_2，q_3，$\cdots q_n$为影响个人福利的一系列因素）

所有这些因素的优先顺序、排列组合不同，会使个人福利总水平不同。其中只有一种排列组合能使福利总水平达到最高，这种组合就是影响个人福利的最优状态。全部个人福利的总和就构成社会福利，所以社会福利又是所有个人福利的函数，这就是第二层次函数即社会福利函数，用公式表示为：

$$W=W（u_1，u_2，u_3\cdots u_n）$$

（公式中W表示社会福利，u_1，u_2，$u_3\cdots u_n$代表一系列个人福利函数）

所有个人福利最大化是社会福利最大化的条件。但是，阿罗认为，试图在任何条件下从个人偏好次序推导出社会偏好次序的想法都是不可能实现的。这就是"阿罗不可能定理"。

新老福利经济学在理论上存在种种缺陷与漏洞，因此受到许多经济学家的批评与质疑。其中，印度经济学家阿玛蒂亚·森就是一个代表。他以研究发展中国家的贫困与福利著称，并因此而获得诺贝尔经济学奖。他首先对"效用不可比"进行了批判。个人"效用不可比"是阿罗不可能定理的基础。如果允许个人效用可以比较，那么阿罗不可能定理不再成立；如果不允许个人效用相比较，那么阿罗不可能定理就毫无意义。其次，他还批判了伯格森、萨缪尔森的社会福利函数理论。他认为，只是用个人效用来衡量社会福利的存在缺陷。他在批判新老福利经济学基础上，创造性地提出以能力为中心的福利观替代以效用为中心的福利观。[13]他认为，个人福利不仅仅取决于收入多少，也不取决于个人效用大小，而取决于个人能力。个人能力的提高就会使其获得更多的收入，从而提高摆脱贫困的能力，大家的个人能力都提高了，获得福利和摆脱贫困的能力就提高了，从而社会福利水平就会从整体上得到提高。为提高个人能力，就要接受教育，为提高文化知识水平，就要学习科学知识，进而提高个人素质。为此，阿玛蒂亚·森为人们摆脱贫困开辟了新思路、新途径，将福利经济学引向新境界。

自20世纪40年代末英国工党政府首先提出建设"福利国家"以后，福利经济学一直被西方发达资本主义国家奉为主流，纷纷采纳福利经济学的各种主张，竞相建设"福利国家"，尤其是欧美一些发达国家更是走在了前列。福利国家建设的主要措施是：①推行经济国有化。国家扩大财政投资创办国有企业，增加就业；②效仿社会主义国家实行国民经济"计划化"管理，避免市场竞争的盲目性及无序性，保护市场稳定，以利于居民收入及福利增加；③对国民收入实行有利于贫困阶层的初次分配与再分配，通过征收富人税再转移给穷人的办法，实现各阶层居民收入均等化；④通过国家各种干预措施来保证社会经济上的公平，缓解社会收入不平等现象；⑤大力建设公共服务设施，扩大社会福利，尽力消灭失业、贫困及物质匮乏现象；⑥增加社会福利供给，并且向贫困阶层倾斜，以缩小贫富之间的差距，让社会福利惠及更多的穷人。

福利国家的建设，确实收到了良好的效果。①国内贫富差距缩小，阶级对立与矛盾缓和，社会稳定；②由于投资增加，就业扩大，经济在较长时期保持增长，许多国家出现战后的发展"奇迹"；③公共基础设施如公路、铁路、航空等建设得到大力发展，极大地满足了人民的公共服务需求，提升了福利水平；④由于劳动人民收入增加，生活水平普遍得到提高，消费档次向休闲享乐型转化，社会开始出现"享乐一族"。正像凯恩斯主义长久施行导致凯恩斯主义破产一样，福利主义达到一定时间临界点后，其负面效应便开始明显暴露出来。最大的负面效应是：福利国家培育了一代懒汉，他们不愿付出辛苦与汗水，不付出艰苦的劳动，却一味追求福利最大化，追求更多更高的收入，享受清闲与游玩的"幸福"生活。这在一些欧洲"福利国家"已经充分显现出现。由于人们过惯了"高收入、高福利、高享受"的生活，不愿多劳动，劳动没有积极性，劳动效率更低，从而导致国民收入减少，国民收入分配失衡，国民收入超分配接连不断，不得不靠举借大量外债来平衡。"福利国家"导致一些原本发达的国家濒临破产的边缘，希腊就是典型一例。如今的法国为改变"福利国家"的社会高福利政策，不得不施行一系列经济社会制度改革。马克龙政府首先向养老制度及效率低下的铁路开刀，进行大力改革，立马就引起了全国性工会大罢工，强烈反对马克龙政府的改革。当年十分兴旺的"高福利国家"如今遇到空前的困境。

综观上述西方经济学中的反贫困理论，可以看出，无论哪一个派别的理论，无不是从维护资本主义统治出发，为维护资产阶级统治利益服务的。其要害是否认贫困是由资本主义剥削制度造成的，即不承认存在制度性贫困。除了认清这一点以外，西方经济学中的反贫困理论，在经济社会运行层面提出的许多反贫困思想及理论还是值得充分肯定与借鉴的。其一，亚当·斯密关于劳动力供给大于需求从而产生失业与贫困的思想，为我们提供了有益启迪，即扩大就业可以有效避免失业性贫困。其二，马尔萨斯的两种生产要相适应与协调的思想，还是可取的。尽管他被称为最反动经济学家，但他关于人类要自觉主动控制人口增长的观点，还是具有参考价值的。其三，福利经济学关于国民收入分配向贫困阶层和人群倾斜，关于向富裕群体征税再去帮扶穷人的做法，关于改善公共福利设施、扩大社会公共福利的措施，关于扩大贫困人群就业、增加贫困人群收入的主张，都是可取的。只要不要搞所谓"福利社会"，建设所谓"福利国家"，福利经济学的大部分主张均可借鉴。全体人民的社会福利水平不断提高，体现了社会主义生产目的及根本要求，是全体中国人民彻底摆脱贫困、走向富裕的重要标志。

3. 马克思的反贫困理论

马克思的反贫困理论，主要体现在《资本论》中。他在《资本论》中深刻地揭示了无产阶级贫困化的原因及形成机制，指出失业性贫困是资本主义制度的必然产物，是资本主义积累规律作用的必然结果。

在资本主义制度下，追求剩余价值最大化是资本主义生产的直接目的和决定性动机。为了不断追逐更多的剩余价值，资本家总是不断地将获取的剩余价值转化为资本积累，扩大生产规模。在扩大再生产中，其追加资本$\Delta(c+v)$中，随着资本有机构成的提高，Δc的部分不断增长，而Δv部分相对减少。但是，社会资本对劳动力的需求，"不是由总资本的大小决定的，而是由总资本可变组成部分的大小决定的，所以它随着总资本的增长而递减"，"并且随着总资本量的增长以递增的速度减少"[14]。这样，随着资本积累不断扩大，资本有机构成不断提高，社会总资本中用于雇佣工人的可变资本部分日益减少，用马克思的话说"以递增的速度减少"，这样就必然产生大量相对过剩人口，使大批工人失业，形成一个庞大的产业后备军。正如马克思所说："社会的财富即执行职能的资本越大，它的增长的规模和能力越大，从而无产阶级的绝对数量和他们的劳动生产力越大，产业后备军也就越大。可供支配的劳动力同资本的膨胀力一样，是由同一些原因发展起来的。因此，产业后备军的相对量和财富的力量一同增长。但是同现役劳动军相比，这种后备军越大，常备的过剩人口也就越多，他们的贫困同他们所受的劳动折磨成正比。最后，工人阶级中贫苦阶层和产业后备军越大，官方认为需要救济的贫民也就越多。这就是资本主义积累的绝对的、一般的规律。"[15]这个规律发挥作用的必须结果，是产生贫富两极分化。马克思明确指出："这一规律制约着同资本积累相适应的贫困积累。因此，在一极是财富的积累，同时在另一极，即在把自己的产品作为资本来生产的阶级方面，是贫困、劳动折磨、受奴役、无知、粗野和道德堕落的积累。"[16]

马克思在《资本论》第一卷第二十三章专设一节，对"资本主义积累的一般规律"列举大量事实进行例证。

例一：英国一位叫格莱斯顿的大臣在1863年4月16日在预算演说中说："富人虽然更富了，穷人至少也不那么穷了。不过我不敢断定穷的极端程度已经缩小。"对此，马克思批驳说："多么拙劣的诡辩！如果说工人阶级仍然'穷'，只是随着他们给有产阶级创造的'财富和实力的令人陶醉的增长'而变得'不那么穷'了，那也就是说，工人阶级相对地还是象原来一样穷。如果说穷的极端程度没有缩小，那末，穷的极端程度就增大了，因为富的极端程度已经增大。"[17]

例证二："在英格兰，官方认为需要救济的贫民的人数1855年是851 369人，1856年是877 767人，1865年是971 433人。由于棉荒，1863年和1864年这种贫民的人数分别增加到了1 079 382人和1 014 978人。1866年的危机使伦敦遭到了最沉重的打击，在这个居民比苏格兰王国还要多的世界市场中心，这种贫民的人数1866年比1865年增加了19.5%，比1864年增加了24.4%，而在1867年的头几个月比1866年增加得还多。"[18]

例证三："任何一个公正的观察者都能看到，生产资料越是大量集中，工人也就越要相应地聚集在同一个空间，因此，资本主义的积累越迅速，工人的居住状况也就越悲惨。"[19]马克思摘录的一份材料上说，在伦敦有20个大的贫民区，"在这些贫民区，住房过于拥挤和破烂的情形，比20年前糟糕得多，即使把伦敦和新堡的许多地区的生活说成是地狱生活，也不算过分。"[20]

例证四：马克思摘录了1866年英国危机后一家报纸上描写的状况："昨天在这个大都会的一角出现一幅可怕的情景。东头的好几千失业工人虽然没有打着黑色丧旗成群结队地游行，但是这股人潮已经够吓人的了。让我们想想这些人受着怎样的痛苦吧。他们快要饿死了。这是一个简单而可怕的事实。他们共有4万人……在我们面前，在这个不可思议的大都会的一个区，一边是旷古未有的大量财富的积累，而紧挨着它的旁边是4万个走投无路的行将饿死的人！"[21]

例证五：在资本主义积累规律的作用下，农民也被迫加入产业工人队伍，破产的中小企业主也加入产业后备军中来。马克思在考察爱尔兰的贫困状况时指出："目前的相对过剩人口同1846年以前一样庞大；工资同样很低，劳动的折磨更重；农村的贫困再一次逼近新的危机。原因很简单。农业革命和向国外移民保持同一步伐。相对过剩人口的生产比人口的绝对减少更快。"[22] "中小租地农场主仍然占总数的十分之八。他们越来越受到资本主义农业生产的竞争的空前压迫而被挤垮，因此不断地为雇佣工人阶级提供新兵。"[23]

相对人口过剩形成庞大的产业后备军，不仅是资本主义积累规律作用的必然结果，而且它已经成为资本主义生产方式存在与发展的必要条件。资本主义生产方式的存在与发展，客观上需要有一个产业后备军存在。当资本主义经济发展进入衰退期，资本主义企业就将工人裁员，让他们进入产业后备军队伍；而当资本主义经济发展进入繁荣高潮期，资本主义企业便可在劳动力市场上随时雇佣到最适合需要的工人。产业后备军实际上起着调节劳动力的供求的作用。因此，在资本主义制度下不可能消灭失业，而他们的政府也不想消灭失业。这样，工人阶级由失业导致的贫困就不可避免了。

马克思不仅揭示了工人阶级贫困的根源，还指出了贫困有绝对贫困与相对贫困两种形态。绝对贫困是指生活条件与状况的绝对恶化；相对贫困是指整个工人阶级在资本主义国民收入分配中所占的比重日益相对下降。在当今资本主义世界，绝对贫困并未绝迹，但明显减少了许多，有些学者因此认为马克思的论证过时了，有待进一步研究与讨论，但相对贫困化的趋势却越来越明显、突出，证明马克思的论断并没有过时。

我们不能苛求马克思为后人提供所有反贫困的理论。马克思所处的时代是资本主义时代，他的经济理论的主要任务就是揭示资本主义经济发展的内在规律。他科学地揭示了资本主义社会贫困的经济根源，这是马克思的伟大贡献。马克思关于贫困的论断与西方经济学中的贫困理论形成了鲜明对照，使资本主义国家的工人阶级认识到，要从根本上摆脱自身的贫困地位，必须同资产阶级进行斗争，推翻资本主义剥削制度。否则，无论是像亚当·斯密主张那样改善劳动力市场供求关系，还是像马尔萨斯主张那样控制人口生育，或是像福利经济学主张那样全面改善穷人的福利，抑或像阿玛蒂亚·森主张的那样提高劳动者素质与能力，都无法从根本上消除贫困现象。然而，马克思并未见到社会主义社会，他在理论上设想的社会主义与现实中我们国家所建立的、现在正在大规模建设中的社会主义也是大不一样的。社会主义反贫困理论有待于我们自己来创造，社会主义反贫困模式有待于我们在马克思反贫困理论指导下，充分借鉴西方反贫困理论的有益成果，紧密结合我国实际来创立。

二、邓小平：中国特色反贫困理论的开拓者

1. 承认贫困落后是中国社会主义初级阶段的一个重要特征

如前所述，马克思认为，资本主义剥削制度是造成工人阶级陷于贫困的根本原因，据此，消灭了资本主义剥削制度，劳动人民翻身解放，建立了社会主义公有制，使人凭借生产资料私人占有剥削他人成为不可能，就可以摆脱贫困。马克思在《哥达纲领批判》中设想的社会主义消灭了剥削的不平等，实现了按劳分配，只承认劳动差别与富裕程度的差别，已经消灭了贫困现象。须知，马克思这里所设想的社会主义，虽然也是从旧社会脱胎而来，但那是在较发达的资本主义社会基础上通过革命而建立的社会主义。

然而，中国的社会主义却不同，从它建立的第一天起就是十分贫穷落后的状态。因为它是直接从半殖民地半封建社会的旧中国脱胎而来的。自1840年鸦片战争以来，中国长期受帝国主义侵略与欺凌，社会资源与财富大量被帝国主义侵占与掠夺，又由于长期军阀混战，导致经济凋敝，民不聊生，生灵涂炭，老百姓在水深火热中生活，在饥饿与死亡线上挣扎。在这种情况下，中国人民在中国共产党的领导下，夺取了新民主主义革命的胜利，建立了崭新的社会主义社会。所以，中国社会主义存在的贫困现象，并非社会主义制度造成。它不可避免地构成了社会主义初级阶段的一个重要特征。正是基于此，不能把马克思关于资本主义制度造成的贫困的原因搬到中国来，认为中国的贫困与社会主义制度有根本性关系。

邓小平正是基于上述思想，客观理性地承认社会主义社会还存在贫穷落后的实际状况。邓小平指出："落后国家建设社会主义，在开始的一段很长时间内生产力水平不如发达的资本主义国家，不可能完全消灭贫穷。""国家这么大，这么穷，不努力发展生产，日子怎么过？我们人民的生活如此困难，怎么体现出社会主义的优越性？"[24]

这里，邓小平突破了马克思关于制度性贫困的理念，认为中国的贫困主要由生产力发展水平不足造成。这就明确了中国摆脱贫穷的根本途径和任务，就是发展生产力。

承认贫困落后不易，而承认失业性贫困更难。在我国，很长一段时间不承认失业现象存在，认为失业是资本主义所特有的。正如马克思所揭示的那样，资本主义社会工人阶级的贫困完全是由失业所引致的，是失业性贫困。社会主义国家消灭了失业也就消灭了贫困。今天看来，学术界对马克思的失业理论的认识与理解一直是存在偏误的。马克思提出的在技术进步使资本有机构成提高的条件下，会出现机器排斥工人的现象，从而导致工人下岗失业，这是在任何社会中都会出现的。它是产业结构调整与升级过程中必然要出现的结构性失业，并非资本主义制度所特有的现象。西方经济中的流动性失业、摩擦性失业，实际上在马克思的论述中都可找到。自觉性失业，在当今中国社会主义市

场经济中更是普遍存在。应当承认失业与贫困是紧密关联的。较长时间失业会导致贫困。所以国家一直把扩大就业作为第一优先政策，就是为了保证人民生活水平不下降，不再陷入贫困状态，从而保证社会经济稳定健康发展。综上分析可见，失业并非完全由制度造成的，尤其是社会主义条件下的失业，更多的原因在于生产力方面，是由于生产力不够发达、发展不充分及发展不均衡而产生的。这样，失业性贫困的消除途径与根本任务，也只能依赖于生产力的充分发展与均衡发展了。正如邓小平所讲的："社会主义必须大力发展生产力，逐步消灭贫穷，不断提高人民的生活水平。"[25]

2. 贫穷不是社会主义，社会主义的本质与特点是共同富裕

"文化大革命"期间，江青反革命集团为了达到篡党夺权的目的，反对"抓革命、促进生产"，到处搞"打、砸、抢"，大肆破坏经济建设，搞得人民生活十分困难，陷于贫困状态。

对此，邓小平旗帜鲜明地指出："'文化大革命'中有一种观点，宁要穷的共产主义，不要富的资本主义。我在一九七四年、一九七五年重新回到中央工作时就批驳了这种观点。正因为这样，当时还有其他原因，我又被打下去了。当时我告诉他们没有穷的共产主义，按照马克思主义观点，共产主义社会是物质极大丰富的社会。因为物质极大丰富，才能实现各尽所能、按需分配的共产主义原则。社会主义是共产主义第一阶段，当然这是一个很长很长的历史阶段。社会主义时期的主要任务是发展生产力，使社会物质财富不断增长，人民生活一天天好起来，为进入共产主义创造物质条件。不能有穷的共产主义，同样也不能有穷的社会主义。致富不是罪过。"[26]

邓小平把消除贫困，实现共同富裕看作社会主义的特点与本质，创造性地丰富了中国特色社会主义理论体系，为构建中国特色反贫困模式奠定了坚实的理论基础。邓小平指出："社会主义的特点不是穷，而是富，但这种富是人民共同富裕。"[27]"社会主义不是少数人富起来、大多数人穷，不是那个样子。社会主义最大的优越性就是共同富裕，这是体现社会主义本质的一个东西。"[28]

邓小平还把消除贫穷、实现共同富裕作为社会主义的目的，并且将其作为衡量社会主义改革成败的标准与尺度。他指出："社会主义的目的就是要全国人民共同富裕，不是两极分化。如果我们的政策导致两极分化，我们就失败了。"[29]这为我们构建中国特色反贫困理论体系和模式指明了方向与奋斗目标。

3. 坚信社会主义可以摆脱贫困

邓小平还把是否摆脱贫穷看作社会主义制度优越性是否得以发挥的重要标志。只有真正摆脱了贫穷，达到全体人民共同富裕，社会制度的优越性才算真正发挥出来。邓小平指出："不要光喊社会主义的空洞口号，社会主义不能建立在贫困的基础上。"[30]他还明确指出："搞社会主义，一定要使生产力发达，贫穷不是社会主义。我们坚持社会主义，要建设对资本主义具有优越性的社会主义，首先必须摆脱贫穷。现在虽说我们也在搞社会主义，但事实上不够格。只有到了下世纪中叶，达到了中等发达国家水平，才能说真的搞了社会主义，才理直气壮地说社会主义优于资本主义。"[31]这十分清楚地告诉人们：社会主义制度优越于资本主义制度，最终必要体现在消除贫穷与落后上。贫穷被消灭之时，则是社会主义制度优越性得以充分发挥之时。邓小平坚信社会主义制度优越性会充分发挥出来，可以解决中国贫困落后问题。他指出："我们一直强调坚持四项基本原则，其中最重要的一条是坚持社会主义制度。而要坚持社会主义制度，最根本的是要发展社会生产力，这个问题长期以来我们并没有解决好。社会主义优越性最终要体现在生产力能够更好地发展上。多年的经验表明，要发展生产力，靠过去的经济体制不能解决问题。所以，我们……进行一系列的体制改革，这个路子是对的。……只有这条路才是通往富裕和繁荣之路。"[32]

消除贫穷，实现共同富裕，唯一途径是发展社会生产力，但发展社会生产力有两条道路可供选择：一是走社会主义道路，二是走资本主义道路。国内外一直有人鼓吹："中国只有走资本主义道路，才有可能尽快富起来。"还有个别经济学家不断鼓动中国搞私有化，走资本主义道路，宣称"20世纪最大的遗产是社会主义灭亡，是苏联社会主义解体"。邓小平对这一错误观点坚决予以回击："中国搞资本主义不行，必须搞社会主义。如果不搞社会主义，而走资本主义道路，中国的混乱状态就不能结束，贫困落后的状态就不能改变。"[33]他进一步分析中国为什么不能走资本主义道路，指出："在中国现在落后的状态下，走什么道路才能发展生产力，才能改善人民生活？这就又回到是坚持社会主义还是走资本主义道路的问题上来了。如果走资本主义道路，可以使中国百分之几的人富裕起来，但是绝对解决不了百分之九十几的人生活富裕的问题。"[34]

综括以上所述，可见邓小平的反贫困理论主要是结合中国改革开放实际，为了尽快改变中国贫穷落后的面貌，实现中国富强而作出的一系列科学论断，内容是十分丰富、深刻的。其鲜明的特色是在反贫困基本理论上进行了艰辛的探索与研究，取得了不少突破性成果，如贫困不是社会主义，社会主义制度可以摆脱贫困，社会主义的目的、本质及特点是共同富裕等。这些开拓性的成果，丰富了中国特色社会主义理论体系宝库，为构建中国特色反贫困理论体系奠定了坚实的理论基础。

三、中国特色反贫困理论与模式的主要内容

1. 发展是改变贫困落后的关键

习近平指出："发展是党执政兴国的第一要务，是解决中国所有问题的关键。"[35]"我多次强调，以经济建设为中心是兴国之要，发展是党执政兴国的第一要务，是解决我国一切问题的基础和关键。"[36]"所有问题"自然包括贫困落后问题，因为它是当今中国最大的民生问题。改变贫困落后状况要靠发展，发展是改变我国贫困落后状况的关键。

第一，经济发展可以增加就业。目前，我国GDP年均增长6.5%左右，每年可保障近1300万人就业，按此水平，GDP每增长一个百分点，就可以保障近200万人就业。经济发展一定要保持一个适当的速度，速度太低，安排与扩大就业就会有困难与阻力。而就业是改善民生、脱贫致富的重要环节。没有就业，就意味着没有收入。一个家庭没有了收入来源，就会陷入困境或导致贫困。失业性贫困是任何国家都要尽力避免的。正因为如此，西方资本主义国家总统竞选或上台执政，都信誓旦旦地宣称扩大就业，以争取民心。而我们社会主义国家的发展战略也是把扩大就业作为第一选项，或作为治国理政的优先方向。所以，习近平讲："发展要有一定的速度，但这个速度必须有质量、有效益。"[37]有泡沫的速度，一旦泡沫破灭了，就会给经济带来后患。所以经济发展速度决不可掺假。片面追求速度，尤其追求没有质量与效益的速度是不对的。但必须承认，中国经济发展没有一定速度，或者陷入低速度，那恐怕难以支撑人民群众就业增加与生活水平的提高。不要说摆脱贫困，甚至已脱贫者也可能返贫了。经济发展只有保持适当的速度，才可实现扩大就业目标，从而保证脱贫目标实现。

第二，只有经济发展，才能增加国家财政收入。国家财政收入主要来源于税收与各种收费。这两项收入又主要依靠企业和其他市场主体缴纳。只有企业与其他市场主体都增加了活力，在生产经营中有了更多增值，才能增加上缴税收和费用。2019年，国家为应对国外贸易保护主义的冲击与国内经济下行的压力，果断实行减税降费措施，目的是减轻企业与其他市场主体的负担，降低生产经营成本，以便有更多的盈利，在以后能够为国家提供更多的财政收入。这种"放水养鱼"的政策虽然暂时减少了一些国家财政收入，但"鱼肥"了，国家会获得更多的财政收入。只有企业和其他市场主体的经济发展了，国家财政收入才能稳步增长。而国家财政收入增长了，才有能力办大事，即加强国家基础设施建设，修更多高速铁路、高速公路，方便人民的生产与生活；才有能力发展航空航天事业，让各种卫星和航天器为国防建设和人民生产生活服务；只有财力增长了，才有能力加强国家各种公共服务设施与平台建设，提高国家公共服务水平与质量，使人民享受的公共福利大幅增加；同时，只有国家财力增加，才有能力加大教育经费投入，确保国家对教育的经费投入占GDP的比重达4%以上，使基础教育与高等教育都有较快的发展，使教育兴国落到实处；只有国家财力增加了，才有能力加大科技发展的经费投入，全面振兴高新技术产业，占领世界科技发展的高地。只有国家财力增加了，才有足够的力量振兴文化事业，使全体人民日益增长的文化需求得到满足与提高，将人民的生活质量提升到新层次。所有这些都要依靠充足的财力来支撑，而充足的财力，唯有通过经济的发展才能获得。

第三，唯有经济发展，全体人民的收入水平才能稳步提高。收入水平的不断提高，是人民摆脱贫困、走向富裕的根本途径。习近平指出，"'两个翻番'意味着'十三五'时期全国年均增长要保持在6.5%以上，全国城乡居民人均可支配收入年均增长5.8%以上，力争发展和居民收入增长同步"，"对贫困人口而言，要实现'两不愁、三保障'，收入达到脱贫标准"[38]。习近平这里讲的"全国城乡居民人均可支配收入年均增长5.8%以上"及贫困人口收入达到脱贫标准，都是非常重要的硬指标，其实现一定要经济发展达到"全国年均增长要保持在6.5%以上"。可见，经济发展才是人民生活水平不断提高的根本保障。没有经济发展，人民生活水平提高便成了"无本之木，无源之水"。

第四，唯有经济发展，才能在稳定中大步推进全面改革。发展、稳定与改革三者是互相依存、互相促进的关系。发展依赖于稳定和改革，而稳定与改革要靠发展来促进。社会稳定与改革都需要耗费必要的成本，而这个成本唯有靠经济发展来解决。当今中国，各项事业的发展与向前推进，必须依靠全面深化改革，而全面深化改革不仅要耗费一定量的改革成本，还要有充足的抗风险基金，以便改革发生风险时使用，这需要经济发展有足够的人力、物力及财力的支撑。否则，改革就会影响社会稳定，也会影响与阻碍经济发展。

第五，唯有经济发展，社会保障能力与水平才会不断提高。强大的社会保障是社会稳定器。健全的社会保障体系，主要包括医疗卫生保障、社会养老保障、社会劳动保障以及失业保障等多方面，它是一个庞大的社会安全网，对于保证社会主义市场经济的稳健运行是必不可少的。其发展水平愈高，社会的安全稳定系数就愈大，而它对国家财力的需求也就愈大。在社会保障建设方面，我国与西方发达国家的差距还是存在的。千差距，万差距，根本的差距就在经济发展水平上。全体人民享有丰厚的社会保障，是走向共同富裕的重要步骤。中国只有经济发展水平上去了，社会保障水平才能与西方发达国家比肩，甚至超过西方发达国家水平。

第六，唯有经济发展，才能建设强大的国防，保卫国家的安全和发展利益。近些年来，我国周边国家军费支出迅猛增长，军事装备现代化水平快速提升。国家的安全形势越来越复杂严峻。习近平指出："我们要实现中华民族伟大复兴，必须坚持富国和强军相统一。""坚持以军事斗争准备为龙头带动现代化建设，全面提高部队以打赢信息化条件下局部战争能力为核心的完成多样化军事任务能力。"[39]这些能力的提升，没有足够军费支出是难以完成的。中国的军费支出在世界上一直是较低的。为了增强国防力量，建设一支保卫国家的现代化的强大部队，必须保障军费的适度增长，做到富国与强军的统一。

第七，只有经济发展，才能保证我国社会管理科学化、现代化，实现国家治理体系和治理能力现代化。一个国家怎么样治理，社会管理如何科学化、现代化，尽管与历史传统、文化习俗有很大关系，但归根到底是由经济发展水平所决定的。优秀历史文化的传承与发扬光大，需要有种种现代化设施建设，历史博物馆、文化活动场所的兴建，无不需要巨额投资，各种文化古迹及各种民俗景区的保护，无不需要大量资金的支持。社会主义核心价值观的教育与培养，社会传统美德的继承与弘扬，也都需要国家投资建设并进行有效管理。全社会的各项事务错综复杂，相互交织、相互制约、相互影响、相互作用，是一个庞大的系统。为了实现社会事务管理制度化、规范化、程序化。就需要不断完善国家治理体系，提高国家治理能力。尤其是在信息化、网络化高度发展的今天，更是迫切要求国家治理体系与治理能力的现代化。

习近平指出："今天，摆在我们面前的一项重大历史任务，就是推动中国特色社会主义制度更加成熟更加定型，为党和国家事业发展、为人民幸福安康、为社会和谐稳定、为国家长治久安提供一整套更完备、更稳定、更管用的制度体系。这项工程极为宏大，必须是全面的系统的改革和改进，是各领域改革和改进的联动和集成，在国家治理体系和治理能力现代化上形成总体化效应、取得总体效果。"[40]这个极为宏大的工程，需要有巨大的经济力量支撑才能完成。所以，习近平强调："全面建成小康社会，实现社会主义现代化，实现中华民族伟大复兴，最根本最紧迫的任务还是进一步解放和发展社会生产力。"[41]社会生产力是全社会不断前进与发展的最终的决定性力量。离开了它，一切都将成为"空中楼阁"。

第八，只有经济发展，才能使中国从发展中大国走向世界现代化强国。改革开放以来，中国经济总量跃升世界第二，成为世界最大货物出口国、第二大货物进口国、第二大对外直接投资国、最大外汇储备国、最大旅游市场等，但大而不强的特征十分鲜明突出，那就是中国目前仍是世界上最大的发展中国家。摆脱贫困，由经济大国变成现代化强国的任务还是相当宏大而艰巨的，需要加倍努力奋斗。正因为如此，习近平十分肯定地指出："中国执政者的首要使命就是集中力量提高人民生活水平，逐步实现共同富裕。为此，我们提出'两个一百年'奋斗目标，就是到2020年实现国内生产总值和城乡居民收入比2010年翻一番，全面建成小康社会；到本世纪中叶建成富强民主文明和谐的社会主义现代化国家，实现中华民族伟大复兴。我们现在所做的一切，都是为了实现这个既定目标。"[42]

以上分析充分说明，习近平讲的"发展是基础，经济不发展，一切无从谈起"[43]是至理名言。只有经济科学高质量发展才是解决中国所有问题的关键，更是中国摆脱贫困、走向共同富裕、建成现代化强国的根本途径。正是基于此，以经济建设为中心才是兴国之要，才是共产党执政兴国的第一要务。

2. 中国反贫困的目标与重点

中国反贫困目标不是随意确定的，它要服从于全面建成小康社会的战略目标。2015年11月27日，习近平在中央扶贫开发工作会议上讲话指出："党的十八届五中全会从实现全面建成小康社会奋斗目标出发，明确到2020年我国现行标准下农村贫困人口实现脱贫，贫困县全部摘帽，解决区域性整体贫困。"[44]到了2017年6月23日，习近平在深度贫困地区脱贫攻坚座谈会上讲话，又把脱贫目标具体细化为："党中央对2020年脱贫攻坚的目标已有明确规定，即到2020年，稳定实现农村贫困人口不愁吃、不愁穿、义务教育、基本医疗和住房安全有保障；实现贫困地区农民人均可支配收入增长幅度高于全国平均水平，基本公共服务主要领域指标接近全国平均水平；确保我国现行标准下农村贫困人口实现脱贫，贫困县全部摘帽，解决区域性整体贫困。深度贫困地区也要实现这个目标。"[45]这种目标具体细化，使全国各地的脱贫攻坚工作有了可操作的基本遵循。其基本要点可概括为：①到2020年农村贫困人口做到"两不愁、三保障"；②贫困地区人均可支配收入增长高于全国平均水平；③基本公共服务接近全国平均水平；④贫困人口脱贫、贫困县摘帽，区域性整体脱贫。

脱贫攻坚的主要目标是攻克与解决农村贫困问题。习近平指出："全面建成小康社会，最艰巨最繁重的任务在农村、特别是在贫困地区。没有农村的小康，特别是没有贫困地区的小康，就没有全面建成小康社会。"[46]农村人口脱贫，是中国能否全面建成小康社会的根本标志。习近平在党的十八届五中全会第二次全体会议上的讲话中指出："农村贫困人口脱贫是最突出的短板。虽然全面小康不是人人同样的小康，但如果现有的7000多万农村贫困人口生活水平没有明显提高，全面小康也不能让人信服。所以，《建议》把农村贫困人口脱贫作为全面建成小康社会的基本标志。"[47]

农村是中国脱贫的重点，并不排斥城镇贫困人口奔小康。既然全面小康是惠及全体人民的小康，"是城乡区域共同的小康"[48]，那么城镇贫困人口也要脱贫奔小康。这里有五类人群需要认真分析，采取相应对策，保他们进小康。其一，我国城镇目前尚有1800万低保人口，要采取各种政策与制度，确保在稳定其基本生活基础上，尽可能加入"全民创业、自主创业"行列，摘掉"低保"帽子，能摘多少就摘多少，多多益善，以减轻国家的财政压力。其二，1.3亿多65岁以上老人，并非全部是贫困人口，有相当一部分人是各行各业的退休者，对他们来说主要是如何提供优质的养老设施与养老服务，使他安享晚年。其三，对在城镇务工的2亿多农民工，他们本身有收入，并不需要扶贫，只需要为他们提供安全可行的务工条件、优良的务工环境，能够及时获得劳动报酬收入，平等享受城镇的公共服务，更好地融入城镇居民生活。其四，对上千万城市就业的大学毕业生及其他常住人口，"要让他们有适宜的居住条件"[49]。这些人由于有了稳定的居所与收入，对家住在农村的父母会有所贡献，进而帮助农村贫困人口脱贫。所谓"一人大学毕业，全家脱贫"，前提是找到稳定的工作，有了较高的收入。一般来说，他们不是城镇扶贫的对象，而是帮助家庭脱贫的力量。其五，对900多万城镇登记失业人员，这应是城镇扶贫的重点。习近平讲："要让他们有一门专业技能，实现稳定就业和稳定收入。"[50]为此，国家有关部门要开设各种技能培训中心，对他们进行培训，或免费选送他们进入相关职业技术学院（校）进行技能学习，切实做到每个失业者家庭至少有一人就业并有稳定的收入。从上可见，我国城镇脱贫扶贫的主要人群是1800万低保人口加上900多万失业人员。这2700多万人的脱贫问题，相对农村贫困人口的脱贫而言，要容易得多。因为1800万低保人口，已有了国家给予的基本生活保障，只要完善各种基本保障政策措施，就不会陷入绝对贫困。对于900多万登记失业人员，他们的失业基本是暂时性、流动性的，经过一段时间的培训，可以实现再就业。并且，有一部分登记失业人员是自愿性失业，是为了寻找更适合自己专业的工作。一旦他们搜寻到合适的专业性岗位，他们就会立即就业。所以，从整体上来看，城镇的扶贫工作，虽然情况比较复杂，但只要加强对失业人口与低保人口的帮扶力度，随着小康社会建设的整体推进，是可以大幅度减少的，摆脱绝对贫困指日可待。

3. 中国政府主导与政策倾斜

确立脱贫的目标与重点之后，就该是怎么来扶贫、脱贫及选择什么样的道路、采取什么样的模式来扶贫脱贫的问题。

中国的扶贫与脱贫是由政府来主导的。习近平讲："消除贫困，改善民生，逐步实现共同富裕，是社会主义的本质要求，是我们党的重要使命。全面建成小康社会，是我们对全国人民的庄严承诺。"[51]党中央专门召开扶贫工作会议，对全国扶贫工作任务作出全面安排和部署，充分体现了党中央对扶贫工作的高度重视。习近平指出："要充分发挥政府投入的主体和主导作用。"[52]在党中央和国务院的统一领导下，各种政策都要向贫困地区倾斜，向贫困人口倾斜。首先，财政政策倾斜。中央要设立专项扶贫基金，其增长幅度要体现加大脱贫攻坚的力度要求。习近平指出："中央财政专项扶贫资金、中央基建投资用于扶贫的资金等，增长幅度要体现加大脱贫攻坚力度的要求。中央财政一般转移性支付、各类涉及民生的专项转移支付，要进一步向贫困地区倾斜。"[53]习近平还要求："各级财政要加大对深度贫困地区的转移支付规模。"[54]并且还特别强调，国家新增脱贫攻坚的资金、项目与举措等都要向深度贫困地区倾斜。"新增脱贫攻坚资金主要用于深度贫困地区，新增脱贫攻坚项目主要布局于深度贫困地区，新增脱贫攻坚举措主要集中于深度贫困地区。各部门安排的惠民项目要向深度贫困地区倾斜。"[55]其次，货币政策倾斜。货币金融政策也要与财政政策相协同，向贫困地区，尤其是深度贫困地区倾斜。货币政策如果与财政政策相矛盾、相冲突，就会抵销财政政策效应，使财政政策的倾斜效应大打折扣，甚至起负面效应。如财政政策向贫困地区减税降费，银行货币政策就应与之相匹配，实行借贷减息，这样才会使财政上的减税降费政策收到良好效果。否则，货币政策反向提高利息率，就会冲击掉财政政策上减税降费的效应。习近平指出，"要发挥金融资金的引导和协同作用"，"增加金融投入对深度贫困地区的支持，资本市场要注意对深度贫困地区的上市企业安排，保险机构要适当降低对深度贫困地区的保费收取标准"[56]。"要加大扶贫资金的整合力度。要做好金融扶贫这篇文章，加快农村金融改革创新步伐。要加强扶贫资金阳光化管理，集中整治和查处扶贫领域的职务犯罪，对挤占挪用、层层截留、虚报冒领、挥霍浪费扶贫资金的要从严惩处。"[57]再次，教育与医疗卫生政策倾斜。贫困地区及贫困人口的产生一般都与教育落后、医疗卫生条件差有密切关系。所以，要使贫困地区和贫困人口改变面貌，实现脱贫目标，教育及医疗卫生政策必须向这些地区和人口倾斜。习近平明确指出："治贫先治愚，扶贫先扶智，国家教育经费要继续向贫困地区倾斜、向基础教育倾斜、向职业教育倾斜、帮助贫困地区改善办学条件，对农村贫困家庭幼儿特别是留守儿童给予特殊关爱。""要加强医疗保险和医疗救助，新型农村合作医疗和大病保险政策要对贫困人口倾斜。"[58]最后，其他政策倾斜。交通建设项目与农村建设用地等，凡是有助于贫困地区和贫困人口脱贫的，都向贫困地区和贫困人口倾斜。习近平指出，"交通建设项目要尽量做到向进村入户倾斜，水利工程项目要向贫困村和小型农业生产倾斜，生态保护项目要提高贫困人口参与度和受益水平"[59]，"要增加建设用地对深度贫困地区支持力度，新增建设用地指标优先保障深度贫困地区发展用地需要，允许深度贫困县将城乡建设用地增减挂钩指标在省域范围内使用。通过各种举措，形成支持深度贫困地区脱贫攻坚的强大投入合力"[60]。上述各项政策倾斜的综合配套实施，对脱贫攻坚起到十分巨大的作用，收到了明显的政策效应。它们有力地保证了国家对扶贫工作的领导地位与主导作用，确保党和国家扶贫目标与重点任务的完成与实现。

在国家的主导下，脱贫攻坚还创造性地实施了"五个一批"工程。其主要内容是：一是发展生产脱贫一批。立足当地资源，支持与引导当地人开发创业，通过自主发展生产来脱贫。二是易地搬迁脱贫一批。在当地由于条件限制不能脱贫的贫困人口，要实施易地搬迁，确保搬得出、稳得住、能致富。三是生态补偿脱贫一批。加大贫困地区生态保护修复力度，让生态保护地区贫困人口转成生态保护人员，实现脱贫。四是发展教育脱贫一批。改善贫困地区办学条件，让贫困地区学生通过学习文化知识，改变命运。五是社会保障兜底一批。对农村贫困人口中完全或部分丧失劳动能力的人，实行社会保障兜底，保障其基本生活，不至于陷入贫困。

4. 培养脱贫致富内生动力，让贫困地区及贫困人口自主脱贫致富

从哲学上讲，外因永远是变化的条件，而内因则是变化的根据。毛泽东指出："唯物辩证法认为外因是变化的条件，内因是变化的根据，外因通过内因而起作用。"[61]扶贫工作也是这样。对于贫困地区和贫困人口来讲，无论国家与各个部门、各个方面的扶持力度有多大，只有通过贫困地区与贫困人口的内因起作用，才能真正摆脱贫困。外在压力只有转化为内在动力，才能从根本上实现由贫困到富裕的转变。习近平指出："没有内在动力，仅靠外部帮扶，帮扶再多，你不愿意'飞'，也不能从根本上解决问题。"[62]"脱贫致富终究要靠贫困群众自己的辛勤劳动来实现。"[63]针对一些地区贫困群众"等、靠、要"思想严重，甚至出现"靠着墙根晒太阳，等着别人送小康"的现象，习近平特别强调指出："要注重调动贫困群众的积极性、主动性、创造性，注重培育贫困群众发展生产和务工经商的基本技能，注重激发贫困地区和贫困群众脱贫致富的内在活力，注重提高贫困地区和贫困群众的自我发展能力。"[64]"教育和引导广大群众用自己的辛勤劳动实现脱贫致富。"[65]习近平深知，贫困群众一定要自立自强，自主奋力脱贫，否则，别人帮你送进小康，终究还要返贫的！因为路得自己走，日子总得自己过。

国家为主导，组织力量帮扶，与贫困地区和贫困人口自主脱贫二者有机结合，上下一齐努力，勠力同心，一起奔小康，这是中国特色反贫困理论的重要组成部分，也是构建中国特色反贫困模式的基本框架。

5. 各方来帮扶，以产业扶贫为主

在充分调查研究的基础上，国家对贫困地区和贫困人口确定以后，便组织各方力量来进行帮扶。首先，东部富裕地区和中央大单位实行对口支援与帮扶。习近平指出："要加大东部地区和中央单位对深度贫困地区的帮扶支持，强化帮扶责任，'谁的孩子谁抱'。"[66]这种对口支持与帮扶，实际上在全国各地普遍展开。一般都要签订帮扶责任书，立下军令状，区包区，县包县，乡包乡，村包村，一包到底，包扶到村，包扶到户，包扶到人。其次，由全国工商联牵头，由民营企业组织"万企帮万村行动"，分区划片，落实责任，对深度贫困地区的万户贫困村定点帮扶；另外，全国工商联还组织民营企业家大兴"光彩事业"，募集善款，帮扶贫困县乡。最后，工会、共青团、妇联等群团的各级组织还动员组织大批扶贫志愿者，到老、少、边、贫地区按专业对口需要进行帮扶。这些志愿者专业齐全、队伍强大、年富力强，可以有针对性地进行专业帮扶。有的到贫困乡村当老师进行教育扶贫；有的去卫生所，进行医疗扶贫；有的去农业科技推广站，进行农业种植扶贫；有的去畜牧站，进行养殖业扶贫；还有的年轻志愿者带去网络技术，帮助农民在网上销售当地农副产品；等等。这些青年志愿者中有博士、硕士、教师、新闻工作者、社会青年及各类专业技术人员，给贫困地区及贫困农户带去了文化、科技、先进的思想，给贫瘠落后的乡村增添了生机与活力，面貌为之一新。继而激发他们自主脱贫的内在动力。

由于各地政府的主导与支持，社会各界对扶贫事业的鼎力配合与支持，整个社会形成扶贫的合力，全国的扶贫工作既轰轰烈烈又扎扎实实地前进。经过8年持续奋斗，我们如期完成了新时代脱贫攻坚目标任务，现行标准下农村贫困人口全部脱贫，贫困县全部摘帽，消除了绝对贫困和区域性整体贫困。近1亿贫困人口实现脱贫，取得了全世界刮目相看的重大胜利。

中国式的扶贫，并非只是用钱来扶贫。从中央到地方各级政府与企业确实投入了大笔资金，搞了众多工程与项目，资金与项目扶贫起到了巨大的作用。但仅靠花钱、耗费大笔资金是买不来几千万人脱贫的。以习近平同志为核心的党中央深知，授人以鱼莫如授人以渔。中国式的扶贫道路主要走的是一条产业扶贫的道路。中央政府、各级地方政府和企业为扶贫所花费的大量人、财、物主要是用在扶贫产业项目与工程上，让贫困地区发展前景看好、能稳定增长的产业，吸纳更多的贫困人口"离土不离乡"，稳定就业脱贫。

贫困地区产业发展也不能一哄而上，盲目无序，也要转变发展方式。习近平指出："在深度贫困地区促进区域发展的措施必须围绕如何减贫来进行，真正为实施精准扶贫奠定良好基础。要防止以区域发展之名上项目、要资金，导致区域经济增长了、社会服务水平提高了，贫富差距反而拉大了。深度贫困地区要改善经济发展方式，重点发展贫困人口能够受益的产业，如特色农业、劳动密集型的加工业和服务业等。"[67]对深度贫困地区如何发展产业，发展哪些产业，注意与防止哪些问题，习近平想得十分详细周到。这也是中国产业扶贫之路走得稳、走得实，取得伟大胜利的根源所在。

四、中国特色反贫困理论体系的特别贡献：制度优势与精准扶贫机制

以上，我们详尽地论述了习近平的反贫困理论及实践，说明了他对构建中国特色反贫困理论体系作出的卓越贡献。这里，为了更突出地说明在"卓越贡献"基础上的不同凡响的贡献，特单列出以下两点，即发挥优越社会主义制度优势与建立精准扶贫的长效机制。

1. 依靠中国共产党的坚强领导，充分发挥中国特色社会主义制度优势，集中力量打好脱贫攻坚战

2015年，习近平在中央扶贫开发工作会议上指出："脱贫攻坚战的冲锋号已经吹响。我们要立下愚公移山志，咬定目标、苦干实干，坚决打赢脱贫攻坚战，确保到2020年所有贫困地区和贫困人口一道迈入全面小康社会。"[68]这是中国脱贫攻坚战总指挥向全党向全国人民下达的战斗动员令，是全中国人民向贫穷落后开战、向小康社会进军的宣言书。无论有多少堡垒，无论有多少坎坷，无论有多少荆棘，也无论有多少艰难险阻，全中国人民每个人都是战士，坚决听从总指挥的命令，"咬定目标"，攻城夺堡，踏平坎坷，披荆斩棘，飞越艰难险阻，夺取脱贫攻坚战的伟大胜利。

敢打这种脱贫攻坚战，敢宣告"不能落下一个贫困地区"，甚至"不落下一个贫困群众"，这在全世界绝无仅有。只有伟大的中国共产党凭借优越的社会主义制度才敢如此在全世界公开宣布这个承诺，也只有伟大的中国共产党才敢啃这样的"硬骨头"，才敢做、才真正能做这样惊天动地的伟大事业。

打赢这场脱贫攻坚战，中国共产党人是充满了信心与底气的。有优越的社会主义政治制度和先进的社会主义经济制度作保障，什么天下大事都敢干，什么世间难事都能干成。社会主义政治制度的最大优越性在于：中国是人民民主专政的社会主义国家，人民是国家的主人，人人享有平等的政治地位与政治利益，这是全中国人民团结一心、脱贫攻坚的政治基础。我国社会主义基本经济制度是公有制为主体，多种所有制经济共同发展，它们都是社会市场经济的重要组成部分，发展社会主义市场经济的目标与利益的一致性，使公有制经济与非公有制经济可以协同配合搞大工程，干大事业，这是中国人民

团结一致，齐心协力，打赢脱贫攻坚战的经济基础。我国社会主义的政治制度和基本经济制度的核心是保障中国人民的政治经济利益的，为实现中国人民的最大政治、经济利益服务的。而打赢脱贫攻坚战，让全体人民共同进入小康社会，就是中国人民最大的政治、经济利益所在，反映了全体中国人民的意志与愿望。

2020年是中国打赢脱贫攻坚战的决胜之年。从此，中国成为世界上首屈一指的整体上消灭绝对贫困的发展中国家。正如习近平所说："我国成为世界上减贫人口最多的国家，也是世界上率先完成联合国千年发展目标的国家。这个成就，足以载入人类社会发展史册，也足以向全世界证明中国共产党领导和中国特色社会主义制度的优越性。"[69]

2. 精准扶贫，任务到人

这种扶贫方式与机制，古今中外没有先例。精准扶贫，精准到每个贫困群众，这无疑是对社会主义反贫困理论的重大丰富与贡献，也是对马克思主义反贫困理论的重大发展。

关心贫困阶层，乃至关心每一个贫困群众，这在资本主义社会是根本不可能的事。因为在资本主义制度下，资本家阶级所关心的就是无止境地追求剩余价值，追逐利润的最大化，工人阶级的生活状况，其贫困与否，根本就不在资本家及其整个阶级的视野之内。只是在为了给资本家及其整个阶级提供一个可供继续剥削对象时，才会想到要为工人阶级提供生活消费资料，就像给机器加油、给牛羊添草加料一样。正因为如此，马克思在《资本论》中并没有设专章研究消费。马克思在《〈政治经济学批判〉导言》中明确地讲，社会再生产过程包括生产、交换、分配、消费四个必不可少的环节。为什么在《资本论》只注重研究前三个环节，绝不是说消费不重要，消费是生产的根本动机与目的，可资本主义生产的根本动机与目的却不是为了满足全体人民的日益增长的消费需要，而是为了追求利润最大化，为了自己的赚钱发财。人民的消费完全从属于他们追求利润最大化、赚钱发财的需要，除此之外，都不在他们的考虑之内。马克思的《资本论》是工人阶级的"圣经"，它告诉工人阶级其之所以陷入贫困境地，完全在于资本家及其整个阶级的残酷剥削，工人阶级若要摆脱贫困，必须消灭资本主义剥削制度，彻底摆脱资本家及其整个阶级的剥削与统治。正是基于此，马克思的政治经济学实质上也是穷苦工人阶级翻身解放之学，是贫穷之人摆脱贫穷之学。

社会主义制度消除了资本主义制度所固有的生产与消费的对立性质，将生产与消费的关系直接统一起来。社会主义生产（或发展经济）的根本动机与目的，是为了最大限度地满足全体人民日益增长的美好生活需要。让每一个人摆脱贫困，过上幸福美好的生活，体现了社会主义经济发展的根本动机与目的要求。所以，习近平有关精准扶贫的理论，正是这种摆脱贫困之学的具体应用，是马克思主义政治经济学理论的中国化发展。

如何做到扶贫精准，习近平给出了具体要求。其一，找准路子，构建好体制机制。那就是要依托本地资源，发展适合自己的产业，拓宽致富门路。"鼓励劳动、鼓励就业、鼓励靠自己的努力养活家庭、服务社会，贡献国家。要改进工作方式方法，改变简单给钱、给物、给牛羊的做法，多采用生产奖补、劳务补助、以工代赈等机制。"[70]要建立深度贫困攻坚的领导体制机制，切实"做到人员到位、责任到位、工作到位、效果到位"[71]。其二，加强贫困地区的县委领导。改变贫困地区面貌，要有一个好的"司令部"。贫困地区富不富关键在干部。习近平指出："县级党委是全县脱贫攻坚的总指挥部，县委书记要统揽脱贫攻坚，统筹做好进度安排、项目落地、资金使用、人力调配、推进实施等工作。""脱贫攻坚期内贫困县县级党政正职要保持稳定，对表现优秀的，完成脱贫攻坚任务后可提拔重用。"[72]一个稳定优秀的县级领导班子，对脱贫摘帽有至关重要的领导保障作用。其三，选派优秀的驻村工作队、第一书记及大学生村官，加强扶贫第一线的组织领导。打赢脱贫攻坚战，关键在人。战场上打仗，不仅仅是靠武器，人有智慧又勇敢，善于冲锋陷阵，就可以取胜。部队打仗冲锋在前的是连队指挥官，脱贫攻坚战要发挥基层党组织的战斗堡垒作用。"要想致富快，全靠车头带"，要让村级党组织发挥脱贫攻坚的"火车头"作用。习近平指出："打攻坚战的关键是人，这些年我们在贫困村选派第一书记、驻村工作队，有的还增加了大学生村官。深度贫困是坚中之坚，打这样的仗，就要派最能打的人，各地要在这个问题上下大功夫。否则，有钱也办不成事。要把夯实农村基层党组织同脱贫攻坚有机结合起来，选好一把手、配强领导班子，特别是要下决心解决软弱涣散基层领导班子的问题，发挥好村党组织在脱贫攻坚中的战斗堡垒作用。"[73]其四，要把脱贫攻坚同农村扫除黑恶势力的斗争结合起来。习近平明确指示，打好脱贫攻坚战，"还要依法打击村霸黑恶势力，严防他们干扰基层政权运行"[74]。黑恶势力的存在是农村脱贫攻坚的一大障碍，必须依法加以打击和清除。否则，不要说脱贫攻坚难以取胜，村民们的生活也不得安宁，农村经济发展也必然受到严重干扰与破坏。其五，坚持脱贫标准，防止假脱贫。对于贫困地区脱贫、贫困群众脱贫，国家都规定了明确的标准，不能随意更改，不能任意提高或降低。习近平指出："脱贫计划不能脱离实际随意提前，扶贫标准不能随意降低，决不能搞数字脱贫、虚假脱贫。"[75]其六，切实防止形式主义，做到"三讲究"。脱贫工作要扎扎实实推进，要真抓实干，不能搞花拳绣腿，做表面文章。习近平还举例说，一些地方为做到精准扶贫，搞了一大堆表格，让下面填写，表格还弄了许多术语，农民弄不清楚。针对这种情况，习近平指出："这类问题要注意纠正，精准识贫、精准扶贫要坚持，但要讲究科学、讲究方法、讲究效率。"[76]其七，收集扶贫信息，建立扶贫信息库。全国各地、每个省的各个地区扶贫进展不平衡，相互沟通信息，随时交流经验，建立信息交流平台是十分必要的。它便于扶贫经验及资源实现共享。习近平强调："把各方面信息集中起来，建立信息库，实现信息资源共享。"[77]其八，设定脱贫时间表，脱贫到人。精准扶贫是为了精准脱贫，脱贫贵在精准。脱贫要进户，要落实到人。要逐户排查，逐户验收，逐户销号摘帽，按人严格评估，让群众让账。这一点，习近平的要求是十分严格、十分细微、十分具体的。他指出："要设定时间表，实现有序退出，既要防止拖延病，又要防止急躁症。要留出缓冲期，在一定时间内实行摘帽不摘政策。要实行严格评估，按照摘帽标准验收。要实行逐户销号，做到脱贫到人，脱没脱贫要同群众一起算账，要让群众认账。"[78] 其九，建立严格的检查督查和问责制度。脱贫攻坚是一项错综复杂的系统工程，其中难免发生问题，如虚假脱贫、资金挤占挪用，甚至发生职务犯罪等一系列问题。从中央到地方除了建立专门的扶贫机构外，还要强化检查与督查机构，协同专门扶贫机构一起对扶贫脱贫工作进行专项检查与督查，发现问题，实行严格问责制度。并且，还要坚持检查与督查"回头看"制度，形成威慑。这是脱贫攻坚战的"最后把关"，目的在于让脱贫攻坚战高质量圆满收官，确保整个脱贫攻坚经得起人民与历史的检验。

全面建成小康社会，消灭绝对贫困，只是中国人民反贫困史上关键的第一步。下一步还要向解决相对贫困、实现全体人民共同富裕目标继续前进，"谱写人类反贫困历史新篇章"[79]，任务更是艰巨而伟大。但只要我们坚持中国共产党的坚强领导，坚定地依靠人民群众，充分调动人民群众的积极性、主动性和创造性，就一定能实现全体人民共同富裕的目标。

参考文献

[1] 汤森. 英国的贫困: 关于家庭经济来源和生活标准的调查 [M]. 伦敦: 阿伦莱德和培根图书公司, 1979.

[2] 奥本海默. 贫困的真相 [M]. 伦敦: 儿童贫困关注小组, 1993.

[3] 阿玛蒂亚·森. 衡量贫困的社会学 [M]. 北京: 改革出版社, 1993.

[4] 世界银行. 2000—2001年世界发展报告 [M]. 北京: 中国财政经济出版社, 2001: 15.

[5] 董辅礽. 中国经济纵横谈 [M]. 北京: 经济科学出版社, 1996.

[6] 童星, 林闽钢. 我国农村贫困标准线研究 [J]. 中国社会科学, 1994 (03): 87.

[7] 屈锡华, 左齐. 贫困与反贫困——定义、度量与目标 [J]. 社会学研究, 1997 (03): 106-107.

[8] 参见徐充. 中国经济转型期城镇贫困问题研究 [M]. 长春: 吉林人民出版社, 2004: 18.

[9] 李军. 中国城市反贫困论纲 [M]. 北京: 经济科学出版社, 2004: 3.

[10] 参见栾博. 西方经济思想库 [M]. 北京: 经济科学出版社, 1997: 259.

[11] 参见栾博. 西方经济思想库 [M]. 北京: 经济科学出版社, 1997: 260-262.

[12] 参见李军. 中国城市反贫困论纲 [M]. 北京: 经济科学出版社, 2004: 44.

[13] 参见徐充. 中国经济转型期城镇贫困问题研究 [M]. 长春: 吉林人民出版社, 2004: 45-46.

[14] 马克思. 资本论: 第1卷 [M]. 北京: 人民出版社, 1975: 690.

［15］马克思. 资本论: 第1卷［M］. 北京: 人民出版社, 1975: 707.

［16］马克思. 资本论: 第1卷［M］. 北京: 人民出版社, 1975: 708.

［17］马克思. 资本论: 第1卷［M］. 北京: 人民出版社, 1975: 715.

［18］马克思. 资本论: 第1卷［M］. 北京: 人民出版社, 1975: 717.

［19］马克思. 资本论: 第1卷［M］. 北京: 人民出版社, 1975: 721.

［20］马克思. 资本论: 第1卷［M］. 北京: 人民出版社, 1975: 723.

［21］马克思. 资本论: 第1卷［M］. 北京: 人民出版社, 1975: 735.

［22］马克思. 资本论: 第1卷［M］. 北京: 人民出版社, 1975: 771.

［23］马克思. 资本论: 第1卷［M］. 北京: 人民出版社, 1975: 772.

［24］邓小平文选: 第3卷［M］. 北京: 人民出版社, 1993: 10.

［25］邓小平文选: 第3卷［M］. 北京: 人民出版社, 1993: 10.

［26］邓小平文选: 第3卷［M］. 北京: 人民出版社, 1993: 171-172.

［27］邓小平文选: 第3卷［M］. 北京: 人民出版社, 1993: 265.

［28］邓小平文选: 第3卷［M］. 北京: 人民出版社, 1993: 364.

［29］邓小平文选: 第3卷［M］. 北京: 人民出版社, 1993: 110-111.

［30］邓小平文选: 第3卷［M］. 北京: 人民出版社, 1993: 213.

［31］邓小平文选: 第3卷［M］. 北京: 人民出版社, 1993: 225.

［32］邓小平文选: 第3卷［M］. 北京: 人民出版社, 1993: 149-150.

［33］邓小平文选: 第3卷［M］. 北京: 人民出版社, 1993: 63.

［34］邓小平文选: 第3卷［M］. 北京: 人民出版社, 1993: 64.

［35］习近平谈治国理政: 第2卷［M］. 北京: 外文出版社, 2017: 38.

［36］习近平谈治国理政: 第2卷［M］. 北京: 外文出版社, 2017: 234.

［37］习近平谈治国理政: 第2卷［M］. 北京: 外文出版社, 2017: 76.

［38］习近平谈治国理政: 第2卷［M］. 北京: 外文出版社, 2017: 73.

［39］习近平谈治国理政: 第1卷［M］. 北京: 外文出版社, 2018: 219.

［40］习近平谈治国理政: 第1卷［M］. 北京: 外文出版社, 2018: 104-105.

［41］习近平谈治国理政: 第1卷［M］. 北京: 外文出版社, 2018: 92.

［42］习近平谈治国理政: 第2卷［M］. 北京: 外文出版社, 2017: 30-31.

［43］习近平谈治国理政: 第2卷［M］. 北京: 外文出版社, 2017: 75.

［44］习近平谈治国理政: 第2卷［M］. 北京: 外文出版社, 2017: 83.

［45］习近平谈治国理政: 第2卷［M］. 北京: 外文出版社, 2017: 87-88.

［46］习近平谈治国理政: 第1卷［M］. 北京: 外文出版社, 2018: 189.

［47］习近平谈治国理政: 第2卷［M］. 北京: 外文出版社, 2017: 79-80.

［48］习近平谈治国理政: 第2卷［M］. 北京: 外文出版社, 2017: 81.

[49] 习近平谈治国理政：第2卷 [M]．北京：外文出版社，2017：80.

[50] 习近平谈治国理政：第2卷 [M]．北京：外文出版社，2017：80.

[51] 习近平谈治国理政：第2卷 [M]．北京：外文出版社，2017：83.

[52] 习近平谈治国理政：第2卷 [M]．北京：外文出版社，2017：88.

[53] 习近平谈治国理政：第2卷 [M]．北京：外文出版社，2017：86.

[54] 习近平谈治国理政：第2卷 [M]．北京：外文出版社，2017：88.

[55] 习近平谈治国理政：第2卷 [M]．北京：外文出版社，2017：88.

[56] 习近平谈治国理政：第2卷 [M]．北京：外文出版社，2017：88.

[57] 习近平谈治国理政：第2卷 [M]．北京：外文出版社，2017：86.

[58] 习近平谈治国理政：第2卷 [M]．北京：外文出版社，2017：85.

[59] 习近平谈治国理政：第2卷 [M]．北京：外文出版社，2017：89.

[60] 习近平谈治国理政：第2卷 [M]．北京：外文出版社，2017：88.

[61] 毛泽东选集：第1卷 [M]．北京：人民出版社，1991：302.

[62] 习近平谈治国理政：第2卷 [M]．北京：外文出版社，2017：90.

[63] 习近平谈治国理政：第2卷 [M]．北京：外文出版社，2017：86.

[64] 习近平谈治国理政：第2卷 [M]．北京：外文出版社，2017：90.

[65] 习近平谈治国理政：第2卷 [M]．北京：外文出版社，2017：91.

[66] 习近平谈治国理政：第2卷 [M]．北京：外文出版社，2017：89-90.

[67] 习近平谈治国理政：第2卷 [M]．北京：外文出版社，2017：89.

[68] 习近平谈治国理政：第2卷 [M]．北京：外文出版社，2017：83.

[69] 习近平谈治国理政：第2卷 [M]．北京：外文出版社，2017：84.

[70] 习近平谈治国理政：第2卷 [M]．北京：外文出版社，2017：90-91.

[71] 习近平谈治国理政：第2卷 [M]．北京：外文出版社，2017：91.

[72] 习近平谈治国理政：第2卷 [M]．北京：外文出版社，2017：91.

[73] 习近平谈治国理政：第2卷 [M]．北京：外文出版社，2017：91-92.

[74] 习近平谈治国理政：第2卷 [M]．北京：外文出版社，2017：92.

[75] 习近平谈治国理政：第2卷 [M]．北京：外文出版社，2017：92.

[76] 习近平谈治国理政：第2卷 [M]．北京：外文出版社，2017：93.

[77] 习近平谈治国理政：第2卷 [M]．北京：外文出版社，2017：93.

[78] 习近平谈治国理政：第2卷 [M]．北京：外文出版社，2017：85.

[79] 习近平谈治国理政：第3卷 [M]．北京：外文出版社，2020：148.

第九章 "一带一路"之政治经济学创新

"一带一路"的提出，是习近平对中国改革开放扩大与世界经济发展的一个伟大创举与重大贡献。"一带一路"建设，内容十分丰富，几乎涵盖了社会科学的各个学科，如哲学、经济学、历史学、政治学、法学、文学等等，内容涵盖从古代丝绸之路到现代丝绸之路，从商品贸易到政治互信，从基础设施联通到人文交流，从互利共赢到坚持正确的义利观，从生产力发展到社会经济关系变化，从经济基础变化到政治法律制度的适应与保护。

本章囿于专业知识所限，仅从政治经济学的视角，谈谈笔者的若干体会。

一、"一带一路"的背景、重大贡献与意义分析

1. "一带一路"的背景分析

"一带一路"的提出，是以习近平同志为核心的党中央综观世界发展大势，创新中国改革发展战略的产物。习近平指出："回顾近代以来世界发展历程，可以清楚看到，一个国家和民族的创新能力，从根本上影响甚至决定国家和民族前途命运。"[1]中国以往的改革发展战略一直是以实现中国梦为目标导向的。第一个百年奋斗目标是在中国共产党成立一百年时全面建成小康社会，这一目标已经实现；第二个百年奋斗目标是到本世纪中叶即2049年中华人民共和国成立一百年时建成富强民主文明和谐美丽的社会主义现代化强国。第二个百年奋斗目标的实现，任务更为艰巨，且时间还有不足30年。这需要未雨绸缪，高瞻远瞩，以创新方式谋划未来。再以常规的发展思路，以常规发展理念，尤其以常规的发展战略来实现第二个百年奋斗目标，恐怕难以实现。这就迫切要求中国必须以创新发展战略的方式来加速实现第二个百年奋斗目标的步伐。于是，建设"一带一路"的倡议便应运而生。

"一带一路"是我国对外开放扩大的必然要求与产物。对外开放，是20世纪70年代末我国所采取的一项伟大战略决策。对外开放使中国开始接触世界，走上世界舞台，加入激烈的世界市场竞争，加入世界经济政治秩序的维护与治理，参与世界各种规则的制定与维护。中国通过对外开放，在日益复杂的国际经济政治斗争中增强了抗御各种风险的能力。目前，中国已成为联合国五个常任理事国中派遣维和部队最多的国家，成为世界和平最大的维护者。2001年加入世界贸易组织（WTO）以后，中国的经济承受了各种

冲击与挑战，成为世界最大货物出口国、第二大货物进口国和最大的国际旅游市场。不仅如此，中国还是世界第一外汇储备国及世界第二大经济体，对世界经济的贡献率达到30%以上。可以肯定地讲，中国靠对外开放才取得了如此巨大的成就。对外开放已成为中国各项事业制胜的一大法宝。中国的未来还要靠对外开放，中国开放的大门永远不会关上，只会越开越大。全方位的对外开放，就要求中国的经济社会发展融入世界，与世界经济及国际社会相向而行，同步发展。所以，建设"一带一路"就是中国对外开放不断扩大的必然选择。正如习近平所指出的那样："'一带一路'建设是我国在新的历史条件下实行全方位对外开放的重大举措。"[2]

"一带一路"建设，是为国内商品与劳动力寻求市场渠道的迫切需要。党的十八大以来，中国经济进入新常态，中国经济从以前的两位数高增长进入一位数的中高速发展，经济结构面临全面转型升级，由粗放的数量速度型增长转为集约的质量效益型增长，一些高消耗、低效益的企业被淘汰，出现大批结构性失业人员；同时，那些在扩张期生产出来的商品形成库存积压，如不能及时"去库存"，不仅会形成巨大的浪费，也会使企业陷入生产经营危机。这些结构性失业人员大多数为专业素质较高的劳动者，这些库存积压的商品也都是质量过关的可以满足人们需要的产品，只要寻找到合适的市场，是可以大有用武之地的。"一带一路"建设，有力地拓展了对劳动力与商品的需求，扩大了中国对"一带一路"共建国家的劳务输出与商品贸易，缓解了国内经济结构转型升级的压力。

"一带一路"建设，为中国大量社会游资与过剩资本，找到了可靠有利的投资场所。任何资本都是要追逐利润的，无利可图的项目，一般来说，资本所有者是不会投资的。改革开放以来，由于中国拥有世界上最大的消费群体，拥有最大的商品销售市场，因而世界资本才对中国趋之若鹜，纷纷投往中国，抢占中国投资市场。再加之中国又实行优惠的吸引外资政策，更是会促进了大量外资涌入中国。开展"一带一路"建设，可以有效地通过政策引导，配"一带一路"共建国家的利益吸引，使这个社会游资向"一带一路"共建国家转移，投向可靠有利的场所与项目，这对投入国的经济发展也是十分有益的。同时，也对国内金融市场和经济环境的稳定也是有利的，可谓两全其美。

"一带一路"建设还是国内优势产能及建设能力"走出去"，促进世界经济复苏，实现稳定增长的迫切需要。世界各国的资源禀赋不同，储量及性能大小不一，生产技术水平也差异很大，所以同样产品的生产能力也会大不相同。世界各国经济要寻求平衡发展，必须实现生产能力与建设能力的互补，以长补短，以优补差。经过改革开放四十多年来的建设，中国在实体经济领域形成了一大批优势产业，拥有一大批品牌产品，具有巨大的生产能力，如高速铁路建设、优良港口建设、卫星发射、深海探测、隧道开挖、高速公路、桥梁建设、船舶制造、高压送电、中医药产业、特色农业、水产养殖、特色陶瓷、儿童玩具、5G通信、智能手机、家用电器等，如今在世界各地均有产品销售与合作项目。扩大这些优势产业的产能与建设能力走出去，对于提高中国的外贸投资合作水平，促进各国经济增长无疑是大有益处的。正如习近平所指出的："以'一带一路'建设为契机，开展跨国互联互通，提高贸易和投资合作水平，推动国际产能和装备制造合作，本质上是通过提高有效供给来催生新的需求，实现世界经济的再平衡。特别是在当前世界经济持续低迷的情况下，如果能够使顺周期下形成的巨大产能和建设能力走出去，支持沿线国家推进工业化、现代化和提高基础设施水平的迫切需要，有利于稳定当前世界经济形势。"[3]

自2013年秋天，习近平在哈萨克斯坦和印度尼西亚提出共建丝绸之路经济带和21世纪海上丝绸之路即"一带一路"以来，全球有一百多个国家和国际组织积极支持和参与"一带一路"建设。中国还同三十多个国家签署了共建"一带一路"合作协议，同二十多个国家开展国际产能合作，以亚投行、丝路基金为代表的金融合作也在大步推进。联合国大会、联合国安理会等重要决议也纳入了"一带一路"建设内容，一些发达国家也纷纷加入"一带一路"建设行列。"一带一路"不仅早已从倡议变为行动，从理念变为实践，而且建设的进度与成果远远超出预期。实践证明，"一带一路"的提出绝非偶然，而是具有客观必然性的。它不仅反映了中国改革开放进一步深化与扩大的必然要求，也顺应了世界经济发展大趋势，更符合各国人民的利益，所以才深得世界各国人民的热烈拥护、广泛参与，极具行稳致远的深厚社会基础与广阔发展前景。

2. "一带一路"的重大贡献与意义

（1）"一带一路"的四大核心为世界各国经济社会发展指明了前进的方向和道路

习近平指出："古丝绸之路绵亘万里，延续千年，积淀了以和平合作、开放包容、互学互鉴、互利共赢为核心的丝路精神。这是人类文明的宝贵遗产。"[4]这千年丝路的四大核心内容，是中国为全人类积淀的宝贵文明遗产和财富，对当今全世界各国经济社会发展均具有重大的借鉴与指导意义。

其一，和平合作。和平既是全世界各国努力奋斗的方向，又是人们必须要走的道路。和平是前提、是目标，没有和平，合作便失去灵魂与方向。合作是道路、是途径，只有人类社会及世界各国通力合作，才能制止战争，求得和平。古代张骞通使西域走出了一条和平商贸之路；郑和七次下西洋，开启了中西文化交流之旅，他们是和平的使者、经贸与文化的交流大使。他们之所以名垂青史，"是因为使用的不是战马和长矛，而是驼队和善意；依靠的不是坚船和利炮，而是宝船和友谊。一代又一代'丝路人'架起了东西方合作的纽带、和平的桥梁"[5]。当今世界，和平仍是时代的主流与主题，尽管局部战争仍在不断发生，但其改变不了世界和平发展的大方向与总趋势。中国一向是爱好和平的国家。在20世纪50年代万隆会议上提出的和平共处五项原则，一直是我国坚持的处理世界各国关系的基本准则。中国愿在和平共处五项原则的基础上，发展同所有"一带一路"参与国的友好合作，决不搞零和博弈那一套，决不干涉别国内政，决不输出社会制度与发展模式，决不强加于人，开展经贸活动也决不附加任何政治条件，而是共建和平、合作、友好的大家庭，开创合作共赢的新模式、新天地。

其二，开放包容。习近平在详尽阐述了中华民族与西方各国在古代跨越不同国度、不同宗教、不同文明的友好交往中开放、融合发展的基础上，总结出一条颠扑不破的真理："历史告诉我们：文明在开放中实现发展，民族在融合中共存。"[6]无论是物质文明还是精神文明，都只有在开放中才能发展；无论是什么民族，也只有包容、融合才能共存、共荣。开放，就是敞开胸怀，诚迎天下宾客，欢迎到本国开展经济文化交流，进行物质文明与精神文明建设。开放意味着反对关门自守、夜郎自大、万事不求人，反对高筑城墙与关税壁垒，反对保护主义。同时，也意味着包容别人，包容不同的民族、种族、国家、制度、发展道路、文化观念、宗教等等，求同存异。这是走和平合作之路的重要基础与前提。不开放包容，那就根本谈不上和平与合作。遇事好狠斗勇，容不得别人讲话，容不得别人发展，这是国与国交往中的大忌，也是与"一带一路"核心价值及核心精神背道而驰的，应当摒弃。

其三，互学互鉴。世界上各个国家或民族，由于自然条件及历史、文化等诸多方面原因，都有自己的长处与优势，但也不可避免地存在某些弱项，从来不存在劣等国家或民族与优等国家或民族之别。所以，世界上不同国家或民族不要互相排斥，而要互相依存，互学互鉴，取长补短。

互学互鉴者兴，不学不鉴者衰，这是已被中国古丝绸之路实践证明的一条真谛。古丝绸之路是中华民族同各国互学互鉴之路。它不仅是一条经贸通商之路，也是知识与文明传播和交流之路。习近平以生花的妙笔生动地描绘出一幅中华民族同"一带一路"共建国家互学互鉴的壮丽画卷："沿着古丝绸之路，中国将丝绸、瓷器、漆器、铁器传到西方，也为中国带来了胡椒、亚麻、香料、葡萄、石榴。沿着古丝绸之路，佛教、伊斯兰教及阿拉伯的天文、历法、医药传入中国，中国的四大发明、养蚕技术也由此传向世界。更为重要的是，商品和知识交流带来了观念创新。比如，佛教源自印度，在中国发扬光大，在东南亚得到传承。儒家文化起源中国，受到欧洲莱布尼茨、伏尔泰等思想家的推崇。这是交流的魅力、互鉴的成果。"[7]你仿佛看到：一支支驼队往来于古丝绸之路，载着各样的商品；仿佛看到各种肤色、不同民族的人们在交流着不同的文化、知识……诗一般的互学互鉴场景展现在面前，怎不叫人为之震撼！如今，古丝绸之路已展新容、开新篇：一列列欧洲专列从浙江义乌、从四川成都、从许多中国城市出发，风驰电掣般驶向欧洲；一架架飞机从欧洲各国飞向中国各个城市，来往承载的是现代商品，如现代化的机器、手机、笔记本电脑；交流的是航天、深海探测、高铁技术、智能汽车等世界顶尖技术与现代文化知识。现代丝绸之路正在互学互鉴的路上开创着新历史，演奏新的史诗篇章。

其四，互利共赢。这是"一带一路"核心价值与精神的核心。互利是基础，只有互利，才能共赢；没有互利，共赢就是空话。每个国家或民族都有自己的国家利益或民族利益，这是不可否定的。只有在这种利益得到充分保障并有所增加的基础上，才能进行合作，才可能开放与包容，才可能展开互学互鉴活动。互利绝不是利益独占、独吞，也绝不是零和博弈，而是利益共享，利益共享才有共赢。这是"一带一路"行稳致远、走深走实、走得持久的坚实基础与可靠保障。

以上四个方面互相联系、互相依存、互相促进，统一构成"一带一路"的核心价值与精神，它们是中国贡献给世界各国经济社会发展制胜的四大法宝，是中国智慧通过"一带一路"倡议贡献给世界的"简明中国方案"。

（2）"八大推进措施"，为"一带一路"全面振兴提供中国"具体实施方案"

"一带一路"建设不是我们中国一家之事，也不能仅仅着眼于中国自身的发展。应当说，它是"一带一路"共建国家共同之事业。

中国是"一带一路"的首倡者，是"一带一路"建设的发起国，更是"一带一路"的推动者。中国有信心与责任，"一步一步把'一带一路'建设推向前进，让'一带一路'建设造福沿线各国人民"[8]。

为了让"一带一路"共建国家对"一带一路"建设有一个全面认识和具体抓手，习近平提出了"八项推进措施"。

其一，要切实推进思想统一。只有思想认识统一，行动才能步调一致。众多国家来推进一项伟大的建设事业，必须在思想认识上达成共识，那就是要坚持"三共原则"，牢牢把握四个重点。所谓"三共原则"即是"共商、共建、共享"。共商，就是"一带一路"参与国彼此相互尊重，诚实守信，平等相待，不回避矛盾，不惧怕分歧，注重对话协商，不强加于人，不强人所难，坚持与人为善，以邻为伴，尊重各国发展道路、发展模式及各种制度，兼顾各方的利益诉求与关切，使各国把思想认识统一到"一带一路"建设行动上来，做到"达则兼济天下"。共建，"一带一路"是共建国家共同的事业，需要大家携手共建。共建是关键，它是思想统一的具体实践，表现为工程项目建设，各国政府合力发挥作用，充分利用各自的比较优势，高质量完成项目建设。共享，就是共建的成果由参建国家及人民共享。中国坚决反对建设成果独占、独享，让建设成果惠及各国人民，并且欢迎各方搭乘中国发展的"快车""便车"，欢迎各国和国际组织积极参与到"一带一路"合作建设中来。当然，"一带一路"建设也不能一哄而起、盲目推进，而要抓住四个重点有序推进，即抓住重点方面、聚集重点地区、重点国家和重点项目，集中人力、物力和财力，打好每个重点战役，务求高质、优速、全胜。

其二，要切实推进规划落实。对"一带一路"建设一定要有一个完好的总体规划。2014年，中国通过了《丝绸之路经济带和21世纪海上丝绸之路建设战略规划》，2015年又对外发布了《推动共建丝绸之路经济带和21世纪海上丝绸之路的愿景与行动》，有关地方和部门也都出台了配套规划及具体实施办法，为推进"一带一路"建设作出了应有的贡献。为了与"一带一路"相关参与国家实现建设总体目标、根本原则及体制机制相衔接，中国愿意同参与国积极协调，处理好各种关系。习近平指出："推进'一带一路'建设，要处理好我国利益和沿线国家利益的关系，政府、市场、社会的关系，经贸合作和人文交流的关系，对外开放和维护国家安全的关系，务实推进和舆论引导的关系，国家总体目标和地方具体目标的关系。"[9]只有处理好各个方面的关系，"一带一路"的总体规划才能做到全面、科学、臻于完善，做到目标明确、重点突出、体制机制健全、政策措施有效，才能真正落到实处。

其三，要坚持统筹协调。除了上述发展规划的衔接与协调之外，还要着力推动陆上、海上、天上、网上"四位一体"的联通与协调、经济建设与社会建设的协调、经济建设内部各行业、各产业间的协调、中国中央政府与地方政府的统筹与协调、中国中央政府与地方政府同"一带一路"共建国家之间在政府、法律法规方面的协调。总之，在全方位统筹协调基础上，鼓励中国企业到"一带一路"共建国家投资兴业，也欢迎"一带一路"共建国家的企业到中国投资兴业，尤其欢迎"一带一路"共建国家投资到中国东北、中西部地区、京津冀地区以及东部沿海地区、沿边开放地区，实现与东北振兴、中西部崛起、京津冀协同发展，东部先进发达区及沿边开放区接联结，实现全方位开放，推动中国东、中、西部地区联动发展、跃升新局面。

其四，要切实推进关键项目落地。这是"一带一路"建设的关键环节，也是确保四大重点的根本环节。整个"一带一路"建设实际上是通过各种具体项目来完成的。首先，要在重点地区与重点国家把重点项目抓准，进行充分论证，拿出科学的综合实施方案；其次，要各方集中资金，组织力量实施，使项目落地；最后，项目建设要有序推进，科学管理，以最小的支出与消耗，获取最大的绩效，使项目成果达到国际一流。以优异的示范效应，影响与带动其他项目建设。正如习近平所说："以基础设施互联互通、产能合作、经贸产业合作区为抓手，实施好一批示范性项目，多搞一点早期收益，让有关国家不断有实实在在的获得感。"[10]例如，雅万高铁、中老铁路、比雷埃夫斯港建设，都让所有国有了实实在在的获得感，取得巨大的示范效应。众多好的项目落地并取得成功，会使"一带一路"建设大放异彩。

其五，要切实推进"一带一路"金融创新。创新是经济发展不竭的动力源泉。"一带一路"建设要靠雄厚金融力量支持。金融是经济的血脉，金融血脉不充盈，"一带一路"建设是不可能获得成功的。由于"一带一路"建设涉及众多国家，建设项目所需资金庞大。必须打破常规，依靠金融融资模式创新来实现。除了依靠亚投行及丝路基金外，还必须广筹资金，深化"一带一路"共建国家之间的资金融通与金融合作，创新国际化的金融合作模式，打造多层次融资平台，建立起专门为"一带一路"服务的金融支持与保险体系。

其六，要切实推进民心相通。国之交在于民相亲，民相亲在于心相通。习近平指出："民心相通是'一带一路'建设的重要内容，也是'一带一路'建设的人文基础。"[11] 民心是大海，它能将一个国家浮在上面扬帆远航，也能将一个国家沉没，葬身海底。同样，要真正取得"一带一路"建设伟大成功，必须取得民心的支持，必须在"一带一路"共建国家民众中形成一种相互欣赏、相互理解、相互尊重、相互支持的人文格局。为此，必须大力开展"一带一路"共建国家人民之间的文化交流与合作，特别要注重民心工程的深耕细作，在尊重各国不同的宗教、历史、文化及习俗的基础上，充分开展人文的心灵沟通与建设工作，真正做到民心相通。

其七，要切实推进舆论宣传。一是中国与"一带一路"共建国家充分运用宣传工具，尤其要运用好网络媒体，积极宣传"一带一路"的项目成果，让全世界的目光聚焦"一带一路"所取得的重大成果。二是要加大力度宣传"一带一路"各共建国家对"一带一路"的研究成果，包括理论研究及政策研究成果。三是加大力度推进"一带一路"的话语体系建设，包括机构设置、人员编制的增加等。舆论的力量是无穷的。正确的舆论导向，可以胜过金钱的力量。它是"一带一路"建设能在一个良好的社会舆论环境氛围里顺利进行的根本保障，切不可等闲视之。

其八，要切实推进安全保障建设。任何建设都需要在安全可靠的环境中进行，即所谓安全生产第一。"一带一路"建设，是一个跨国的大型综合项目建设，必须建立一个完善的安全保障体制机制，必须构筑一个多国合作的安全工作模式，制定细化的安全工作方案，"确保有关部署和举措落实到每个部门、每个项目执行单位和企业"[12]。

以上"八大推进措施"可以确保所有"一带一路"的大政方针、战略目标、体制机制建设、政策协调等全面落地，让中国及每个共建国家对开展"一带一路"建设有具体抓手和具体工作方案，从而保障"一带一路"建设顺利展开、稳步推进，不断取得中期成果，以至夺取伟大胜利。

（3）一把"金钥匙"助"一带一路"共建国家打开所有难题之"锁"

邓小平强调："发展才是硬道理。"[13] 其所以硬，就是因为它能解决所有经济社会问题。不管你有空气污染的难题，还是地上百姓生活难题，它都能解决。正因为如此，习近平才将发展提升为治国理政的第一要务。习近平指出："发展是解决一切问题的总钥匙。"[14] 习近平把发展这把"金钥匙"用来帮助"一带一路"共建国家解决经济社会发展面临的难题。

怎么发展？第一，要创新发展。习近平讲："创新是推动发展的重要力量。'一带一路'建设本身就是一种创举，搞好'一带一路'建设也要向创新要动力。"[15] 坚持创新驱动发展，这是中国经济社会发展的成功经验，实践证明它是非常好用的金钥匙，习近平将它运用到"一带一路"建设上，目的就是把"一带一路"打造成创新之路、繁荣之路。为此，习近平建议中国与广大"一带一路"参与国加强数字经济、大数据、云计算、量子计算机等重大科技前沿领域的合作，要让"一带一路"参与国的青年充分运用网络拓展创新创业空间，创立各种创新梦工场，成就其创新创业发家之梦想。同时还要推动智慧城市建设方面的合作，创造出一大批现代化的智慧城市群，让高科技与产业、金融深度融合，让高科技之花在"一带一路"上结出丰硕之果。

第二，要绿色发展。习近平在"一带一路"国际合作高峰论坛上的演讲中，专门讲了绿色发展问题，可见其对"一带一路"共建国家是极其重要的。习近平指出："我们要践行绿色发展的新理念，倡导绿色、低碳、循环、可持续的生产生活方式，加强生态环保合作，建设生态文明，共同实现2030年可持续发展目标。"[16]

总之，发展的途径与手段很多，习近平不可能一一给出具体"药方"，而是给出发展这把"金钥匙"，让"一带一路"各参与国依据本国的实际，去用它开启各自的"锁头"，解决各自的问题。用习近平的话讲："推进'一带一路'建设，要聚焦发展这个根本性问题，释放各国发展潜力，实现经济大融合、发展大联动、成果大共享。"[17]

二、"一带一路"：国际政治经济学新范畴

1. 对"一带一路"的政治经济学分析

对"一带一路"进行理论考察与分析，可以有不同的视角与视域。从不同的视角与视域分析，当然就会有不同观点、不同的看法，甚至会有不同的结论。不同的学科所决定的研究对象不同，考察的视角及视域不同，自然就会有不同的理论认识。

从经济地理学角度考察，"一带一路"属于经济地理学范畴。因为经济地理学所研究的对象是一个国家、若干个国家乃至世界范围自然地理位置区划中经济资源分布、变动及其对经济社会的影响。

与之相近的，还有生产力经济学。从生产力经济学的角度考察，"一带一路"更像是生产力经济学范畴。因为生产力经济学的研究对象是一个国家、若干个国家（区域）乃至世界生产力如何布局及各种资源配置规律，主要揭示人们遵从、征服、驾驭自然的能力与水平。"一带一路"建设，扩大了中国生产力布局的范围与空间，实现了生产力布局大区域化，向世界经济多极化、一体化迈出了更大的步伐。所以，将"一带一路"界定为生产力经济学范畴，似乎更接近科学。

笔者不否认上述界定的合理性，但笔者认为，将"一带一路"界定为政治经济学范畴，应该更具科学合理性。理由主要是：一是"一带一路"建设的所有活动，都是以产权关系明晰化为基础与前提条件的。中国同"一带一路"共建国家，都是主权独立的国家，都是具有法人资格的独立的产权主体。中国企业与其他参与国家的企业，都是独立的市场主体，都拥有独立的产权；"一带一路"的参与者，也都是具有独立产权的法人或自然人。产权关系明晰、边界清晰，这是所有"一带一路"参与者合作的必要条件。任何合作协议的签署与执行，都必须以产权清晰为前提，必须执行权、责、利对等、平等的原则，任何一方都不能居高临下、高人一等，各方均一律平等。二是"一带一路"

建设的所有活动均是建立在经济关系基础上的。修铁路、架桥梁、建港口，确实是发展生产力活动，但实际上是中国与"一带一路"共建国家建立经济纽带、构筑经济关系。这些经济联系与经济关系是由客观经济规律所支配与决定的。三是在"一带一路"上发生的所有经济关系，归根到底是由利益关系所决定的。共商、共建、共赢，最终是利益共享。没有利益共享，共商、共建、共赢将不复存在。四是"一带一路"建设过程中，中国与其他各参与方之间的商品贸易与流通，都是在地位平等基础上发生的等价交换关系，都要受到公平竞争与价值规律的支配。基于上述认识，笔者认为，"一带一路"并不是一个简单的经济地理学范畴，也不是一个生产力经济学范畴，而应当提升到更高的学科层次，将它看作一个政治经济学新范畴。

　　"一带一路"在生产力发展上的进步、经济关系的国际化发展与上层建筑的相应变化，恰好都在政治经济学研究对象的范围与视野之内，与其高度相吻合、相一致，故此称为"一带一路"政治经济学，亦可称国际治经济学。

2. "一带一路"与国际价值规律

（1）基础设施互联互通，使商品生产与交换国际化，为国际价值规律发挥作用提供了基础条件

　　第一，产业合作，包括能源生产与产能合作，使商品生产国际化。在"一带一路"建设中，产业合作是重头戏。习近平指出，"产业是经济之本。我们要深入开展产业合作，推动各国产业发展规划相互兼容、相互促进，抓好大项目建设，加强国际产能和装备制造合作"[18]。产业发展国际化，必然带来商品生产的国际化。在产业合作中，能源生产与产能合作及装备制造业合作至关重要。能源生产，如电力、煤炭、石油、天然气等为工农业生产提供动力，任何产业没有足够的动力保障都是难以发展的。能源产品供给不足一直是制约"一带一路"共建国家经济社会发展的短板。开展能源生产与产能方面的合作，可以使能源商品国际化，使能源短缺的国家得到有效的能源产品供给。俄罗斯的天然气与石油供给，不仅保障了欧洲的商品生产，同时也给中国经济发展提供可靠的能源支持；乌克兰的装备制造业也为中国和欧洲"一带一路"共建国家提供了大量装备制造业产品；德国精良的装备制造业产品，也满足了欧洲各国及中国发展装备制造业的需求，促进了有关国家装备制造业的升级换代，提高了装备制造业的整体发展水平。

　　第二，交通等基础设施的互联互通，使区域商品流动拓展为商品流通国际化。习近平讲，"一带一路"建设，要"以交通基础设施为突破"，"丝绸之路首先要得有路"[19]。各种设施的联通，尤其是交通基础设施的联通是合作发展的基础。道路通、渠道通，各行各业才能得以发展，可谓是"道路通，百业兴"。中国有句老话，"要致富，先修路"，路路通要求"四路通"，天路通，要建设发达的航路和航空网络；地路通，要建设高速铁路网和发达的公路网；水路通，要建造优良港口，拥有先进航海设备；网络通，需要建设发达的5G网络通信，让"一带一路"共建国家的互

联网相连相通。只有"四路通"才能"达八方",即真正意义的"四通八达"。有路才能物畅其流,人畅其行;八方有路,才能八方兴旺致富。经过近些年来的努力,我国已同相关国家一道共同推进了雅万高铁、中老铁路、亚吉铁路、匈塞铁路等项目建设,还建设了瓜达尔港、比雷埃夫斯港等港口项目,一大批互联互通建设项目全面展开。以中巴、中蒙俄、新亚欧大陆桥等经济走廊项目为引领,以陆海空通道和信息高速路为骨架,以铁路、港口、管网等重大工程为依托,一个复合型的基础设施网络正在形成。这些互联互通的基础设施建设有力促进了各国商品流通,繁荣了各国的市场与经济,方便与改善了当地人民的生活。

第三,"一带一路"经贸合作扩大,使中国及沿线各国市场联结成统一国际大市场,使各国经贸关系日益大区域化、国际化。"四路通"带来的直接结果,就是使中国市场与"一带一路"共建国家市场一体化,使中国及"一带一路"共建国家的经贸活动一体化、便利化、国际化。中国举办两届进口博览会,不仅扩大了进口贸易,同时也带动了中国出口贸易,对"一带一路"共建国家的进出口贸易都有非常大的带动效应。

(2)"一带一路"商品生产与商品交换的发展,为国际价值规律的作用奠定了坚实的基础

价值规律是商品经济的基本规律,也是市场经济的共有规律。凡是存在商品生产与商品交换的地方,凡是实行市场经济的场合,价值规律都存在并发生作用。在商品经济跨国化、大区域化的"一带一路"上,价值规律无疑起着十分重要的调节者的作用。这就是我们要探讨的国际商品价值形成、实现与国际价值规律作用问题。这是所有"一带一路"参与者都不能回避的问题,中国要在"一带一路"建设中取得成果共享、利益共赢的好成绩,必须遵从价值规律要求,严格按价值规律办事。

价值规律是商品的价值量由生产该商品所耗费的社会必要劳动时间所决定的规律。马克思在《资本论》第一卷第一章给社会必要劳动时间下定义时指出:"社会必要劳动时间是在现有的社会正常的生产条件下,在社会平均的劳动熟练程度和劳动强度下制造某种使用价值所需要的劳动时间。"[20]他紧接着又强调说:"在这里,单个商品是当作该种商品的平均样品。"[21]就是说,这个社会必要劳动时间是社会平均的必要劳动时间。这就是马克思所讲的第一种含义的社会必要劳动时间。这个社会必要劳动时间所决定的商品价值量,其物质担当者是单个的,是单个商品的价值量。

马克思还指出了第二种含义的社会必要劳动时间,是单个商品价值进一步发展为社会总量商品价值规律的表现。马克思在《资本论》第三卷第三十七章中指出:"事实上价值规律所影响不是个别商品或物品,而总是各个特殊的因分工而互相独立的社会生产领域的总产品;因此,不仅在每个商品上只使用必要的劳动时间,而且在社会总劳动时间中,也只把必要的比例量使用在不同类的商品上。""在这里,社会需要,即社会规模的使用价值,对于社会总劳动时间分别用在各个特殊生产领域的份额来说,是具有决

定意义的。"[22]"只有当全部产品是按必要的比例进行生产时，它们才能卖出去。社会必要劳动时间可分别用在各个特殊生产领域的份额的这个数量界限，不过是整个价值规律进一步发展的表现，虽然必要劳动时间在这里包含着另一种意义。为了满足社会需要，只有这样多的劳动时间才是必要的。在这里界限是通过使用价值表现出来的。"[23]

综上，第一种含义的社会必要劳动时间（设定为 I）是与商品使用价值或效用无关的，而第二种含义的社会必要劳动时间（设定为 II）是与商品使用价值量有密切的关系的。设商品使用价值量为 n，则二者的关系式可如下：

$$I \cdot n = II$$

这里的 n 即马克思讲的"社会规模的使用价值"，"只有当全部产品是按必要的比例进行生产时，它们才能卖出去"。这就十分清晰地表明，价值规律不仅仅是生产领域的规律，还必须包括市场交换，即不仅仅包括价值决定问题，还包括通过市场交换的价值实现问题。其完整表述应是：价值规律是商品生产与商品交换的规律。其含义为：商品的价值由其生产所耗费的社会必要劳动时间决定，商品交换要按等价原则进行。

这第二种含义的社会必要劳动时间中的商品使用价值总量具有决定意义，因为它决定着商品价值的实现。"只有当全部产品是按必要的比例进行生产时，它们才能卖出去"。因为在现实经济生活中，在商品经济条件下，商品价值如得不到实现，其由第一种含义的社会必要劳动时间 I 所决定的价值就不成为价值。

商品价值的实现，即 $W'—G'$（这里的 W' 表示含有一定价值增值），这是一个艰难交换的过程。首先，商品 W 的价值要转化为交换价值或价格。其次，也是最重要的，商品 W 在数量、品种、规格、尤其是质量上要符合市场需求。最后，是要找到该种商品的买主，这才能实现 $W'—G'$ 的过程。马克思把这个过程看作"惊险的一跳"。跳过去，商品生产者生产的商品价值实现了，其中包含的盈利也实现了、赚到了钱，企业还可以继续生存与发展，个人及家庭也有保障。若跳不过，其 W' 换不成 G'，或换得的 G' 很小，小于其投入的成本，就会发生亏损，严重时便会破产倒闭。

实际上，商品价值的实现 $W'—G'$，在市场上通过交换来进行，是存在竞争的。竞争使各个不同部门的利润率平均化，因为等量资本要求获得等量利润，各部门的竞争最终导致平均利润率规律产生并发生作用。这样，商品价值就转化为生产价格，即生产成本+平均利润。价值规律就转变为生产价格规律，此时，市场上商品出售不是按其价值来出售，而是按照生产价格出售。其实，严格来讲，按照生产价格出售只是一种偶然状态，即该种商品的社会需求与供给基本一致的状态下才如此。在绝大多数场合商品 W' 的出售价格，是围绕生产价格（而非价值）上下波动的。

在这里，影响商品价值实现 $W'—G'$ 的另一个重要因素是市场供求关系。在供求关系平衡时，商品按生产价格出售，实现其价值。这只是偶然的一种状态。在绝大部分场合，市场供求关系是不一致，呈现不平衡状态。供大于求，商品按低于生产价格的价格出售，生产者会发生亏损的；供不应求，商品会按高于生产价格的价格出售，就使商品价值以高于生产价格的价格来实现，赚取较多的盈利，从而发财致富。

在这里，需要特别强调指出的是，影响商品价值实现 $W'—G'$ 的最关键的因素是商品使用价值即商品的效用。西方经济学中的"效用价值论"就是依据商品的效用大小来决定商品价值的。马克思主义经济学认为，它是一种庸俗的错误的价值理论，就是因为商品的价值是由生产它的社会必要劳动时间决定，商品的效用是使用价值的功效与用途，它不能成为决定价值的东西。但从马克思的第二种含义的社会必要劳动时间来看，商品的效用即使用价值是影响商品价值实现的一个关键因素。恩格斯依据马克思的第二种含义的社会必要劳动时间中包含社会使用价值总量及其决定商品价值实现的思想，结合商品经济与市场经济发展实际，创造性地提出"商品价值是费用与效用关系"的论断，把马克思提出的价值及价值规律提高到一个新境界，使价值与价值规律更贴近社会经济运行与发展的实际状况，更便于人们在实际经济活动中具体把握与运用。

恩格斯关于"商品价值是费用与效用关系"的论断，是不同于西方经济学中的"效用价值论"的。恩格斯把价值与使用价值统一起来界定商品价值，更符合商品经济尤其是市场经济的实际需要。在这里，"费用"就是生产商品所耗费的成本费用，它显然属于价值范畴，这是与西方经济中的"效用价值论"相区别的，因为它根本就没有"成本费用"这一说，只是唯效用论，是唯效用决定商品价值。恩格斯将"效用"纳入商品价值（实现），充分体现了效用在商品价值实现中的关键作用。商品一进入市场，人们看不见其内在价值如何，从外观上只能判断其效用大小，质量规格如何、是否符合自己的需要，然后决定是否购买、购买多少，尤其是判断其价格贵贱，是否值那么多钱。作为买者，是不能准确判断其内在价值大小，只能有个大致估算。而作为卖者，他生产商品所耗费的实际费用，是"心知肚明"的。所谓"买者永远没有卖者精"，这是由于信息不对称造成的。

正是由于马克思、恩格斯关于商品价值及价值规律是从商品经济一般中抽象出来的，所以它的一般原理对"一带一路"是适用的。如前所述，"一带一路"沿线各国及参与国均是市场经济国家，尽管其商品经济发展水平各不相同，市场发育状况大不一样，但是价值规律发挥作用基础是存在的。并且由于价值规律发挥作用基础状况不同，其作用的形式与特点可能会出现差异，对此是必须有清醒认识的。

3. "一带一路"建设要按价值规律办事

"一带一路"建设，对于我国来说，必须充分尊重价值规律，熟练运用并驾驭价值规律，才会取得建设的主动权，取得最优绩效与收益。"一带一路"建设是中国有史以来对外经济关系中最大的建设项目，决不能干出得不偿失的后果，更不能遭受价值规律的惩罚，使中国发展利益蒙受巨大损失。一定要秉持政治上平等互信、经济上互利双赢的原则，这就需要熟练掌握并运用价值规律，按价值规律要求办事。为此，在"一带一路"建设中，必须做到：其一，认真研究国际市场状况，尤其是要研究"一带一路"共建国家的市场供求关系状况及其变动趋势。因为市场的供求关系包括供给结构与需求结构，直接影响或决定商品价格变化，而商品价格又直接影响我们作为买方或卖方的实际利益。其二，认真研究市场竞争规律作用的状况及变动趋势。如前所述，竞争作为一种强制力量直接影响市场供求关系变化，并影响商品价格。所以世界各国包括"一带一路"共建国家均主张自由竞争、反对垄断。尽管如此，市场垄断行为屡屡发生，尤其各大跨国公司往往凭借自身生产经营上的优势，或与其他企业联合，形成某种垄断，这是要坚决反对与禁止的。其三，认真提高本国产品质量，注重提高产品效用，这是打开市场销路、提升商品价值实现水平的关键所在。质量效用第一，这是产品在市场上夺取竞争优势地位的根本。产品的质量效用就是企业的生命，就是国家的品牌。一个国家的名牌产品越多，就会使其在世界市场包括"一带一路"共建国家市场上占有更多的优势，会取得更多的比较利益。其四，要理性地对待世界市场包括"一带一路"各共建国市场上的价格与价值（或生产价格）相背离的状况，充分运用恩格斯关于"价值是费用与效用的比较关系"的论述，作出科学的抉择。某种商品稀缺性很大，致使其效用放大，市场售卖价格会奇高，出现价格严重背离其价值（或生产价格）的情况；反之，某种商品具有大众一般性，且卖者众多，而对此种商品的需求者（即买者）又大幅减少，卖者就会以超低价格甩卖。一般说来，后边的情况较容易作出抉择；而前一种情况，就需要认真地进行费用与效用的对比与比较。尽管价格十分昂贵，但是如果其效用真实可靠，亦可进行交易，作出购买的抉择。

4. "一带一路"：人民币国际化成功之路

习近平指出，"金融是现代经济的血液。血脉通，增长才有力"[24]。"要切实推进金融创新，创新国际化的融资模式"[25]。开展"一带一路"建设，推进人民币国际化进程，就是我国推动金融创新，创新国际化融资模式的必然要求。"一带一路"建设就是人民币从区域化走上国际化的成功之路。

经过四十多年的改革开放，中国的经济实力迅速发展壮大，连续多年保持世界第二大经济体的地位。随着中国从贸易大国向贸易强国迈进的步伐，人民币的地位亦不断上升，大步走上国际舞台，开始了国际化的征程。

马克思主义政治经济学的基本知识告诉我们：货币有五种职能：价值尺度；流通手段；支付手段；储藏手段；世界货币。货币的国际化，就是货币的前四种职能实现国际化，执行世界货币职能的过程。

由于价值尺度职能一般在国内执行，所以人民币的国际化最终就成为被国际市场广泛使用和持有的国际交易货币、国际支付货币和国际储备货币。人民币国际化的内涵主要表现在以下三个职能在公共部门和私人部门的具体应用上（如表9-1）。

表9-1　货币职能在公共部门和私人部门的应用

	公共部门	私人部门
交易职能	干预汇率市场的货币工具	货物计价和金融交易
支付职能	本国货币的汇率锁定	贸易和金融交易
储藏职能	国际储备	货币置换

资料来源：李稻葵，刘霖林. 人民币国际化：计量研究及政策分析［J］. 金融研究，2008（11）：1-16.

从表9-1可以看出：人民币的国际化，对于公共部门来讲，就是指人民币能够真正成为其他国家干预与调节汇率市场的手段或工具，锁定本国货币的汇率目标，成为本国的储备货币。而对于私人部门来讲，人民币要承担货物计价和金融交易手段的职能，承担贸易媒介与支付手段的职能，还要承担起国际投资的计价货币职能，即在国际投资中执行货币置换的功能。

人民币要实现上述职能，需要具备足够的基础与条件。从公共部门来讲，既然人民币交易与支付职能的应用均体现在汇率上，那么无论是作为干预和调节汇率市场的货币工具，还是锁定本国汇率目标的手段，客观上都要求人民币有独立稳定的汇率制度安排。中国实行由国家管理的在一定限度内自由浮动的汇率制度，这种制度安排有效抵御了20世纪90年代的亚洲金融危机和2008年由美国次贷危机引发的世界金融危机，实践证明中国的汇率制度完全是独立稳定、坚实可靠的。它完全可以成为人民币国际化的可靠基础和必要条件。储藏职能的应用体现在国际资金储备上。这是需要以人民币的国家信用担保及国际信用认可为基础的。国家的经济实力则是这两个信用的根基。随着中国经济实力不断提高、壮大，这两个信用的根基日益牢固，它足以支撑起人民币执行货币储藏功能，成为世界储备货币。从私人部门的应用来看，交易与支付职能的发挥主要体现在贸易与金融交换过程中。若要实现人民币职能在贸易与金融交换中的国际化，则首先要实现人民资本项目下的对外可自由兑换，这是人民币走向国际化的必要步骤与先决条件。中国通过汇率制度改革，已向人民币在资本项目下可自由兑换迈出了实质性的步伐。人民币储藏职能的发挥体现在人民币随时置换上，即自由兑换其他货币，也可以作为资产贮存起来。这需要人民币有坚实的国力、雄厚的金融力量包括足够的黄金储备来支撑和保障。无论从公共部门来看，还是从私人部门来看，我国人民币国际化的基础与条件都是具备的，人民币国际化之路是可行的。

人民币国际化之路，怎么走，走哪条道路？国内金融学界是存在不同意见的。大体上有两种主张：一是主张人民币国际化要走英镑或是美元的独自国际化的道路；二是主张人民币要通过区域化的道路来实现国际化。

鉴于区域金融合作存在金融体制障碍及金融政策的重大差异，阻滞着区域货币与汇率机制的协调与兼容，很难在区域内推进金融一体化进程，因而一部分学者主张，中国应该超越区域化阶段，直接或独自实现人民币国际化进程。还有学者明确地指出，亚洲地区在今后一个相当长的时期内不存在建立一个统一货币的可能性。因为：其一，亚洲各国的政治、经济一体化程度太低；其二，亚洲局部地区经常发生动乱及战争；其三，亚洲的金融市场很不发达，日本经济由于长期处于"泡沫"破灭后的低迷状态，以日元为基础的金融也很脆弱；其四，亚洲区域无论在生产要素市场还是资本市场的融合度方面，或是在财政政策与货币政策的协调方面，都没有达到"最适度货币区域"理论的要求。所以与其先走亚洲区域化之路，莫不如走人民币独立直接国际化之路。

笔者认为，中国的人民币国际化就是要走先区域化再发展成为国际化的道路。任何一种货币的国际化，都是一个渐进的过程，不可能一蹴而就。即使英镑、美元这样强大的货币，其国际化也是经过较长时间才完成的。中国的人民币，其作用范围主要被限制在国内充当价值尺度、流通手段、支付手段、储藏货币的职能，还不成其为国际货币，不能承担世界货币职能。是改革开放使中国的经济实力不断增强，成为世界第二大经济体，才使人民币走上世界舞台，把人民币国际化提上日程。要真正实现人民币国际化，需要很长的路，不可能在短时期内完成。并且，人民币国际化是一个十分艰巨而复杂的过程，可能遇到许多不可预期的困难与挑战。一些国家由于社会经济制度不同、金融体制不同、汇率机制不同，会以各种理由为借口进行阻挠。倘若人民币国际化触犯了某个已经国际化的货币的实际利益时，也会受到该国家的反对。所以，人民币的国际化不会是一帆风顺的，要做好长期艰苦努力的准备。

实际上，中国的人民币国际化也是先从区域化开始起步的。2008年12月24日，国务院常务会议决定对广东和长三角地区、港澳地区、广西和云南与东盟的货物贸易进行人民币结算试点。时隔3个月，2009年4月8日，国务院常务会议又决定在上海、广州、深圳、珠海、东莞开展跨境贸易人民币结算试点。在此之前，中国人民银行已同6个国家的央行签署了总计6500亿人民币的货币互换协议。从货币互换到用于国际贸易结算，人民币开始了实质性的国际化进程。从此，伴随中国对外贸易的扩大，越来越多的国家同中国进行货币互换，用人民币进行外贸结算。特别是美国次贷危机以后，美国大肆推行量化宽松的货币政策，大量超发货币，使美元不断贬值。这迫使很多国家转向用人民币进行国际贸易结算，以规避美元贬值的风险。这给人民币大步实现国际化提供了契机。

2016年10月，是人民币国际化的重要节点与转折点。国际货币基金组织（IMF）正式将人民币纳入特别提款权货币篮子。至此，人民币成为全球储备货币，意味着人民币国际化取得标志性成功。正是改革开放的深入与扩大与"一带一路"建设，有力地推动了人民币国际化进程在"一带一路"共建国家大面积开花、结果。丝绸之路经济带总人口近30亿，市场规模与潜力独一无二，各国在贸易和投资领域潜力巨大。中国先与俄罗斯、哈萨克斯坦、乌兹别克斯坦、白俄罗斯等国签署货币互换协议，开展了贸易用本币结算，然后在"一带一路"共建国家加以推广，并大力开展资本项目下和经常项目下本币兑换与结算，大大降低了相互间的流通成本，增强了抵御金融风险的能力。

中国深谙若想在"一带一路"建设方面有收获，必先投入的道理。自"一带一路"建设开展以来，中国注入了上万亿的资金。中国投巨资建立了亚投行，出资400亿美元建立丝路基金，之后又向丝路基金新增资金1000亿元人民币，鼓励金融机构开展海外金融业务规模达2000亿元人民币。国家开发银行、进出口银行又分别提供2500亿元和1300亿元等值人民币专项借款，用于支持"一带一路"基础设施建设与金融、产能合作。不仅如此，中国还同金砖国家新开发银行、世界银行及其他多边开发机构合作支持"一带一路"项目建设。从2017年开始，中国连续三年，向参与"一带一路"建设的发展中国家和国际组织提供600亿元人民币援助，用于民生建设项目；向"一带一路"合作伙伴中的发展中国家提供20亿元人民币紧急粮食援助，向南南合作援助基金增资10亿美元，在共建国家建设100个"幸福家园"、100个"爱心助困"、100个"康复助医"等项目。此外，还向有关国际组织提供10亿美元落实一批惠及"一带一路"共建国家的合作项目。亚洲基础设施投资银行已为"一带一路"参与国的9个项目提供17亿美元的贷款、为丝路基金投资达40亿美元。中国同中东欧"16+1"金融控股公司正式成立，为资金的融通开拓了新局面。资金融通的便利化，有效地促进了贸易与投资的便利化。仅哈萨克斯坦等中亚国家农产品到达中国的通关时间就缩短了90%。2014年到2016年"一带一路"共建国家贸易额超过3万亿美元，中国对"一带一路"共建国家投资累计超过500亿美元。中国企业已在二十多个国家建立56个经贸合作区，为有关国家创造11亿美元税收和18万个就业岗位。正是上述大量的资金投入，使人民币在"一带一路"建设中发挥重大作用，结出丰硕的果实，赢得"一带一路"共建国家和人民的热烈欢迎与真心支持。人民币的国际化，取得了突破性进展。据国际货币基金组织最新数据显示，截至2019年第三季度，全球各经济体央行的外汇储备中，人民币的占比升至2.01%，创IMF自2016年10月报告人民币储备资产以来的最高水平。人民币外汇储备资产约合2196.2亿美元，超过了瑞士法郎、澳大利亚元和加拿大元。人民币国际化有力地促进了中国对外贸易的发展，推动中国从贸易大国转向贸易强国。中国在全球货物贸易中的比重从8.7%上升到11%左右，成为世界第一大出口国和第二大进口国。实践证明，"一带一路"建设带动并加速了人民币的国际化，它是人民币国际化的必由之路、成功之路。

三、"一带一路"：经济社会关系新变化

1. 探求利益交汇点，构筑新型国家利益关系

中国作为"一带一路"的倡导者和推动者，不仅要把中国的发展同"一带一路"共建国家的发展结合起来，把中国梦同"一带一路"共建国家人民的梦想结合起来，把"一带一路"建成和平之路、合作之路、贸易畅通之路、友谊之路、共同繁荣之路，而且要建成民心相通、民心相连、互利共赢的幸福之路。所有这些，必须建立利益共享的

基础上，没有利益共享这个经济学的核心问题，其他的东西均为"空中楼阁"或是"纸上谈兵"。马克思主义经济学一般原理认为，一切经济关系，最终都归结为物质利益关系。国与国之间的合作关系亦是如此。正因为如此，习近平指出："推进'一带一路'建设，要处理好我国利益和沿线国家利益的关系。"[26] "一带一路"不仅是中国一国的事，而是中国同"一带一路"共建国家共同的事业，是大家携手共建的大事业，所以中国要积极主动地同"一带一路"共建国家处理好物质利益及其他发展利益的关系，构筑一个新型的国与国的利益共享的新模式。其一，要坚持正确的义利观。孔子曰："君子喻于义，小人喻于利。"这种把"义"与"利"专属于某一种人的说法与做法，显然是片面的。"君子"不能不喻于"利"，"小人"也不能不喻于"义"，无论"君子"还是"小人"都要以"义"为先，义利并举。处理国与国之间关系，也是如此。一定要照顾彼此的利益关切，但不能见利忘义。见利忘义，为"小人"之国；舍利取大义，为"君子"之国。中国作为发展中大国，作为"一带一路"的倡导者，绝不谋求侵害别国利益的利益。习近平讲："我们要在发展自身利益的同时，更多考虑和照顾其他国家利益。"[27] 其二，"一带一路"建设不能急功近利，搞短期行为。中国为"一带一路"建设制定了长远的发展规划，确立了长远发展目标，并且与"一带一路"共建国家的发展战略相互对接，实现优势互补。现已经同俄罗斯提出的欧亚经济联盟、东盟提出的互联互通总体规划、哈萨克斯坦提出的"光明之路"、土耳其提出的"中间走廊"、英国提出的"英格兰北方经济中心"、波兰提出的"琥珀之路"等完成了对接，同老挝、柬埔寨、缅甸、匈牙利等国的规划对接工作也已展开。中国同四十多个国家和国际组织签署了合作协议，同三十多个国家开展机制化产能合作，同六十多个国家和国际组织共同发出推进"一带一路"贸易畅通合作倡议。上述战略与合作协议的对接，目的在于实现长远战略利益互惠、共赢，避免只求短期利益的短期行为。其三，寻找更多的利益交汇点，在追求更多共同利益的过程中，实现有差异的利益最大化。在"一带一路"建设中，由于承建项目的主体不同、投资方不同、项目所在国不同，所以发展利益不可绝对平均与均衡，必然这一方多一些，而那一方要少些，但总体上要实现利益分配公平，那就是利益要与投入相适应，投入大才应当收益大。中国作为"一带一路"建设的主倡国，绝不搞中国利益第一，也绝不搞利益优先，而是要像习近平讲的那样："要统筹我国同沿线国家的共同利益和具有差异性的利益关切，寻找更多利益交汇点，调动沿线国家积极性。"[28] 其四，要让中国的发展利益惠及"一带一路"共建国家人民。改革开放以来，中国的迅猛发展得益于世界。中国作为"君子之国"和"乐善好施"文明大国，愿意让中国的发展惠及"一带一路"共建国家人民。所以，中国愿以"一带一路"建设为契机，欢迎各国搭上中国发展的"快车""便车"，在同中国发展利益的交汇中，实现自身发展利益最大化。

2. 实现"三超越"，将"一带一路"建成文明之路

"一带一路"共建国家发展利益的一致性与差异性决定其可以实现"三超越"，建成文明之路。所谓"三超越"，即习近平讲的"文明交流超越文明隔阂、文明互鉴超越文明冲突、文明共存超越文明优越"[29]。

利益的差异性决定不同文明的差异性和多样性，决定不同文明互相交流的必要性、必然性；而利益的共同性则使各种文明通过交流跨越文明隔阂，通过文明互鉴超越文明冲突，通过文明共存超越文明优越。

"文明隔阂论""文明冲突论""文明优越论"，这是将"一带一路"建成文明之路的"三大敌人"或"三大障碍"，必须坚决反对之、扫除之。

世界文明，无论是物质文明还是精神文明，都是劳动人民共同创造的，是人类共同的宝贵遗产与财富。不同文明虽然有着不同特色与差异，但它们不是互相排斥、相互隔阂的，而是互相依存、互相联系、互相交流的；它们也不是互相矛盾、互相冲突的，而是相互包容、相互学习、相互借鉴、相互交融的；它们之间根本不存在什么优越文明与劣等文明之分，更不存在什么优等文明民族与劣等文明民族之分。世界上任何一种文明都值得尊重，一切文明成果都应珍惜。自持一种文明优越，居高临下地看待另一种文明是不对的。习近平指出："如果居高临下对待一种文明，不仅不能参透这种文明的奥妙，而且会与之格格不入。历史和现实都表明，傲慢和偏见是文明交流互鉴的最大障碍。"[30]

上述"三大敌人"核心是"文明冲突论"。"文明隔阂论"是"文明冲突论"的基础，"文明优越论"是为了用某一种文明反对或取消其他文明。"文明冲突论"意在说明文明是对立的，甚至是对抗的。其实，任何文明都是平等的，每一种文明都有自己的特点和优势，也会有自己的不足，每一种文明都不是十全十美的，而是在交流互鉴中不断完善的。"文明冲突论"说穿了是挑动不同文明主体发动战争，为破坏世界文明、破坏世界和平安定制造理论借口和依据，是一种制造分裂、宣扬战争和冲突合理的反动理论。

文明并不存在隔阂，文明并不相互冲突，文明更没有优越与劣等之分。古丝绸之路跨越尼罗河流域、底格里斯河和幼发拉底河流域、印度河和恒河流域、黄河流域和长江流域，跨越埃及文明、巴比伦文明、印度文明、中华文明的发祥地，跨越佛教、基督教、伊斯兰教信众的汇集地，跨越不同国度和肤色人民的聚居地。不同文明、宗教、种族求同存异、开放包容，并肩书写相互尊重的壮丽诗篇，携手绘就共同发展的美好画卷。酒泉、敦煌、吐鲁番、喀什、撒马尔罕、巴格达、君士坦丁堡等古城，宁波、泉州、广州、北海、科伦坡、吉达、亚历山大等地的古港，就是记载这段历史的"活化石"。习近平在上述生动形象的描述之后，深刻地总结说："历史告诉我们：文明在开放中发展，民族在融合中共存。"[31]历史文明之光照进了现实，现实文明之光正在交流中发扬光大。

2014年6月5日，习近平在中阿合作论坛第六届部长级会议开幕式上的讲话中宣布："未来10年，我们将组织10000名中阿艺术家互访交流、推动并支持200家中阿文化机构开展对口合作，邀请并支持500名阿拉伯文化艺术人才来华研修。"[32]中华儒家文化沿着古丝绸之路向世界传播扩展，现世界有成千上万家孔子学院（堂）传播儒家文化；中华中医药文化正在非洲、欧洲和亚洲落地生根，与西医药有效结合，保护亿万民众的健康。文明融合的力量势不可当，"文明冲突论"可以休矣。"一带一路"不仅会使物质文明越来越发达，也会使精神文明跨越不同国度、不同种族、不同社会制度，在共存、共融中大放异彩。

3. 注重"民心"工程建设，为"一带一路"建设夯实民意基础，筑牢社会根基

"一带一路"建设，要道路通、港口通、空中航道通、互联网通，各种各样"联通"都十分重要，并且缺一不可，但归根到底还是要"人心相通"。因为只有民心相通了，上述各种"联通"才有可靠的基础，就像大厦一样，只有地基牢实，才能高耸入云。所以，习近平才讲："在科学、教育、文化、卫生、民间交往等各领域广泛开展合作，为'一带一路'建设夯实民意基础，筑牢社会根基。"[33]中国要通过"一带一路"建设，实现同"一带一路"共建国家及参与国人民"心相通"，这可是一项跨国、跨区域的大工程。这不仅需要在物质生产领域进行全面合作，而且要在科学、文化、教育、卫生、体育、民间交流等众多领域展开全面深度的合作。其一，在科学领域开展合作。这方面的合作已广泛展开，科研人员相互交流，进行科研项目联合攻关，设立专项科研基金，建立联合实验室。2017年，习近平宣布："在未来5年内安排2500人次青年科学家来华从事短期科研工作，培训5000人次科学技术和管理人员，投入运行50家联合实验室。"[34]中国已召开"一带一路"共建国家的科学讨论会多场（次），带动了相关国家科学研究的发展。其二，教育合作深入发展。中国已同"一带一路"共建国家开展学历相互认证工作，每年向相关国家提供1万个政府奖学金名额，中国各级地方政府也设立了丝绸之路专项奖学金，鼓励"一带一路"共建国家青年来中国留学，学习中国科学文化知识，学习儒学。中国还同"一带一路"共建国家开展联合办学，培训专业技能人才。习近平指示："要推动教育合作，扩大互派留学生规模，提升合作办学水平。"[35]教育既是知识的传播，又是心灵与智慧的培育，是促进民心相通的最有效的途径。所以，中国十分重视"一带一路"建设中的教育合作与交流。目前，中国已同"一带一路"绝大多数共建国家建立了互派留学生的长效机制，来华的留学生人数与赴"一带一路"共建国家留学的人数出现了双增长。"一带一路"的教育交流与合作，将在筑牢"一带一路"民意根基方面发挥越来越大的作用。其三，文化交流与合作蓬勃发展。举办丝绸之路文化周、青年戏剧节、影视艺术展、旅游文化年、各种学术研讨会、智库对话论坛，各种人文、电影、戏剧及摄影展等交流活动色彩纷呈。人员往来频繁，文化语言虽各异，但心灵在沟通。在中国北京、上海、长春等各大电影节上，各国嘉宾纷至沓来，交流电影作品，实际在构架"心灵的桥梁"。中国的电影也沿着"一带一路"走向世界，诸如《流浪地球》等中国大片，也都创下票房纪录，带动了影视产业的飞速发展。其四，卫生医疗合作稳步推进。开展健康丝绸之路建设，中国向"一带一路"合作伙伴中的发展中国家派遣医疗队，在当地设立医疗机构，设立100个"康复助医"项目，培训当地医务人员，传授针灸、中草药等中医医疗技术，深受当地人民欢迎。

总之，要创新民心互通工程建设模式，实行全方位、多层次的由政府主导、各方广泛参与的民心工程建设，把"一带一路"的社会根基夯实打牢，让"一带一路"真正成为全面繁荣之路、人民生活幸福之路。

4. 政治互信、政策协调、法律保护："一带一路"全面繁荣的根本保障

中国同"一带一路"共建国家的社会政治制度是各不相同的，但这并不妨碍各国建立政治互信。国与国之间在和平共处五项原则基础上，是可以建立互相尊重、互相理解、互相信任的伙伴关系或战略伙伴关系的。

政治互信是"一带一路"建设顺利开展的根本政治前提与保障。政治互信，就是"各国应该尊重彼此主权、尊严、领土完整，尊重彼此发展道路和社会制度，尊重彼此核心利益和重大关切"[36]。相互之间建立诚实守信、对话不对抗、结伴不结盟的新型伙伴关系或新型战略合作伙伴关系。绝不搞互相拆台、互相猜忌、以邻为壑、以邻为敌、拉帮结伙的小圈子，而要互相理解、互相包容、互相信任、以邻为友、以邻为伴。只有政治互信，才能展开其他各方面的合作。"一带一路"也应该建成政治互信之路。

政策协调，是"一带一路"各项合作的客观要求，也是政治互信得以落实的具体行动。产业发展，需要进行各项产业政策互相协调，因为"一带一路"共建国家的产业政策是大不相同的，只有互相衔接、优势互补、互学互鉴，才能形成政策合力，促进产业融合发展。科、教、文、卫、体等各项事业发展，更需要"一带一路"共建国家进行政策协调。习近平指出："加强政策沟通。各国可以就经济发展战略和对策进行充分交流，本着求同存异原则，协商制定推进区域合作的规划和措施，在政策和法律上为区域经济融合'开绿灯'。"[37]倘若各国在政策上不能协调一致，"一带一路"的合作建设将难以顺利开展。只有国与国之间政策协调一致，企业间的合作才有可靠的依据与保障。中国企业到"一带一路"共建国家去投资，或开展经贸活动，要充分了解并遵守所在国的政策。违反了相关政策法规，就会受到当地政府的制裁，遭受各种损失。所以，中国企业一定要在国家与"一带一路"共建国家协调好政策的前提下去开展投资、经贸活动及其他各种社会文化交流活动，切不可贸然行事。

中国的法律制度与"一带一路"共建国家的法律制度是不同的。我们要研究"一带一路"共建国家的法律制度，学习并尊重、遵守各国的法律制度，当遇到各种麻烦与纠纷时，要依法维护自身权利与利益，切不可干出违法违规的事情来。当然，"一带一路"也应当建成法治之路，这需要"一带一路"共建国家开展法律领域的合作，建立长效的法律合作机制，为"一带一路"建设提供完善法律保障。

自2013年我国提出开展"一带一路"建设以来，在共建国家及全世界各国人民的关注与支持下，全世界的经济社会关系发生重大变化，一个以合作共赢、共建共享、交流互鉴为桥梁的政治互信、经济互融、人文互通、权责共担的命运共同体正逐步形成。它顺应了全球治理体系公平合理化的客观要求，"占据了国际道义的制高点"[38]。"共建'一带一路'不仅是经济合作，而且是完善全球发展模式和全球治理，推进经济全球化健康发展的重要途径。"[39]所以，将"一带一路"走深走实、行稳致远，无论对中国发展还是对世界发展都具有无比重要的长远战略意义。

目前，世界上有一百五十多个国家和国际组织同中国签署了共建"一带一路"合作协议，在各方的共同努力下，大批项目建成落地开花，结出丰硕成果，"六廊六路多国多港"的互联互通架构已基本形成，互利共赢、共同发展的国际关系新格局已经显现，并健康向前发展。这不仅为世界经济发展开辟了新平台、新机遇，也为中国的改革开放与创新发展开辟了新天地。正如习近平在第二届"一带一路"国际合作高峰论坛开幕式上的讲话所指出的："从亚欧大陆到非洲、美洲、大洋洲，共建'一带一路'为世界经济增长开辟了新空间，为国际贸易和投资搭建了新平台，为完善全球经济治理拓展了新实践，为增进各国民生福祉作出了新贡献，成为共同的机遇之路、繁荣之路。事实证明，共建'一带一路'不仅为世界各国发展提供了新机遇，也为中国开放发展开辟了新天地。"[39]

参考文献

[1]习近平谈治国理政：第2卷[M].北京：外文出版社，2017：202.

[2]习近平谈治国理政：第2卷[M].北京：外文出版社，2017：500.

[3]习近平谈治国理政：第2卷[M].北京：外文出版社，2017：504.

[4]习近平谈治国理政：第2卷[M].北京：外文出版社，2017：506-507.

[5]习近平谈治国理政：第2卷[M].北京：外文出版社，2017：507.

[6]习近平谈治国理政：第2卷[M].北京：外文出版社，2017：507.

[7]习近平谈治国理政：第2卷[M].北京：外文出版社，2017：507-508.

[8]习近平谈治国理政：第2卷[M].北京：外文出版社，2017：503.

[9]习近平谈治国理政：第2卷[M].北京：外文出版社，2017：501.

[10]习近平谈治国理政：第2卷[M].北京：外文出版社，2017：505.

[11]习近平谈治国理政：第2卷[M].北京：外文出版社，2017：502.

[12]习近平谈治国理政：第2卷[M].北京：外文出版社，2017：505.

[13]邓小平文选：第3卷[M].北京：人民出版社，1993：377.

［14］习近平谈治国理政：第2卷［M］．北京：外文出版社，2017：511-512.

［15］习近平谈治国理政：第2卷［M］．北京：外文出版社，2017：513.

［16］习近平谈治国理政：第2卷［M］．北京：外文出版社，2017：513.

［17］习近平谈治国理政：第2卷［M］．北京：外文出版社，2017：512.

［18］习近平谈治国理政：第2卷［M］．北京：外文出版社，2017：512.

［19］习近平谈治国理政：第2卷［M］．北京：外文出版社，2017：498.

［20］马克思．资本论：第1卷［M］．北京：人民出版社，1975：52.

［21］马克思．资本论：第1卷［M］．北京：人民出版社，1975：52.

［22］马克思．资本论：第3卷［M］．北京：人民出版社，1975：716.

［23］马克思．资本论：第3卷［M］．北京：人民出版社，1975：717.

［24］习近平谈治国理政：第2卷［M］．北京：外文出版社，2017：512.

［25］习近平谈治国理政：第2卷［M］．北京：外文出版社，2017：505.

［26］习近平谈治国理政：第2卷［M］．北京：外文出版社，2017：501.

［27］习近平谈治国理政：第2卷［M］．北京：外文出版社，2017：501.

［28］习近平谈治国理政：第2卷［M］．北京：外文出版社，2017：501.

［29］习近平谈治国理政：第2卷［M］．北京：外文出版社，2017：513.

［30］习近平谈治国理政：第1卷［M］．北京：外文出版社，2018：259.

［31］习近平谈治国理政：第2卷［M］．北京：外文出版社，2017：507.

［32］习近平谈治国理政：第1卷［M］．北京：外文出版社，2018：318.

［33］习近平谈治国理政：第2卷［M］．北京：外文出版社，2017：510-511.

［34］习近平谈治国理政：第2卷［M］．北京：外文出版社，2017：515.

［35］习近平谈治国理政：第2卷［M］．北京：外文出版社，2017：514.

［36］习近平谈治国理政：第2卷［M］．北京：外文出版社，2017：511.

［37］习近平谈治国理政：第1卷［M］．北京：外文出版社，2018：289.

［38］习近平谈治国理政：第3卷［M］．北京：外文出版社，2020：487.

［39］习近平谈治国理政：第3卷［M］．北京：外文出版社，2020：487.

［40］习近平谈治国理政：第3卷［M］．北京：外文出版社，2020：490.

第十章　新时代世界经济理论的重大创新与发展

中国特色社会主义进入新时代，世界经济进入大变动、大发展时代，世界经济理论面临大创新、大发展时代。以习近平同志为核心的党中央在领导中国人民扩大对外开放的实践中，勇立世界经济发展潮头，坚持中国特色社会主义航向，面对各种危机、风险与挑战，以大无畏的胆略与勇气，提出了"经济全球化进程再平衡""构建新型国际关系""打造人类命运共同体"等一系列创新性理论，创造性地丰富与发展了马克思主义世界经济理论，为中国和世界的经济发展作出重大贡献。

一、世界经济政治发展不平衡规律与经济全球化进程再平衡

1. 资本主义经济政治发展不平衡规律的演化与拓展

在这里，我们提出世界经济政治发展不平衡规律，是有科学依据的。它实际上就是列宁1915年在《论欧洲联邦口号》一文中提出的资本主义经济政治发展不平衡规律。列宁指出："要测验资本主义国家的真正实力，除战争以外，没有也不能有别的办法。战争同私有制基础并不矛盾，而是这些基础的直接的和必然的发展。在资本主义制度下，各个经济部门和各个国家在经济上平衡发展是不可能的。在资本主义制度下，除了工业中的危机和政治中的战争以外，没有别的办法可以恢复经常遭到破坏的均势。"[1]

这里讲的资本主义经济政治发展不平衡是必然的，经济上的解决办法就是危机，政治上的解决办法就是战争。这个规律实际上也是当时世界经济政治发展不平衡规律。因为当时的世界就是单一世界，即资本主义发展到了国际垄断资本主义，即帝国主义和战争的时代。正如列宁所说的："资本已经具有国际性和垄断性。世界已经被少数强国即依靠大规模掠夺和压迫其他民族而强盛起来的国家瓜分完毕。"[2]

列宁正是依据资本主义经济政治发展不平衡规律，紧密结合资本主义发展到国际垄断资本主义的实际，突破了马克思、恩格斯关于社会主义必须在全世界同时取得胜利的理论，创造性地提出社会主义一国胜利的学说。列宁指出："经济政治发展的不平衡是资本主义的绝对规律。由此就应得出结论：社会主义可能首先在少数或者甚至在单独一个资本主义国家内获得胜利。"[3]马克思、恩格斯依据自由资本主义时代资本主义各国经济发展呈现平稳上升，没有发生急剧跳跃的特点，认为社会主义革命须待资本主义

发展到顶点在所有的资本主义国家同时取得胜利。列宁所处的时代与马克思、恩格斯所处的时代大不相同了。那就是资本主义自由竞争时代进入国际垄断资本主义时代，亦称帝国主义时代。经济社会条件改变了，资本主义经济政治发展不平衡规律产生并发挥作用。列宁科学地揭示并正确运用这个规律，领导伟大的俄国十月社会主义革命，在帝国主义各国忙于瓜分殖民地与争夺势力范围的第一次世界大战的空隙，一举突破了帝国主义统治链条的薄弱环节，终于取得伟大胜利，建立了世界第一个社会主义国家。世界从此由单极变成了两极：即资本主义世界与社会主义世界并存。很显然，这时，资本主义经济政治发展不平衡规律就必须演化为世界经济政治发展不平衡规律，因为这个规律的作用范围显然也要包括社会主义世界，尽管当时只有一个社会主义国家。

第一个社会主义国——苏联在世界上一出现，就显示出巨大的优越性及旺盛的生命力。在十月革命胜利后，苏联经过反对外国武装干涉及战时共产主义，及时地推行了旨在发展商品经济的新经济政策，使国民经济发展走上了正轨。从1926年开始实施国家工业化和国民经济计划化，社会主义建设如火如荼，社会生产力发展突飞猛进，到1938年苏联经济与资本主义世界经济的发展差距明显拉大，不平衡的鸿沟扩大与加深了（如表10-1）。

表10-1　1935—1938年世界工业产量（每月平均数字，以1929年为100）

	1935年	1936年	1937年	1938年
苏联（大型工业）	295.5	384.9	428.9	477.4
资本主义世界	85.4	95.5	102.5	92.7
美国	75.6	88.1	92.2	72.0
法国	67.4	79.3	82.8	70.0
英国	105.8	115.9	123.7	112.0
德国	94.0	106.3	117.2	125.0
日本	141.8	151.1	170.8	165.0
意大利	93.8	87.5	99.6	96.0

资料来源：苏联科学院经济研究所.苏维埃的经济发展［M］.北京：学习杂志社，1955：538.

从上表可见，从1935年到1938年，整个资本主义世界的工业生产下降，陷入深度危机之中，而唯有社会主义的苏联经济蒸蒸日上，与资本主义世界经济的大危机、大萧条形成了鲜明的对照。不仅仅是资本主义各国的发展不平衡扩大与加深了，而且资本主义与社会主义的不平衡也扩大与加深了。美国工业产量从1937年的最高水平到同年12月下降了29%，下降速度比1929年刚发生危机的头几年都来得快。继美国之后，一系列资本主义国家，如加拿大、英国、比利时、法国、瑞典等国也都发生生产缩减。1938年，经济危机继续尖锐化。根据国际联盟的资料，世界资本主义工业产量从1937年的最高点（5月）到1938年6月下降了将近20%。各资本主义国家的工业发展不平衡现象异常激烈起来。[4]资本主义各国大量企业倒闭，大批工人失业，流浪街头，生活毫无着落，甚至饿死、冻死。而社会主义苏联，人民生活水平随着经济的发展而日益提高，这就把资本主义世界与社会主义世界的矛盾对比十分鲜明地凸显出来。

在世界经济政治发展不平衡规律的作用下，为了摆脱危机，日本于1937年7月悍然发动全面侵华战争。德国由于1936—1939年的快速扩张，经济实力大增，到1939年9月，希特勒便雄心勃勃宣布向波兰开战，大举向社会主义苏联发动进攻。由此爆发了第二次世界大战。客观事实正是沿着列宁提出的著名理论公式向前演进的：

$$不平衡→战争→革命→平衡$$

二战前，资本主义国家之间发展水平均衡化的打破，一般是经过战争的形式完成的。战争既是资本主义国家发展速度不平衡引起发展水平均衡化的结果，同时又是打破经济发展水平均衡化，加剧发展速度不平衡的重要条件和杠杆。

经过第二次世界大战，随着苏联、中国及美国等国反法西斯战争的节节胜利，德、日、意等国的战败，又诞生了以中国为代表的一批社会主义国家。由此，世界形成了以苏联为首的社会主义国家与西方资本主义国家两大对立阵营。

第二次世界大战以后，科学技术的发展日新月异，社会生产高度社会化、国际化，国家垄断资本主义获得前所未有的大发展。美、苏两个超级大国争夺世界霸权的斗争愈演愈烈。被压迫民族和被压迫人民的解放斗争风起云涌，帝国主义的殖民体系土崩瓦解，众多属于帝国主义管辖的殖民地、半殖民地纷纷取得独立，一大批发展中国家相继崛起。到20世纪70年代，中华人民共和国恢复了在联合国的合法席位，毛泽东又适时提出了著名的"三个世界"理论，即美、苏两个超级大国为第一世界，发达资本主义国家为第二世界，广大的发展中国家为第三世界。至此，世界变成了三极世界。社会主义阵营与资本主义阵营两个对立体系不复存在。资本主义经济政治发展不平衡规律虽然在资本主义世界仍然存在并发挥作用，但它显然已经演变及拓展为世界经济政治发展不平衡规律，开始在世界范围发挥作用。

20世纪90年代初，世界上第一个社会主义国家苏联由于内外经济与政治交困无法解决而解体，成为震惊世界的大事件。两个超级大国变成一个，但"三个世界"理论并未失效。美国经济实力非常强大，一直保持世界第一大经济体的地位，但其要面对多极化的世界，面对日益崛起的广大的第三世界国家，第二世界的各发达资本主义国家也同美国形成了强大的竞争关系。

从二战结束至2000年这五十多年时间，世界经济政治发展不平衡规律作用具有了新的特点，那就是它并没有完全按照列宁的传统理论公式演进下去，出现了新公式，即：

$$不平衡→和平或战争→革命→平衡^{[5]}$$

解读上述公式，可以得出如下认识。

第一，世界经济政治发展不平衡是个绝对规律。世界上各个国家的自然资源、经济社会条件大不相同，经济发展不平衡是必然的，而且，它们的社会政治状况也不可能相同，而必然呈现迥然相异的态势。小到一个县区，大到整个世界，经济政治的发展水平与状况，都不可能是平衡的。平衡或均势只是暂时的偶然状态，而不平衡则是经常的、必然的。恩格斯指出："一切平衡都只是相对的和暂时的。"[6]这是因为，世界各国的经济政治发展运动是绝对的，均衡或平衡必然会被经常永恒的运动所打破。恩格斯明确指出："运动是物质的存在方式。无论何时何地，都没有也不可能有没有运动的物质。宇宙空间中的运动，各个天体上较小的物体的机械运动，热、电流或磁流这些分子振动，化学的分解与化合，有机生命——宇宙空间中的每一个物质原子在每一瞬间总是处在这些运动形式的一种或另一种中，或者同时处在数种中。任何静止、任何平衡都只是相对的。"[7]

第二，世界经济政治发展不平衡所引致的各国发展水平或经济实力的均衡化可以长时期维持，而且并不一定非要通过战争的形式来打破。尽管资本主义的经济发展不平衡仍然需要经济危机来恢复经常遭到破坏的均衡，但二战后，国家垄断资本主义的国家干预与调节，尤其是生产关系的自主调整，使之适应生产力发展的要求，所以二战后各国经济发展均衡化保持时间相对二战前大大延长了。而各国政治发展不平衡，由于民族独立、人民解放的革命运动蓬勃发展，和平与民主成为世界发展大趋势，所以各国民族、民主革命在国际和平的大背景下照样进行与发展，并没有以世界大战的形式来实现平衡。因此，"世界经济政治发展不平衡→战争→革命"的公式，并不是唯一正确的公式，而"世界经济政治发展不平衡→和平或战争→革命→世界经济政治大体平衡"才是世界经济政治发展不平衡规律发挥作用的正常轨迹。这里之所以还保留"或战争"，是讲并不排除世界大战的可能。世界经济政治发展严重不平衡，如果导致世界经济政治均势遭到破坏，还会有可能演变为世界大战，绝不能丧失应有的警惕与戒备。但二战后多年的实践表明，第三世界力量的发展壮大，要和平、反对战争的力量日益强大，和平发展已成世界发展的主流和大趋势，一般说来，世界经济发展不平衡不会必然导致世界大战。世界各国的经济政治矛盾与不平衡可以通过经济合作、政治对话与沟通等多种和平方式来解决。

第三，世界经济政治发展不平衡规律的基础与核心内容是经济发展不平衡。在世界和平发展的大背景下，世界经济政治发展不平衡规律在经济方面作用的一个显著特点，是经济落后的国家可以利用先进的科学技术，采用先进科学的经营管理方法，在较短时间内赶上或超过发达国家。日本就是如此。第二次世界大战日本是战败国，由于侵略战争的过度消耗，战后日本经济几乎陷于瘫痪状态，人民生活十分困难。但日本借助于美国资本的帮助，很快恢复了经济，并于1955年开始起飞，仅用近20年时间到20世纪70年代，便成为世界第二大经济体。其间，日本引进了外国的先进的氧气顶替转炉炼钢技术，一跃成为世界钢铁出口大国；引进了美国与德国的先进汽车制造技术，并加以改进与创新，实现了精致化、小型化、节能化，使汽车反而出口到美国及世界其他许多国家。日本是个资源短缺的国家，但依靠来料加工、再出口等转口贸易，日本很快实现了从贸易立国到贸易大国，再到贸易强国的大跨越。日本还依靠先进的企业管理制度，把员工的薪金与企业的经营业绩结合起来，激励员工拼命劳动，提高劳动生产率，日本员工的劳动生产率是世界上最高的，这也是其创造"东亚奇迹"的奥秘之一。战后日本经济的崛起，还有一个重要因素是得益于美国的政治庇护与资本支持。美国的政治庇护，使日本在和平宪法的规定下，形成了和平的国内环境，尤其是不允许日本建立强大的军队（只许有一个小规模的"自卫队"），节约了大量军费开支，使国内积累的大量资本集中用于经济建设。日本还引入大量美元资本，发展轻纺、重化工业，很快实现了工业化，使日本的轻纺、化工、汽车制造、炼钢制铁、石油冶炼、环保设施、电子通信等都处于世界领先地位。在19世纪以前，资本主义各国发展不平衡，一个国家要赶上或超过另一个国家，大约需要一百多年时间，例如荷兰发展成为世界经济强国，取代葡萄牙、西班牙的领先地位，就用了近100年时间。英国在工业生产、世界贸易等方面走在其他资本主义国家前列，也长达一个世纪多。但进入垄断资本主义阶段，资本主义各国的经济发展出现了明显的跳跃或大跨越。正如斯大林所描绘的那样："帝国主义时期发展不平衡的规律就是：一些国家跳过另一些国家，一些国家很快地被另一些国家从世界市场上排挤出去，以军事冲突和战争灾祸的方式周期性地重新分割已被瓜分的世界。"[8]

战后日本仅用20年时间就实现了美、英、法、德等发达资本主义国家发展水平的均衡化，事实无可辩驳地证明，战后资本主义再生产周期的循环较之战前明显加快，一些国家可以依靠技术进步及先进的经营管理实现生产力的跳跃式发展，快速地占领世界市场。世界经济政治发展不平衡规律在二战后的作用体现出新特点，即和平力量胜过战争力量。

2. 中国加入WTO，在经济全球化中崛起

经济全球化是资本向世界扩张的产物。马克思、恩格斯在《共产党宣言》中指出："不断扩大产品销路的需要，驱使资产阶级奔走于全球各地。它必须到处落户，到处创业，到处建立联系。资产阶级，由于开拓了世界市场，使一切国家的生产和消费都成为世界性的了。"[9]

基于上述论述，笔者认为，世界上所有国家的生产与消费的世界化过程，都是经济全球化过程。这里内含了交换与分配关系。生产出来的商品必须通过交换，即进入市场，市场的世界化就是世界市场。随着生产关系、交换关系的世界化，分配关系也必然要世界化。所以只以生产与消费这两个社会再生产始点与终点的世界化作为经济全球化的标志，是可以成立的，也是科学的。

世界市场的开拓，标志着经济全球化已经开始。资产阶级作为资本人格化的总代表把资本主义生产关系带到了全世界，实现了资本的国际化。资本的国际化是经济全球化的开拓者、推动者。

经济全球化，带来了革命性的变革，那就是使世界生产与消费的民族界限被消灭了，一切国家和民族都必须打破闭关自守状态，实行对外开放，通过世界市场建立联系，满足自己生产与消费的需要。这是不以人们的意志为转移的客观趋势与规律。正如马克思、恩格斯所说："不管反动派怎样惋惜，资产阶级还是挖掉了工业脚下的民族基础。古老的民族工业被消灭了，并且每天都还在被消灭。它们被新的工业排挤掉了，新的工业的建立已经成为一切文明民族的生命攸关的问题；这些工业所加工的，已经不是本地的原料，而是来自极其遥远的地区的原料；它们的产品不仅供本国消费，而且同时供世界各地消费。旧的、靠国产品来满足的需要，被新的、要靠极其遥远的国家和地带的产品来满足的需要所代替了。过去那种地方的和民族的自给自足和闭关自守状态，被各民族的各方面的互相往来和各方面的互相依赖所代替了。"[10]

中国于1978年底决定实施改革开放。中国对外开放第一个大政策就是大力引进外国资本，并实行许多相关优惠政策吸引外商直接投资（FDI）在中国投资建厂，直接引进外国先进的生产技术和科学的经营管理方法，这就使中国的生产与消费像马克思、恩格斯所讲的那样"成为世界性的了"。为了进一步推动对外开放，中国紧接着又推出了第二个大政策，即建立经济特区。先是在广东、福建两省的深圳、珠海、汕头、厦门四个市划出部分地区设立经济特区，后于1988年又把海南省设为最大的经济特区。经济特区成为吸引外资，引进先进技术与科学管理方法，扩大出口贸易，发展外向型经济，进入国际市场的重要场所，是中国经济走向经济全球化的试验窗口。

在对外开放的推动下，中国经济从1984年到1997年，实现了两次大跳跃，社会财富有了巨额增加，一举改变了长期伴随中国社会主义经济的"短缺"现象。

第一次大跳跃是1984—1988年，中国经济驶入了快车道。这五年，农作物连年大幅增产，农民收入逐年大幅增加，乡镇企业异军突起，广大农民购买力增强了，不仅盖了大批新房子，而且自行车、缝纫机、收音机、手表"四大件"和一些高档消费品进入普通老百姓家庭。农副产品的增加，农村市场的扩大，农村剩余劳动力的转移，又有力地推动了工业的发展。这五年共创造工业总产值六万多亿元，平均每年增长21.7%。吃、穿、住、行、用等各方面的工业品，包括彩电、冰箱、洗衣机都大幅增长，钢材、水泥、煤炭、电力等生产资料工业也有很大增长。无论是工业还是农业，无论是城市还是乡村，经济的大发展带来面貌大改观。所以邓小平在南方谈话中指出："可以说，这个期间我国财富有了巨额增加，整个国民经济上了一个新的台阶。"[11]1990年开始治理整顿，即治理通货膨胀，整顿经济秩序。治理整顿虽然是必要的，但却使经济发展速度降了下来。针对这种情况，邓小平在南方谈话中明确提出要加快发展。1992年，在邓小平关于"发展是硬道理""我国的经济发展，总要力争隔几年上一个台阶"的重要思想指引下，又开始第二次大跳跃。到1997年，国内生产总值（GDP）增加到74772亿元，是1979年3624亿元的20.6倍多。按可比价格计算，平均每年增长9.8%。1995年，提前5年实现GDP比1980年翻两番的计划目标。同时，人均国内生产总值由379元提高到6079元，剔除价格因素，平均每年实际增长8.4%。1997年，我国的经济总量已位于世界第七位。长期困扰中国经济的"短缺"现象基本消除，在不少领域开始出现生产过剩现象，由于供给大于社会需求，市场物价水平趋于总体平稳，在3%上下小幅波动。经济的跳跃式发展与物价的基本稳定，使人民的生活水平大幅度提升。农村居民人均纯收入由1978年的133.6元提高到1997年的2090元，城镇居民家庭人均可支配收入从343.5元增长到5160元，扣除价格因素，年均分别增长8.1%和6.2%。居民消费水平从1978年的184元增加到1997年的2677元，按可比价格计算，平均每年实际增长7.7%，明显高于前26年的年平均增长2.2%的幅度。[12]

1997年是中国经济发展最富有标志性的一年。这一年，中国结束了"短缺"经济，在许多领域出现了供大于求的现象，结束了长达几十年的凭票排队现象，市场由卖方市场开始转向买方市场。也就是在这一年，中国经济首次出现了以前极少出现的通货紧缩现象，市场物价水平出现了负增长。同时，这一年，亚洲金融危机爆发，猛烈地向中国袭来。面对严峻的国内外经济环境，中央于1998年启动了扩张性财政政策，以遏制通货紧缩的进一步加剧与市场物价水平的继续下跌，拉动经济回升。由于财政政策出台及时并针对性强，因而取得了很好的成效。1998年经济增长仍达7.8%，1999年也有7.1%的增长率。

2001年，是中国对外开放具有里程碑意义的一年。这一年的12月11日，中国正式加入世界贸易组织（WTO）。中国经济与世界经济全面接轨，开始全面融入世界经济体系。加入WTO意味着中国将在更大范围、更深层次上加入经济全球化的伟大进程。加入WTO后，中国要按照WTO规则要求，全方位开放市场，逐年大幅度下调关税，国内的一些规则与政策也要同WTO规则与政策相协调、相一致。显然，加入WTO，对中国来说，既是重大机遇，也是严峻挑战。究竟是机遇大于挑战，还是挑战大于机遇；究竟是利大于弊还是弊大于利？各种意见纷争，难分高低上下。但从国家层面来讲，肯定是好处与机遇大于挑战与弊端的。因为借助外部压力可以推动国内改革，激发国内企业竞争活力，化挑战为机遇，化弊端为益处。

中国加入WTO，有力地将中国经济带入了一个新的增长期，出现了第三个经济跳跃式发展。2003年到2007年，五年时间经济增长率连续保持两位数增长。2003年GDP增长10%、2004年GDP增长10.1%、2005年GDP增长10.4%、2006年GDP增长11.1%，2007

年GDP增长13%。2008年受美国次贷危机的影响，四个季度的GDP增长分别从上一年的13%下降为10.6%、10.4%、9.9%和6.8%，2009年第一季度又进一步降为6.1%。[13]在美国次货危机的猛烈冲击下，中国经济从2008年开始趋缓和下降。据国家统计局公布的数据，2008年全国出口增长17.2%，比2007年降低了4.4个百分点；2009年1至2月分别负增长17.5%和25.7%，3月又负增长17%，一季度同比下降19.7%。同时，国内又出现通货膨胀转为通货紧缩迹象，到2008年12月，市场物价（CPI）降到1.2%，2009年1月又进一步下降至1.0%，2月为-1.60%，3月为-1.2%。[14]为了冲减美国量化宽松货币政策的冲击，以胡锦涛同志为总书记的党中央采取积极的财政政策和稳健的货币政策，使二者有机搭配与结合，适度加大财政投入与扩大货币投放，增加M2的供应量，让经济增长的"三驾马车"——投资、消费、出口跑起来。经过三年时间的努力，中国经济出现恢复性增长。[15]

2012年党的十八大召开，掀开了中国经济发展的新篇章。从此，中国经济进入持续的中高速增长期，出现连续性跳跃式发展。由于此时中国经济的体量已十分巨大，不能像以往那样跳得那么高，即不能再达到两位数的高增长了，达到6%～7%的增长，就算跳得较高了。中国经济步入新常态，其主要特点是：①增长速度从高速转向中高速；②发展方式从规模速度型转向质量效率型；③经济结构调整要从增量扩能为主转向调整存量、做优增量并举；④发展动力要从依靠资源和低成本劳动力等要素投入转向创新驱动。适应经济新常态，完成上述"四个转向"，要树立与贯彻"创新、协调、绿色、开放、共享"五大新发展理念，那就是：以创新为第一动力，实施创新驱动发展战略；注重经济发展的整体协调性；着力推进人与自然的和谐共生，实现绿色发展；着力形成对外开放新体制，推动经济全球化；着力践行以人民为中心的发展思想，做到发展成果由人民共享。

在上述五大新发展理念指导下，进入新常态的中国经济，以崭新的面貌，稳健的步伐，实现了连续七年6%以上的中高速发展，做到了大体量型经济的跳跃式发展，创造了中国经济发展史上的"奇迹"。据2020年1月17日国家统计局发布的数字，2019年全国共创造国内生产总值GDP达990 865亿元，是2009年335 353亿元的近3倍，同比增长6.1%。全国总人口规模达14亿，按现行汇率计算，全国人均GDP突破1万美元。人均可支配收入达30 733亿元，名义增长8.9%，扣除物价因素，实际增长5.8%。全年新增就业1 352万人，连续7年超过1300万人，明显高于1100万人的就业预期目标。全年固定资产投资（不含农户）551 478亿元，比上年增长5.4%。全年消费品零售总额411 649亿元，比上年增长8%，外贸出口虽然较去年有所下降，但对"一带一路"却大幅增长，增幅达10.8%。

上述成绩表明：第一，中国经济实力进一步增强。GDP总量接近百万亿大关，与2018年世界排名第三、四、五、六位的日本、德国、英国、法国四个主要发达国家2018

年GDP总和大体相当，中国综合国力稳居世界第二。第二，中国经济对世界经济增长的贡献大幅提升。中国百万亿GDP占世界GDP总量的比重已达16%，中国经济对世界经济的贡献率达30%左右，说明中国经济增长是世界经济发展的强劲火车头。全球人均GDP超过1万美元的人数有16亿，现在中国14亿人口GDP超过1万美元，合计起来就是30亿人，这也是中国对世界经济的重大贡献。第三，中国人民生活质量进一步提高。人民生活水平提高体现在就业上，2019年全国城镇就业人数达4.4亿人，占全部就业总人数的比重为57.1%，同比提高一个百分点。人民生活水平提高还表现在服务消费比重上升，食品消费比重下降。2019年，服务消费比重达45.9%，比上年提高1.7个百分点，食品消费比重下降，2019年，这个比重为28.2%，比上年下降了0.2个百分点。人民生活水平提高还表现在居民有房有车，全国人均住房面积达40平方米，全国私人轿车保有量2亿辆，外出旅游人数增多。2019年，国内旅游达58亿人次，出境旅游1.4亿人次。旅游、休闲消费大幅增加，反映出人民生活质量提高，消费档次提升。

综上所述可见，改革开放以来，中国经济发展历经四次大的跳跃，每次跳跃之后都经过3～4年时间的调整，然后以充足的力量再上新台阶。实践如邓小平所言："如果不是那几年（1984—1988年——引者注）跳跃一下，整个经济上了一个台阶，后来三年治理整顿不可能顺利进行。看起来我们的发展，总是要在某一个阶段，抓住时机，加速搞几年，发现问题及时加以治理，尔后继续前进。"[16] "从我们自己这些年的经验来看，经济发展隔几年上一个台阶，是能够办得到的。"[17] 经济发展跳跃式地"上台阶"，不仅是中国经济发展的必然规律，也反映了世界经济政治发展不平衡规律作用的"中国特色"。改革开放以来的四个跳跃式的"上台阶"，不仅实现了2020年全面建成小康社会的宏伟目标，而且迈开了向社会主义现代化强国进军的步伐。改革开放让中国强起来、富起来。

习近平总结道："当年，我们推动复关谈判、入世谈判，都承受着很大压力。今天看来，我们大胆开放、走向世界，无疑是选择了正确方向。20年前甚至15年前，经济全球化的主要推手是美国等西方国家，今天反而是我们被认为是世界上推动贸易和投资自由化便利化的最大旗手，积极主动同西方国家形形色色的保护主义作斗争。这说明，只要主动顺应世界发展潮流，不但能发展壮大自己，而且可以引领世界发展潮流。"[18]

3.世界经济的失衡与"再平衡"

所谓世界经济失衡主要是指由于世界贸易失衡引起国际收支失衡的双失衡。它不是世界经济政治发展不平衡规律作用的必然结果。失衡与不平衡是两个不同的经济范畴。哲学辩证法认为，平衡永远是相对的、暂时的，而不平衡是绝对的、经常的。失衡尽管与不平衡有联系，是不平衡发展到严重程度的一种反映，但二者是不能等同的。失衡应是平衡关系遭到根本性破坏，即彻底丧失了均衡态势。

世界贸易失衡是20世纪90年代以来经济全球化进程中出现的一种新现象，它是指贸易逆差主要集中在以美国为代表的发达经济体一方，贸易顺差主要集中在以中国为代表的发展中经济体和新兴经济体一方，而两方的发展水平与收入水平却存在巨大的反差，即以美国为代表的发达经济体一方收入水平很高，而以中国为代表的发展中经济体和新兴经济体一方则收入水平很低。并且，以美国为代表的发达经济体由于贸易存在巨大逆差，导致国际收支严重不平衡，出现严重收支逆差，而以中国为代表的发展中经济体和新兴经济体由于贸易存在巨大顺差，导致国际收支呈现巨大盈余，出现收支顺差。这就是两个方面的"双逆差"与"双顺差"的失衡状态。发达经济体一方的"双逆差"，迫使其不断地靠举债来维持收支平衡，而发展中经济体和新兴经济体则把国际收支盈余大量转化为外汇储备，结果形成发达经济体一方是世界"债务大国"，发展中经济体和新兴经济体一方则形成"外汇储备大国"。从表面上看，发展中经济体和新兴经济体一方应是世界上最富裕的国家，发达经济体一方是世界上最穷的国家，而实际恰好相反，发达经济体一方是当今世界上最富裕的国家，而发展中经济体和新兴经济体一方大部分是刚刚摆脱贫穷或仍处于贫困状态的发展中国家。

发达经济体一方将"双逆差"进而将其贸易与国际收支严重失衡归咎于中国，这是不公平的，更是错误的。中国的"双顺差"是在经济全球化进程中，在发展国际贸易实践中不断积累起来的，是靠中国人民辛勤劳动的汗水与忘我创造的智慧换来的。中国的国际贸易在改革开放前20年里扩大了约16倍，从改革开放之初的占世界的第32位上升到1999年的第9位。贸易依存度从1978年的10%，增加到1999年的36%；1978年，流入中国的直接投资几乎为零，但开放20年，中国吸收的直接投资跃居世界第三，仅低于美国和英国，相当于同期全国固定资产投资的20%。[19]从1999年到2019年，中国在世界经济中的分量更是迅速提升，不仅一跃成为世界第二大经济体，更是成为最大货物出口国、第二大货物进口国、第二大对外直接投资国、最大外汇储备国、世界最大旅游市场，稳居世界贸易大国地位。发展中经济体和新兴经济体一方并没有占到发达经济体一方任何便宜，因为在国际贸易中的最基本也是最主导的原则，就是公平交易、等价交换。中国在改革开放后进入国际市场竞争，严重缺乏经验，所以中国的"双顺差"是经过失败再到成功而取得的。正如习近平所总结的："当年，中国对经济全球化也有过疑虑，对加入世界贸易组织也有过忐忑。但是，我们认为，融入世界经济是历史大方向。中国经济要发展，就要敢于到世界市场的汪洋大海中去游泳，如果永远不能到大海中去经风雨、见世面，总有一天会在大海中溺水而亡。所以，中国勇敢迈向了世界市场。在这个过程中，我们呛过水，遇到过漩涡，遇到过风浪，但我们在游泳中学会了游泳。"[20]

必须清楚地看到，发达经济体一方的"双逆差"是建立在高收入、高福利基础上的，而发展中经济体和新兴经济体一方的"双顺差"，是建立在低收入、低福利基础上的，二者的巨大反差与失衡雄辩地证明了一点，即最大的得益与实惠在发达经济体一方。因为在国际市场竞争中，竞争的优势在发达经济体一方，而发展中经济体和新兴经济体一方则处于劣势，结果在等价交换的背后得益受损的则是发展中经济体和新兴经济体一方。这正如马克思所讲："社会分工则使独立的商品生产者互相对立，他们不承认任何别的权威，只承认竞争的权威，只承认他们互相利益的压力加在他们身上的强制，正在动物界中一切反对一切的战争多少是一切物种的生存条件一样。"[21] 可见，上述"双逆差"与"双顺差"表面上看，得益与实惠在发展中经济体和新兴经济体一方，而实则是在发达经济体一方。这怪不得谁，这是社会分工导致市场竞争规律作用的必然结果。在国际市场竞争中，任何国家、任何企业、任何个人都必须尊重与服从竞争的权威，否则，就会惨遭竞争规律的惩罚。

以美国为代表的发达经济体还把"双逆差"与"双顺差"的世界经济失衡归咎于经济全球化，所以开始了一系列逆全球化的政策与措施。关税壁垒、搞单边主义、单极世界、退出各种贸易协定、退出各种国际合作组织等，这种逆经济全球化的行动都是错误的。经济全球化并"不是哪些人、哪些国家人为造出来的"[22]。而是世界各国社会生产力发展突破国界与科技进步国际化的必然结果。世界经济失衡作为困扰世界发展的很多问题的一个，并不是由经济全球化所造成的。习近平讲："把困扰世界的问题简单归咎于经济全球化，既不符合事实，也无助于问题解决。"[23]

实际上，世界经济"双逆差"与"双顺差"的形成或世界经济的双失衡，是国际分工进一步发展，资本与技术的国际流动是产业发生国际梯度转移的必然结果。20世纪七八十年代，以美国为代表的发达经济体，均完成了工业化，重化工业、汽车工业、机械加工与制造业都在整个工业中占有较大比重，高新技术产业、信息技术产业以及高端服务产业等新兴产业蓬勃兴起。在先后两次石油危机的打击下，传统的重化工业、汽车工业及机械制造业遭受重创，几乎所有发达国家都加快了产业结构调整的步伐，开始将传统重化工业、汽车制造业及机械加工与制造业向国外转移。而刚刚改革开放的中国以其广阔的市场和廉价的劳动力优势，吸引了美、英、法、德、日、韩的大量产业资本登陆中国。到20世纪80年代中期，上述发达经济体基本上都将重化工业、传统制造业及众多劳动密集型产业转移到中国的四个经济特区及"珠三角""长三角"地区，很快将这些地区制造业发展起来。20世纪90年代以后，中国东南沿海地区在邓小平南方谈话的鼓舞下，更是掀起工业化的高潮。美、日、英、法、德等主要发达经济体更是加快了把传统制造业转移到亚洲，尤其是中国。中国在20世纪90年代初开始推行社会主义市场经济体制以后，以发展市场经济，进一步扩大改革开放，经济发展上台阶为契机，大量吸纳美、日、英、法、德等发达经济体的产业资本与技术，通过消化、吸收及再创造，使工业化水平大幅提升，家用电器、电子、信息、通信产业及仪器制造、重化工业开始走向世界。在2001年加入WTO之后，中国进入工业化中期，整个中国工业面临转型升级，传统制造业若不升级改造，就将有停产或破产的危险。例如，中国一汽此间由于引进德国的资本与技术，完成换型改造，彻底淘汰了原有落后设备与技术，引进了德国大众的自动化生产线，使产品不但畅销全国，还销往东南亚、欧美等地。此时，东南沿海也开始了制造业升级。由于工资成本上升，许多制造业企业生产经营压力加大，纷纷向外转移，转移方向是向劳动力成本低廉的中国中西部，也有一部分转向越南、柬埔寨等国。这次转移，给"珠三角""长三角"等地承接高端制造业及高端服务业腾出了空间，使该地区的工业化水平跃升到了一个新水平，并且使该地区家用电器、现代制造业、信息产业及高端服务业等大步走向世界，加入了国际市场竞争，在国际贸易中争得一定的优势。"珠三角""长三角"的成功在中国的工业化进程中起到了巨大的示范效应与带动作用，使内陆地区的工业化也如火如荼地展开，很快走过了过去几十年走完的路程，将中国整个工业化推上一个新台阶，进入工业化中后阶段。

综观中国"珠三角""长三角"的成功经验及中国工业化水平的大跃升，原因大致有三：一是完全归功于改革开放，归功于党和国家引进外国资本和先进技术的大政策。二是归功于全中国人民的智慧与创造。他们善于把外资的力量转化为内生发展经济的动力之一，善于把外国的技术结合中国实际加以改革与创新，形成创新技术，输出到国外，在国外技术市场上争得一定优势。三是得益于发达经济体的资本与技术的支持。中国的"双顺差"的形成，得益于产业结构升级，得益于工业化水平的提升。是用广阔的市场和廉价劳动力换取了大量外国资本与技术的投入。有所舍才会得，得大于舍，就是良好的比较收益。中国并不像以美国为代表的发达经济体中一些人所鼓吹的那样"占了美国的便宜"，而是舍掉了大量利润，甚至还有被污染的环境。那么，以美国为代表的发达经济体的"双逆差"完全是由他们自己造成的。其一，资本追求利润，产业转移过度。发达经济体将高污染、高消耗、高耗能的重化工业、一般制造业等产业绝大部分转移到发展中经济体和新兴经济体，根本没有料到这些实体经济的转移会给自己的经济发展带来什么后果。其二，实体经济的严重过度转移，使国内经济过度虚拟化。这直接导致以美国为代表的发达经济体在国际贸易中处于极为不利的地位。尤其是美国次贷危机之后，金融服务业遭受重创，上千家银行破产，金融咨询及服务企业纷纷破产倒闭。在国际贸易中，美国的实体经济产品少之又少，而高端制造业与信息通信产业又多涉及国家安全，被大量限制出口；在国民经济中占比过大的知识经济泡沫经过危机的冲击，大部分破灭了；一般制造业产品几乎完全依赖从发展中经济体和新兴经济体进口。这种经济上一虚一实，就对中国与美国的国际贸易产生了截然不同的实质性影响，即美国经济由于过分"虚拟化"，在对外贸易中产生了"双逆差"，中国经济由于具有很强实体性，在对外贸易中处于优势，自然取得了"双顺差"。

习近平指出："利益融合，是世界经济平衡增长的需要。平衡增长，不是转移增长的零和游戏，而是各国福祉共享的增长。"[24] "中国经济同世界经济高度融合，一个经济运行更稳定、增长质量更高、增长前景更可持续的中国，对世界经济发展是长期利好的。"[25]

既然如此，要在经济全球化进程中实现世界经济的再平衡，正确的选择就是要做到以下几点。

第一，顺应经济全球化大趋势，摒弃一切逆全球化的意识与行动。顺应全球化，必须建立开放、包容的世界经济。无论在思想上还是在行动上，搞单边主义、保护主义、贸易壁垒、技术封锁都是逆全球化。凡是以各种形式妨碍资本、技术、知识、劳动力等生产要素在世界范围自由流动的政策措施均应视为逆全球化的行为，都是与建立开放包容的世界经济不相符的，必须加以摒弃。全球化过程中出现的矛盾与不平衡，只有在全球化过程中才能解决。采取反全球化或逆全球政策与措施，只能是饮鸩止渴，无助于世界经济的再平衡。例如，收入分配不平等、贫困及难民问题，都必须通过发展经济来解决，必须靠公平、公正的收入分配政策来解决。而要发展经济，各国之间必须开放市场，允许自由贸易和竞争，允许资本、技术、知识及劳动力等生产要素自由流动，只有这样才能实现社会资源的最优配置，最大限度地提高劳动生产率。当今世界，一些国家的局部战争仍是人民陷于贫困、成为难民的重要根源。因此，反对战争，实现和平发展，实乃推进经济全球化、实现世界经济再平衡的重要前提与根本要求。

第二，挖掘适合本国国情的经济增长动力，创造适合本国实际的新增长模式。经济全球化对世界各国的影响大不相同，对发达国家与对发展中国家的影响可能大相径庭，但总的来说，挑战与机遇是并存的。个别国家机遇大于挑战，而另一些国家可能挑战大于机遇。每个国家一定要依据本国的实际有针对性地加以应对。必须清楚认识到，当今世界各国经济面临的共同的最大挑战即世界经济处于低迷状态，增长动力不足，增长乏力。"我们必须在创新中寻找出路。""要以创新为重要抓手，挖掘各国和世界经济增长新动力。"[26]其一，不能再限于以往的促进经济增长的老套路。或是扩大财政赤字，增加投资，用财政扩张来刺激经济增长；或是用扩张性货币政策，大幅度增发货币量，用信用扩张来拉动经济增长。这两种促进经济增长的老套路，实践证明是治标不治本的，短期内会拉动经济实现一定增长，但长远来说会引发严重的通货膨胀，并最终导致难以治愈的通货膨胀与经济停滞并存，即"滞胀"病，这已被二战以来各国的实践所证明。因此，习近平建议："要创新发展理念，超越财政刺激多一点还是货币宽松多一点的争论，树立标本兼治、综合施策的思路。"[27]其二，各国要探寻适合本国国情的经济增长动力机制。拉动经济长久增长有"三驾马车"，以投资为动力拉动经济增长，抑或以消费为动力拉动经济增长，还是以外贸为动力拉动经济增长，各国在"三驾马车"一起跑的基础上应各有侧重，但总的来说"投资""消费""外贸"这三个是拉动经济增长的传统动力或动能应当还是有效的，不能废弃。其三，根据中国发展的实践，创新驱动应当是当今世界经济走出低谷，迈向高台阶、新高度的第一动力。习近平讲："创新是引领发展的第一动力。与以往的历次工业革命相比，第四次工业革命是以指数级而非线性速度展开。我们必须在创新中寻找出路。只有敢于创新、勇于变革，才能突破世界经济增长和发展的瓶颈。"[28] 以创新为第一驱动力，推动经济增长，这是世界各国普遍适用的动力机制。尤其是要应对第四次新工业革命，跟上其指数级增长速度，必须创新各种政策手段、创新发展方式、创新就业模式、创新发展新业态、新产业，抓住数字经济带来新机遇，应对气候变化的新挑战。如果还固守传统的动力机制，就难以应对新挑战，难以实现世界经济发展新的再平衡。

第三，坚持协同联动，打造合作共赢的发展模式。在当今世界分工越来越细化的条件下，各经济体之间互相依存，联系日益紧密，你中有我，我中有你，利益交汇融合，形成利益与命运共同体。其一，利益的共同性要求每个经济体都要照顾彼此的利益诉求与关切。诚然，每个国家都有自身的发展利益，这种利益确实也需要得到尊重与保护，不容侵犯。但一定要在更高层面来考虑与维护自身发展利益，不搞短期行为、斤斤计较，尤其不能以牺牲别国的发展利益为代价，来把自己的利益放在第一位加以维护，这是与利益共同体的本质要求不相符的。其二，在开放中联合协调行动，实现互利共赢。在国际分工的条件下，任何一个国家都不可能独立包办一切事情，需要与其他经济体联合协调互动，实行利益共享，互利共赢。独吃独占，搞利益排他主义，是对利益共同体的破坏与否定。其三，为了实现利益共享，要在全球实现贸易自由化及投资便利化。这是推动全球经济复苏，实现"再平衡"的根本出路。为此，各国都应打开门户，推倒贸易壁垒，坚持对外开放，搞互联互通，建立开放型经济，不要搞零和博弈、打贸易战。因为那样做，就没有共同利益来共享。所以，"我们要下大气力发展全球互联互通，让世界各国实现联动增长，走向共同繁荣。我们要坚定不移发展全球自由贸易和投资，在开放中推动贸易和投资自由化便利化，旗帜鲜明反对保护主义。搞保护主义如同把自己关进黑屋子，看似躲过了风吹雨打，但也隔绝了阳光和空气。打贸易战的结果只能是两败俱伤"[29]。这就告诉我们一个真谛：世界各国只有互联互通，自由地进行贸易与投资，实现联动增长，才能走向共同繁荣。关起门来打贸易战，只能两败俱伤，绝无共同利益可共享，所谓"再平衡"亦根本无望。

二、构建以合作共赢为核心的新型国际关系

1. 构建以合作共赢为核心的新型国际关系的必要性分析

当今世界，风云变幻莫测。国际关系时刻发生变化，各种风险与挑战叠加，局部战争烟云密布，一些国家饱受战乱之苦，难民流离失所，生活在水深火热之中。但是，要和平不要战争，要合作不要对抗，要共赢不要单赢，仍是世界发展的主流，仍是国际关系发展的基本行为准则。

习近平洞察国际风云，顺应国际关系发展大趋势，创造性地提出"推动构建以合作共赢为核心的新型国际关系"[30]，把马克思主义国际关系的科学原理提高到一个崭新

境界，对科学认识与正确把握当今世界的国际关系指明了方向与道路。其理论意义及实践价值十分巨大。

第一，是实现国际关系民主化的客观需要。2013年，习近平在金砖国家领导人第五次会晤时的主旨讲话中指出，五个国家"为了推动国际关系民主化、推进人类和平与发展的崇高事业走到了一起。求和平、谋发展、促合作、图共赢，是我们共同的愿望和责任"[31]。国际关系民主化，就是国际上的事，要各国民主协商来办，不能由少数国家垄断，更由不得某个国家单独说了算。用习近平的话来讲，就是"不管国际格局如何变化，我们都要始终坚持平等民主、兼容并蓄，尊重各国自主选择社会制度和发展道路的权利，尊重文明多样性，做到国家不分大小、强弱、贫富都是国际社会的平等成员，一国的事情由本国人民作主，国际上的事情由各国商量着办"[32]。合作共赢，就是在国际关系中，坚持合作而不对抗，要双赢、多赢、共赢而不要单赢，不断寻求最大公约数，扩大合作面，引导各方形成共识，加强协调合作，推动国际关系民主化。

第二，是推动全球治理体系变革的需要。随着国际力量格局的变化和全球挑战日益增多，要求全球治理体系变革的呼声日益增高。中国作为世界第二大经济体，有必要主动作为，积极参加全球治理。顺应全球治理变革的大趋势，推动全球治理合理化、现代化，以使国际秩序朝着更加公正合理方向发展，更好地维护我国和广大发展中国家在世界上的合法地位与共同利益，为实现中华民族伟大复兴的中国梦创造良好的外部条件。

习近平在G20杭州峰会上，向世界阐述了中国的全球治理观，那就是"五个首次"：首次把创新作为核心成果推向世界；首次把发展议题置于全球宏观政策协调的突出位置；首次形成了全球多边投资规则框架；首次发布气候变化问题主席声明；首次把绿色金融列入二十国集团议程。这"五个首次"，帮助与引导峰会取得一系列开创性、引领性、机制性成果，实现了为世界经济指明方向、为全球增长提供动力、为国际合作筑牢根基的总体目标。G20杭州峰会上中国提出的全球治理观，不仅显示了中国参与全球治理的能力，更展现了中国对全球治理体系建设的重大贡献。

第三，是建设全球发展伙伴关系，促进各国共同繁荣的必由之路。国与国的新型关系，新就新在"伙伴关系"上，即以邻为友，以他国为伙伴。它根本不同于旧的国家关系，即那种以邻为壑、以邻为敌，在利益上与他国你争我夺、零和博弈的关系。独木不成林，一个好汉三个帮，这些谚语在经济全球化日益深入发展的今天，更具有实际意义。经济全球化带来的利好，会普惠各国人民；经济全球化带来的负面效应，任何国家都不能独善其身。只想独享利好，又不想受其负面影响，那是不可能的。唯有联合起来，结成伙伴关系，进行相互协调与合作，化负面效应为普惠利好，才能实现共同繁荣。合作才能形成伙伴关系，单打独斗则排斥伙伴关系。合作是共赢的前提，共赢才能共荣。离开了合作共赢这个核心，新型的国际关系是根本不可能真正建立起来的。

2. 构建新型大国关系

首先，构建中美新型大国关系。

中国梦与美国人民的美好梦想是相通的。这是决定中国与美国建立新型大国关系的政治基础。习近平指出："中国梦要实现国家富强、民族复兴、人民幸福，是和平、发展、合作、共赢的梦，与包括美国梦在内的世界各国人民的美好梦想相通。"[33]中国人民与美国人民都有追求美好幸福生活的梦想，这是两国走和平发展、合作共赢之路的政治基础，也是两国应对经济全球化、同舟共济的现实需要。构建中美新型大国关系是世界和平稳定的压舱石与助推器。当今世界充满了各种危机，局部战争不断，地区冲突险象环生，各国经济发展不平衡加剧，不确定性接连出现，世界和平与稳定受到严重威胁，经济全球化面临着逆全球化的多种挑战。面对危机与挑战，中美两国要勇于面对，敢于担当，联起手来，同舟共济，共度时艰，为世界和平与稳定作出应有的贡献。"双方同意，共同努力构建新型大国关系，相互尊重，合作共赢，造福两国人民和世界人民。国际社会也期待中美关系能够不断改善和发展。中美两国合作好了，就可以做世界稳定的压舱石、世界和平的助推器。"[34]

中美两国建立新型大国关系是有深厚的民意基础的。中美建交四十多年，已有很好的合作关系积累，建立了战略与经济对话、人文交流、高层磋商等九十多个对话机制，还建立了二百二十多对友好州和友好城市，并且中国还有近19万学生在美留学，美国有2万多名学生在华留学。中美建设新型大国关系具有广泛可靠的社会及民意基础。所以，从长远看，新型的中美新型大国关系一定会建设得更好，是任何人也破坏不了的。正如习近平所言："中华民族和美利坚民族都是伟大的民族，两国人民都是伟大的人民。我坚信，只要双方拿出决心和信心，保持耐心和智慧，既从大处着眼、登高望远，又从小处着手、积微成著，就一定能够完成这项事业。"[35]

其次，构建中俄新型大国关系。

中俄两国互为最大的邻国。两国的发展战略目标的契合与相近，使两国的发展利益可以相互融合，这就为中俄两国建立全面战略协作伙伴关系奠定可靠的基础。俄罗斯提出2020年人均国内生产总值达到发达国家水平的目标，与我国2020年全面建成小康社会目标高度契合，都为争取最大发展利益为实现人民生活幸福目标而奋斗。一个繁荣强大的俄罗斯，对稳定中国的周边环境，对于稳定亚洲与世界都是有益的。建立高水平、强有力的中俄关系，不仅符合中俄双方的利益，也对维护世界战略平衡与稳定是至关重要的。经过近20年的努力，中俄签署了《中俄睦邻友好合作条约》，解决了历史遗留的边界问题，在国际关系中彼此充分尊重与照顾对方的利益关切，给两国人民带来了实实在在的利益与好处。两国关系已进入互相提供重要发展机遇、互为主要优先合作伙伴的新阶段，已发展成为当今世界上最重要的一组双边关系，也是最好的一组大国关系。

中俄人民友谊源远流长，中俄经济文化交流基础深厚，这无疑会使中俄战略协作伙伴行稳致远。抗日战争时期，苏联飞行大队长库里申科来华同中国人民并肩作战，牺牲在中国大地上。中国人民没有忘记这位英雄，一对普通中国母子为他守陵半个多世纪。2004年，俄罗斯发生别斯兰人质事件后，中国邀请部分受伤儿童到中国康复治疗，受伤儿童受到中方的精心照料。俄方带队医生阿兰表示："你们的医生给孩子们这么大的帮助，我们的孩子会永远记住你们的。"2008年，中国汶川特大地震发生后，俄罗斯在第一时间伸出援手，邀请中国孩子到俄罗斯远东地区等地疗养，给予中国孩子无微不至的关怀与照顾。两国的文化交流方面也有深厚的友谊。中国的孔子、老子等古代思想家早为俄罗斯所熟悉；中国近代文学巨匠鲁迅、郭沫若、沈雁冰、夏衍、老舍等也在俄罗斯有广泛的影响。俄罗斯大文豪普希金、屠格涅夫、托尔斯泰、契诃夫、肖洛霍夫等在中国享誉盛名，他们的名著《普希金诗集》《战争与和平》《静静的顿河》等在中国人民心中刻下深深的印记。进入21世纪以来，中俄的战略合作在经济领域广为拓展。到2019年两国贸易额突破1000亿美元大关，人员交流超过500多万人次，中国与俄罗斯的能源合作结出丰硕成果，中俄油气管道（东线）铺设成功，俄罗斯正式通过管道向中国输送油气，使中俄两国的能源合作跃上新台阶。中俄两国的稳定发展，为中俄战略协作伙伴关系的长久发展开拓了美好的未来。普京讲过："俄罗斯需要一个繁荣稳定的中国，中国也需要一个强大成功的俄罗斯。"习近平表示："我完全同意他的看法。"[36]"我相信，在两国政府和人民共同努力下，中俄关系一定能够继续乘风破浪、扬帆远航，更好造福两国人民，更好促进世界和平与发展！"[37]

3. 构建新型中欧关系

构建新型的中欧关系，就是"建设更具全球影响力的中欧全面战略伙伴关系"[38]。这是欧亚大陆应对世界前所未有的机遇与挑战的需要，是让和平的阳光驱赶战争阴霾，让繁荣的篝火温暖世界经济的春寒，促进全人类走上和平发展、合作共赢道路的需要。中国和欧盟的面积占世界十分之一，人口占世界四分之一，在联合国安理会拥有3个常任理事国席位。所以，中欧两大力量联合起来，构建新型的全面战略伙伴关系，对世界的影响是十分巨大的。

如何来构建新型的中欧全面战略伙伴关系呢？习近平的主张是颇有创见的，那就是中欧双方"共同努力建造和平、增长、改革、文明四座桥梁"[39]。

第一，建设和平稳定之桥。中国始终支持欧洲一体化进程，支持一个团结、稳定、繁荣的欧洲在国际事务中发挥更大的作用。中国不仅发表一系列支持欧盟的政策文件，还同欧盟共同制订了中欧合作2020战略规划，在近百个领域提出一系列合作目标。中国希望看到一个和平稳定的欧洲，愿意与欧盟加强沟通与协调，一起建设一座坚固的和平稳定之桥，为世界的和平稳定发挥更大的关键作用。

第二，建设增长繁荣之桥。当今单边主义、保护主义盛行，致使世界经济陷入低迷状态。为了推动世界经济走向新的繁荣，中国与欧盟要共同担负起引领世界经济增长的责任。中国和欧盟的经济总量占世界三分之一多，是世界最重要的两大经济体，完全可以成为推动世界经济增长的双引擎。其一，坚持相互市场开放，推动双边经贸进一步发展，2020年中国首次取代美国成为欧盟最大贸易伙伴。其二，加快投资协定谈判与自由贸易区建设，让中欧两大经济体的生产要素充分流动起来，让人员、技术、企业、资金活起来，促进区域经济一体化、便利化。其三，要把中欧经济合作与丝绸之路经济带和21世纪海上丝绸之路建设结合起来，让路通、桥通、港通、民心相通，使中欧两大市场连接起来，成为共同繁荣的两大经济体。

第三，建设改革进步之桥。欧盟是二十多个国家的联合体，要在处理世界事务中发挥应有作用，要在世界经济发展中走在前列，就必须协调其内部各个国家的关系，需统一意志与步调。为此，需要各国在欧盟理事会的领导下进行各个方面的改革。尤其是在英国"脱欧"之后，改革的呼声日益提高，改革的进程日益加快。尽管中欧双方改革的性质、道路、目标不尽相同，但还是具有许多相通之处的。即改革是为了更好地进步，改革是为了更好地统一，改革是为了更好地发展。在改革的各个领域，中欧是有众多经验可以相互借鉴的。尤其在宏观经济、公共政策、区域发展、社会民生等方面还是可以互学相长、共同进步的，从而以自身的改革带动世界的进步。

第四，建设文明共荣之桥。中国是东方文明的重要代表，欧洲是西方文明的发祥地。建设文明共荣之桥，将中欧两大文明连接起来，实现文明互鉴、共存共荣，可以促进世界文明之花竞相绽放。

人民的习俗与文化，是文明的重要内容与标志。中国与欧洲都有源远流长的酒文化。欧洲人喜欢葡萄酒和啤酒，中国人喜欢白酒。葡萄酒和啤酒甘醇温润，白酒热烈豪放。同是酒，品牌品种各异，体现不同地域或不同民族的习俗文化与风土人情。招待客人，喝上一杯葡萄酒或啤酒，尽显尊重、友谊；款待贵宾，推杯换盏饮白酒，更富热情、庄重。酒品不同可以归为一宗，即酒文化可以缔造友谊与亲朋。这说明，中欧酒文明是共通的，可以相互兼容、共同繁荣的。

以上"四桥"可以归为一桥，即"在亚欧大陆架起一座友谊和合作之桥"[40]，将中欧两大力量、两大市场、两大改革进程和两大文明连接起来，把中欧全面战略伙伴关系建成世界最具影响力、最坚实可靠的新型国际关系。

4. 构建新型中非关系

新型中非关系是由毛泽东、周恩来等老一辈革命家同非洲老一代政治家于20世纪五六十年代共同开启与创造的。它是中非人民在共同的反殖反帝、争取民族独立和解放斗争中，相互声援、相互支持，结下的共命运、心连心的战斗友谊，也是在共同发展的道路上真诚合作、守望相助，形成的命运共同体。

在新的历史条件下，中非关系进入了一个崭新的发展阶段。中非合作论坛的建立，是中非关系史上一个具有里程碑意义的重大事件。中非合作论坛第一届部长会议于2000

年10月在北京召开。北京峰会暨第三届部长会议于2006年11月在北京召开。中国领导人和48个非洲国家的国家元首、政府首脑或代表出席。北京峰会通过了《中非合作论坛北京峰会宣言》和《中非合作论坛——北京行动计划（2007—2009年）》两份文件，确立发展中非新型战略伙伴关系。这标志着中国与非洲友好国家间集体对话与合作机制已经建立，各个领域的全面合作深入展开。到2012年，中非贸易额接近2000亿美元，人员往来超过150万人次，中国对非洲的投资累计超过150亿美元。到2019年，上述数字都几乎翻了一番。中国汶川特大地震发生后，非洲国家纷纷伸出援手，有的国家并不富裕，人口不到200万，向震区捐款200万欧元，相当人均捐款1欧元；非洲发生埃博拉疫情，中国派出医疗救护队伍，并援助几十亿元的救助物资。中非人民于患难中结下的友谊在国际社会传为佳话。

中非关系的本质特征是真诚友好、相互尊重、平等互利、共同发展。这是因为：双方关系不是一天发展起来的，而是半个多世纪风雨同舟、患难与共，一步一个脚印走出来的；双方从来都是命运共同体，共同的历史遭遇、共同的发展任务、共同的战略利益把二者紧密联系在一起。在事关对方核心利益的问题上，双方从来都是旗帜鲜明、毫不含糊地支持对方；在发展问题上，双方从来都把对方的发展视为自己的发展机遇，积极务实合作，促进共同繁荣。

当前，中非关系正站在新的历史起点上。为使中非新型合作关系基础更坚实、合作意愿更强烈、合作机制更完善，习近平在总结半个多世纪以来中非关系发展史基础上，创造性地提出"真""实""亲""诚"中非关系四字发展新模式：①做真心朋友，珍惜中非传统友谊，在国际事务与发展中，真心相互支持；②诚实守信，只要是中方作出的承诺，就一定会不折不扣落到实处；③增加中非人民的亲近感，让中非人民越走越近，成为挚友亲朋；④坦诚面对中非人民发展中面临的新情况、新问题，本着相互尊重、合作共赢的精神加以妥善解决，让中非双方在合作中获得更多利益与成果。总之，中非虽然远隔重洋，相距万里，但"中国永远都把非洲国家当作自己的患难之交"[41]。

5. 构建新型中拉关系

所谓新型中拉关系就是中国与拉丁美洲共同努力建设"平等互利、共同发展的全面合作伙伴关系"[42]。当前，这种关系正处在新的发展机遇期。双方应当登高望远，与时俱进，巩固传统友谊，加强全方位交往，提高合作水平，推动这种全面合作的伙伴关系实现新的更大发展。这种发展的实质应是开放的发展、包容的发展、合作的发展、共赢的发展，而不是单方面的发展、孤立的发展、相互排斥的发展、单赢的发展。

为推动中拉关系实现更大发展，要在以下三个方面作出努力。

第一，在政治上巩固与加强中拉真诚友好。中国与拉丁美洲各有不同的利益诉求与关切，有不同的发展道路与模式，但在涉及彼此核心利益和重大关切问题上，要继续互相理解、相互支持。

第二，在经济上要创新合作模式，深化利益融合。如今的拉丁美洲是一片充满生机与希望的大陆，发展条件得天独厚，现已进入快速发展的机遇期。而中国经济恰好进入新常态，迎来动力转换、结构转型、消费升级的新的机遇期。中拉双方要紧紧抓住新时代经济发展转型升级的机遇期，创新合作模式，不仅要拓展双方的合作空间，更要积极开展与第三方的合作，在合作中实现利益双赢，使经贸合作伙伴关系建立在稳定可靠的利益基础上，使全面合作伙伴关系走深、走实、走得更远。

第三，在人文关系上要加强文明对话和文化交流。中拉合作论坛的建立，是中拉文明对话和文化交流的大平台，为展示双方独具特色的文明，促进双方社会文化交流开创了新局面。双方可以通过这个平台，综合发挥各自的优势，让中拉关系"各美其美""美人之美，美美与共"，"共同为亚太稳定繁荣增添更多正能量"[43]。

6. 构建新型中阿关系

构建新型中阿关系即与阿拉伯国家"不断深化全面合作、共同发展的中阿战略合作关系"[44]。

中阿合作的友谊源远流长。在1955年4月的印尼万隆会议上，中国向尚未建交的阿拉伯国家承诺支持巴基斯坦人民的斗争；四十多年前，13个阿拉伯国家同非洲朋友一道，投票赞成中华人民共和国恢复联合国合法席位。近万名中国医生奔走在阿拉伯国家田野乡间，救死扶伤；中国汶川特大地震发生后，最慷慨的援助来自阿拉伯兄弟。

中阿人民友好交往的历史，与陆上丝绸之路和海上香料之路密切相关。中国航海家郑和与摩洛哥旅行家伊本·白图泰，是中阿友好交流的著名使者。丝绸之路将中国的四大发明经阿拉伯地区传播到欧洲，又把阿拉伯的天文、历法、医药介绍到中国，使和平友好、开放包容、互利共赢的精神薪火相传，使不同的文明互学互鉴、共生齐长。

中阿关系要跃上新台阶，取得更大发展，就是要全面弘扬丝路精神，追求共同发展。中国愿意把自己的发展同阿拉伯国家的发展对接起来，为阿拉伯国家扩大就业，实现工业化，推动经济发展提供各种支持。中国要让自己的人民过上好日子，也要让阿拉伯人民过上好日子。2020年，中国进口超过10万亿美元的商品，对外直接投资超过5000亿美元。2013年，中国从阿拉伯国家进口商品1400亿美元，只占今后每年2万亿美元进口商品总额的7%。对阿拉伯国家的直接投资22亿美元，只占今后每年1000亿美元对外直接投资总额的2.2%。这些对外贸易与直接投资的大幅增长，对阿拉伯国家的经济增长无疑有巨大的带动效应，充分体现"一带一路"的互利共赢精神。

中阿关系要登高望远，从顶层规划好方向与目标，构建一个全新的"1+2+3"合作格局。这里的"1"是以能源合作为主轴，深化油气领域全产业链合作，维护能源运输通道安全，构建互惠互利、安全可靠、长期友好的中阿能源战略合作关系。"2"是以基础设施建设、贸易和投资便利化为两翼，加强中阿在重大项目和标志性民生项目上的合作，为促进双边贸易和投资建立相关制度性安排。"3"是以核能、航天卫星、新能源三大高新领域为突破口，努力提升中阿务实合作层次。中阿双方商定，为落实"1+2+3"合作格局签署一系列合作项目，如中阿贸易额大幅增长及投资计划增长协议、共建技术转移中心、和平利用核能培训中心及中国北斗卫星导航系统落地阿拉伯项目等，还有中国—海湾阿拉伯国家合作委员会自由贸易区、中国—阿联酋共同投资基金等重大项目在加速协商与推进。双方希望各类项目建设能够取得实实在在的成果。

7. 构建亚太更紧密的伙伴关系

中国是亚太大家庭中重要的一员，是亚太许多经济体中的最大贸易伙伴、最大出口市场和主要投资来源地。2012年以来，中国经济对亚洲经济增长的贡献率超过50%，累计批准的外商投资企业近百万家。中国已同二十多个国家和地区签署了自由贸易协定，中国从亚太国家进口商品及对亚太地区的投资，都将成倍增长。尤其对亚太地区的出境旅游人次，更是迅猛增加。中国的消费与投资需求的扩大，将给亚太地区经济增长带来更多的机会与驱动力。事实证明，中国的发展离不开亚太，亚太繁荣也离不开中国。

正是基于上述认识，习近平坚定地表示："中国是亚太大家庭的一员，愿意同所有家庭成员和睦相处、守望相助，也希望亚太各方能珍惜来之不易的和平稳定局面，共同推动建设一个持久和平、共同繁荣的和谐亚太。"[45]为实现此目标，应将亚太经合组织打造成"五大平台"，即推动一体化的制度平台；加强经济交流合作的政策平台；反对贸易保护主义的开放平台；深化经济技术合作的发展平台；推进互联互通的连接平台。为支持亚太经合组织机制、能力与平台建设，中国捐款1000万美元，为亚太经合组织成员提供1500个培训名额，并开始启动亚太自由贸易区建设，为构建互信、包容、合作、共赢的亚太伙伴关系，共同应对全球性挑战，深化区域合作，作出中国应有的贡献。

8. 全面深化金砖国家伙伴关系

金砖国家系指来自世界四大洲的五个国家：中国、印度、俄罗斯、巴西、南非。为了实现共同发展的愿望与目标，为了担起维护世界公平正义、维护世界和平稳定的职责，这五个国家走到了一起。其宗旨主要有：大力推动建设全球发展伙伴关系，促进各国共同繁荣；努力发展经济、改善民生，做好自己的事情，为世界经济多添一些增长点；共同参与国际发展议程的制定，完成联合国千年发展目标，缩小南北差距，促进全球发展平衡；金砖各国紧密联系起来，朝着一体化大市场、多层次大流通、陆海空大联通、文化大交流项目前进；共同支持非洲一体化进程，促进非洲经济成为世界经济新亮点；深化金砖国家互利合作，谋求互利共赢；增强五国政治互信，加强治国理政经验交流，把政治共识转化为具体行动；共同推进五国工业化、信息化、城镇化和农业现代化进程，加快金砖国家新开发银行、外汇储备库等项目建设，把金砖国家合作机制建设好，把金砖国家合作伙伴关系发展好，使金砖国家的经济增长更强劲，为世界和平与发展作出更大贡献。

9. 构建新型周边国家关系

为了实现"两个一百年"奋斗目标，我国必须要建立一个睦邻友好的周边关系。那就是在维护好国家主权、安全和发展利益的前提下，努力使周边国家同我国政治关系更加友好、经济纽带更牢固、安全合作更深化、人文关系更加紧密。

新中国历来高度重视与周边国家发展睦邻友好的关系。新中国成立以后，以毛泽东同志为核心的党的第一代中央领导集体、以邓小平同志为核心的党的第二代中央领导集体、以江泽民同志为核心的党的第三代中央领导集体和以胡锦涛同志为总书记的党中央，都高度重视周边外交，提出一系列战略思想与方针政策，开创并奠定了周边睦邻友好关系的坚实基础。党的十八大以来，以习近平同志为核心的党中央，综观世界风云，把握世界和平发展主流与大势，积极开展周边外交，为我国改革开放及现代化建设创造良好周边环境，使我国与周边国家睦邻友好关系跃上了新台阶，出现了新局面。

新时代我国周边外交的基本方针是以邻为伴，坚持睦邻、安邻、富邻，突出体现"亲、诚、惠、容"的理念。所谓"亲"，就是要像挚友亲朋一样友善、亲近，多做得人心、暖人心的事，互相之间有亲和力、感召力、影响力；所谓"诚"，就是要诚心诚意对待周边国家，争取更多的朋友与伙伴；所谓"惠"，就是本着互惠互利的原则，同周边国家开展合作，编织更加紧密的共同利益网络，把双方利益融合提高到更高水平，让周边国家从我国的发展中获益，同时也使我国从周边国家的合作中获利；所谓"容"，就是倡导包容思想，发展包容性合作，发展包容性经济，"有容乃大"，周边国家只有互相信任、互相尊重、互相理解与宽容，才能睦邻友好，平等相处。亚太地区之广大，容得下中国与亚太周边国家以更加开放的襟怀和积极的态度，促区域经济一体化发展。

处理我国与周边国家的睦邻友好关系，要把中国梦同周边国家人民过上美好幸福生活的愿望与发展前景结合起来。中国的发展是周边国家的利好，周边国家可以搭乘中国发展的"快车"与"便车"。中国的发展经验，周边国家可以无偿地使用与借鉴。中国同周边国家的互联互通，不仅可以促进生产要素、科学技术的自由交流，还可以促进旅游和人文交流与合作的进一步扩大。亲不亲在民心，民心相通真友邻。互联互通实实在在地把中国梦同周边国家人民追求幸福美好生活的愿望直接联系起来，让利益共同体意识在周边国家落地生根，从而为建成人类命运共同体奠定坚实可靠的基础。

三、打造人类命运共同体

1. 确立新全球安全观

全球安全，是人类的共同需要，是打造人类命运共同体的根本保证。全球失去安全，陷于战争、政治纷争、经济危机、社会动乱之中，就根本谈不上"打造人类命运共同体"。所以，构筑全球安全体系，是打造人类命运共同体的前提条件。

构筑全球安全体系，不仅包括全球所有国家的社会安全，还包括全球所有国家的气候及生态安全。全球气候变暖，南北极冰川融化，海平面上升，会导致全球极端天气增多，海啸、地震、火山喷发、飓风、大洪水、极端干旱、山林大火……这些都会给自然生态造成极大的破坏，给人类生存环境带来灾难性后果。自然界危机与社会危机，都会直接造成人类生存危机。而人类生存危机，则必然会使人类命运共同体建设归于流产与破灭。然而，人类是集理性与智慧于一体的伟大群体，完全有能力应对与化解自然危机与社会危机，构筑起坚实的世界安全屏障体系，维护好全球的自然安全与社会安全，让全人类生活在和平与安宁的环境之中，享受美好幸福的生活。所以，全球安全是世界各国人民的共同呼声和行动。

进入21世纪，世界安全体系建设，迫切需要树立新的世界安全观。那就是习近平倡导的"摒弃冷战思维，积极倡导综合安全、共同安全、合作安全的新理念，共同维护本地区和平稳定"[46]。首先，当今世界冷战时期的集团对抗虽不存在，但冷战思维不仅没有消失，反而在滋长。主要表现为霸权主义、强权政治、新干涉主义、经济霸凌主义、贸易保护主义、大搞零和博弈等，还有军备竞赛、恐怖主义、网络黑客攻击等，所有这些都是冷战思维在增加的表现与结果，它们的存在与滋长，严重威胁世界各国的安全。其次，当今世界的安全，绝非单一性安全，既不是某个国家的安全，也不是单一地区的安全，更不是某个单项（例如经济、金融、公共卫生等）的安全，而是总体性的综合安全，是全方位的整体安全。例如，网络安全直接关系到世界安全，因为一网连通世界。网络安全就不是单一安全，而是世界性综合安全。再次，当今世界安全的基本特征是共同安全。没有哪一个国家可以独立处理世界上的安全事务。例如，全球气候变暖，任何一个国家，无论你有多么强大，都必须同世界各国协调步骤，统一行动，那就是按照全球各个国家协商签署的《巴黎协定》去办，减少本国有害气体的排放，让全球变暖的速度降下来。简言之，各国须共同应对气候变暖的威胁，实现共同安全。再如，对于恐怖主义威胁，只有各国联起手来，共同应对，让恐怖主义无处藏身，才能实现大家期盼的共同安全。最后，当今世界安全的另一个典型特征就是合作安全。这是世界各国共同建立以合作共赢为核心的新型国际关系的必然要求。只有世界各国人民共同合作，共同维护世界和平，消除战争危机，消除气候与生态危机，才能给世界各国人民带来共同的安全。否则，各国之间离心离德，互相倾轧，或以邻为敌、以邻为壑，明争暗斗，甚至爆发战争，那就不可能有合作安全。合作是实现安全的根本途径与保障。没有世界各国之间坚强的合作机制，就不可能实现合作安全。"一摒弃""三安全"的新理念，统一构成21世纪全球新安全观的主要内容，其目的在于共同维护本地区和平稳定，从而促进世界和平稳定，达到全球安全。

全球安全要世界各国人民共创，自然也要由世界各国人民共享。越是全球性问题，就越是要世界各国人民共同应对。霸权主义、恐怖主义、军备竞赛、网络黑客、国际贸易霸凌主义等全球性挑战与威胁，迫切需要各国同心协力，共同联手加以应对，共同化危机为生机，变压力为动力。面对全球威胁与危机，单靠某个国家或某些国家集团来单打独斗，肯定不行，不仅化解不了危机，消除不了威胁，还可能招致灭顶之灾。所以，"合作安全、集体安全、共同安全才是解决问题的正确选择"[47]。

2. 全球经济治理体系变革，打造公正合理的治理模式

打造人类命运共同体，首先必须打造一个坚实有力的经济利益共同体。经济是基础，利益则是基础之基础。当今世界，在经济全球化日益深化的背景下，各国之间彼此相互依存，联系越来越紧密，你中有我，我中有你，利益高度交汇融合，在相互开放中分享机会和利益，实现利益共享、互利共赢。每个国家都有自己发展的机会与权利，同时都应从更加广阔的层面考虑自身利益，不能以损害其他国家利益为代价来追求自身利益的最大化，更不能为追求政治霸权，大搞贸易战。因为贸易战从来都是双输的，打击了竞争对手，自己也受到了伤害。与其开展利益博弈、利益争夺，不如实现利益共享、互利共赢。利益共享、互利共赢，这是建成人类命运共同体的根本要求与基础性条件。

打造全球公正合理的治理模式，是适应全球经济治理变革的迫切需要。所谓公正合理的治理模式，就是全球所有国家不分大小、强弱、贫富一律平等，都是国际社会的平等成员，享有同样的话语权，平等地参与国际问题的决策，享有同样的各项权利，并履行同样的义务，理所当然地享有同样的治理成果。然而现实的国际事务中，小国、弱国、穷国的话语权及其他各项权利往往被忽视乃至严重被削弱。正因为此类全球治理体系不健全，规则不完善，机制规范无力，所以，全球经济治理体系的变革的紧迫性越来越突出，建立公正合理经济治理模式的呼声越来越高。全球经济治理体系建设只有全面适应世界发展格局的新要求，才能为全球经济健康发展提供有力的保障。否则，全球经济秩序必然被经济霸凌主义搅得七零八落、混乱无序，难以从低迷中走出来，甚至可能再度陷入危机之中。

中国对于全球治理体系变革始终是抱着积极的立场与态度的。其一，主动作为。坚决维护以《联合国宪章》的宗旨和原则为核心的国际秩序，促成国际货币基金组织完成份额和治理机制改革，积极参与制定海洋、极地、网络、外空、核安全、反腐败、气候变化等新兴领域治理规则，推动改革全球治理体系中不公正不合理的安排。其二，主动承担国际责任。习近平讲："我们要积极参与全球治理，主动承担国际责任，但也要尽力而为、量力而行。"[48]为了更好地担责，要集中力量办好我国自己的事情，不断增强我国在国际上说话办事的能力。其三，坚持共商、共建、共享原则。构建国际公正合理治理模式是国际社会共同的大事，遇事一定要大家商量，使关于全球治理体系变革的主张转化为各方共识，形成统一行动，加强各方的协调与合作，共同推动全球治理体系变革。全球治理体系变革的风险要共担，其成果也要共享。其四，要充分发挥国际组织如二十国集团及WTO在全球经济治理中的主导作用。要巩固与发挥好二十国集团全球经济治理主平台作用，推动二十国集团向长效治理机制转型。WTO仲裁机构是国际贸易争端与分歧的重要裁决机制，对维持国际贸易秩序、维护公平贸易起着重要的主导作用。各国都要支持WTO进行合理的体制改革，支持WTO公平公正履行职责。不能把WTO变为只为某一个国家或某一集团谋取私利的工具。其五，中国要大力提高参与全球治理的能力，着力增强规则制定能力、议程设置能力、舆论宣传能力、统筹协调能力。为此，要加强全球治理人才队伍建设，培养一大批了解我国国情、具有全球视野、熟练运用外语、通晓国际规则、通晓国际谈判的专业人才，为我国参与全球治理体系建设贡献自己的力量。

3. 人类命运共同体：世界发展的必然

21世纪以来，世界虽然风云变幻、各种不确定性增加，但仍然是一个经济高速发展、科学技术日新月异、人民生活不断改善的和平发展占主流的世界。这是人类开始打造人类命运共同体的不平凡的世界大环境。打造人类命运共同体已成为世界发展前进的大趋势。

当前，任何一个国家或国家集团都不可能也无法单独主宰世界。世界是各国人民共同的世界，是各国平等相处、和平发展的世界，合作共赢成为时代发展的潮流。其一，旧的殖民体系已经土崩瓦解。二战后，民族独立、人民解放的斗争如火如荼，许多殖民地、半殖民地国家展开了伟大的民族革命斗争，推翻帝国主义的殖民统治，赶走了殖民主义者，建立起人民民主国家。其二，冷战时期的集团对抗不复存在。随着冷战的结束，社会主义与资本主义两大阵营的对立与对抗局面不复存在。世界多极化，各国之间相互依存程度大幅增加，经济全球化快速发展演进。其三，跨国公司成为推动经济全球化、建立人类命运共同体的重大推动力量。跨国公司按照自身的发展战略目标与经营策略要求，在世界范围融资、组织生产与销售，这就直接带动并促进了资金、技术、人员和先进的科学管理方法等生产经营要素在世界范围自由流动，使许多产品的生产、销售及消费变成世界性的了。随着跨国公司的发展，形成了其世界性生产、销售体系、跨国公司在各地建立各种分销商、承包商、服务商等机构，与所在国利益高度交汇融合，从而形成你中有我、我中有你的命运共同体。正如习近平所指出的："这个世界，各国相互联系、相互依存的程度空前加深，人类生活在同一个地球村里，生活在历史与现实交汇的同一个时空里，越来越成为你中有我、我中有你的命运共同体。"[49]

为此，我们要从以下五个方面来推进人类命运共同体建设。

第一，建立平等相待、互谅互让的伙伴关系，即建设一个平等互谅的共同体。其一，主权平等是《联合国宪章》的基本原则。世界的发展及其前途命运，必须由世界各国共同主宰与掌握。世界各国一律平等，不能以大欺小、以强凌弱、以富欺贫。主权平等不仅体现在各国主权和领土完整不容侵犯上，还应体现在各国自主选择发展道路、发展制度的权利得到应有的尊重及维护上。其二，坚持多边共赢的新理念，摒弃单边主义、你输我赢、赢者通吃的旧思维。其三，坚持平等对话解决争端，以协商化解分歧，走出一条"对话而不对抗，结伴而不结盟"国与国交往的新路。其四，无论大国小国，相互交往都要平等相待、互相尊重，坚持义利相兼、义重于利。

第二，营造公道正义、共建共享的安全格局，即建设一个共享安全的共同体。其一，经济全球化时代，世界安全格局只能是共建共享。任何一个国家都不可能凭借一己之力谋取自身绝对安全。其二，摒弃一切形式的冷战思维和做法，反对任何国家穷兵黩武的霸权主义，也反对弱肉强食的丛林法则。其三，树立共同、综合、合作、可持续安全的新观念。大家共同的安全，才是真正的安全。全面综合的安全，才是全面的安全；大家协同合作获利的安全，才能成为各国共享的安全。只有通过各国共同努力与全面合作取得的安全，才是可持续的安全；只有可持续的安全，才能使世界长久和平发展。

第三，谋求开放创新、包容互惠的发展前景，即建设一个开放创新、包容互惠的共同体。其一，各国一起共同发展才是真发展，可持续发展才是好发展。这是各国建立命运共同体的一致目标。为了实现这一目标，各国务必对外开放、互相帮助、包容互惠、互利合作。其二，绝不能放任资本逐利，要让市场这只"看不见的手"与政府这只"看得见之手"共同起调节作用，建立有道德规范的市场。任凭资本疯狂逐利，必然导致经济危机；缺乏道德约束的市场，必然难以撑起世界经济繁荣的大厦。其三，要创新收入分配方式，实现社会公平正义。当今世界仍有8亿人生活在极端贫困之中，每年有近600万孩子在5岁前夭折，有6000万儿童未能接受教育。要解决收入分配两极分化现象，要像中国一样下大力气解决极端贫困、消灭绝对贫困现象。这就需要实现包容普惠的发展，让发展成果惠及穷苦的人民。

第四，要促进和而不同、兼收并蓄的文明交流，即建设一个兼收并蓄的文明共同体。其一，世界各种文明只有和谐共存、兼收并蓄，才能丰富多彩、欣欣向荣。世界不是单一世界，世界从来都是多元的，也只有多元世界，世界文明才会色彩纷呈、姹紫嫣红。其二，世界各种文明没有高低贵贱之别，更无优劣之分。各种文明可以和谐共生、共兴共荣，互相之间要兼收并蓄、互相包容、平等交流。其三，世界各种文明建设一定要摒弃"冲突论""优劣论"等不平等学说，坚持各种文明互鉴融合。只有形成世界文明共同体，才能建成人类命运共同体。

第五，构筑崇尚自然、绿色发展的生态体系，即建设一个绿色生态共同体。其一，人类是自然界的一部分，必须敬畏自然，与自然和谐共处。凌驾于自然之上，破坏自然的一切行为都将损伤人类自身。其二，正确处理好工业发展与绿色发展的矛盾，坚持绿色发展优先原则。工业发展排放大量废气、废水、废物等，对绿色环保带来重大破坏性影响，所以要正确处理绿色发展与工业发展的关系，坚持绿色环保优先的原则，加大对工业"三废"的处理力度，大力发展循环经济，绝不能走以牺牲自然生态环境为代价来换取大工业发展的老路。其三，国际社会要携手同行，共建全球绿色生态文明之路。建设绿色生态文明之路，是打造人类命运共同体的根本要求与实际需要，每个国家都责无旁贷。其四，中国在建设世界绿色发展的生态体系方面，主动担责，积极作出自己的贡献。同时，敦促发达国家承担历史责任，兑现减排承诺，帮助发展中国家减排和适应气候变化。

以上五个方面的内容统一构成打造人类命运共同体的根本路径。世界各国只有共同携手，同心同德，从上述五个方面一起发力，人类命运共同体才能从构想变成现实，并取得其建设的重大胜利。

人类命运共同体建设是一项全球性的艰巨而伟大的事业。人类命运共同体的理念已被联合国所吸纳并力荐践行。这说明人类命运共同体建设之舟，已经起航。它树立起一座灯塔，如同孙中山先生提出的"世界大同"目标一样，更如马克思、恩格斯提出的解放全人类，实现共产主义伟大理想一样，光芒普照大地，指引并鼓舞全世界人民为之不懈奋斗、奋力前行。

综上所述，习近平关于世界经济再平衡、构建新型国际关系，尤其是打造人类命运共同体的重要论述，都是对全球化背景下世界经济发展的科学总结和理论概括，创造性地丰富与发展了马克思主义的世界经济理论，开创了马克思主义政治经济学理论的新境界，为建设中国特色社会主义与促进世界经济的可持续发展，推动人类命运共同体建设，提供了科学的理论指导，对中国未来的发展和世界的和平与进步，都将产生不可估量的影响与作用。

参考文献

[1] 列宁选集：第2卷[M]. 北京：人民出版社，1972：708.

[2] 列宁选集：第2卷[M]. 北京：人民出版社，1972：707.

[3] 列宁选集：第2卷[M]. 北京：人民出版社，1972：709.

[4] 苏联科学院经济研究所. 苏维埃经济的发展[M]. 北京：学习杂志社，1955：539.

[5] 潘石. 论资本主义经济政治发展不平衡规律及其在战后作用的新特点[J]. 世界经济，1986（04）：3.

[6] 马克思恩格斯选集：第3卷[M]. 北京：人民出版社，1972：563.

[7] 马克思恩格斯选集：第3卷[M]. 北京：人民出版社，1972：98-99.

[8] 斯大林全集：第9卷[M]. 北京：人民出版社，1954：95.

[9] 马克思恩格斯选集：第1卷[M]. 北京：人民出版社，1972：254.

[10] 马克思恩格斯选集：第1卷[M]. 北京：人民出版社，1972：254-255.

[11] 邓小平文选：第3卷[M]. 北京：人民出版社，1993：376.

[12] 参见程恩富. 当代中国经济理论探索 [M]. 上海: 上海财经大学出版社, 2000: 476-478.

[13] 参见刘迎秋. 宏观经济走势与我们的任务 [J]. 新华文摘, 2009 (15): 28-31.

[14] 参见刘迎秋. 宏观经济走势与我们的任务 [J]. 新华文摘, 2009 (15): 28-31.

[15] 参见张平. "结构性" 降速下的中国宏观政策和制度机制选择 [J]. 经济学动态, 2012 (10): 3-9.

[16] 邓小平文选: 第3卷 [M]. 北京: 人民出版社, 1993: 377.

[17] 邓小平文选: 第3卷 [M]. 北京: 人民出版社, 1993: 376.

[18] 习近平谈治国理政: 第2卷 [M]. 北京: 外文出版社, 2017: 212.

[19] 参见鲁志强. 经济全球化与中国 [J]. 管理世界, 2000 (06): 1-9.

[20] 习近平谈治国理政: 第2卷 [M]. 北京: 外文出版社, 2017: 478.

[21] 马克思. 资本论: 第1卷 [M]. 北京: 人民出版社, 1975: 394-395.

[22] 习近平谈治国理政: 第2卷 [M]. 北京: 外文出版社, 2017: 477.

[23] 习近平谈治国理政: 第2卷 [M]. 北京: 外文出版社, 2017: 477.

[24] 习近平谈治国理政: 第1卷 [M]. 北京: 外文出版社, 2018: 336.

[25] 习近平谈治国理政: 第1卷 [M]. 北京: 外文出版社, 2018: 337.

[26] 习近平谈治国理政: 第2卷 [M]. 北京: 外文出版社, 2017: 480.

[27] 习近平谈治国理政: 第2卷 [M]. 北京: 外文出版社, 2017: 480.

[28] 习近平谈治国理政: 第2卷 [M]. 北京: 外文出版社, 2017: 480.

[29] 习近平谈治国理政: 第2卷 [M]. 北京: 外文出版社, 2017: 481.

[30] 习近平谈治国理政: 第2卷 [M]. 北京: 外文出版社, 2017: 450.

[31] 习近平谈治国理政: 第1卷 [M]. 北京: 外文出版社, 2018: 323.

[32] 习近平谈治国理政: 第1卷 [M]. 北京: 外文出版社, 2018: 324.

[33] 习近平谈治国理政: 第1卷 [M]. 北京: 外文出版社, 2018: 279.

[34] 习近平谈治国理政: 第1卷 [M]. 北京: 外文出版社, 2018: 279.

[35] 习近平谈治国理政: 第1卷 [M]. 北京: 外文出版社, 2018: 280.

[36] 习近平谈治国理政: 第1卷 [M]. 北京: 外文出版社, 2018: 275-276.

[37] 习近平谈治国理政: 第1卷 [M]. 北京: 外文出版社, 2018: 277-278.

[38] 习近平谈治国理政: 第1卷 [M]. 北京: 外文出版社, 2018: 282.

[39] 习近平谈治国理政: 第1卷 [M]. 北京: 外文出版社, 2018: 282.

[40] 习近平谈治国理政: 第1卷 [M]. 北京: 外文出版社, 2018: 282.

[41] 习近平谈治国理政: 第1卷 [M]. 北京: 外文出版社, 2018: 309.

[42] 习近平谈治国理政: 第1卷 [M]. 北京: 外文出版社, 2018: 311.

[43] 习近平谈治国理政: 第1卷 [M]. 北京: 外文出版社, 2018: 312.

[44] 习近平谈治国理政: 第1卷 [M]. 北京: 外文出版社, 2018: 314.

[45]习近平谈治国理政：第1卷[M].北京：外文出版社，2018：348.

[46]习近平谈治国理政：第1卷[M].北京：外文出版社，2018：294.

[47]习近平谈治国理政：第1卷[M].北京：外文出版社，2018：274.

[48]习近平谈治国理政：第2卷[M].北京：外文出版社，2017：449.

[49]习近平谈治国理政：第1卷[M].北京：外文出版社，2018：272.

后　记

　　"千呼万唤始出来。"经历社会因素、新冠疫情、出版经费等多方面的磨难与影响，我学术生涯中最后一本专著，在反复与多家出版社商讨无果后，最后终于由母校出版社得以出版。

　　2016年，我名义上退休了，但实际上并未真退。除了博士生培养存在一些"扫尾"的事情，还有许多社会兼职与讲学。更重要的是，我主持的教育部重大社会科学研究课题"中央企业深化改革研究"尚未完成，须加倍抓紧工作。

　　2018年以后，我用一段时间集中研读了《习近平谈治国理政》《之江新语》《习近平的七年知青岁月》等著作，极为振奋，深受鼓舞，越发感到习近平同志是当代伟大的马克思主义者。习近平对马克思主义政治经济学理论有许多重大突破与创新，习近平经济思想是习近平新时代中国特色社会主义思想的重要组成部分，是马克思主义政治经济学理论中国化的最新成果。作为一个老经济学者深感有责任对习近平经济思想进行系统分析与研究，并加以科学阐释和宣讲。经过一年多的写作，完成书稿《习近平新时代经济理论创新研究》，后改为《新时代政治经济学范畴创新与体系重构》。希望这本书成为我学术生涯的完美收官之作。

　　本书的出版获得吉林大学经济学院和吉林大学社科处资金支持，在此感谢经济学院领导及社科处领导的热情关心和大力支持。同时，也对吉林大学出版社周婷同志付出的努力表示感谢。书中不足之处，请同行专家及读者批评指正。

潘　石
2023年9月